# 시원스쿨
# 토익
## Part 5&6
# 실전문제집

시원스쿨 토익
# Part 5&6 실전문제집

**초판 7쇄 발행** 2023년 4월 7일

**지은이** 구완서 시원스쿨어학연구소
**펴낸곳** (주)에스제이더블유인터내셔널
**펴낸이** 양홍걸 이시원

**홈페이지** www.siwonschool.com
**주소** 서울시 영등포구 국회대로74길 12 시원스쿨
**교재 구입 문의** 02)2014-8151
**고객센터** 02)6409-0878

**ISBN** 979-116150-3868
**Number** 1-110701-02020400-02

# 시원스쿨 토익

## Part 5&6

# 실전문제집

시원스쿨 LAB

안녕하세요, 시원스쿨랩 구완서 강사입니다.

제가 현장에서 학생들과 호흡하며 강의를 한지도 어느새 10년이란 시간이 흘렀습니다.

그 시간 동안 늘 부지런히 학생들과 수업하고, 소통하며 학생들과 가장 가까운 자리에서 늘 연구해왔습니다.

이제 그간의 제 모든 노하우를 이 책에 담아 함께 나누려고 합니다.

### 시원스쿨 토익 Part 5&6 실전문제집의 특징

**첫째, 현장 강의 학생들을 대상으로 진행한 철저한 오답률 분석**

토익에서 고득점을 원하는 수험생들이 시험에서 자주 틀리는 문제유형은 정해져 있습니다. 현장 강의를 통해 실제 학생들이 가장 많이 틀리는 문제 유형과 가장 많이 고르는 오답 선택지들을 분석한 문제만을 담았습니다.

**둘째, 최신 토익 기출 경향을 토대로 최빈출 Part 5&6 문제들을 엄선**

지난 10년 이상의 Part 5&6 기출 경향을 철저히 분석한 시원스쿨어학연구소의 빅데이터를 기반으로 실제 기출문제와 최대한 가깝게 변형하고, 실제 토익 난이도보다 약간 어렵게 구성한 고난도 Part 5&6 문제들도 수록함으로써 실전에 보다 쉽게 적응하도록 하였습니다.

**셋째, 약점을 진단하고 보완을 돕는 꼼꼼한 정답 및 오답 해설**

수험생들이 공부하기 쉽게 구성된 해설지는 이 책의 큰 장점입니다. 실전 수험생들의 눈높이에 맞는 정답 및 오답 해설과 꼭 암기해야 하는 빈출 어휘만을 선별하여 효율적인 학습이 가능하도록 구성하였습니다.

그리고 마지막으로 수험생들에게 하고 싶은 말은 "Heaven helps those who help themselves, 하늘은 스스로 돕는 자를 돕는다"는 것입니다. 여러분의 목표가 취업이든 승진이든, 하시는 모든 일에 최선을 다하셔서 원하는 목표를 꼭 이루시길 바랍니다.

구완서 드림

# 목차

| 별책 | 정답 및 해설 |
| --- | --- |
| | [부록] D-1 오답노트 |
| 온라인 | lab.siwonschool.com |
| | 고난도 TEST 1, 2, 3 해설강의 |
| | 본서 수록 어휘문제 랜덤 구성 모의고사(정답 포함) 3회분 |
| | 단어장 & 단어 시험지 | 오답노트 | Answer Sheet |

**PART 5&6**

# 왜 「시원스쿨 토익 Part 5&6 실전문제집」인가?

**❶ 최신 출제경향 완벽 반영**

▷ 최신 기출 문제들을 빠짐없이 분석하여 최근에 출제된 문제 유형과 문장 구조, 어휘와 구문을 모든 문항에 적용하였습니다. 최신 실제 토익 시험과 동일한 난이도로 구성하여 Part 5&6를 완벽하게 대비할 수 있습니다.

**❷ 단 5일 만에 Part 5&6 실전 대비 끝**

▷ 속성으로 시험 5일 전부터 매일 3회분씩 풀고, 시험 하루 전날에는 오답노트 복습으로 빠르게 실전 준비를 끝낼 수 있도록 구성하였습니다.

▷ 각 D-DAY마다 권장 문제풀이 시간을 기록하여 실전 시간관리도 함께 할 수 있도록 하였습니다.

**❸ Part 5&6 고득점을 위한 고난도 TEST 3회분 수록**

▷ 토익 고득점 달성과 수험자의 실전 적응력을 높이기 위해 고난도 TEST 3회분은 실제 토익 시험보다 약간 어렵게 구성하였습니다.

▷ 도서 내 QR 코드를 활용하여 고난도 TEST 3회분에 대한 저자 구완서 강사의 명쾌한 해설강의를 무료로 제공합니다.

**❹ 오답 분석으로 공부하는 실전 문제집**

▷ 모든 선택지에 대해 정·오답 해설을 제공하여 해설서만으로 독학이 가능하도록 하였습니다.

▷ 각 문항별 출제 유형과 최대 별 5개(★★★★★) 난이도로 표기하여 출제 경향을 한 눈에 파악할 수 있도록 하였습니다.

▷ 지면 해설서 외 학습자의 편의성과 다양한 학습 스타일을 고려하여 도서 내 모바일 해설서(QR)를 제공합니다.

**⑤ 따라하기 쉬운 학습 플랜 및 연계 학습 플랜 제공**

▷  따라하기 쉬운 5일 완성 초단기 학습 플랜을 수록하였습니다.

▷  <시원스쿨 토익 기출 문법 공식 119>와 함께 공부하면 효율적인 이론 학습 및 실전 대비가 가능합니다.


**⑥ [부록] 시원스쿨 토익 D-1 오답노트**

▷  따라만 해도 점수가 오르는 오답노트 작성법과 효율적인 복습 방법을 구체적으로 제공하여 단기간에 고득점 달성이 가능하게 하였습니다.

▷  시험 당일 고사장에서도 시험 직전 복습을 할 수 있도록 휴대가 용이하게 제작되었습니다.


**⑦ 시험 영어 연구 전문 조직이 공동 개발**

▷  텝스/토익 베스트셀러 집필진, 토익 990점 수십 회 만점자, 시험영어 콘텐츠 개발 경력 10년의 원어민 연구원, 미국/영국/호주의 명문대학원 석사 출신 영어 테스트 전문가들이 포진한 영어 시험 연구 조직인 시원스쿨어학연구소와 공동 개발하였습니다.

▷  시원스쿨어학연구소의 연구원들은 매월 토익 시험에 응시하여 시험에 나온 모든 문제를 철저하게 해부, 분석함으로써 최신 출제 경향을 정확하게 꿰뚫고 있으며, 기출문제 빅데이터 분석을 통해 가장 빠르고 효율적인 고득점이 가능한 학습 솔루션을 개발하고 있습니다. 이러한 노하우를 바탕으로 「시원스쿨 토익 Part 5&6 실전문제집」의 컨텐츠 개발과 검수를 완료하였습니다.

# 이 책의 구성과 특징

**PART 5&6**

## Part 5&6 학습 전략

Part 5&6의 문항 구성과 최신 출제 경향을 소개하고, 이에 대비한 핵심 전략과 문제 풀이 요령을 알기 쉽게 설명해줍니다.

## 모바일 해설서 바로보기

각 테스트 상단에 모바일 해설서를 볼 수 있는 QR코드를 삽입하여 학습자의 편의성을 강화하였습니다. 지면 해설서가 없어도 언제 어디서든 QR코드를 찍어서 학습할 수 있도록 하였습니다.

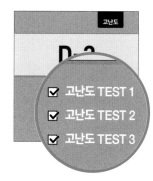

## 고난도 Part 5&6 TEST 3회분

900점 이상의 고득점을 목표로 하는 수험생들을 위해 실제 시험 난이도보다 높은 고난도 TEST 3회분을 본서에 수록하였습니다. 각각의 고난도 TEST 마지막 페이지에 삽입된 QR코드를 통해 저자 구완서 강사의 명쾌한 해설강의를 무료로 수강할 수 있습니다.

## 문항별 출제 유형과 난이도

각 문항별 출제 유형을 통해 Part 5&6 최신 출제 흐름을 파악할 수 있고, 자주 출제되는 유형을 반복해서 풀면서 실전 적응력을 향상시킬 수 있습니다. 또한, 최대 별 5개(★★★★★)를 통해 난이도를 나타내어 최신 기출경향을 한눈에 파악할 수 있도록 구성하였습니다.

## 정답 및 오답 해설

정답 뿐만 아니라 오답 선택지까지 철저히 분석해 실전에서도
함정에 빠지지 않고 정답을 고를 수 있도록 해설서를 구성하였
습니다. 해설서만 읽어도 기출 포인트와 중요 학습 내용을 이해
할 수 있습니다.

## [부록] 시원스쿨 토익 D-1 오답노트

고득점을 원하는 학습자들은 반복되는 실수를 줄이기 위해 오
답노트를 작성하는 것이 좋습니다. 시험 당일 고사장에도 들고
가서 시험 직전까지 최종 마무리 학습을 할 수 있도록 휴대가
용이하게 제작하였습니다.

## [온라인] 본서 수록 어휘문제 랜덤 구성 모의고사 3회분

최종 마무리 학습을 할 수 있도록 본서에 수록한 어휘 유형 문
제 중 고득점을 위해 꼭 다시 풀어봐야 하는 문제들을 선별
해 구성한 3회분 복습 모의고사를 시원스쿨랩 홈페이지(lab.
siwonschool.com)에서 제공합니다.

## [온라인] Part 5&6 빈출 단어장 / 단어 시험지

본서에 수록한 어휘 중 Part 5&6에서 자주 출제되는 어휘들
만 모은 단어장과 단어 시험지를 시원스쿨랩 홈페이지(lab.
siwonschool.com)에서 제공합니다. Part 5&6 정답으로
출제된 기출 예문이 담긴 단어 시험지를 통해 기출 포인트도 함
께 학습할 수 있습니다.

# TOEIC이란

TOEIC은 ETS(Educational Testing Service)가 출제하는 국제 커뮤니케이션 영어 능력 평가 시험(Test Of English for International Communication)입니다. 즉, 토익은 영어로 업무적인 소통을 할 수 있는 능력을 평가하는 시험으로서, 다음과 같은 비즈니스 실무 상황들을 다룹니다.

- 기업일반     계약, 협상, 홍보, 영업, 비즈니스 계획, 회의, 행사, 장소 예약
- 제조     공장 관리, 조립 라인, 품질 관리
- 금융과 예산     은행, 투자, 세금, 회계, 청구
- 개발     연구, 제품 개발
- 사무실     회의, 서신 교환(편지, 메모, 전화, 팩스, E-mail 등), 사무용품/가구 주문과 사용
- 인사     입사 지원, 채용, 승진, 급여, 퇴직
- 부동산     건축, 설계서, 부동산 매매 및 임대, 전기/가스/수도 설비
- 여가     교통 수단, 티켓팅, 여행 일정, 역/공항, 자동차/호텔 예약 및 연기와 취소, 영화, 공연, 전시

## 토익 파트별 문항 구성

| 구성 | 파트 | 내용 | 문항 수 및 문항 번호 | | 시간 | 배점 |
|---|---|---|---|---|---|---|
| Listening Test | Part 1 | 사진 묘사 | 6 | 1-6 | 45분 | 495점 |
| | Part 2 | 질의 응답 | 25 | 7-31 | | |
| | Part 3 | 짧은 대화 | 39 (13지문) | 32-70 | | |
| | Part 4 | 짧은 담화 | 30 (10지문) | 71-100 | | |
| Reading Test | Part 5 | 단문 빈칸 채우기 (문법, 어휘) | 30 | 101-130 | 75분 | 495점 |
| | Part 6 | 장문 빈칸 채우기 (문법, 문맥에 맞는 어휘/문장) | 16 (4지문) | 131-146 | | |
| | Part 7 | 독해   단일 지문 | 29 | 147-175 | | |
| | | 이중 지문 | 10 | 176-185 | | |
| | | 삼중 지문 | 15 | 186-200 | | |
| 합계 | | | 200 문제 | | 120분 | 990점 |

# 접수부터 성적 확인까지

## 접수

▸ TOEIC 위원회 인터넷 사이트(www.toeic.co.kr)에서 접수 일정을 확인하고 접수합니다.

▸ 접수 시 최근 6개월 이내에 촬영한 jpg 형식의 사진이 필요하므로 미리 준비합니다.

▸ 토익 응시료는 (2023년 3월 기준) 정기 접수 시 48,000원, 특별추가접수 시 52,800원입니다.

▸ 시험 30일 전부터는 특별추가접수에 해당하여 약 5천원의 추가 비용이 발생하니 잊지 말고 정기 접수 기간에 접수하도록
합니다.

## 시험 당일 할 일

▸ 아침을 적당히 챙겨 먹습니다. 빈속은 집중력 저하의 주범이고 과식은 졸음을 유발합니다.

▸ 고사장을 반드시 확인합니다.

▸ 시험 준비물을 챙깁니다.

 – 신분증 (주민등록증, 운전면허증, 기간 만료 전 여권, 공무원증만 인정. 학생증 안됨. 단, 중고등학생은 국내학생증 인정)

 – 연필과 깨끗하게 잘 지워지는 지우개 (볼펜이나 사인펜은 안됨. 연필은 뭉툭하게 깎아서 여러 자루 준비)

 – 아날로그 시계 (전자시계는 안됨)

 – 수험표 (필수 준비물은 아님. 수험번호는 시험장에서 감독관이 답안지에 부착해주는 라벨을 보고 적으면 됨)

▸ 고사장으로 이동하는 동안에는 LC 음원을 들으며 귀를 예열합니다.

▸ 최소 30분 전에 입실을 마치고(오전 시험은 오전 9:20까지, 오후 시험은 오후 2:20까지) 지시에 따라 답안지에 기본 정보를
기입한뒤, 가져온 시원스쿨 토익 Part 5 & 6 실전문제집과 D-1 오답노트를 천천히 훑어봅니다.

▸ 안내 방송이 끝나고 시험 시작 전 5분의 휴식시간이 주어지는데, 이때 화장실에 꼭 다녀옵니다.

## 시험 진행

| 오전 시험 | 오후 시험 | 내용 |
|---|---|---|
| 9:30 – 9:45 | 2:30 – 2:45 | 답안지 작성 오리엔테이션 |
| 9:45 – 9:50 | 2:45 – 2:50 | 수험자 휴식시간 |
| 9:50 – 10:10 | 2:50 – 3:10 | 신분증 확인, 문제지 배부 |
| 10:10 – 10:55 | 3:10 – 3:55 | 청해 시험 |
| 10:55 – 12:10 | 3:55 – 5:10 | 독해 시험 |

## 성적 확인

▸ 시험일로부터 10~12일 후 낮 12시에 한국 TOEIC 위원회 사이트(www.toeic.co.kr)에서 성적 확인이 가능합니다. 성적표 수령
은 우편 또는 인터넷으로 가능한데, 이는 시험 접수 시 선택할 수 있습니다.

# TOEIC Part 5 & 6 학습 전략

## Part 5

### 최신 출제 경향

▷ **문항 수: 총 30문항**

▷ **출제 경향:** Part 5는 크게 어렵거나 쉬운 시험이 거의 없이 매월 중간 정도의 난이도로 출제되고 있다. 특히 문법에서는 난이도 높은 문제의 출제 비중이 줄어들었으며 빈출 유형이 반복적으로 출제되고 있다. 복잡한 문법을 묻기보다는 해석할 필요 없이 문장 구조를 파악해 빈칸에 필요한 품사/어형 혹은 대명사의 격 등을 결정하는 문제의 비중이 상당히 높다.

**문법 및 어휘문제 출제 비율**

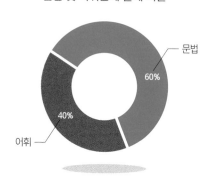

문법 60%

어휘 40%

### 핵심 전략

① **해석이 필요 없는 문법 문제들은 빠르게 처리한다.**

동일한 어휘가 품사만 달리한 형태로 선택지가 구성된(예를 들어, size, sizing, sizable, sized) 문제의 경우, 빈칸에 필요한 품사를 묻는 것으로 해석할 필요 없이 문장 구조 분석을 통해 빈칸에 알맞은 품사로 된 단어를 고르면 된다. 평소에 문장 구조를 꼼꼼히 확인하는 습관을 들여 정답을 빠르게 찾는 능력을 길러야 한다.

② **문법 문제의 단서를 빠르게 파악한다.**

대명사의 격을 묻는 문제의 경우, 빈칸의 위치가 명사 앞인지(소유격 대명사 자리) 또는 동사 앞인지(주격 대명사 자리), 동사 뒤인지(목적격 대명사 자리)를 확인해 빈칸의 역할을 파악한다. 시제 문제의 경우, 시제 파악의 단서가 되는 시점 표현(예를 들어, last나 next와 같은)을 빠르게 찾는 등 빠른 문제 풀이에 필요한 전략을 평소에 익혀 두어야 한다.

③ **어휘는 출제 빈도가 높은 것부터 암기한다.**

어휘 문제는 주로 과거에 이미 출제되었던 어휘들이 대부분 다시 출제된다. 따라서, 무조건 많이 외우는 것보다는 자주 출제되는 어휘들을 우선 학습하는 것이 바람직하다. 특히 여러 의미를 나타내는 단어의 경우, 시험에 나왔던 의미로 암기해야 한다.

## Part 6

### 최신 출제 경향

▷ **문항 수:** 총 4지문, 16문항

▷ **출제 경향:** 문장 삽입 문제의 난이도가 매월 다르게 출제되고 있다. 쉽게 출제될 경우, 문장 앞뒤의 해석만으로 간단히 풀이할 수 있지만, 명확한 단서가 주어지지 않고 전체 흐름상의 논리를 파악해야만 풀이할 수 있는 고난도의 문제가 출제되기도 한다. 또한 어휘 문제의 난이도가 상승했다. 과거에는 해당 문장 혹은 바로 앞뒤 문장 같은 매우 가까운 곳에 단서가 있었지만, 최신 Part 6 어휘 문제는 여러 문장의 단서를 조합하거나 전체 흐름을 파악해야 정답을 찾을 수 있다.

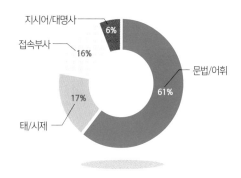

문맥 파악을 필요로 하는 유형

- 지시어/대명사 6%
- 접속부사 16%
- 태/시제 17%
- 문법/어휘 61%

### 핵심 전략

① **문법과 어휘 문제는 Part 5와 유사하게 푼다.**

문법은 기본적인 구조와 품사에 대한 이해만 있으면 수월하게 풀리기 때문에 Part 5에서 학습한 것을 토대로 풀면 된다. 어휘 역시 마찬가지이지만, 문맥을 파악해 앞뒤 흐름에 맞는 답을 고르도록 해야 한다.

② **전체 지문을 읽어야 잘 풀린다.**

빨리 풀겠다는 욕심에 빈칸의 앞뒤만 보고 풀려고 하면 더 어렵다. Part 6는 Part 5와 달리 문맥 파악이 관건이다. 따라서 반드시 지문 시작 부분부터 차분히 보면서 한 문제씩 해결해 나가야 한다.

③ **문장 삽입 문제의 경우 연결 고리를 찾는데 집중한다.**

문장 삽입 문제는 선택지의 각 문장에 연결 고리에 대한 단서가 있다. 주로 접속부사, 지시어, 관사 등이 그 단서 역할을 한다. 따라서 이 단서들을 바탕으로 빈칸 앞 또는 뒤에 위치한 문장과 내용 흐름상 가장 적절한 문장을 찾아야 한다.

**PART 5 & 6**

# 5일 만에 끝내는 학습 플랜

▶ 다음의 학습 플랜을 참조하여 5일 동안 매일 학습합니다.

▶ 해당일의 학습을 하지 못했더라도 앞으로 돌아가지 말고 오늘에 해당하는 학습을 계속합니다. 그래야 끝까지 완주할 수 있습니다.

▶ 교재의 학습을 마치면 시원스쿨랩 홈페이지(lab.siwonschool.com)에서 본서 수록 어휘문제 랜덤 구성 모의고사 3회분과 단어장/단어시험지를 다운받아 학습하세요.

## 5일 실전 완성 학습 플랜

| D-5 | D-4 | D-3 | D-2 | D-1 |
|---|---|---|---|---|
| TEST 1<br>TEST 2<br>TEST 3 | TEST 4<br>TEST 5<br>TEST 6 | TEST 7<br>TEST 8<br>TEST 9 | 고난도 TEST 1<br>고난도 TEST 2<br>고난도 TEST 3<br>+<br>보너스!<br>고난도 TEST<br>QR 해설강의 | 오답노트<br>작성 및 리뷰 |
| ☐ | ☐ | ☐ | ☐ | ☐ |

## 2주 이론+실전 완성 학습 플랜 <시원스쿨 토익 기출 문법 공식 119>와 같이 공부하고 싶다면?

| D-10 | D-9 | D-8 | D-7 | D-6 |
|---|---|---|---|---|
| 기출 문법 공식<br>001~025 | 기출 문법 공식<br>026~050 | 기출 문법 공식<br>051~075 | 기출 문법 공식<br>076~100 | 기출 문법 공식<br>101~119<br>+<br>실전 모의고사<br>TEST 1-2 |
| ☐ | ☐ | ☐ | ☐ | ☐ |
| **D-5** | **D-4** | **D-3** | **D-2** | **D-1** |
| TEST 1<br>TEST 2<br>TEST 3 | TEST 4<br>TEST 5<br>TEST 6 | TEST 7<br>TEST 8<br>TEST 9 | 고난도 TEST 1<br>고난도 TEST 2<br>고난도 TEST 3<br>+<br>보너스!<br>고난도 TEST<br>QR 해설강의 | 오답노트<br>작성 및 리뷰 |
| ☐ | ☐ | ☐ | ☐ | ☐ |

# D-5

☑ **TEST 1**

☑ **TEST 2**

☑ **TEST 3**

 Part 5&6 권장 문제풀이 시간은 15분입니다. (Part 5: 7분, Part 6: 8분)

● 시작 시간: _____   ● 종료 시간: _____

## READING TEST

In the Reading test, you will read a variety of texts and answer several different types of reading comprehension questions. The entire Reading test will last 75 minutes. There are three parts, and directions are given for each part. You are encouraged to answer as many questions as possible within the time allowed. You must mark your answers on the separate answer sheet. Do not write your answers in your test book.

## PART 5

**Directions:** A word or phrase is missing in each of the sentences below. Four answer choices are given below each sentence. Select the best answer to complete the sentence. Then mark the letter (A), (B), (C), or (D) on you answer sheet.

---

**101.** Due to word-of-mouth advertising, Wilversham Paints has built up a ------- business with 100 workers and 3 branches.

(A) size
(B) sizing
(C) sizable
(D) sized

**102.** The initiative ------- the rooftops of buildings in the city into green landscapes is gaining public support.

(A) transforms
(B) transformation
(C) to transform
(D) transformed

**103.** ------- of Danish painter Anne Sancher's paintings was recovered by the Danish government.

(A) All
(B) Any
(C) Each
(D) This

**104.** Based on a further study, the highly-anticipated new anti-allergy medication was found to be only ------- effective.

(A) marginally
(B) regretfully
(C) expectedly
(D) conclusively

**105.** Sintero Systems has announced a joint venture with Jettison Security Inc. to work ------- expanding into the global network security market.

(A) toward
(B) ahead
(C) of
(D) out

**106.** The board members agree that Mr. Compston's business proposal is ------- profitable for the company.

(A) carefully
(B) potentially
(C) attentively
(D) originally

**107.** To ensure that ------- stocks sell faster before they spoil, CallMart places them on middle shelves at eye level.

(A) perishable
(B) unhealthy
(C) cautious
(D) exported

**108.** After Mr. Attwood's presentation, several potential investors remained in the conference hall in order to have an in-depth -------.

(A) correlation
(B) delegation
(C) attendance
(D) discussion

109. The ------- reason you should upgrade your membership now is that you can get ten free personal training sessions each month.

    (A) continuous
    (B) settled
    (C) primary
    (D) straight

110. James Hogan is one of the most successful biography writers, ------- only Jeffrey Adams, the best-selling author of the biography of a former prime minister.

    (A) except
    (B) between
    (C) behind
    (D) among

111. Due to a decrease in consumer demand, the supermarket has not stocked any microwavable meals -------.

    (A) suddenly
    (B) recently
    (C) fully
    (D) briefly

112. Hotel guests may extend their stay at any point, ------- the reception desk receives sufficient notification.

    (A) provided that
    (B) regardless of
    (C) according to
    (D) as a result of

113. The bulk of the new shipments will be sent to ------- warehouse facility is closest to the points of delivery.

    (A) everyone
    (B) whichever
    (C) some
    (D) both

114. The record company is launching a new label ------- to showcasing the music of promising bluegrass and folk artists.

    (A) dedicated
    (B) named
    (C) emphasized
    (D) concerned

115. A number of home buyers are flocking to the Nine Hills neighborhood ------- falling property prices.

    (A) as a result of
    (B) even though
    (C) since
    (D) such as

116. Mr. Mitchell was praised by the CEO of the firm for his valuable ------- as an external advisor.

    (A) completions
    (B) competitors
    (C) contributions
    (D) calculations

117. The switchboard at Shop-a-Lot manages a high ------- of calls day and night, so operators work on rotating shifts.

    (A) size
    (B) volume
    (C) selection
    (D) value

118. The mayor of the city ------- visits all residents who celebrate their one hundredth birthday.

    (A) firmly
    (B) exceptionally
    (C) mutually
    (D) personally

119. ------- engineer works on the project depends on the feature or component needed to be designed.

    (A) Each
    (B) Who
    (C) Either
    (D) Which

120. The latest forecasts predict that arctic winds may ------- with the smooth transit of the cargo ship across the Northern Atlantic.

    (A) depend
    (B) interfere
    (C) correspond
    (D) fall

121. SBN Sports, the cable channel that broadcasts football games at the regional levels, is hoping to go national in a ------- short period of time.

(A) closely
(B) gradually
(C) hardly
(D) surprisingly

122. The public relations manager will ------- an official comment on the plan to cut almost 200 jobs in its manufacturing plants.

(A) carry
(B) issue
(C) perform
(D) construct

123. The Stamford Business School lecturers are mostly high-ranking business executives with a ------- of experience in management.

(A) reputation
(B) height
(C) wealth
(D) series

124. Although it seems that the concert may not fill the auditorium, the entire place should still be checked ------- we expect full capacity.

(A) so that
(B) more than
(C) as if
(D) as much as

125. Bolton Leather Company is well-known ------- the footwear industry as being a reliable source of fine leather.

(A) during
(B) throughout
(C) abroad
(D) for

126. The program for computerizing hospital records has been ------- beneficial as it allows staff and patients to easily retrieve information.

(A) markedly
(B) carefully
(C) voluntarily
(D) densely

127. Online advertising of the auto dealership has resulted in a ------- rise of approximately 30 percent for actual sales.

(A) remarkable
(B) perceptive
(C) contractual
(D) interested

128. The external auditor ------- that budget reports be reviewed at the end of each month to ensure accurate accounting.

(A) recommends
(B) receives
(C) registers
(D) rises

129. A slight drop in the price of gold will only affect countries ------- currency is still linked to the gold standard.

(A) whose
(B) who
(C) whom
(D) that

130. The teaching staff ------- the school assembly yesterday if they had not had conflicting class schedules.

(A) would attend
(B) must attend
(C) had attended
(D) would have attended

# PART 6

**Directions:** Read the texts that follow. A word, phrase, or sentence is missing in parts of each text. Four answer choices for each question are given below the text. Select the best answer to complete the text. Then mark the letter (A), (B), (C) or (D) on your answer sheet.

**Questions 131-134** refer to the following instructions.

Changing your water filter

Customers of Eureka water purifying products must follow these instructions in order to lengthen the life of your equipment and ensure that it can better serve your filtering needs.

We recommend changing your water filter ------- three months. To do this, start by turning off
                                            131.
the main valve that directs water to the filter. ------- the water supply to the filter is shut off,
                                                 132.
press the button on the filter housing. The pressure on the button ------- the filter housing,
                                                                          133.
allowing you to reach the filter inside. Turn the filter clockwise by hand to remove it, and then

install the new one in its place. -------.
                                  134.

131. (A) about
     (B) each
     (C) every
     (D) for

132. (A) As if
     (B) Whenever
     (C) Whereas
     (D) Once

133. (A) will release
     (B) had been releasing
     (C) released
     (D) to release

134. (A) Please dispose of the used filter after
         removing it.
     (B) Homeowners must use water filtration
         systems to ensure clean water.
     (C) You will receive shipments of filtered
         water delivered to your doorstep.
     (D) Eureka water filtration systems are the
         best on the market.

**Questions 135-138** refer to the following e-mail.

To: mila_santos@montarise.edu
From: gbloomfeld@verifold.com
Date: November 25
Subject: Possible visit

Dear Ms. Santos,

I felt very fortunate for having heard your speech ------- the university conference last week.
                                                    135.
My colleagues and I found your remarks ------- as well as insightful. We thought it would be a
                                       136.
wonderful idea to have you address a group of our staff. Would it be possible for you to visit our

office and deliver a short speech at our monthly general assembly?

As the semester has just ended, I imagine you must be busy grading exam papers. -------, it may
                                                                                137.
be difficult to make time for a visit at the moment. How would you feel about scheduling your

visit for a day a few weeks after the start of the summer break? I'd be happy to meet you for a

brief chat to discuss possible dates. -------.
                                      138.

Sincerely,

Garth Bloomfeld
CEO, Garth Publishing

135. (A) of
(B) by
(C) on
(D) at

136. (A) inspiring
(B) inspire
(C) inspiration
(D) inspired

137. (A) Even so
(B) Therefore
(C) In contrast
(D) Previously

138. (A) Please let me know if I can reach you
by phone next week.
(B) I am finishing the requirements for
graduating this semester.
(C) As always, I thank you for your
consistent support of our work.
(D) We are sorry that we were unable to
find the time to meet.

May 6
Amanda Reed
1756 Sultana Street
Adelaide SA 5000

Dear Ms. Reed,

On Monday, May 12, Wattle Beach and Sultana Point will be closed to the public between the hours of 8:00 A.M. and 2:00 P.M. for the annual Beach Cleanup activity. -------.
139.

We apologize for any ------- or disruption to your café's business. The activity has become
140.
increasingly critical ------- concerns of water pollution. It also promotes environmental
141.
awareness and volunteerism. In fact, we hope you can join us as we welcome volunteers. Your
support ------- us in completing the upcoming activity successfully.
142.

For more information, please visit www.adelaidecleanbeach.org.au.

Regards,

Chris Bickerton
Organizer, Adelaide Beach Cleanup

139. (A) All residents are advised to follow the posted waste management guidelines.
(B) We thank you for volunteering to help organize this event.
(C) Tickets can be purchased at the event site or online.
(D) Parking will also be unavailable at both locations.

140. (A) refusal
(B) destruction
(C) inconvenience
(D) prevention

141. (A) since
(B) given
(C) upon
(D) such as

142. (A) to help
(B) will help
(C) helped
(D) have helped

**Questions 143-146** refer to the following e-mail.

---

To: c_porter@pallmall.net
From: orders@muteimages.com
Date: June 24
Subject: Thank you

Dear Mr. Porter,

Thank you for purchasing one of the images from my online photo exhibit. I hope you are pleased with the print you received. If you are, I would like to ask you to add your name to the list of photo collectors on my Web site. -------, if you judge the photograph to be below your
143.
standards, I would appreciate it if you could let me know, and perhaps suggest ------- I can
144.
improve my work. I welcome any ------- from fellow photography enthusiasts.
145.

-------. This is a craft I have recently become keenly interested in. As such, I rely on customers
146.
like you to help me enhance my skills and endorse my work to others.

Thank you again for your business.

Sincerely,

Nina Gerber
Mute Images

---

143. (A) However
(B) For example
(C) Moreover
(D) In short

144. (A) that
(B) how
(C) whether
(D) which

145. (A) speech
(B) document
(C) advantage
(D) feedback

146. (A) My thanks for endorsing my Web site to other publishers.
(B) Because I have a lot of images in stock, I can fulfill even large orders.
(C) As you can probably see from my Web site, I am not a professional artist.
(D) My photographs are available in digital and print copy.

## READING TEST

In the Reading test, you will read a variety of texts and answer several different types of reading comprehension questions. The entire Reading test will last 75 minutes. There are three parts, and directions are given for each part. You are encouraged to answer as many questions as possible within the time allowed. You must mark your answers on the separate answer sheet. Do not write your answers in your test book.

## PART 5

**Directions:** A word or phrase is missing in each of the sentences below. Four answer choices are given below each sentence. Select the best answer to complete the sentence. Then mark the letter (A), (B), (C), or (D) on you answer sheet.

101. Mr. Hamada took the meeting with the new clients in Ms. Kuma's office because ------- was being repainted.

(A) his
(B) him
(C) he
(D) himself

102. The company plans to recruit an ------- for Mr. O'Driscoll in order to lighten his workload.

(A) assist
(B) assistant
(C) assisted
(D) assistance

103. Stillman Studio is a new video and photography shop ------- on catering to weddings and family events.

(A) focus
(B) focusing
(C) focuses
(D) to focus

104. In ------- before the House of Commons for the first time, the new prime minister had the opportunity to outline her major policies.

(A) speak
(B) spoke
(C) speaking
(D) spoken

105. SeaStar Airlines restricts its advertising budget, ------- to promote its services through word-of-mouth.

(A) prefer
(B) to prefer
(C) preferring
(D) preferred

106. Mr. Muller was ------- that one of the photographs he submitted was nominated as a finalist.

(A) performed
(B) flattered
(C) welcomed
(D) challenged

107. ------- stated in the application form, processing of driver's licenses takes two to three weeks.

(A) About
(B) Even
(C) For
(D) As

108. WebSuite Consultants takes advantage of the ------- latest programming software to develop its applications.

(A) very
(B) so
(C) much
(D) most

109. The Drug Council has finally released a statement to address concerns ------- the risks of taking too many supplements.

(A) following
(B) excluding
(C) regarding
(D) during

110. The event planning committee will hold a meeting ------- this month to finalize plans for the Christmas parade.

(A) later
(B) lately
(C) latest
(D) lateness

111. All garbage collectors must train in waste recycling and separation to ensure ------- with the city's waste disposal regulations.

(A) completion
(B) activation
(C) authority
(D) compliance

112. The identity of the ------- of the Harper Lowell Prize was known only by the five members of the judging panel.

(A) group
(B) entry
(C) recipient
(D) vote

113. Please remember that any item priced upwards of $50, or the ------- amount in euros, must be sold instead of given to charity.

(A) profitable
(B) reasonable
(C) equivalent
(D) dependent

114. After passing through the security checkpoint, tour members should go ------- to Gate 34 in Terminal 2.

(A) commonly
(B) directly
(C) nearly
(D) consistently

115. Jane Millibank started doing stand-up comedy two years ago and has ------- become a regular performer on the city's club circuit.

(A) ever
(B) since
(C) been
(D) yet

116. Highlands Parks and Wildlife has profited greatly ------- its acquisition of several species of caribou and deer.

(A) to
(B) from
(C) about
(D) for

117. If the farm produce had been delivered spoiled, the trucking company ------- to pay compensation for the shipment.

(A) had been offered
(B) would have offered
(C) is offered
(D) had offered

118. Race car mechanics claim that ------- to the turbo engine would reduce vibration and noise while racing.

(A) occasions
(B) accelerations
(C) enhancements
(D) opportunities

119. Even though Hillary Milton only spoke for a few minutes at the conference, her words made a ------- impression on the delegates.

(A) last
(B) lasted
(C) lasting
(D) lasts

120. Almost 300 representatives voted to pass the legislation, ------- the opposition from civil rights groups across the country.

(A) but
(B) while
(C) despite
(D) since

121. When roasting lamb, be sure to set the oven temperature ------- at 375 degrees to ensure the meat is cooked thoroughly.

(A) rightfully
(B) importantly
(C) precisely
(D) smoothly

122. ------- the disability of several patients, resident nurses and caregivers help them become as mobile and independent as possible.

(A) Given
(B) Since
(C) About
(D) For

123. As a result of innovative marketing, the game became ------- more popular than previous releases from the gaming company.

(A) even
(B) very
(C) only
(D) too

124. The tourism board is ------- that the newly developed waterfront zone will attract many new visitors to the city.

(A) successful
(B) temporary
(C) necessary
(D) hopeful

125. Whether the employees are full-time, part-time, or interns, ------- are welcome to attend the year-end party.

(A) all
(B) each
(C) every
(D) much

126. Several businesses in Laketown have adapted their services to suit Asian tourists in an effort to -------.

(A) withstand
(B) promote
(C) designate
(D) thrive

127. Among the various bidders for the contract, Gladstone Technologies was ------- mentioned as a likely winner.

(A) specifically
(B) doubtfully
(C) gradually
(D) urgently

128. As a member of Silver Lake Country Club, you can pay your fees either monthly or annually, ------- you prefer.

(A) whoever
(B) therefore
(C) provided
(D) whichever

129. ------- a recent public opinion poll, there is growing support for the proposals to liberalize laws on new businesses.

(A) Instead of
(B) When
(C) According to
(D) About

130. Mr. Barbers is contacting a few hotel managers to request receipts ------- to his recent trip to New York so that he can be reimbursed.

(A) acceptable
(B) finished
(C) relevant
(D) definite

## PART 6

**Directions:** Read the texts that follow. A word, phrase, or sentence is missing in parts of each text. Four answer choices for each question are given below the text. Select the best answer to complete the text. Then mark the letter (A), (B), (C) or (D) on your answer sheet.

**Questions 131-134** refer to the following e-mail.

To: All Frontline Service Personnel
From: Emily Chen, Office of Professional Development
Subject: Training Course on Customer Relations
Date: Wednesday, April 12

Dear colleagues,

The second round of our two-day training course on customer relations is being held on April 16. The ------- course can only accommodate 20 participants, so please register early. We are
     131.
fortunate to get Marie Gutierrez, customer service pioneer, to lead our team of course trainers. Ms. Gutierrez is only available for two hours, so she ------- our key topic: creating customer
                                                          132.
loyalty. -------. We hope you take advantage of this rare opportunity to learn from one of our
        133.
veteran officers. Also, please be sure to get the approval ------- your direct superior to attend
                                                            134.
the course.

Emily Chen

131. (A) frequent
(B) forward
(C) previous
(D) upcoming

132. (A) discussed
(B) will discuss
(C) discuss
(D) will be discussed

133. (A) Ms. Gutierrez was nominated for the award by her peers in the industry.
(B) Anyone with experience addressing large audiences is encouraged to prepare a speech.
(C) As a young intern, Ms. Gutierrez worked long hours to find a suitable career path.
(D) The other trainers will deal with topics such as handling dissatisfied customers.

134. (A) to
(B) of
(C) before
(D) for

**Questions 135-138** refer to the following letter.

Dear Library User,

We are writing to let you know about a temporary ------- to our library services starting March
135.
20. We are moving all fiction titles to our recently expanded east wing. -------. We estimate
136.
that the moving of the books will take two or three days, ------- which time we will be unable
137.
to offer access to any of our titles in the fiction category. ------- any inconvenience, please
138.
borrow all titles you need before March 20, and return any such titles in your possession

before the same date so as not to incur late fees. Thank you very much.

Sincerely,

Amira Boise
Head Librarian

135. (A) allocation
(B) vacancy
(C) disruption
(D) benefit

136. (A) This will allow us to offer a larger
collection of books.
(B) The east wing will be open to library
users for a limited time only.
(C) Reading remains an important
pastime to people in the community.
(D) You can find recently acquired
non-fiction titles in the renovated
wing.

137. (A) instead of
(B) during
(C) due to
(D) below

138. (A) To avoid
(B) Avoided
(C) Avoids
(D) Avoiding

**Questions 139-142** refer to the following article.

Public hearing on new gas pipeline
June 8
By Sam Spade

The Sherbrooke City Council will hold a public hearing on Monday, June 11, to discuss the planned gas pipeline that will transport gas to Georgia and Florida. -------. Therefore, __139.__ residents of Sherbrooke and neighboring towns have expressed concerns that the project will displace homes and community areas, as well as pose a hazard in the future. -------, LLC __140.__ Gas Company, owner of the pipeline, has been studying alternative routes for the pipeline that would be the least intrusive. Attending the hearing are LLC public relations officer Judith Townsend and Sherbrooke mayor Tom Cowan. Ms. Townsend will discuss how much assistance the city can ------- to receive from LLC while the project is ongoing. An in-depth __141.__ ------- by LLC on how safe the pipeline will be is also scheduled. __142.__

139. (A) No reasons were given for the project's cancellation.
(B) The pipeline will run through a residential area.
(C) The city council will hold elections early next year.
(D) Sherbrooke has decided to host monthly public hearings.

140. (A) In short
(B) In particular
(C) In response
(D) In effect

141. (A) suffer
(B) accept
(C) convince
(D) expect

142. (A) presented
(B) presenting
(C) presentable
(D) presentation

**Questions 143-146** refer to the following e-mail.

To: ahenrikson@detik.com
From: raystevens@bluedeep.com
Subject: Feather Tail Betta

Dear Mr. Henriksson,

I represent the Blue Deep Aquarium Store, which is now in the middle of ------- its range of
143.
aquarium fish to better serve our customers. We would like to inquire about stocking more

tropical freshwater fish, particularly a species of betta called the Feather Tail. As this ------- is
144.
commonly found in Indonesia, we contacted the Indonesian Fish Exporters Association, which

suggested we contact you. We browsed your Web site and it appears you do ------- carry this
145.
species. We would like to order a few specimens initially. -------. Do you offer reduced rates
146.
for bulk purchases?

I look forward to hearing from you.

Sincerely,

Ray Stevens
Blue Deep Aquarium Store

143. (A) expands
(B) expanded
(C) expanding
(D) expand

144. (A) recipe
(B) flavor
(C) variety
(D) ability

145. (A) indeed
(B) just
(C) since
(D) very

146. (A) Our aquarium fish exports are very much
in demand in Indonesia.
(B) Unfortunately, these species are no
longer available in this season.
(C) We would, however, want to place a
larger order in the future.
(D) If you can, order before the end of the
month to get a discount.

## READING TEST

In the Reading test, you will read a variety of texts and answer several different types of reading comprehension questions. The entire Reading test will last 75 minutes. There are three parts, and directions are given for each part. You are encouraged to answer as many questions as possible within the time allowed. You must mark your answers on the separate answer sheet. Do not write your answers in your test book.

## PART 5

**Directions:** A word or phrase is missing in each of the sentences below. Four answer choices are given below each sentence. Select the best answer to complete the sentence. Then mark the letter (A), (B), (C), or (D) on you answer sheet.

---

**101.** If they find the beach too crowded, guests at the hotel can relax in the privacy of ------- own pool.

(A) this
(B) its
(C) theirs
(D) ours

**102.** The new factory assembly line allows a greater quantity of solar panels to be manufactured with -------.

(A) ease
(B) easy
(C) easily
(D) easier

**103.** Lind-Visio recently launched its new brand of ------- contact lenses.

(A) disposed
(B) disposable
(C) disposition
(D) disposing

**104.** The new atmospheric measuring device was finally approved after ------- testing and exposure to various oceanic climates.

(A) length
(B) lengthy
(C) lengthen
(D) lengthens

**105.** The warranty ------- any necessary repairs as well as the annual maintenance of the boiler.

(A) covers
(B) increases
(C) performs
(D) requires

**106.** ------- intended as an exclusive service for hotel guests, the spa has since opened its doors to the public.

(A) Original
(B) Originally
(C) Originated
(D) Originating

**107.** ------- better advertisements for our products, we should also create a more attractive company logo.

(A) Besides
(B) Similarly
(C) Moreover
(D) Otherwise

**108.** Ms. Bertrand encourages ------- theater actors to expand their acting range and perform a wide range of roles.

(A) emerged
(B) emerging
(C) emerge
(D) emerges

109. For the position of chief researcher, we welcome any engineers ------- specialty is in automotive electronics.

(A) who
(B) whom
(C) whose
(D) whomever

110. The Jackson City Council will have a community meeting ------- the proposal to close down certain streets during the festival.

(A) along
(B) regardless
(C) concerning
(D) intending

111. Ms. Ascot watched ------- while each employee delivered their monthly project presentation.

(A) generally
(B) rapidly
(C) severely
(D) intently

112. Karl Roebuck ------- the presentation by the time the next speaker arrives at 11 A.M.

(A) completes
(B) completed
(C) has completed
(D) will have completed

113. According to researchers, the cognitive experiment found that solutions given by ten-year-olds were more elaborate than ------- of the eight-year-olds.

(A) either
(B) which
(C) those
(D) whose

114. The CEO's remarks were very ------- and clearly indicated that the company will be in trouble if work performance failed to improve.

(A) accidental
(B) straightforward
(C) profitable
(D) restricted

115. Some audience members seated at the rear of the auditorium complained that they could ------- hear the actors on stage.

(A) nearly
(B) closely
(C) hardly
(D) loudly

116. Though the disease usually occurs among men between the ages of twenty-five and fifty, symptoms can also appear ------- middle age.

(A) past
(B) still
(C) unless
(D) lastly

117. Guests may take the morning ferry to the island or hire a private boat at any time, ------- is more convenient.

(A) any
(B) either
(C) each
(D) whichever

118. Property King offers insurance plans that include partial ------- of damage caused by natural disasters.

(A) extent
(B) coverage
(C) potential
(D) standard

119. Visitors must ------- the museum's policies regarding flash photography and video recording.

(A) assign
(B) oppose to
(C) suggest
(D) comply with

120. Mayflower Shopping Mall contains several vacant ------- units suitable for a wide variety of businesses.

(A) accountable
(B) career
(C) financial
(D) commercial

121. Mr. Richardson was ------- that his suggestion to reduce the traffic congestion on Main Street was mentioned at the public hearing.

(A) appointed
(B) satisfied
(C) exhausted
(D) distracted

122. Saul Blackmore was finally presented with the ------- Outstanding Contribution to Cinema award for his screenwriting work that spanned more than 30 years.

(A) extreme
(B) successful
(C) wealthy
(D) prestigious

123. The recent research shows that failing to maintain a strong online presence ------- limits a company's exposure to potential customers.

(A) formerly
(B) casually
(C) drastically
(D) excitedly

124. Housing developers should prove that a sudden rise in the number of residential and commercial buildings will not ------- to overcrowding and traffic congestion.

(A) lead
(B) determine
(C) plan
(D) conclude

125. The recording studio releases ------- crafted albums, with sophisticated instrumentation and high sound quality.

(A) immensely
(B) heavily
(C) relatively
(D) superbly

126. Borrowers are advised to renew their loan contracts with the bank ------- avoid incurring additional interest.

(A) so that
(B) in order to
(C) even though
(D) rather

127. Our travel insurance package is of great benefit to employees who ------- visit clients overseas.

(A) sometimes
(B) several
(C) though
(D) many

128. All baked goods at Wendy's Pastry Shop were sold out ------- the opening day.

(A) of
(B) on
(C) behind
(D) with

129. We assure you that the vibrations you feel while using the exercise bike have ------- impact on the overall effectiveness and functionality of the machine.

(A) little
(B) few
(C) any
(D) none

130. All interns are given a weekly ------- that should be used to cover lunchtime meal costs.

(A) charge
(B) receipt
(C) allowance
(D) itinerary

## PART 6

**Directions:** Read the texts that follow. A word, phrase, or sentence is missing in parts of each text. Four answer choices for each question are given below the text. Select the best answer to complete the text. Then mark the letter (A), (B), (C) or (D) on your answer sheet.

**Questions 131-134** refer to the following e-mail.

To: Brad Nadeau <bnadeau@xtra.co.nz>
From: Denise Ripley <dripley@rspw.org.nz>
Subject: Information
Date: June 10

Dear Mr. Nadeau,

Thank you for inquiring about the job opening for a veterinarian at Rainbow Springs Parks and Wildlife. The ------- is still available. -------. I ------- that you have a master's degree in veterinary
131.                                        132.          133.
medicine from Auckland University. Your enclosed CV also mentions previous work at a couple of wildlife parks. -------, Rainbow Springs is a rarity among New Zealand parks, so some of our
134.
methods and procedures will be new to you.

Would you be available for an interview on Thursday, June 15, at 10 A.M.? Please email or call my office to confirm.

I look forward to meeting you.

Sincerely,

Denise Ripley
Personnel Director

131. (A) medicine
(B) enrollment
(C) appointment
(D) position

132. (A) Can you tell us about your experience at Rainbow Springs?
(B) In particular, are you familiar with New Zealand wildlife?
(C) Directions to the wildlife park office are attached to this email.
(D) If you are interested, a personal interview is the next step.

133. (A) have been seen
(B) would see
(C) see
(D) seen

134. (A) Although
(B) Moreover
(C) However
(D) Alternatively

**Questions 135-138** refer to the following letter.

Dear friends,

We are pleased to announce that the annual Aleghenny River Cleanup will commence this year on March 24. Regular and new volunteers who would like ------- this year will be required
135.
to use protective suits. To ------- a suit, please fill in the included Volunteer Registration form.
136.

Two days of river cleanup activities are planned at Conewango Creek followed by three days at Allegheny. -------, various teams will work with the garbage department to transport recovered
137.
trash from the worksites to the city landfill. -------. With your help, this year's cleanup will be
138.
another major success. See you there!

Sincerely,

Jorge Lorenzo, Manager
Waco Recycling Program

135. (A) participates
(B) participating
(C) to participate
(D) participation

136. (A) create
(B) follow
(C) join
(D) request

137. (A) In addition
(B) As a result
(C) After all
(D) However

138. (A) We hope you will participate in this important initiative.
(B) Your protective suit will be delivered before the event.
(C) The city's landfills have already reached maximum capacity.
(D) The cleanup movement has yet to see major results.

**Questions 139-142** refer to the following press release.

Executive Director Wade Davis confirmed yesterday that the terminal at Ogdensberg

International Airport ------- to accommodate more passengers. Flights and passenger traffic
139.

have been on the rise in recent years owing to a growing number of tourist arrivals from

Canada. The project is expected to be completed in 13 months. -------. The Ogdensberg
140.

Bridge and Port Authority, which owns the airport, is set to award the contract to the winning

bidder tomorrow. Passenger facilities will be temporarily relocated at the smaller administrative

building ------- construction is ongoing, although officials acknowledge that this may cause
141.

overcrowding and inconvenience for travelers. "-------, it is something we have to bear with for
142.

the time being," airport officials said.

139. (A) expanding
(B) will be expanded
(C) to expand
(D) was expanded

140. (A) The airport began as a private
and exclusive airport for Canadian
travelers.
(B) Passengers complained about the
loud noise caused by the construction
project.
(C) Ogdensberg has evolved into an
attractive tourist destination as a
result of the changes.
(D) The original estimate of ten
months was revised upon further
consideration.

141. (A) besides
(B) however
(C) while
(D) still

142. (A) Unfortunately
(B) Surprisingly
(C) Previously
(D) Simultaneously

**Questions 143–146** refer to the following e-mail.

To: mthatcher@nili.ca
From: gloria_nahili@jobx.com
Subject: JobsX database
Date: July 7
Attachment: Brochure

Dear Mike Thatcher,

Thank you for your inquiry about JobsX. Our online jobs Web site offers companies an easy and systematic way to find and hire professional workers, ------- time and effort on
143.
recruitment. I have attached a company brochure for you to ------- at your convenience. It
144.
includes testimonials from companies who have used JobsX with satisfaction. One key feature we offer is the selection of possible candidates for open positions in your company. -------, if
145.
you are looking for a digital content developer who has more than five years of experience and is willing to work from home, our software conducts a search to find all job candidates on our site who meet these requirements. -------. The data, in turn, is made available to you.
146.

We hope this information sparks your interest to work with us. We'd be happy to meet with you anytime to discuss arrangements.

Gloria Nahili
JobsX Client Coordinator

143. (A) save
 (B) saves
 (C) saved
 (D) saving

144. (A) review
 (B) confirm
 (C) compile
 (D) demand

145. (A) Consecutively
 (B) Meanwhile
 (C) For example
 (D) Rather

146. (A) Candidates qualified for the position can be interviewed anytime.
 (B) We appreciate your directing our attention to this concern.
 (C) It is not always easy or quick to hire the right person for the job.
 (D) All suitable resumes are then neatly organized in a database.

# D-4

☑ **TEST 4**

☑ **TEST 5**

☑ **TEST 6**

 Part 5 & 6 권장 문제풀이 시간은 15분입니다. (Part 5: 7분, Part 6: 8분)

● 시작 시간: _____  ● 종료 시간: _____

## READING TEST

In the Reading test, you will read a variety of texts and answer several different types of reading comprehension questions. The entire Reading test will last 75 minutes. There are three parts, and directions are given for each part. You are encouraged to answer as many questions as possible within the time allowed. You must mark your answers on the separate answer sheet. Do not write your answers in your test book.

## PART 5

**Directions:** A word or phrase is missing in each of the sentences below. Four answer choices are given below each sentence. Select the best answer to complete the sentence. Then mark the letter (A), (B), (C), or (D) on you answer sheet.

101. ------- for vendor permits for this year's city fair will be asked to attend an interview at City Hall.

(A) Applies
(B) Applications
(C) Applicants
(D) Applied

102. The Little Tots Play and Learn Center aims to make playtime ------- for children of preschool age.

(A) educate
(B) educational
(C) educated
(D) educationally

103. The review panel established ------- suggestions from employees at the factory has been welcomed by personnel.

(A) address
(B) addressed
(C) to address
(D) will address

104. Heartland Foundation and Little Angels have jointly organized an ------- list of charity events to increase their fundraising potential.

(A) exhausts
(B) exhaustion
(C) exhaustive
(D) exhausted

105. The Littleton Suspension Bridge, which ------- spans Ferny River, was damaged by a storm and has since been closed for repairs.

(A) graceful
(B) grace
(C) gracefully
(D) graces

106. The Maldives Tourist Information Web site advises travelers to seek medical attention ------- after being stung by a jellyfish.

(A) still
(B) enough
(C) very
(D) immediately

107. This Mexican-inspired tortilla wrap is an interesting ------- on traditional Christmas mince pies.

(A) variable
(B) variety
(C) variation
(D) variability

108. Mr. Hakata was ------- that he was invited to give the keynote speech at the Midwest Technology Conference.

(A) depleted
(B) delighted
(C) refused
(D) awarded

109. Multiple ------- of the same item do not require repeated authorization, as long as the first one was approved.

(A) purchase
(B) purchaser
(C) purchasing
(D) purchases

110. The pest control officers ------- all employees to leave the building while they perform their work.

(A) include
(B) require
(C) arrive
(D) monitor

111. Staff members may be granted permission to work ------- in special circumstances, such as after sustaining an injury.

(A) continuously
(B) remotely
(C) fairly
(D) relatively

112. The CEO expressed admiration for John Spencer, ------- contributions transformed the company from a local manufacturer to an international enterprise.

(A) whose
(B) who
(C) with
(D) his

113. Tourists are reminded to act ------- when visiting the orangutan sanctuary in Borneo.

(A) responsible
(B) responsibly
(C) responsibility
(D) responsibleness

114. The televised political debate will include the majority of election candidates ------- several southern states.

(A) forward
(B) against
(C) across
(D) under

115. Please make sure that all construction workers exercise ------- to prevent injuries when operating heavy machinery.

(A) cautious
(B) cautiously
(C) cautioned
(D) caution

116. Cash withdrawals made from overseas bank accounts will be ------- to a withholding tax of between 10% and 30%.

(A) entitled
(B) subject
(C) transferable
(D) imposed

117. Prior to shipping, the place of ------- must be clearly indicated on the top of each box using the labels provided.

(A) result
(B) position
(C) beginning
(D) origin

118. Unless otherwise indicated in the notice sent to you, apartment lease applications ------- take two weeks to be approved.

(A) typically
(B) unusually
(C) temporarily
(D) specially

119. The human resources department has ------- for all expenditures listed in its annual operating expense report.

(A) recorded
(B) accounted
(C) explained
(D) calculated

120. The hotel services listed ------- the information guide are available upon request by calling the front desk.

(A) at
(B) up
(C) under
(D) in

121. PackLight boxes and liquid containers come with secure seals to let you store food items longer without affecting ------- taste or quality.

(A) its
(B) some
(C) their
(D) them

122. Prices at local gas stations ------- depending on the current market price of imported oil.

(A) pay
(B) transport
(C) calculate
(D) vary

123. ------- 30% of the art works being exhibited were sold on the opening night alone.

(A) Among
(B) Also
(C) Most
(D) About

124. ------- net income only rose by 1 percent, bank executives insist this was still in line with fourth quarter estimates.

(A) In spite of
(B) Even though
(C) Instead
(D) Not only

125. Early bird tickets are available for purchase ------- the Ticketron service starting August 1.

(A) such as
(B) even if
(C) through
(D) including

126. For those hoping to impress guests at a dinner party, serving a dish featured in this recipe book might be -------.

(A) published
(B) attentive
(C) helpful
(D) perceptive

127. Basketball practice will be doubled to twice a day starting Tuesday ------- ensure the players are in peak condition for the finals.

(A) so that
(B) in order to
(C) such as
(D) even though

128. Thanks to an online app that gave us directions, we were able to find the ski resort ------- any trouble.

(A) without
(B) except
(C) owing to
(D) apart

129. The finance department will decide ------- plans to renovate the third and fourth floors will go ahead.

(A) whether
(B) so that
(C) until
(D) even

130. The new fur coat line from designer Marco Lucci only went on sale this weekend, but the collection ------- sold out.

(A) yet
(B) until
(C) already
(D) later

## PART 6

**Directions:** Read the texts that follow. A word, phrase, or sentence is missing in parts of each text. Four answer choices for each question are given below the text. Select the best answer to complete the text. Then mark the letter (A), (B), (C) or (D) on your answer sheet.

**Questions 131-134** refer to the following e-mail.

To: Jonah Lange
From: Paula Schlick
Date: June 3
Subject: Suggestions

Dear Mr. Lange,

I am taking this opportunity to make a few recommendations in light of yesterday's poor dinner service. First, I think it will be most helpful if we ------- a significantly bigger kitchen counter.
131.
Right now, the grill stands ------- close to the serving area, putting customers at risk of getting
132.
splashed with hot grease. The service crew also suggested using number codes for menu items, instead of writing down or calling out complete names of dishes. -------.
133.

I hope you agree with these proposals. I'm certain we can improve food service ------- your
134.
support and trust.

Sincerely,

Paula Schlick

131. (A) purchasing
(B) are purchased
(C) to purchase
(D) purchase

132. (A) rather
(B) little
(C) beside
(D) next

133. (A) We hope to expand the lunch menu with new dishes.
(B) This will allow us to better coordinate food orders.
(C) This is one of many improvements we have made.
(D) The previous manager was not interested in suggestions.

134. (A) for
(B) above
(C) with
(D) such

**Questions 135-138** refer to the following article.

Birmingham History Museum
Birmingham (October 19)

Following the unexpected retirement of Birmingham History Museum's head curator, Jacob Yentob, last week, the institution has ------- that a suitable replacement has been found.
                                                           135.
Effective October 25, Edith North will assume the title and all responsibilities of head curator at the museum. -------.
                      136.

During her time working at the museum, she has played a major role in organizing and promoting some of the museum's most successful permanent and temporary exhibitions. -------, Ms. North was responsible for establishing popular education programs that have been
137.
enjoyed by thousands of children during school field trips to the museum.

Upon assuming her new role, Ms. North plans to work closely with archivist Benjamin Carr, ------- the museum's impressive collection of dinosaur fossils, in an effort to expand and
138.
improve the Prehistoric Era wing of the museum.

---

**135.** (A) appointed
(B) confirmed
(C) interviewed
(D) searched

**136.** (A) The museum curator's role has remained vacant for several months.
(B) Birmingham History Museum has just selected a new head curator.
(C) The museum's board members will consider Ms. North's application.
(D) Ms. North has served as the deputy curator for almost a decade.

**137.** (A) As a result
(B) Additionally
(C) Instead
(D) In other words

**138.** (A) that will compile
(B) who compiled
(C) compiler
(D) whose compilation

**Questions 139-142** refer to the following information.

Thank you for your email inquiry dated June 2. Please be advised of our store's return policy. Shoe Advantage will either replace or refund payment for all purchases found to be defective or dysfunctional in any way. We can also provide refunds in the form of store credit. If a customer is not ------- with an item, it can be returned within 30 days from the date of delivery.
                          **139.**
Items to be returned or replaced ------- either unopened or, if opened, with the package they
                                   **140.**
came in. -------. We hope this answers your question. If you have any items you want to
         **141.**
return, please let us know and we'll be glad to be of help. Please continue to ------- with us by
                                                                              **142.**
checking out our new fall collection at www.shoeadvantage.com/fall/about.

139. (A) satisfactory
     (B) satisfied
     (C) satisfaction
     (D) satisfying

140. (A) must be shipped
     (B) have been shipped
     (C) be shipped
     (D) to be shipped

141. (A) Please allow seven to ten days for processing.
     (B) We truly appreciate your fast delivery times.
     (C) The item you inquired about is currently out of stock.
     (D) Please accept our apologies for the defect.

142. (A) email
     (B) shop
     (C) collect
     (D) dine

**Questions 143 –146** refer to the following information.

Metro Langford District Environment Council
Watering Restrictions: An Update

Metro Langford residents who are maintaining grass lawns and garden landscapes are reminded to comply with sprinkling regulations that specify which days of the week to water. The restrictions do not apply to the use of rainwater or other forms of recycled water. -------, in the case of using the municipal water supply system, the restrictions must be strictly complied with.

Many homeowners mistakenly think that lawns and gardens need to be watered daily to stay healthy. -------. In truth, an hour of rain or sprinkling per week is all you need to maintain a healthy lawn. Should a district inspector find watering being done on inappropriate days, the property owner will have to pay a penalty fee.

Please know that we are ------- these restrictions for everyone's benefit. In ensuring that the regulations ------- we conserve precious water resources and protect our environment. Find out more about how to maintain a healthy lawn and garden while following regulations with the enclosed lawn care guide.

143. (A) For instance
(B) Namely
(C) However
(D) Therefore

144. (A) Watering daily is ideal in the dry season.
(B) This is a common error.
(C) This routine can be time-consuming.
(D) Most homeowners water twice daily.

145. (A) conserving
(B) limiting
(C) enforcing
(D) removing

146. (A) are followed
(B) to follow
(C) following
(D) have followed

## READING TEST

In the Reading test, you will read a variety of texts and answer several different types of reading comprehension questions. The entire Reading test will last 75 minutes. There are three parts, and directions are given for each part. You are encouraged to answer as many questions as possible within the time allowed. You must mark your answers on the separate answer sheet. Do not write your answers in your test book.

## PART 5

**Directions:** A word or phrase is missing in each of the sentences below. Four answer choices are given below each sentence. Select the best answer to complete the sentence. Then mark the letter (A), (B), (C), or (D) on you answer sheet.

---

**101.** ------- from customers for more information are transmitted to the Customer Relations Department.

(A) Request
(B) Requested
(C) Requests
(D) Requesting

**102.** For many rare diseases, the lack of literature available on them makes it more ------- for researchers to generate a clear description of the condition.

(A) difficult
(B) difficulty
(C) difficulties
(D) difficultly

**103.** Many homeowners in the Charlotte County area reported that they were ------- with debris after a strong storm hit the community.

(A) overwhelm
(B) overwhelmed
(C) overwhelming
(D) overwhelms

**104.** All boxes must be stacked in columns of no more than ten with the ------- clearly visible on the side of each one.

(A) write
(B) writing
(C) written
(D) wrote

**105.** The mechanism for the revolving door is functioning ------- now that some of the mechanical parts have been replaced.

(A) correct
(B) correctly
(C) corrected
(D) correction

**106.** The new legislation ------- the EU-wide ban on the importation of beef for two more years.

(A) extends
(B) extension
(C) extending
(D) extensive

**107.** During the town planning meeting, Mr. Philipps presented several ------- points in favor of renovating the warehouse on Riverside Drive.

(A) convince
(B) convincing
(C) convinced
(D) convincingly

**108.** Jodhpur Gym is situated in the heart of downtown Bangalore, ------- walking distance of Brighton train station.

(A) within
(B) near
(C) beside
(D) around

109. The AVX food processor is ------- faster than the SNX model, making it more appropriate for large dinner parties.
(A) more
(B) much
(C) very
(D) so

110. Our company's goal for the next year is to put an R-120 espresso maker in ------- household in the country.
(A) all
(B) first
(C) most
(D) every

111. We regret to inform you that the machine cannot be repaired at this time as ------- components are not in stock.
(A) our
(B) their
(C) his
(D) its

112. Officials at Jet Black Airlines cited the decreasing number of passengers to Martha's Vineyard as the reason for the decision ------- flights to the island.
(A) discontinue
(B) to discontinue
(C) discontinued
(D) discontinuing

113. As your application was not received early ------- we could not consider you for the position of assistant editor at *The Blackburn Daily News*.
(A) around
(B) quite
(C) rather
(D) enough

114. The HR manager confirmed that a private dining room that accommodates 50 people will be ------- for the year-end banquet.
(A) sufficient
(B) prolonged
(C) comprehensive
(D) flexible

115. So far, the partnership between Globe Telecom and Mandala Advertising has been ------- advantageous.
(A) likely
(B) punctually
(C) mutually
(D) correctly

116. Petro AV recently became a major player in the oil market with the ------- of Exxa Co, the nation's largest oil refinery.
(A) acquired
(B) acquisition
(C) acquisitions
(D) acquires

117. Due to a miscommunication in the office, Ms. Schemmer's application was not ------- reviewed until November 5.
(A) relatively
(B) occasionally
(C) completely
(D) enormously

118. If ------- has borrowed the first two editions of *The Great Expedition*, please inform John Knight at the library desk.
(A) anyone
(B) himself
(C) others
(D) some

119. The new sedan comes with a GPS navigation system and built-in TV screens, but the rear-view camera is sold -------.
(A) separately
(B) inadvertently
(C) simultaneously
(D) definitely

120. To keep track of your budget, this free application allows you to identify and sort ------- expense into different categories, such as groceries, utilities, or entertainment.
(A) this
(B) each
(C) either
(D) those

121. Members of the panel of judges at the art contest voted ------- to award the prize to Mr. Singh.

(A) positively
(B) unanimously
(C) familiarly
(D) greatly

122. Investment analysts insist that the company's stock ------- which continue to drop, should remain relatively stable in the long-term.

(A) priced
(B) prices
(C) pricing
(D) price

123. Among the ------- reasons for Jack Traynor's defeat in the election was his failure to address the concerns of local residents.

(A) many
(B) most
(C) much
(D) more

124. Employees at Costa's Restaurant ------- come into conflict with managers due to differences in priorities and work methods.

(A) frequently
(B) greatly
(C) enormously
(D) firmly

125. ------- at the EXOCON symposium should enter the auditorium no later than 5:00 P.M.

(A) Attend
(B) Attendees
(C) Attendance
(D) Attended

126. ------- film work, Ben Douglas was known for his championing of civil rights causes.

(A) Likewise
(B) Therefore
(C) In regard to
(D) In addition to

127. ------- is known about the agricultural practices used in the Glenford area in the late eighteenth century.

(A) Few
(B) Any
(C) Little
(D) What

128. Parkhurst & Sons has been in the upholstery business for ------- four decades.

(A) during
(B) among
(C) until
(D) over

129. Growers Foods predicts a rapid ------- in production output with the installation of new factory machines.

(A) acquisition
(B) acceleration
(C) sufficiency
(D) provision

130. While cleaning the back panel, be sure to leave ------- two screws in place so that the panel does not fall onto the grill surface.

(A) at least
(B) too many
(C) such as
(D) as much

## PART 6

**Directions:** Read the texts that follow. A word, phrase, or sentence is missing in parts of each text. Four answer choices for each question are given below the text. Select the best answer to complete the text. Then mark the letter (A), (B), (C) or (D) on your answer sheet.

**Questions 131-134** refer to the following e-mail.

To: Isabel Toledo <atoledo@calimail.net>
From: George Anderson <ganderson@fresnosecurity.edu.us>
Subject: Bicycle
Date: July 15

Thank you for your message regarding your ------- bicycle, a Fairfax SC8 DLX model. We have
                                      131.
posted the picture you sent on our campus Web site and will investigate reported sightings.

We have also asked campus security personnel to make inquiries when they conduct their

patrols, in case someone found and ------- the bike for safekeeping. -------. We will ------- you
                                  132.                              133.            134.
posted on the results of our inquiries. Should you locate the item before us, or wish to make a

formal police complaint, please inform us immediately.


Sincerely,

George Anderson
Campus Security

---

**131.** (A) missed
(B) to miss
(C) misses
(D) missing

**132.** (A) takes
(B) be taken
(C) will take
(D) took

**133.** (A) Students are welcome to store their bikes in the racks provided.
(B) Our security measures are now being improved.
(C) Unfortunately, we have not been successful thus far.
(D) However, we can confirm that the bike has been seen.

**134.** (A) keep
(B) remember
(C) share
(D) announce

**Questions 135-138** refer to the following letter.

October 3

Dear Mr. Berry,

Thank you for giving me the opportunity to read lines from your script and try out to play Marietta Higgins in your upcoming movie. -------. Many of my previous acting jobs have dealt
135.
with strong-willed female characters, and these experiences have prepared me well for the

------- of Marietta. Dramatic acting, lengthy monologues, and good chemistry with my co-
136.
stars ------- in my previous jobs. I am also drawn to the real-life story of Ms. Higgins, which I
137.
find truly inspiring.

I was very grateful to have the opportunity to ------- for you. I hope you were impressed with
138.
my performance, and I look forward to hearing your casting decision.

Sincerely,

Iris Buller

135. (A) The character is one that I feel well-equipped to portray.
     (B) You must be very happy with how well it has performed at the box office.
     (C) I would be happy to recommend you for future acting opportunities.
     (D) Please find my review of the film enclosed with this letter.

136. (A) visit
     (B) collaboration
     (C) role
     (D) opinion

137. (A) all requiring
     (B) had all required
     (C) all requirements
     (D) were all required

138. (A) travel
     (B) cater
     (C) substitute
     (D) audition

**Questions 139-142** refer to the following memo.

To: All Senior Managers
From: Finance Department
Date: July 7
Subject: New Guidelines

Please be informed that guidelines governing expense accounts of managers during official travel have been revised. -------, managers were issued charge account cards to use on
139.
company-approved business trips. Now, instead of a charge card, managers will be issued cash to use for travel expenses. Expenses exceeding the amount disbursed ------- for by the
140.
Finance Department upon submission of official receipts and a reimbursement form. Managers must submit an expense form 10 days before a scheduled trip, listing anticipated expenses. Once the amount has been approved, ------- will be sent to the requesting manager. -------.
141.                              142.
Should there be a delay in the release, the funds will be deposited into the manager's account to access while on assignment.

139. (A) Potentially
(B) Previously
(C) Similarly
(D) Subsequently

140. (A) to be paid
(B) paid
(C) will be paid
(D) pay

141. (A) notifying
(B) notified
(C) notification
(D) notify

142. (A) Please select one of the company-approved airlines for your flights.
(B) This money will be made available before the manager's departure.
(C) The charge card will be suspended if travel expenses exceed the limit.
(D) Senior managers will be exempt from complying with the new guidelines.

**Questions 143-146** refer to the following Web page.

www.gateway.co.au/about

About the Communication App

Highly successful businesses are a driving force for economic growth. Increasingly, research shows that ------- outstanding performance is largely due to effective communication among **143.** teams, departments and personnel.

When colleagues communicate up and down the line, decisions are reached, and problems are solved more quickly and wisely. -------. This is the reason why Gateway, a new internal **144.** communication and information sharing platform, was ------- by Amrich two years ago. **145.** -------, Gateway has been the platform of choice for large and small business organizations **146.** in Australia. So if you want to take your business to the next level, don't hesitate to choose Gateway.

143. (A) its
(B) our
(C) your
(D) their

144. (A) Many workers today fail to secure a management role.
(B) As a result, overall productivity is likely to decline.
(C) On-site training has proven to be highly effective.
(D) Technology can further facilitate such teamwork.

145. (A) created
(B) honored
(C) communicated
(D) informed

146. (A) Still
(B) This way
(C) Since then
(D) Soon

## READING TEST

In the Reading test, you will read a variety of texts and answer several different types of reading comprehension questions. The entire Reading test will last 75 minutes. There are three parts, and directions are given for each part. You are encouraged to answer as many questions as possible within the time allowed. You must mark your answers on the separate answer sheet. Do not write your answers in your test book.

## PART 5

**Directions:** A word or phrase is missing in each of the sentences below. Four answer choices are given below each sentence. Select the best answer to complete the sentence. Then mark the letter (A), (B), (C), or (D) on you answer sheet.

**101.** SnapUp offers demos and tutorials on operating its copying and printing machines for first-time -------.

(A) buy
(B) buying
(C) buyers
(D) buys

**102.** Within 24 hours of ------- for the workshop, you will receive a confirmation notice and details of the event's program by e-mail.

(A) registers
(B) registering
(C) registered
(D) register

**103.** Overpasses in the city of Dunford are ------- five meters high to accommodate large vehicles such as trucks.

(A) general
(B) generally
(C) generalize
(D) generalization

**104.** Senior managers have asked the accounting department to give two weeks' notice when ------- quarterly budget meetings.

(A) schedule
(B) scheduled
(C) scheduling
(D) schedules

**105.** Subscribers to the online video streaming site have started to complain that the growing number of advertisements is ------- to viewing.

(A) disrupt
(B) disrupted
(C) disruptive
(D) disruptively

**106.** All expenses must be listed in the newly updated ------- form, copies of which you can get from the HR department.

(A) reimburse
(B) reimbursed
(C) reimbursing
(D) reimbursement

**107.** Our landscape architects advise that outdoor swimming pools be professionally cleaned ------- six months.

(A) each
(B) every
(C) over
(D) during

**108.** Sales reports for the last quarter have already been compiled but are not expected to be released publicly ------- the following Monday.

(A) until
(B) yet
(C) within
(D) toward

109. Rammerscales in Scotland, ------- has remained unaltered since it was built in 1760, offers bed-and-breakfast services to holiday visitors.

(A) whom
(B) whose
(C) who
(D) which

110. This year's election candidates will participate in an extremely ------- two-month campaign that will require them to visit all 45 voting districts.

(A) demand
(B) demanded
(C) demands
(D) demanding

111. The university grants program ------- faculty and graduate students to conduct research to lift the institution's reputation in the academic community.

(A) invests
(B) responds
(C) encourages
(D) strives

112. Motor Magazine will be laying off some personnel as a ------- of its acquisition by the Mordecai Publishing Group.

(A) conversion
(B) likelihood
(C) reduction
(D) consequence

113. ------- the rising costs of health care, senior citizens and people with medical conditions will likely see more difficult times ahead.

(A) Because
(B) Such
(C) Providing
(D) Given

114. Silver Star Fitness equips its gyms with a wide range of free weights and the most advanced exercise machines -------.

(A) ready
(B) strong
(C) available
(D) agreeable

115. Housekeeping staff at the hotel do ------- they can to remove stains from bed linens and towels.

(A) whatever
(B) any
(C) some
(D) most

116. Managers of companies participating in the trade show are advised to ------- security passes for members of their staff from event organizers.

(A) acquire
(B) consult
(C) revise
(D) proceed

117. On Monday, Ms. Fitts will attend the annual general meeting for the first time ------- assuming the role of Regional Sales Director.

(A) under
(B) past
(C) until
(D) since

118. New blueprints ------- the proposed repair of the water pipelines in the Southend area will be available shortly.

(A) concerning
(B) according to
(C) across
(D) throughout

119. The PR manager believes that the ballroom at the Clifton Hotel matches the company's event venue requirements -------.

(A) perfectly
(B) formerly
(C) routinely
(D) suddenly

120. The survey aims to determine ------- additional street lights along the river and canal areas will have a positive effect on night traffic and safety among pedestrians and motorists.

(A) while
(B) whether
(C) even
(D) which

121. During his time at Fenway Corporation, Mr. Hutton ------- at motivating employees with his inspiring team talks.

(A) excelled
(B) organized
(C) instructed
(D) simplified

122. If the community library had not renewed its claim to the property, ownership of the building ------- to the government.

(A) will revert
(B) had reverted
(C) would have reverted
(D) has reverted

123. After considering leaving the town of Sherbrooke for many years, Ms. Jones ------- moved to a new apartment in Trentville.

(A) broadly
(B) precisely
(C) eventually
(D) already

124. We at Martin Cohen Advertising take pride in designing wholly original ad campaigns for ------- of our clients.

(A) each
(B) whose
(C) whomever
(D) every

125. ------- after founding their own internet company, Lesley Sharp and Robert Barnes made their first million.

(A) As soon as
(B) Immediately
(C) Even if
(D) Apart from

126. Intermittent internet connection is ------- to continue in the next 24 hours while work on the servers is being completed.

(A) likely
(B) similar
(C) frequent
(D) constant

127. AvoChem has twelve departments in total, three of ------- are now participating in the board meeting.

(A) who
(B) which
(C) whose
(D) them

128. Mr. Yamasaki said he is staying at a hotel while visiting Chicago, but did not indicate ------- one or provide any contact details.

(A) which
(B) whichever
(C) either
(D) each

129. Fleetwood Shoes, whose headquarters are based in Seattle, recently announced an ambitious plan to expand ------- Southeast Asia.

(A) over
(B) into
(C) for
(D) by

130. As a cost-cutting measure, Lockhart & Gardiner Associates will replace all fresh flower arrangements in the offices with ------- ones.

(A) available
(B) delicate
(C) spacious
(D) artificial

## PART 6

**Directions:** Read the texts that follow. A word, phrase, or sentence is missing in parts of each text. Four answer choices for each question are given below the text. Select the best answer to complete the text. Then mark the letter (A), (B), (C) or (D) on your answer sheet.

**Questions 131-134** refer to the following article.

WHITBY (May 11) –Yesterday, Kimberley Asparagus Alliance received a $2.2 million grant from the city council's Department of Planning & Development so that it can initiate an extensive agriculture project. Thanks to the department's ------- farming of the 65-ha Skuthorpe area
131.
can commence, with the first harvest expected 18 months from now. The development is expected to have a positive impact on local communities, in terms of both economic benefits and employment opportunities. -------. Seasonal farm workers are also hopeful about the
132.
likelihood of increased work hours. Local grower Russell Brooke, ------- joined the alliance,
133.
confirmed that many people will benefit from the project. "------- some time now, we have
134.
been importing all asparagus from Peru and Mexico from June to August", he said. Brooke is certain the project will reduce the reliance on imports while sparking job creation.

131. (A) route
(B) funding
(C) importation
(D) system

132. (A) As such, Kimberley residents are largely opposed to the development plan.
(B) Several farmers confirmed that their crops are ready for harvest.
(C) Local consumers were originally reluctant to switch to asparagus.
(D) The scheme will create approximately 55 additional jobs in the area.

133. (A) which
(B) what
(C) where
(D) who

134. (A) For
(B) In
(C) From
(D) Of

**Questions 135-138** refer to the following e-mail.

To: edhughes@melb.edu.au
From: jillsimms@citrussprings.com.au
Date: August 21
Subject: Thanks!

Dear Mr. Hughes,

Thank you for ------- our senior community center yesterday. As I'm sure you know, your
        135.
presence -------. Our residents and guests were delighted with your impromptu comedy show, as
       136.
well as the personal time you spent with many of them.

Over the holiday season, we will be accommodating several more senior citizens at the center.
Would you be interested in meeting ------- briefly at one of our other upcoming festivities? -------.
                                 137.                                                         138.
I have enclosed our calendar of activities for the season. I'll be following up with a telephone call
to discuss possible dates with you.

Thank you again for your support.

Sincerely,

Jill Simms

135. (A) performing
(B) inviting
(C) visiting
(D) inquiring

136. (A) appreciating
(B) was appreciated
(C) appreciates
(D) will be appreciated

137. (A) their
(B) theirs
(C) them
(D) they

138. (A) We could not have accomplished this without your support.
(B) If so, it would be an added thrill to new and old residents.
(C) Our event planner was very grateful for your advice.
(D) We cannot provide you with an exact price of the center accommodations.

**Questions 139-142** refer to the following e-mail.

To: Morgan Clarke [mclarke@avx.com]
From: Angela Murray [amurray@avx.com]
Subject: Outstanding Customer Ratings
Date: February 29

Dear Morgan,

The executive board members were delighted to read the positive results of our latest

customer satisfaction survey. We recognize that this is largely due to your management of AVX

Car Rentals, which has been ------- In appreciation, we are pleased ------- you a permanent

        **139.**                                      **140.**

contract for the position, starting in April. -------, we are raising your compensation package

                                     **141.**

to include full-time insurance and travel expenses. Since you began as Chief Operating Officer

two months ago, car rentals have increased three-fold, 50% of which are regular clients.

------- . All of these accomplishments indicate that AVX is in very capable hands, and we'd like

 **142.**

it to remain so. Congratulations!

Regards,

Angela

139. (A) congratulatory
(B) satisfied
(C) temporary
(D) exceptional

140. (A) to offer
(B) offering
(C) offered
(D) offers

141. (A) For example
(B) In addition
(C) Notwithstanding
(D) Such as

142. (A) Returning customers receive attractive
incentives and lower rental rates.
(B) Your interest in the position has
been noted and will be taken into
consideration.
(C) You will be sent another survey that may
be filled out at your convenience.
(D) We have also noticed a significant
improvement in our online reviews.

**Questions 143-146** refer to the following article.

Innovation Day - January 9. –This year's Innovation Day was held in Penang on Sunday,

January 7. -------. Unlike in previous years, European tech start-ups were ------- represented
     143.                                    144.

this year. -------, guests and participants alike noted that French and German exhibits are
        145.

increasingly creative and popular. Also, remarkable and highly welcome was the greater

number of Middle Eastern tech companies participating in the exhibition this year ------- to the
                                       146.

last four years.

143. (A) Event organizers anticipate a higher turnout than ever before.
    (B) The event hosts hundreds of technology companies from around the world.
    (C) Vendor applications are being accepted until the end of the month.
    (D) The mayor of Penang said he was honored to be hosting the first Innovation Day.

144. (A) heavy
    (B) heavily
    (C) heavier
    (D) heaviest

145. (A) Moreover
    (B) Instead
    (C) Therefore
    (D) Nevertheless

146. (A) extended
    (B) proposed
    (C) compared
    (D) increased

# D-3

- ☑ **TEST 7**
- ☑ **TEST 8**
- ☑ **TEST 9**

 Part 5 & 6 권장 문제풀이 시간은 15분입니다. (Part 5: 7분, Part 6: 8분)

● 시작 시간: _____   ● 종료 시간: _____

## READING TEST

In the Reading test, you will read a variety of texts and answer several different types of reading comprehension questions. The entire Reading test will last 75 minutes. There are three parts, and directions are given for each part. You are encouraged to answer as many questions as possible within the time allowed. You must mark your answers on the separate answer sheet. Do not write your answers in your test book.

## PART 5

**Directions:** A word or phrase is missing in each of the sentences below. Four answer choices are given below each sentence. Select the best answer to complete the sentence. Then mark the letter (A), (B), (C), or (D) on you answer sheet.

101. Trainees should complete the final project on ------- own, without the assistance of trainers or employees.

(A) they
(B) them
(C) their
(D) themselves

102. Although the senior partners expressed ------- in making James Whitby a junior partner in the firm, they have not made a formal offer.

(A) interest
(B) interested
(C) interests
(D) interesting

103. Visitors to Silver Ridge Mountain are reminded to hike ------- throughout spring due to the possibility of mudslides.

(A) caution
(B) cautiously
(C) cautious
(D) cautiousness

104. ------- personal and other non-work related papers using the office machine is not permitted under any circumstances.

(A) Photocopy
(B) Photocopies
(C) Photocopying
(D) Photocopied

105. Average family incomes in the Crest Hill area are among the ------- of all suburbs in the US.

(A) high
(B) higher
(C) highest
(D) most highly

106. To maintain office safety and security, the company will start conducting extensive backgrounds checks on ------- starting next month.

(A) recruits
(B) recruiting
(C) recruiter
(D) recruited

107. Replacement of defective or unopened merchandise can be requested ------- 30 business days from the date of purchase.

(A) within
(B) during
(C) between
(D) since

108. ------- 24 to 36 hours for the processing of online payments before checking for confirmation on your account.

(A) Allow
(B) Allows
(C) Allowing
(D) Allowed

109. Any ------- of streets in the business district will be welcomed by drivers, many of whom constantly complain about the narrow lanes.

(A) wider
(B) width
(C) widening
(D) widened

110. Only ------- with prepaid tickets to the musical will be assigned seats in the first five rows.

(A) which
(B) those
(C) whose
(D) theirs

111. ------- the decline in sales in the last year, Townsend Corporation has decided to discontinue manufacturing the product.

(A) Given
(B) Even
(C) Because
(D) Like

112. ------- placing an order with Martin's Herbs & Spices, be sure to click on the type and quantity of the item you are purchasing.

(A) When
(B) Such as
(C) In order to
(D) By

113. Mr. Richards ------- extra copies of his business card so that he could distribute them to the clients from China.

(A) informed
(B) asked
(C) advised
(D) requested

114. Despite the rudeness of the customer, the sales representative ------- listened to all the complaints and provided a solution.

(A) patiently
(B) possibly
(C) repeatedly
(D) simultaneously

115. The CEO of Biltram Engineering ------- Mr. Hakata's replacement during the shareholder meeting at the head office.

(A) named
(B) proved
(C) founded
(D) participated

116. The updated version of the accounting software remains ------- with the network computer's operating systems.

(A) comparable
(B) conducive
(C) compatible
(D) contrary

117. The presentation on our winter clothing line will proceed as scheduled ------- the client does not call to cancel.

(A) even though
(B) aside from
(C) according to
(D) as long as

118. Even if the ------- for a risk analysis is time-consuming, analysts are still required to go through all the steps without exception.

(A) manual
(B) procedure
(C) deliberation
(D) probability

119. ------- being the ultimate water sport accessory, Marine Blue watches are stylishly designed for everyday wear.

(A) Aside from
(B) Given that
(C) Concerning
(D) In addition

120. Subscribers to Get Work Online have the option to receive alerts ------- new job listings are posted by employers.

(A) however
(B) therefore
(C) moreover
(D) whenever

121. Items that are particularly ------- must be properly packaged to avoid accidental damage that may occur during shipping.

(A) prepared
(R) fragile
(C) useful
(D) concealed

122. ------- the inclement weather conditions, this year's medical conference had one of the highest attendances in its history.

(A) As a consequence
(B) Eventually
(C) In addition to
(D) In spite of

123. Once the sales figures from the different branches are submitted, the branch incentives for the quarter will be computed -------.

(A) immeasurably
(B) accordingly
(C) purposely
(D) occasionally

124. ------- an extensive promotional campaign, the opening night of Edward Singer's new play was poorly attended.

(A) Throughout
(B) Except for
(C) Notwithstanding
(D) Prior to

125. Miles Ray's newly released song and video are available ------- on the musician's streaming channel, Surge.

(A) exclusively
(B) considerably
(C) comprehensively
(D) interestedly

126. ------- manager knows that employees need to be personally motivated to be exceptionally productive.

(A) All
(B) Every
(C) None
(D) Few

127. Posters for the much-awaited performance by homegrown singer Geena Davison are ------- displayed outside the theater.

(A) critically
(B) prominently
(C) keenly
(D) intensively

128. According to the developer of the language application, ten hours of app-based learning is ------- to spending twenty hours in a classroom.

(A) reasonable
(B) appropriate
(C) equivalent
(D) significant

129. The sculptor's most famous piece is a ------- of a historical monument that once stood over 50 feet tall in Athens, Greece.

(A) designer
(B) tradition
(C) critic
(D) miniature

130. While the majority of physicians think home therapy is -------, some physical therapists think it is the most effective treatment in the long run.

(A) impractical
(B) undeniable
(C) extraordinary
(D) unavoidable

## PART 6

**Directions:** Read the texts that follow. A word, phrase, or sentence is missing in parts of each text. Four answer choices for each question are given below the text. Select the best answer to complete the text. Then mark the letter (A), (B), (C) or (D) on your answer sheet.

**Questions 131-134** refer to the following e-mail.

To: Don West <dwest332@email.co.uk>
From: Customer service <custoserv@gwylee.co.jp>
Date: Friday, September 2 9:45 A.M.
Subject: Web site inquiry

Thank you for your comment on the installation manual for the R510A Split Series air conditioner. We agree with your concern ------- the instructions for setting the timer using the remote control
131.
contain a few inaccuracies. -------. Our technical writers have ------- included more accurate
132.                                              133.
diagrams revised and corrected the specified pages as well as. Please find the attached -------
134.
version, which you can also access on our Web site. Thank you very much for taking the time to write to us.

131. (A) what
(B) in
(C) that
(D) about

132. (A) The R510A Split Series is our top-of-the-range model.
(B) Instruction manuals are downloadable on the Web site.
(C) We received the same feedback from other customers.
(D) We are looking for additional staff to provide technical assistance.

133. (A) therefore
(B) moreover
(C) instead
(D) although

134. (A) updated
(B) original
(C) ample
(D) informed

**Questions 135-138** refer to the following e-mail.

To: paul_spencer@jmail.net
From: k_monroe@aspenmuseum.com
Date: Oct 18
Subject: Museum Director Position

Dear Mr. Spencer,

We would like to invite you to our office for a final round of interviews. We have shortlisted a small number of candidates, among whom we plan to select the most ------- for the
135.
directorship. Given your background and your performance at the last interview, we think you have many of the ------- required for this job. We trust that you are still available for the whole
136.
day on Thursday, as you said previously. -------, we can meet you at my office at 2:00 P.M. For
137.
this final interview, we hope you can explain the direction you'd like the museum to take in the 21st century. -------.
138.

We look forward to seeing you.

Sincerely,

Kelly Monroe

---

135. (A) suit
(B) suitability
(C) suitably
(D) suitable

136. (A) trends
(B) qualities
(C) categories
(D) practices

137. (A) In case
(B) If so
(C) Instead
(D) However

138. (A) I would be very pleased to make you a job offer immediately.
(B) As such, I will contact you should an appropriate position become available.
(C) We are eager to hear about your vision of the museum's future.
(D) Your assistance in interviewing the applicants is greatly appreciated.

**Questions 139-142** refer to the following advertisement.

Do you suffer from asthma? Contact Uni Pharmaceuticals today!

In June, Uni Pharmaceuticals will be conducting a clinical trial to test the effects of a new anti-asthma inhaler. To this end, we are ------- asthma sufferers between the ages of 21 and 60.
                                          139.
Participants must have a prescription for using a metered dose inhaler that is less than six

months old ------- the start of the study. -------.
           140.                        141.

For those interested, please fill out a short survey form at www.unipharma.com/asthmainhaler/

trial. Those deemed eligible for the trial will be contacted within a month. Trial participants

------- weekly compensation for the duration of the trial, which is expected to take six months.
142.

139. (A) avoiding
     (B) treating
     (C) monitoring
     (D) seeking

140. (A) over
     (B) as
     (C) when
     (D) at

141. (A) We promise to replace your damaged
         inhaler with a new one.
     (B) We will need a copy of the document for
         confirmation.
     (C) We manufacture a wide range of asthma
         medications for patients.
     (D) We suggest that you do not use non-Uni
         Pharmaceuticals products.

142. (A) to be received
     (B) to receive
     (C) had received
     (D) will receive

**Questions 143–146** refer to the following article.

Kansas Chronicle (May 11)

On Friday, Governor Jane Chaplin announced that the state will be relaxing immigration and work permit regulations for certain types of construction workers. At a press conference, Ms. Chaplin cited the ongoing ------- of forklift and crane operators in the state, which has delayed several construction projects, as the main reason for the change. -------, she pointed to the
143.                                                                                      144.
unfinished Riverside Development, which is still unable to house 2,000 waiting tenants. Ms. Chaplin said Kansas needs to attract more skilled workers from outside the state to cope with the demand and get projects started to boost the state's economic prospects. The policy change ------- with approval by business leaders. Construction workers' unions, however,
145.
think otherwise. -------.
146.

143. (A) shortage
(B) increase
(C) supply
(D) procedure

144. (A) Contrastingly
(B) Regardless
(C) Provisionally
(D) Specifically

145. (A) had been meeting
(B) was met
(C) will be meeting
(D) to be met

146. (A) They demanded a pay hike for all construction workers.
(B) They think workers from other places are better qualified.
(C) They want to keep the jobs for local skilled workers.
(D) They feel it is too expensive to train more workers.

## READING TEST

In the Reading test, you will read a variety of texts and answer several different types of reading comprehension questions. The entire Reading test will last 75 minutes. There are three parts, and directions are given for each part. You are encouraged to answer as many questions as possible within the time allowed. You must mark your answers on the separate answer sheet. Do not write your answers in your test book.

## PART 5

**Directions:** A word or phrase is missing in each of the sentences below. Four answer choices are given below each sentence. Select the best answer to complete the sentence. Then mark the letter (A), (B), (C), or (D) on you answer sheet.

**101.** Programming schedules are adjusted and made available to SkyNet cable subscribers on a weekly -------.

(A) base
(B) based
(C) basis
(D) basing

**102.** The call center staff are hopeful that if the team leader's salary is raised, ------- will also increase.

(A) theirs
(B) them
(C) their
(D) themselves

**103.** With almost two decades of experience in software design, Mikaela Foster is one of the most ------- people ever to run a technology company.

(A) qualify
(B) qualified
(C) qualification
(D) qualifying

**104.** Ms. Rogers would have been happy to pay the shipping fee if her merchandise ------- on the arranged date.

(A) arrives
(B) will arrive
(C) had arrived
(D) arriving

**105.** Little Mozart Academy strives ------- every music lesson enjoyable for students to encourage a love of music from early childhood.

(A) making
(B) has to make
(C) to make
(D) having made

**106.** Concerned about the ------- peak season, the manager of the tourist information office decided to hire two new workers.

(A) approach
(B) approached
(C) approaching
(D) approachable

**107.** Participants in the consumer testing found that the least popular product they tried was also ------- the most effective.

(A) remark
(B) remarked
(C) remarkable
(D) remarkably

**108.** Wiley Meat Packing Plant is looking for an assembly line ------- with at least three years of experience.

(A) operation
(B) operating
(C) operator
(D) operate

**109.** Had Bank of Kernow not agreed to finance the loan, another banking institution ------- so.

(A) has done
(B) should do
(C) must be doing
(D) would have done

**110.** Answers given by respondents in the survey, as well as their identities, will remain ------- as part of our privacy policy.

(A) confidence
(B) confident
(C) confidential
(D) confidentially

**111.** The new XK-RS model engine received exceptional ratings ------- tested by ordinary motorists and professional racers alike.

(A) so
(B) when
(C) also
(D) from

**112.** Due to political instability, analysts predict that stock prices will drop ------- the months of December and January.

(A) under
(B) during
(C) since
(D) yet

**113.** ------- of an imminent recession that will have a significant impact on American businesses are highly exaggerated.

(A) Report
(B) Reports
(C) Reported
(D) Reporters

**114.** Team leaders have access to computer databases to search for information ------- to their projects.

(A) relevance
(B) relevantly
(C) relevancies
(D) relevant

**115.** Because several new models have been launched in the last quarter, our online product brochure has ------- been updated.

(A) individually
(B) kindly
(C) recently
(D) openly

**116.** Click on 'Virtual Tour' to view ------- apartment or house currently listed on the Gilford Realty Web site.

(A) any
(B) few
(C) single
(D) many

**117.** Hiroshi Tanaka's product presentation was so ------- that many members of the audience purchased a sample.

(A) convincing
(B) testified
(C) proven
(D) emerging

**118.** The large amount that Mr. Pullman is investing in Alphaeon Pharmaceuticals indicates that he may soon own a ------- share of the company.

(A) medical
(B) productive
(C) significant
(D) consecutive

**119.** Effective November 1, employees will be required to record their work hours ------- each shift.

(A) further
(B) after
(C) where
(D) to

**120.** ------- the renovation work has been finished, no museum visitors will be permitted to enter the South Wing.

(A) Nonetheless
(B) Finally
(C) Until
(D) During

121. Strict training supervisors do not admit latecomers to attend classes, so trainees should always be -------.

(A) punctual
(B) advanced
(C) active
(D) sudden

122. Only selected employees are authorized to use laptops and other electronic devices while ------- the corporate jet.

(A) across
(B) into
(C) aboard
(D) among

123. Factory workers are required to use goggles and protective gear to ------- exposure to chemicals.

(A) ensure
(B) indicate
(C) ignore
(D) prevent

124. The airline will replace or provide compensation for baggage items that are lost or ------- damaged during flights.

(A) hardly
(B) severely
(C) kindly
(D) steadily

125. Although its stock price decreased slightly by 5% in the past week, investors continue to express ------- in the financial viability of Mercken Holdings stock.

(A) confidence
(B) challenge
(C) gratitude
(D) recognition

126. Mr. Arthurs contacted the catering firm to check ------- there would be enough sandwiches for the orientation attendees.

(A) so
(B) what
(C) whether
(D) of

127. This week, the library ------- more than 250 library cards to new members.

(A) regarded
(B) issued
(C) attracted
(D) stocked

128. Industrial-grade glue should be used only ------- attaching metal and wooden components, not fabric or plastic.

(A) by
(B) over
(C) into
(D) for

129. June Caulfield will lead the presentation to the client because she knows international copyright laws better than -------.

(A) theirs
(B) anyone
(C) whoever
(D) that

130. GearUp Fitness Club offers a ------- range of exercise and training equipment for all body types and fitness needs.

(A) many
(B) lengthy
(C) diverse
(D) valid

## PART 6

**Directions:** Read the texts that follow. A word, phrase, or sentence is missing in parts of each text. Four answer choices for each question are given below the text. Select the best answer to complete the text. Then mark the letter (A), (B), (C) or (D) on your answer sheet.

**Questions 131-134** refer to the following e-mail.

To: Sandy Oh <sanoh@goldenlotus.com>
From: Rupert Galveston <rupgalveston@goldenlotus.com>
Date: August 21
Subject: Good Afternoon

I am writing to express my heartfelt thanks for my recent -------. Although the new position
131.
as regional catering manager in Hong Kong won't be officially ------- until 1 October, I wanted
132.
you to know that this opportunity wouldn't have been possible without your help. I know the

role will be -------, but my experience working with you gives me confidence. Your advice and
133.
mentoring when I was assistant catering manager at St. John's have been invaluable. -------.
134.
Thank you very much!


Sincerely,

Rupert Galveston


131. (A) request
     (B) interview
     (C) event
     (D) promotion

132. (A) announce
     (B) announced
     (C) announcement
     (D) announcing

133. (A) challenge
     (B) challenges
     (C) challenged
     (D) challenging

134. (A) The Hong Kong hotel has a greater
         number of guests.
     (B) I'm currently waiting to hear from the
         recruitment committee.
     (C) Meanwhile, keep me posted about your
         new responsibilities.
     (D) I have no doubt that I can continue to
         count on your support.

Popular Restaurant Breaks Tradition

The trendy Chef's Kitchen has recently broken tradition. Following a high number of ------- ,
                                                                                           135.
the restaurant has decided on a no-tipping policy. Starting last week, customers opened their

menus, and their bills, to see that all service charges are now included in the listed prices,

meaning there is no longer a need to tip extra. Chef's Kitchen owner Melvin Shore said it was

fairer and more ethical to both diners and restaurant staff. This way, customers spend -------
                                                                                        136.
time calculating how much to tip since everything is included in the check. -------. Given
                                                                             137.
the response, a few other popular eateries have already begun following Chef's Kitchen's

example, and more establishments ------- whether to follow suit.
                                   138.

135. (A) services
     (B) workers
     (C) complaints
     (D) prices

136. (A) much
     (B) any
     (C) less
     (D) more

137. (A) Chef's Kitchen also offers several new
         dishes on its revised menu.
     (B) Customers have indicated that they
         approve of the new policy.
     (C) Restaurant owners believe that service
         is improved by tips.
     (D) The new chef has received much praise
         since joining the business.

138. (A) being considered
     (B) are considering
     (C) considers
     (D) to consider

**Questions 139-142** refer to the following letter.

Linda Suvari
338 Easy Wind Drive
Austin, TX 78754

Dear Ms. Suvari,

This is to remind you that you are due for your annual physical checkup. -------. At the Daly
139.
Clinic, we ------- that regular patients over the age of 60 get a general checkup once per year.
140.
-------, our physicians can detect any medical issues at the earliest stages and ensure you get
141.
the necessary preventive care or treatment. Helping you live through your golden years in the

best health is our highest -------. We hope to hear from you as soon as possible to set up an
142.
appointment. Thank you very much and we look forward to seeing you soon.

The Medical Team
Daly Clinic

139. (A) Our clinic records indicate that your
      last appointment was eleven months
      ago.
   (B) We are happy to announce that our
      senior citizen care center is now
      open.
   (C) Our clinic is in the process of
      updating our patient records and
      directory.
   (D) An annual examination has been
      shown to be unnecessary for younger
      patients.

140. (A) recommend
   (B) has recommended
   (C) recommending
   (D) to recommend

141. (A) For instance
   (B) In this way
   (C) Nonetheless
   (D) Likewise

142. (A) priority
   (B) urgency
   (C) opinion
   (D) praise

**Questions 143-146** refer to the following press release.

This year, Alinea, regional distributor of finely-crafted ------- is moving its main office and
143.

warehouse to Burnet Drive, where a 3-acre industrial complex has just been completed.

Warehouse facilities, housing all of our tables, sofas, and beds, will be located in the west

building, while administrative offices will ------- the main building. -------. "For the first time,
144.                                              145.

we can showcase our merchandise to potential buyers as well as handle stock and deliveries

all in one place," spokesperson Tina Fellows said. Alinea has had to deal with damage to

wood and upholstery in the past when transporting goods. "We hope to move all our staff and

equipment ------- our new location in six months' time," Ms. Fellows added.
146.

143. (A) appliances
   (B) garments
   (C) artworks
   (D) furniture

144. (A) consider
   (B) sell
   (C) encounter
   (D) occupy

145. (A) Alinea is also leasing a showroom space
       on the ground floor.
   (B) Alinea's products are highly sought-after
       due to their craftsmanship.
   (C) Alinea has greatly increased its market
       share in the past year.
   (D) Alinea's warehouse used to be in the
       same place as its store.

146. (A) into
   (B) between
   (C) opposite
   (D) beside

## READING TEST

In the Reading test, you will read a variety of texts and answer several different types of reading comprehension questions. The entire Reading test will last 75 minutes. There are three parts, and directions are given for each part. You are encouraged to answer as many questions as possible within the time allowed. You must mark your answers on the separate answer sheet. Do not write your answers in your test book.

## PART 5

**Directions:** A word or phrase is missing in each of the sentences below. Four answer choices are given below each sentence. Select the best answer to complete the sentence. Then mark the letter (A), (B), (C), or (D) on you answer sheet.

101. ------- for pool cleaning services varies according to the day on which the cleaning is scheduled to take place.

    (A) To price
    (B) Pricing
    (C) Price
    (D) Priced

102. Mr. Kittleson is away at the moment, but he ------- leads the weekly staff meeting.

    (A) typically
    (B) almost
    (C) recently
    (D) every

103. Ms. Morrison recently ------- head of the internship department at Sloan-Avery Hospital.

    (A) named
    (B) was named
    (C) is named
    (D) to be named

104. Most of the staff ------- on the advertising campaign for InterSoft have been receiving overtime pay since the start of the project.

    (A) work
    (B) worked
    (C) working
    (D) to work

105. In a recent interview with *Business Review*, Donald Grass admitted that there were ------- to the scope of his marketing study.

    (A) limit
    (B) limited
    (C) limitations
    (D) limitless

106. A major cause of stress for the customer service representatives is that the number of complaints they handle can be -------.

    (A) overwhelm
    (B) overwhelmed
    (C) overwhelming
    (D) overwhelmingly

107. Amateur cooks who want to join the culinary competition are advised that ------- for the event is only open to adults.

    (A) register
    (B) registration
    (C) registers
    (D) registered

108. As ------- refurbishment of the gallery interiors will be completed by June 7, provided that no unforeseen delays occur.

    (A) project
    (B) projecting
    (C) projected
    (D) to project

109. ------- filling out the forms for auto insurance claims, please note that three separate copies must be made and signed.

(A) Given
(B) In addition
(C) During
(D) While

110. Because the director did not submit his documentary early -------, the movie could not be shown during the Perth Film Festival.

(A) around
(B) toward
(C) rather
(D) enough

111. Clean copy paper must be kept on the wooden wall shelves ------- the copying machines.

(A) above
(B) down
(C) into
(D) upon

112. In accepting his award for journalism, Jonathan Simmons mentioned that his work as a war ------- taught him the value of courage under pressure.

(A) correspond
(B) correspondent
(C) correspondence
(D) corresponding

113. The manual explains ------- to adjust the settings on the printer in order to change the boldness of the ink.

(A) how
(B) what
(C) that
(D) who

114. Employees get a bonus and other non-monetary benefits if they meet their sales quota for three ------- months.

(A) consecutive
(B) stationary
(C) complimentary
(D) advisable

115. Despite imminent publication date, both the novelist and editor have ------- to agree on the title for the book.

(A) yet
(B) since
(C) already
(D) not

116. Horizon Cable customers can add the sports package to their subscription, but it does ------- an additional monthly charge.

(A) designate
(B) involve
(C) appear
(D) expend

117. ------- for Store Branch of the Year need to be supported by branch managers and over 50% of branch personnel to qualify.

(A) Awards
(B) Authorities
(C) Directions
(D) Nominations

118. Numerous offices and commercial establishments can now be found in Wellington Hills, which was ------- an agricultural area.

(A) inadvertently
(B) formerly
(C) hopefully
(D) rapidly

119. Many child psychologists recommend that toddlers should not watch ------- on television without being accompanied by a parent.

(A) most
(B) several
(C) some
(D) anything

120. The musician's new songs have been sold ------- at record shops around the country and on his own Web site.

(A) instinctively
(B) simultaneously
(C) formerly
(D) mutually

**121.** ------- at Pineview Country Club is granted only to those who satisfy various criteria related to one's career and personal interests.

(A) Resignation
(B) Application
(C) Membership
(D) Information

**122.** All staff members knew that Mary was ------- to take part in the conference, so they were surprised to hear that she volunteered to give a speech at the event.

(A) similar
(B) hopeful
(C) reluctant
(D) talented

**123.** ------- wishes to take the company-hired buses to the team building exercise should email the transportation and security office.

(A) Anyone
(B) Whoever
(C) Someone
(D) Everybody

**124.** Vilhelm Hammershoi's *Ida Reading a Letter* would be seen as a great ------- to any art collection, especially those interested in Danish artists.

(A) proposal
(B) creation
(C) outcome
(D) addition

**125.** Ansari Marketing Solutions creates ------- advertisements that are designed to target a wide range of consumers.

(A) compelling
(B) steady
(C) limiting
(D) tentative

**126.** Five days of paid vacation will be given to any workers ------- exceed the sales target set by the company at the beginning of this year.

(A) who
(B) whom
(C) what
(D) which

**127.** The festival organizers have built 3-meter-high wire fences to create a temporary ------- around the event site.

(A) entrance
(B) performance
(C) atmosphere
(D) boundary

**128.** Results from clinical trials indicate that EZ-D has the most hypo-allergenic qualities of ------- soap to date.

(A) any
(B) much
(C) either
(D) other

**129.** The Miesler Corporation donated funds taken from last year's profits ------- research on genetic engineering.

(A) about
(B) toward
(C) by
(D) onto

**130.** ------- imports of rice and other grains will lower prices depends on the quantity the government will allow into the country.

(A) Although
(B) Because
(C) Whether
(D) While

## PART 6

**Directions:** Read the texts that follow. A word, phrase, or sentence is missing in parts of each text. Four answer choices for each question are given below the text. Select the best answer to complete the text. Then mark the letter (A), (B), (C) or (D) on your answer sheet.

**Questions 131-134** refer to the following news update.

Earlier today, the Transportation Council released a statement saying it has agreed, in principle, with the provincial bus association's proposal of ------- Grand Central Terminal.
131.
Currently situated in the city center, the bus terminal has been the cause of major traffic jams.

Joe Stanhope, council chair, said the plan would potentially ------- bus traffic more evenly
132.
among major routes. -------. It appears that the change will happen ------- provincial bus
133.                                                          134.
transport continues to expand enormously. The number of provincial commuters is expected

to increase by almost 19% next year, the highest growth in 20 years.

131. (A) building
(B) relocating
(C) closing
(D) promoting

132. (A) distribute
(B) distributing
(C) distributors
(D) distributed

133. (A) Stanhope stressed the urgency of addressing traffic issues due to the airport.
(B) The transportation council will also consider the need to construct new train stations.
(C) Similarly, a proposal to provide more bus routes to provincial commuters was approved.
(D) Stanhope also gave details clarifying new regulations on provincial bus parking.

134. (A) now
(B) ever since
(C) as
(D) why

**Questions 135-138** refer to the following notice.

MegaTV Bids Farewell

On Thursday, April 18, MegaTV will air its last broadcast, ending 85 years of informative ------- . Through decade after decade, we ------- our audiences with access to cultural and
135.                                                                                        136.
artistic events not readily available in mainstream media. From opera and ballet, to tours of historical sites and authentic Spanish cooking, we promoted the arts in every medium at its best. As we go on air for the last time, we invite loyal viewers to come to our studios to help us bid farewell. For those who wish to join us, please come via the west gate on Collingsworth Avenue at 8:00 A.M. ------- . Most of our old and current hosts will be present, along with TV
                                    137.
executives and production staff, to mark this ------- event. Entrance is free.
                                              138.

135. (A) application
     (B) attentiveness
     (C) programming
     (D) processing

136. (A) provides
     (B) providing
     (C) will provide
     (D) have provided

137. (A) A merger with a commercial TV station is being proposed.
     (B) You can even meet some of our popular broadcasters.
     (C) This marks the beginning of our eighty-sixth year in public service.
     (D) This station has been given a cultural award by the city.

138. (A) memorable
     (B) regular
     (C) mandatory
     (D) tentative

**Questions 139-142** refer to the following article.

July 15 - Today, Castle Hill Land & Realty announced that a joint project with Granville Limited is finally underway. After 15 months of negotiations, the partners agreed on a deal ------- **139.** the 40-acre Harbour Park. The project will convert the area into an attractive residential and commercial hub. Castle Hill CEO, Matt Holbrook, promised that the joint enterprise will ------- **140.** significant economic benefits to the area and its residents. "It took a long time," Holbrook said, "with a lot of rescheduling and obstacles, but it's finally going to happen." -------. When **141.** asked how long the work will take, Holbrook was careful about setting a deadline. "We hope to move new residents and businesses into the area in five years," he said, "though that might be too hopeful of an -------. **142.**

139. (A) has developed
(B) will develop
(C) to develop
(D) can develop

140. (A) approach
(B) design
(C) collaborate
(D) bring

141. (A) Holbrooke maintains that delays are typical for major endeavors such as this.
(B) Residents, however, are concerned about worsening traffic and pollution.
(C) Holbrook is optimistic that the project will get the approval of the city government.
(D) Castle Hill and Granville will both be providing financing for the joint enterprise.

142. (A) opportunity
(B) impression
(C) estimate
(D) intuition

**Questions 143-146** refer to the following e-mail.

To: Debbie Fisher <dfishert198@gmail.com>
From: Customer Care <custcare@medweb.ca>
Date: May 14
Subject: Welcome to MedWeb
Attachment: Form

Dear Ms. Fisher,

Thank you for subscribing to MedWeb, your online medical resource! ------- you can find all
143.
the information you need to know about health and medicine on one Web site. In addition,

you get our monthly electronic newsletter, featuring in-depth articles on the latest medical

breakthroughs. Each issue, which you should receive via email, comes out at the beginning

of each month. -------. Your subscription also entitles you to our archives of medical journals,
144.
videos, and news as well as unlimited ------- to old issues of the newsletter online. Simply visit
145.
our Web site to activate your subscription, and type in the subscriber number and password

given ------- the attached form. You can change your password once you gain entry to your
146.
subscriber page.

Sincerely,

Yoshiro Oe
Customer Care Representative

143. (A) Now
(B) Then
(C) After
(D) Once

144. (A) To renew a subscription, call our
customer service desk during
business hours.
(B) If you do not receive your copy within
a week, please contact us.
(C) Subscribers are able to comment and
share their own articles on the web
site.
(D) The first ever issue of the newsletter
is scheduled for release in early June.

145. (A) accessed
(B) accesses
(C) accession
(D) access

146. (A) for
(B) of
(C) on
(D) at

# D-2

- ☑ **고난도 TEST 1**
- ☑ **고난도 TEST 2**
- ☑ **고난도 TEST 3**

 고난도 Part 5 & 6 권장 문제풀이 시간은 13분입니다. (Part 5: 6분, Part 6: 7분)

● 시작 시간: _____  ● 종료 시간: _____

## READING TEST

In the Reading test, you will read a variety of texts and answer several different types of reading comprehension questions. The entire Reading test will last 75 minutes. There are three parts, and directions are given for each part. You are encouraged to answer as many questions as possible within the time allowed. You must mark your answers on the separate answer sheet. Do not write your answers in your test book.

## PART 5

**Directions:** A word or phrase is missing in each of the sentences below. Four answer choices are given below each sentence. Select the best answer to complete the sentence. Then mark the letter (A), (B), (C), or (D) on you answer sheet.

---

**101.** Most of the gear used by scuba divers is not ------- but is rented from the beachfront scuba shop.

(A) them
(B) themselves
(C) theirs
(D) they

**102.** ------- exceeded the annual expense budget, the manufacturing division had no choice but to postpone any machine purchase until the next fiscal year.

(A) Having
(B) Have been
(C) To have
(D) Have

**103.** Documentary filmmaker Marcus Downs makes ancient philosophy ------- to the public in his new film.

(A) access
(B) accessible
(C) accessing
(D) accession

**104.** Temporary workers were hired by Techstone Builders ------- with the urgent construction of the port facilities.

(A) assist
(B) assisting
(C) to assist
(D) will assist

**105.** Golden Arch Supermarket guarantees that it stocks the ------- farm produce in all of Orange County.

(A) fresh
(B) fresher
(C) freshest
(D) freshness

**106.** Among the many popular ------- at Lake Titicaca are luxurious hotels for tourists and affordable homestays for backpackers.

(A) routes
(B) activities
(C) transportations
(D) accommodations

**107.** A minor modification to the shopping mall blueprint ------- the construction firm hundreds of thousands of dollars.

(A) designed
(B) saved
(C) prevented
(D) improved

**108.** One of the interviewees was offered a full-time contract this morning and is ------- to begin work on Monday.

(A) discussed
(B) applied
(C) expected
(D) aimed

---

109. Without the expertise of its sales director, Bell Fabrics' entry into the Mexican textile market would have been -------.

(A) unable
(B) impossible
(C) likely
(D) available

110. Although China's initial move into automotive manufacturing was only ------- successful, the country later became a major player in the market.

(A) conclusively
(B) marginally
(C) eventually
(D) consecutively

111. The finalization of the business deal with Channing Engineering will further ------- Mr. Robson's reputation as a skilled negotiator.

(A) enhance
(B) achieve
(C) succeed
(D) profit

112. Because of the ------- rainstorm, the tennis championship final had to be called off and rescheduled for the following afternoon.

(A) broad
(B) assertive
(C) dissatisfied
(D) sudden

113. To limit paper ------- the office manager insists that all paper that is blank on one side be placed in the designated box and reused.

(A) process
(B) method
(C) usage
(D) assignment

114. In accordance with our policies, hotel guests must be ------- with regard to our check-in and check-out times.

(A) periodic
(B) immediate
(C) punctual
(D) accessible

115. To bring a new perspective to the company, Sligo Corporation is carrying out an ------- search for a public relations manager.

(A) external
(B) approachable
(C) indecisive
(D) experienced

116. The selection and advisory committee has ------- scheduled its first meeting for June 1.

(A) evenly
(B) informatively
(C) solely
(D) tentatively

117. The call center manager informed the CEO that ------- more telephone operators were hired, they would struggle to deal with the large volume of calls.

(A) during
(B) whether
(C) provided
(D) until

118. Laptops, tablets, and other ------- electronic devices must be removed from bags at the security check.

(A) replaceable
(B) portable
(C) durable
(D) disposable

119. Griezmann Engineering provides an allowance to employees for the ------- of different computer skills workshops.

(A) completion
(B) difficulty
(C) ambition
(D) approval

120. Passengers may collect their belongings ------- when the pilot has turned off the fasten seatbelts sign.

(A) only
(B) even
(C) so
(D) after

**121.** Mr. Boyle became a recognized member of the community ------- donating a large sum of money to a local children's charity.

(A) as
(B) by
(C) and
(D) within

**122.** We recommend that prospective clients view the property in its ------- before considering making an offer.

(A) entirety
(B) capacity
(C) consequence
(D) benefit

**123.** Estelle Glover enjoyed cooking in her youth but ------- dreamed she would one day be the owner of a world-famous restaurant.

(A) here
(B) anyway
(C) when
(D) never

**124.** Workshop participants can use the printer and copy machine at the business center for an additional -------.

(A) charge
(B) estimate
(C) budget
(D) purchase

**125.** The senior architect is reviewing several proposals for the construction project to decide ------- is the most cost-effective.

(A) that
(B) which
(C) what
(D) how

**126.** Causton Glass Works offers internships to aspiring glass blowers ------- want to develop their skills.

(A) who
(B) someone
(C) whom
(D) they

**127.** In a statement released to the press, Impetus Publishing announced that it ------- to expand into the South American market next year.

(A) concerns
(B) considers
(C) initiates
(D) intends

**128.** ------- sales of CDs have significantly fallen over the past five years, the demand for digitally downloaded music continues to rise.

(A) Besides
(B) Primarily
(C) Also
(D) Whereas

**129.** Wellesley Footlights Company is very ------- to have prestigious West End veteran director Cameron Crawley as the director of its latest production.

(A) admirable
(B) fortunate
(C) critical
(D) essential

**130.** Mr. Fournier has the least chance of being promoted to the supervisor position because he has the weakest -------.

(A) portions
(B) credentials
(C) consequences
(D) permits

## PART 6

**Directions:** Read the texts that follow. A word, phrase, or sentence is missing in parts of each text. Four answer choices for each question are given below the text. Select the best answer to complete the text. Then mark the letter (A), (B), (C) or (D) on your answer sheet.

**Questions 131-134** refer to the following article.

The NBS cable TV network has announced that it will be extending Real Mysteries – a late-night show on real-life unsolved crime cases – for a second season. Due to a last-minute rise in ------- 131. from viewers, the show will run for another series in the fall. The decision came as a surprise, considering the ------- reviews the show's first 8 episodes received from TV critics last year. 132.

------- . Despite this, the crime drama gradually developed a devoted fan base, and many viewers 133. wrote to the network to express support for the show. Many fans are ------- captivated by the 134. show's suspenseful and authentic depictions of real-life crime.

131. (A) interest
(B) interesting
(C) interested
(D) to interest

132. (A) unstable
(B) profound
(C) harsh
(D) genuine

133. (A) Producers of the show did not listen to the critics.
(B) The show features famous cases that remain unsolved.
(C) The initial viewership ratings had also been weak.
(D) Additionally, the show has been praised by viewers.

134. (A) apparently
(B) more apparent
(C) too apparent
(D) apparent

**Questions 135-138** refer to the following article.

January 21 - After 12 months of renovations, the historic Strathtay Textile Mill in Pitlochry, Scotland, has opened its doors to tourists again. Built in 1889, the mill was ------- the largest
135.
wool mill in operation in the entire United Kingdom. Now, it stands as a historical landmark, representative of Scotland's long history in the wool and textile industry. The recent renovation work was urgently required to repair the roof of the Mill Museum, ------- in what was once the
136.
mill's main warehouse and storage facility. -------. Fortunately, a local construction firm was
137.
able to replace the damaged roof timber with similar wood salvaged from some of the smaller buildings on-site. According to the head curator at the tourist attraction, the museum roof -------
138.
to its original condition, and visitors are sure to be impressed with the results.

135. (A) still
(B) once
(C) yet
(D) since

136. (A) involved
(B) housed
(C) produced
(D) employed

137. (A) Several leading architects have drafted designs for the new textile mill.
(B) As a result, a large number of historical exhibits also sustained damage.
(C) Much care was taken to maintain the original appearance of the structure.
(D) The local government hopes to promote the mill as a prominent tourist attraction.

138. (A) is restoring
(B) has been restored
(C) will be restored
(D) will restore

**Questions 139-142** refer to the following e-mail.

To: bbusby@jokeweb.net
From: jmiller@wordwide.com
Date: March 8
Subject: Book Order

Dear Ms. Busby,

Thank you for your email on March 3, indicating that you made an online purchase of five titles from our catalog last February 28. We are sorry to hear that you received *The Saturn Star*, *The Stone Cover-up*, *The Meadow*, *Strange Planet*, but unfortunately, not *Summertime in the Sun*. We were confused to learn that you had not received -------. We take every possible care when filling
139.
customers' orders.

-------. According to our information, you made two separate purchases. You ordered the four
140.
books first in the morning, and then ordered the last book in the afternoon. We are sorry to say that we treated them as two orders instead of one order. I'm pleased to inform you that you will be receiving the last title tomorrow. If you do not receive your order by then, please ------- us.
141.

Again, we apologize for not being as efficient and accurate as we normally are. It is rare to have this happen to us. I want to emphasize that this situation is very -------.
142.

Thank you very much,

Joseph Miller
Wordwide Books Online

---

**139.** (A) it
(B) few
(C) them
(D) some

**140.** (A) We appreciate your positive feedback.
(B) Check our web site for new titles as they become available.
(C) Sadly, this title is currently out of stock.
(D) We were able to track your purchase.

**141.** (A) to contact
(B) contacting
(C) contacted
(D) contact

**142.** (A) promising
(B) likely
(C) unusual
(D) standard

**Questions 143-146** refer to the following Web page.

BayCo Loyalty Card

The BayCo Loyalty Card has the ------- coverage of all supermarket loyalty cards. -------. On
143.                                                                                                                    144.
any day of the week, you can use the card and earn double or triple points on specially selected
items. You can even use your points to book holidays. -------, we also monitor your shopping to
145.
tailor your coupons to fit your shopping habits and preferences. Like shopping for clothes and
sports equipment? If so, we'll customize your coupons and send you alerts every time -------
146.
items go on sale! And all this with absolutely no loyalty fees. No wonder our loyalty card is the
most popular!

143. (A) comprehension
     (B) comprehensive
     (C) most comprehensive
     (D) most comprehensively

144. (A) Card holders get points for a range of
         things from groceries to car insurance.
     (B) Card members can check how many
         points they have at any time.
     (C) You can save a lot of money by paying
         a small charge for the loyalty card.
     (D) You can only take advantage of
         exciting offers on special days and
         holidays.

145. (A) Regardless
     (B) Additionally
     (C) For instance
     (D) Consequently

146. (A) rational
     (B) careful
     (C) complimentary
     (D) relevant

## READING TEST

In the Reading test, you will read a variety of texts and answer several different types of reading comprehension questions. The entire Reading test will last 75 minutes. There are three parts, and directions are given for each part. You are encouraged to answer as many questions as possible within the time allowed. You must mark your answers on the separate answer sheet. Do not write your answers in your test book.

## PART 5

Directions: A word or phrase is missing in each of the sentences below. Four answer choices are given below each sentence. Select the best answer to complete the sentence. Then mark the letter (A), (B), (C), or (D) on you answer sheet.

101. Please contact the convention center not the event organizer if ------- require directions to the venue.

(A) your
(B) you
(C) yourself
(D) yours

102. Corman's Books' paperback sales have shown improvement ------- the past six months.

(A) at
(B) by
(C) to
(D) for

103. Greenacre Lake Resort offers a ------- range of activities that the whole family can enjoy.

(A) wide
(B) widest
(C) wider
(D) widely

104. Our new Live Chat feature allows our customer service agents to respond to all online inquiries -------.

(A) swiftly
(B) avoidably
(C) doubtedly
(D) rigidly

105. Several companies have reported a rise in earnings since the implementation of the trade -------.

(A) agreement
(B) agreeing
(C) agreeably
(D) agrees

106. The assembly instructions recommend pressing the wardrobe parts firmly together ------- they click into place.

(A) whereas
(B) instead
(C) likewise
(D) until

107. The roof of Haverford Orphanage required a ------- large amount of money to be repaired.

(A) surprise
(B) surprisingly
(C) surprising
(D) surprised

108. The town's flower festival is ------- held in late-spring, when the weather is becoming warmer.

(A) apart
(B) much
(C) always
(D) far

109. Ms. Bowman wants to fill the sales manager ------- internally rather than place an advertisement online.

(A) worker
(B) employment
(C) position
(D) experience

110. The sports car that Mr. Hoolahan hoped to purchase is ------- until the first week of July.

(A) unavailable
(B) occupied
(C) uneventful
(D) delivered

111. The Courtland Company is currently deciding ------- to renovate its current offices or to relocate to a new office building.

(A) whether
(B) both
(C) not only
(D) so

112. Grange Community Center ------- several art-based workshops covering topics such as watercolor painting, pottery, and drawing.

(A) offers
(B) takes
(C) pays
(D) allows

113. The online feedback indicates that our Spring Hills hotel is more ------- for tourists than our other locations throughout the city.

(A) conveniences
(B) conveniently
(C) convenience
(D) convenient

114. Cool Valley is currently the most popular aftershave ------- men aged between 17 and 25.

(A) among
(B) toward
(C) within
(D) along

115. ------- a sales representative has reached the monthly target, each member of his or her team will receive a bonus.

(A) So that
(B) Rather
(C) From
(D) After

116. Rather than disposing of food and beverage receipts during your business trips, please submit them to Ms. Brown -------.

(A) especially
(B) likewise
(C) quite
(D) instead

117. Ms. Assad held a press conference this morning during which she ------- for the mismanagement of company finances.

(A) to apologize
(B) apologized
(C) apologize
(D) will be apologizing

118. After several weeks of deliberation, the board members eventually chose a ------- for the new staff uniforms.

(A) delivery
(B) style
(C) belief
(D) request

119. For more information about pre-installed software or hardware or ------- the new laptop, please visit our Web site.

(A) to register
(B) register
(C) registration
(D) registers

120. There will be renovations in the main lobby tomorrow, ------- please enter the building through the rear entrance while the work is underway.

(A) rather
(B) while
(C) so
(D) because

121. The new mayor has promised local residents that he will improve recreational facilities in Dartmouth, ------- it costs.
(A) whoever
(B) anyone
(C) everything
(D) whatever

122. Your savings will grow ------- if you choose to keep them in a Beaverdale Bank Super Saver account.
(A) steady
(B) steadiest
(C) steadily
(D) steadier

123. The Manchester branch is responsible for the magazine ------- and marketing for the publishing company.
(A) distribute
(B) distributor
(C) distribution
(D) distributed

124. The lead event planner will handle the ------- of the catering and entertainment teams.
(A) coordination
(B) attention
(C) appreciation
(D) celebration

125. Mace Telecom is looking for a sales representative ------- main responsibility will be contacting customers to inform them about new products and services.
(A) that
(B) whose
(C) who
(D) which

126. To reduce ------- food waste in its restaurants, Bingo Burgers only 'cooks to order' from 8 p.m. until closing time.
(A) chilly
(B) adequate
(C) excess
(D) revised

127. Refer to Vertigo Corporation's company handbook for the most comprehensive ------- of its recruitment policies.
(A) explain
(B) explanation
(C) to explain
(D) explainable

128. The information pamphlets ------- to have been printed for convention attendees at the last-minute.
(A) arranged
(B) permitted
(C) transferred
(D) appeared

129. Unless Mr. Turnbull decides to conduct a tour of the factory, training of the new recruits ------- after the welcome meeting.
(A) has commenced
(B) commencing
(C) will commence
(D) commenced

130. Several of the houses built alongside the Merryfield Canal are ------- to water damage.
(A) forwarded
(B) automatic
(C) limited
(D) vulnerable

## PART 6

**Directions:** Read the texts that follow. A word, phrase, or sentence is missing in parts of each text. Four answer choices for each question are given below the text. Select the best answer to complete the text. Then mark the letter (A), (B), (C) or (D) on your answer sheet.

**Questions 131-134** refer to the following Web page.

Situated next to Barfield Art Gallery in Birmingham, England, the Saracen Ceramics Studio provides engaging workshops to suit creative individuals of all ages and experience levels. -------.
131.

The studio currently teaches workshop participants how to create a variety of ------- You can
132.
make high-quality ceramic vases, tiles, bowls, figurines, and jewelry. ------- cover all aspects of
133.
ceramics, from the history of its use in art and pottery, to the methods used in its production.
If you are interested in watching a demonstration class, register through our Web site at www.
saracenstudio.com/workshops. Take a moment to click on our Workshop Instructors link while
you are there. In doing so, you can find out more ------- our teachers!
134.

131. (A) Our classes are held in a variety of locations nationwide.
(B) Your workshop schedule will be updated accordingly.
(C) You are welcome to apply for our job vacancies online.
(D) Even complete beginners are encouraged to give it a shot.

132. (A) topics
(B) hobbies
(C) instructors
(D) objects

133. (A) I
(B) We
(C) You
(D) Theirs

134. (A) to
(B) over
(C) about
(D) in front of

To: inquiries@koisushi.com
From: elliejackson@metromail.com
Subject: Restaurant booking
Date: August 3

Dear sir/madam,

I am writing to you in the hope that I can ------- a reservation for six people at your restaurant
135.
for this Friday at 7 P.M. I originally booked a private dining room when I called your restaurant

on August 1, but more of my coworkers are interested in joining, so I'd like to increase the group

size from 6 to 10. Would it be ------- for us to be moved to a larger private dining room? -------.
136.                                                                137.

Could you let me know before the end of the day tomorrow? ------- would leave me enough time
138.
to reserve a table somewhere else if you are unable to accommodate my request.

Thank you!

Ellie Jackson

135. (A) make
(B) cancel
(C) inquire
(D) change

136. (A) possible
(B) satisfied
(C) available
(D) ready

137. (A) We are yet to receive the menus you
sent.
(B) I was very impressed with the service
provided.
(C) Our party should arrive at around 7
o'clock.
(D) My preference is the one opposite the
indoor pond.

138. (A) When
(B) They
(C) That
(D) What

**Questions 139-142** refer to the following article.

---

DAAN CORPORATION APPOINTS NEW INTERNATIONAL SALES DIRECTOR

Taipei (January 28) – Today, Daan Corporation announced Wu Kuang-yao as the company's new International Sales Director. Mr. Wu will be in charge of a branch office ------- sales primarily with
**139.**
customers from the United States and Europe.

Li Tso-tung, President of Daan, stated, "We are happy to have Mr. Wu join us and we have no doubt he will ------- us to boost sales in overseas markets." -------. At his previous company,
**140.** **141.**
Ling Telecoms, he served as the Regional Sales Director for almost 13 years and was credited with tripling the firm's annual sales.

Daan Corporation ------- a wide range of electronic devices, from kitchen appliances and
**142.**
televisions to smart watches and cell phones, and has grown to be a leader in the Asian market.

---

**139.** (A) its handling
(B) is handling
(C) handles
(D) handling

**140.** (A) supply
(B) report
(C) enable
(D) benefit

**141.** (A) Mr. Wu comes to Daan after enjoying past success in sales.
(B) Mr. Wu plans to spend some valuable time with his family.
(C) Mr. Wu is known for his work as President of Ling Telecoms.
(D) Mr. Wu will oversee the design of several product ranges.

**142.** (A) utilizes
(B) repairs
(C) recommends
(D) manufactures

**Questions 143-146** refer to the following notice.

Attention Whitby Car Wash Customers:

When leaving your car with us for our Luxury Car Wash service, you will be charged $25 for the cleaning of the inside of your car. You will see this charge indicated on your bill as "Car Valet Fee". ------- you instruct us otherwise, we will assume that you want us to clean the interior of
　　　143.
your car.

To prevent damage to leather seats, we use top-of-the-line specialized cleaning products. We also use a steam cleaner to remove all dust and ensure that your car's interior is thoroughly ------- . Considering the equipment used, our fee is fairly low.
144.

Please note that the fee is -------; you do not have to pay it if you would prefer to clean the
　　　　　　　　145.
interior of the car yourself. -------.
　　　　　　　　146.

TEST 2

143. (A) Unless
(B) Despite
(C) Besides
(D) Anyway

144. (A) sanitize
(B) sanitizes
(C) sanitized
(D) sanitizing

145. (A) annual
(B) optional
(C) familiar
(D) mandatory

146. (A) Just make sure you use the correct tools and cleansers.
(B) We offer discounts on smaller vehicles.
(C) This is why it is important to stick to a regular cleaning schedule.
(D) Replacement parts are included in our service.

## READING TEST

In the Reading test, you will read a variety of texts and answer several different types of reading comprehension questions. The entire Reading test will last 75 minutes. There are three parts, and directions are given for each part. You are encouraged to answer as many questions as possible within the time allowed. You must mark your answers on the separate answer sheet. Do not write your answers in your test book.

## PART 5

Directions: A word or phrase is missing in each of the sentences below. Four answer choices are given below each sentence. Select the best answer to complete the sentence. Then mark the letter (A), (B), (C), or (D) on you answer sheet.

101. Mr. Chester was present at the design meeting, so ------- knows which company logo was selected.

    (A) his
    (B) him
    (C) he
    (D) himself

102. Ms. Heron will be visiting our factories in Central America for 3 ------- 5 days.

    (A) with
    (B) to
    (C) off
    (D) until

103. At Speedy Hire, we offer our vehicles for ------- rates than other car rental firms.

    (A) lower
    (B) heavier
    (C) lighter
    (D) easier

104. While Ms. Amett is attending the conference, Mr. Lee will be handling all of ------- clients.

    (A) she
    (B) hers
    (C) her
    (D) herself

105. Whenever a customer returns a defective product, we should issue a full refund -------.

    (A) continuously
    (B) promptly
    (C) considerably
    (D) profitably

106. The display of art created by local schoolchildren is ------- from the museum's information desk.

    (A) near
    (B) during
    (C) across
    (D) out

107. The staff cafeteria is closed for cleaning every afternoon ------- 1:30 p.m. and 3:30 p.m.

    (A) beside
    (B) following
    (C) while
    (D) between

108. The city council is ------- whether to widen Mayfair Avenue by adding two additional traffic lanes.

    (A) debate
    (B) debates
    (C) debating
    (D) debated

109. Pizza Domingo promises ------- of all food orders within one hour of payment.

(A) delivery
(B) expense
(C) disposal
(D) convenience

110. Halford Publishing is responsible for the ------- of several science and engineering journals.

(A) distribute
(B) distributes
(C) distributive
(D) distribution

111. Mr. Shepard was nervous about joining such a large company, but he became friends with his new work colleagues -------.

(A) quick
(B) quicken
(C) quickly
(D) quickening

112. The Brubaker Report, a study on the psychological effects of advertising, was the product of a decade-long ------- between researchers in France and the UK.

(A) collaboration
(B) collaborative
(C) collaborate
(D) collaboratively

113. The ------- range of computer accessories can be found on the second floor of Tech Emporium.

(A) most
(B) various
(C) farthest
(D) widest

114. During a series of productive meetings, Mr. Jones ------- negotiated a business deal with RXA Pharmaceuticals.

(A) success
(B) successful
(C) successes
(D) successfully

115. The waiting staff at DiMaggio Restaurant ------- fold the napkins in the private dining rooms to resemble flowers.

(A) creative
(B) creatively
(C) create
(D) creator

116. The swimming pool is open to ------- apartment building residents, including those who rent.

(A) every
(B) few
(C) enough
(D) all

117. Effective immediately, all hotel bookings for business trips must be authorized ------- the accounting manager.

(A) by
(B) within
(C) on
(D) before

118. Our printer paper and ink toner are usually ------- in the meeting room on the fourth floor.

(A) stored
(B) storing
(C) storage
(D) stores

119. Mr. Rogers is considering removing the raspberry frozen yogurt from the menu, since ------- people seem to buy it.

(A) few
(B) more
(C) other
(D) all

120. Europe's most ------- scientists will gather together to share ideas at this year's APEX Symposium in Brussels.

(A) influence
(B) influences
(C) influential
(D) influentially

121. Ivy Thunberg, ------- is conducting market research in Los Angeles, will present her findings to shareholders next week.

(A) which
(B) where
(C) who
(D) whose

122. ------- Mr. Lawrence or his business partner will give the investors a tour of the manufacturing plant.

(A) Both
(B) Either
(C) And
(D) Nor

123. The repair work at Perth Cathedral, ------- was damaged during a storm, will be handled by ACR Construction Inc.

(A) which
(B) who
(C) much
(D) itself

124. ------- she is having a lunch meeting, Ms. Singh eats at the staff cafeteria with the other employees.

(A) Except
(B) Unless
(C) For
(D) Yet

125. The conveyor belt must be cleared off and left unattended during the lunch break so that the safety technician will have space to inspect it -------.

(A) intentionally
(B) thoroughly
(C) usually
(D) remarkably

126. Before attempting to repair the air conditioning unit, Mr. Hendrie ------- unplugged the device from its power source.

(A) sharply
(B) shortly
(C) wisely
(D) purely

127. John Hemsworth is ------- the candidates being evaluated for the marketing director position.

(A) concerning
(B) on
(C) among
(D) along

128. Please direct ------- complaints about our hotel to Mr. Reynolds, the guest services manager.

(A) any
(B) each
(C) however
(D) few

129. Fitness center guidelines ------- that members should seek assistance from an instructor if they are unsure how to use an exercise machine.

(A) state
(B) predict
(C) enable
(D) authorize

130. This year, Ashville's annual street parade and food fair will ------- with the city's 700th anniversary.

(A) contain
(B) select
(C) produce
(D) coincide

## PART 6

**Directions:** Read the texts that follow. A word, phrase, or sentence is missing in parts of each text. Four answer choices for each question are given below the text. Select the best answer to complete the text. Then mark the letter (A), (B), (C) or (D) on your answer sheet.

**Questions 131-134** refer to the following product description.

Cruz Cycles' latest hybrid bicycle combines the robust design of a mountain bike with the lightweight maneuverability of a road bike. -------. Extra grip tape on the ------- allows you to hold
131.                          132.
on tight and turn sharp corners easily. The seat is well-cushioned to provide maximum comfort while you ride. The frame is made of a low-density alloy ------- allows you to pick up and carry
133.
the bike easily whenever necessary. All bikes ------- from our Albuquerque distribution center on
134.
the same day of purchase and come with a 15-day money-back guarantee.

131. (A) Many people are switching to eco-friendly modes of transport.
(B) Our mountain bikes continue to be our best-selling range.
(C) Customers may choose from the following range of colors.
(D) This makes it perfectly suited to both commuting and recreation.

132. (A) handlebars
(B) pedals
(C) chain
(D) gears

133. (A) then
(B) such
(C) that
(D) still

134. (A) were shipped
(B) will be shipped
(C) have shipped
(D) had shipped

**Questions 135-138** refer to the following advertisement.

Do you have an interest in exquisite South American art?

Are you looking for ethnic artwork to give your home a unique look? If so, come on down to Rio Art on Main Street. -------. These include the Kayapo, the Yanomami, and several other
135.
indigenous peoples of South America. You won't find rare art like this anywhere else!

At Rio Art, we care ------- rewarding artists for their work. That's ------- we only take a
136.                                                137.
commission of ten percent from sales, while the remainder goes directly to the artists themselves.

To view our ------- inventory in person, please come on down to our store at 456 Main Street,
138.
Haventown.

135. (A) Our classes can be tailored to suite people of all experience levels.
(B) Please visit our Web site to find the nearest location to you.
(C) We sell paintings, sculptures, and sketches created by various cultures.
(D) Artworks can be used to brighten up living spaces and offices.

136. (A) on
(B) in
(C) about
(D) around

137. (A) when
(B) where
(C) why
(D) how

138. (A) full
(B) fully
(C) fullness
(D) fuller

**Questions 139-142** refer to the following notice.

On March 1, the Bayesville Department of Parks & Recreation (BDPR) will commence ------- on
139.

the tennis courts and clubhouse building in the middle of Glazer Park in downtown Bayesville.

The work team will focus on resurfacing and expanding the tennis area to include six courts,

two more than the ------- four. In addition, the clubhouse building will be enlarged in order to
140.

accommodate a new cafeteria and lounge that members of the tennis club may use. This is one

of several local development projects that the BDPR will carry out this year. The work is likely

to ------- before the end of May. -------. Further information can be found on the Bayesville City
141.                                       142.

Council Web site.

TEST 3

139. (A) construct
     (B) constructed
     (C) constructive
     (D) construction

140. (A) continuous
     (B) present
     (C) tentative
     (D) vague

141. (A) conclude
     (B) release
     (C) arrive
     (D) undertake

142. (A) From March until May, a tennis
         tournament will be held at the club.
     (B) In the meantime, tennis players can use
         the courts in nearby Draper Park.
     (C) Memberships for the tennis club can be
         renewed at the end of the year.
     (D) As a result, motorists will need to use
         alternative routes through the downtown
         area.

**Questions 143-146** refer to the following notice.

Rappel Corporation Notice to Employees

Please take note that the maintenance team will be carrying out its annual inspection and servicing of all elevators in our head office this month. The elevators will be thoroughly checked on Monday, December 5, from 1 P.M. to 7 P.M. -------. In addition, while the elevators are powered
**143.**
down for servicing, departments on the third and fourth floors may experience intermittent power outages. This is ------- and we ask that you please be patient and understanding. Workers
**144.**
------- their work regularly to avoid any unintentional data loss. We will notify all employees once
**145.**
more ------- the work begins, and we expect everyone to plan accordingly in order to avoid any
**146.**
disruption to our workflow.

143. (A) Instead, employees may be permitted to work from home.
(B) During this time, staff will be required to use the stairs.
(C) The head office typically opens at 8:30 A.M. on weekdays.
(D) Extra elevators would help alleviate delays when staff arrive at work.

144. (A) normal
(B) actual
(C) entire
(D) reliable

145. (A) backed up
(B) have backed up
(C) are backing up
(D) should back up

146. (A) before
(B) despite
(C) from
(D) along

테스트 회차 | 날짜

READING COMPREHENSION ( PART 5-6 )

| NO | ANSWER A B C D | NO | ANSWER A B C D | NO | ANSWER A B C D | NO | ANSWER A B C D | NO | ANSWER A B C D |
|----|----|----|----|----|----|----|----|----|----|
| 101 | ⓐⓑⓒⓓ | 121 | ⓐⓑⓒⓓ | 141 | ⓐⓑⓒⓓ | 161 | ⓐⓑⓒⓓ | 181 | ⓐⓑⓒⓓ |
| 102 | ⓐⓑⓒⓓ | 122 | ⓐⓑⓒⓓ | 142 | ⓐⓑⓒⓓ | 162 | ⓐⓑⓒⓓ | 182 | ⓐⓑⓒⓓ |
| 103 | ⓐⓑⓒⓓ | 123 | ⓐⓑⓒⓓ | 143 | ⓐⓑⓒⓓ | 163 | ⓐⓑⓒⓓ | 183 | ⓐⓑⓒⓓ |
| 104 | ⓐⓑⓒⓓ | 124 | ⓐⓑⓒⓓ | 144 | ⓐⓑⓒⓓ | 164 | ⓐⓑⓒⓓ | 184 | ⓐⓑⓒⓓ |
| 105 | ⓐⓑⓒⓓ | 125 | ⓐⓑⓒⓓ | 145 | ⓐⓑⓒⓓ | 165 | ⓐⓑⓒⓓ | 185 | ⓐⓑⓒⓓ |
| 106 | ⓐⓑⓒⓓ | 126 | ⓐⓑⓒⓓ | 146 | ⓐⓑⓒⓓ | 166 | ⓐⓑⓒⓓ | 186 | ⓐⓑⓒⓓ |
| 107 | ⓐⓑⓒⓓ | 127 | ⓐⓑⓒⓓ | 147 | ⓐⓑⓒⓓ | 167 | ⓐⓑⓒⓓ | 187 | ⓐⓑⓒⓓ |
| 108 | ⓐⓑⓒⓓ | 128 | ⓐⓑⓒⓓ | 148 | ⓐⓑⓒⓓ | 168 | ⓐⓑⓒⓓ | 188 | ⓐⓑⓒⓓ |
| 109 | ⓐⓑⓒⓓ | 129 | ⓐⓑⓒⓓ | 149 | ⓐⓑⓒⓓ | 169 | ⓐⓑⓒⓓ | 189 | ⓐⓑⓒⓓ |
| 110 | ⓐⓑⓒⓓ | 130 | ⓐⓑⓒⓓ | 150 | ⓐⓑⓒⓓ | 170 | ⓐⓑⓒⓓ | 190 | ⓐⓑⓒⓓ |
| 111 | ⓐⓑⓒⓓ | 131 | ⓐⓑⓒⓓ | 151 | ⓐⓑⓒⓓ | 171 | ⓐⓑⓒⓓ | 191 | ⓐⓑⓒⓓ |
| 112 | ⓐⓑⓒⓓ | 132 | ⓐⓑⓒⓓ | 152 | ⓐⓑⓒⓓ | 172 | ⓐⓑⓒⓓ | 192 | ⓐⓑⓒⓓ |
| 113 | ⓐⓑⓒⓓ | 133 | ⓐⓑⓒⓓ | 153 | ⓐⓑⓒⓓ | 173 | ⓐⓑⓒⓓ | 193 | ⓐⓑⓒⓓ |
| 114 | ⓐⓑⓒⓓ | 134 | ⓐⓑⓒⓓ | 154 | ⓐⓑⓒⓓ | 174 | ⓐⓑⓒⓓ | 194 | ⓐⓑⓒⓓ |
| 115 | ⓐⓑⓒⓓ | 135 | ⓐⓑⓒⓓ | 155 | ⓐⓑⓒⓓ | 175 | ⓐⓑⓒⓓ | 195 | ⓐⓑⓒⓓ |
| 116 | ⓐⓑⓒⓓ | 136 | ⓐⓑⓒⓓ | 156 | ⓐⓑⓒⓓ | 176 | ⓐⓑⓒⓓ | 196 | ⓐⓑⓒⓓ |
| 117 | ⓐⓑⓒⓓ | 137 | ⓐⓑⓒⓓ | 157 | ⓐⓑⓒⓓ | 177 | ⓐⓑⓒⓓ | 197 | ⓐⓑⓒⓓ |
| 118 | ⓐⓑⓒⓓ | 138 | ⓐⓑⓒⓓ | 158 | ⓐⓑⓒⓓ | 178 | ⓐⓑⓒⓓ | 198 | ⓐⓑⓒⓓ |
| 119 | ⓐⓑⓒⓓ | 139 | ⓐⓑⓒⓓ | 159 | ⓐⓑⓒⓓ | 179 | ⓐⓑⓒⓓ | 199 | ⓐⓑⓒⓓ |
| 120 | ⓐⓑⓒⓓ | 140 | ⓐⓑⓒⓓ | 160 | ⓐⓑⓒⓓ | 180 | ⓐⓑⓒⓓ | 200 | ⓐⓑⓒⓓ |

절취 선

시원스쿨 LAB

ANSWER SHEET

테스트 회차 | 날짜

READING COMPREHENSION ( PART 5-6 )

| NO | ANSWER A B C D | NO | ANSWER A B C D | NO | ANSWER A B C D | NO | ANSWER A B C D | NO | ANSWER A B C D |
|----|----|----|----|----|----|----|----|----|----|
| 101 | ⓐⓑⓒⓓ | 121 | ⓐⓑⓒⓓ | 141 | ⓐⓑⓒⓓ | 161 | ⓐⓑⓒⓓ | 181 | ⓐⓑⓒⓓ |
| 102 | ⓐⓑⓒⓓ | 122 | ⓐⓑⓒⓓ | 142 | ⓐⓑⓒⓓ | 162 | ⓐⓑⓒⓓ | 182 | ⓐⓑⓒⓓ |
| 103 | ⓐⓑⓒⓓ | 123 | ⓐⓑⓒⓓ | 143 | ⓐⓑⓒⓓ | 163 | ⓐⓑⓒⓓ | 183 | ⓐⓑⓒⓓ |
| 104 | ⓐⓑⓒⓓ | 124 | ⓐⓑⓒⓓ | 144 | ⓐⓑⓒⓓ | 164 | ⓐⓑⓒⓓ | 184 | ⓐⓑⓒⓓ |
| 105 | ⓐⓑⓒⓓ | 125 | ⓐⓑⓒⓓ | 145 | ⓐⓑⓒⓓ | 165 | ⓐⓑⓒⓓ | 185 | ⓐⓑⓒⓓ |
| 106 | ⓐⓑⓒⓓ | 126 | ⓐⓑⓒⓓ | 146 | ⓐⓑⓒⓓ | 166 | ⓐⓑⓒⓓ | 186 | ⓐⓑⓒⓓ |
| 107 | ⓐⓑⓒⓓ | 127 | ⓐⓑⓒⓓ | 147 | ⓐⓑⓒⓓ | 167 | ⓐⓑⓒⓓ | 187 | ⓐⓑⓒⓓ |
| 108 | ⓐⓑⓒⓓ | 128 | ⓐⓑⓒⓓ | 148 | ⓐⓑⓒⓓ | 168 | ⓐⓑⓒⓓ | 188 | ⓐⓑⓒⓓ |
| 109 | ⓐⓑⓒⓓ | 129 | ⓐⓑⓒⓓ | 149 | ⓐⓑⓒⓓ | 169 | ⓐⓑⓒⓓ | 189 | ⓐⓑⓒⓓ |
| 110 | ⓐⓑⓒⓓ | 130 | ⓐⓑⓒⓓ | 150 | ⓐⓑⓒⓓ | 170 | ⓐⓑⓒⓓ | 190 | ⓐⓑⓒⓓ |
| 111 | ⓐⓑⓒⓓ | 131 | ⓐⓑⓒⓓ | 151 | ⓐⓑⓒⓓ | 171 | ⓐⓑⓒⓓ | 191 | ⓐⓑⓒⓓ |
| 112 | ⓐⓑⓒⓓ | 132 | ⓐⓑⓒⓓ | 152 | ⓐⓑⓒⓓ | 172 | ⓐⓑⓒⓓ | 192 | ⓐⓑⓒⓓ |
| 113 | ⓐⓑⓒⓓ | 133 | ⓐⓑⓒⓓ | 153 | ⓐⓑⓒⓓ | 173 | ⓐⓑⓒⓓ | 193 | ⓐⓑⓒⓓ |
| 114 | ⓐⓑⓒⓓ | 134 | ⓐⓑⓒⓓ | 154 | ⓐⓑⓒⓓ | 174 | ⓐⓑⓒⓓ | 194 | ⓐⓑⓒⓓ |
| 115 | ⓐⓑⓒⓓ | 135 | ⓐⓑⓒⓓ | 155 | ⓐⓑⓒⓓ | 175 | ⓐⓑⓒⓓ | 195 | ⓐⓑⓒⓓ |
| 116 | ⓐⓑⓒⓓ | 136 | ⓐⓑⓒⓓ | 156 | ⓐⓑⓒⓓ | 176 | ⓐⓑⓒⓓ | 196 | ⓐⓑⓒⓓ |
| 117 | ⓐⓑⓒⓓ | 137 | ⓐⓑⓒⓓ | 157 | ⓐⓑⓒⓓ | 177 | ⓐⓑⓒⓓ | 197 | ⓐⓑⓒⓓ |
| 118 | ⓐⓑⓒⓓ | 138 | ⓐⓑⓒⓓ | 158 | ⓐⓑⓒⓓ | 178 | ⓐⓑⓒⓓ | 198 | ⓐⓑⓒⓓ |
| 119 | ⓐⓑⓒⓓ | 139 | ⓐⓑⓒⓓ | 159 | ⓐⓑⓒⓓ | 179 | ⓐⓑⓒⓓ | 199 | ⓐⓑⓒⓓ |
| 120 | ⓐⓑⓒⓓ | 140 | ⓐⓑⓒⓓ | 160 | ⓐⓑⓒⓓ | 180 | ⓐⓑⓒⓓ | 200 | ⓐⓑⓒⓓ |

# ANSWER SHEET

테스트 회차     날짜

## READING COMPREHENSION ( PART 5-6 )

(NO 101–200, answer bubbles A B C D)

---

*자르는 선* ✂

---

사원스쿨 LAB

# ANSWER SHEET

테스트 회차     날짜

## READING COMPREHENSION ( PART 5-6 )

(NO 101–200, answer bubbles A B C D)

시원스쿨 **LAB**

# ANSWER SHEET

테스트 회차

날짜

## READING COMPREHENSION ( PART 5-6 )

| NO | ANSWER A B C D | NO | ANSWER A B C D | NO | ANSWER A B C D | NO | ANSWER A B C D | NO | ANSWER A B C D |
|---|---|---|---|---|---|---|---|---|---|
| 101 | ⓐ ⓑ ⓒ ⓓ | 121 | ⓐ ⓑ ⓒ ⓓ | 141 | ⓐ ⓑ ⓒ ⓓ | 161 | ⓐ ⓑ ⓒ ⓓ | 181 | ⓐ ⓑ ⓒ ⓓ |
| 102 | ⓐ ⓑ ⓒ ⓓ | 122 | ⓐ ⓑ ⓒ ⓓ | 142 | ⓐ ⓑ ⓒ ⓓ | 162 | ⓐ ⓑ ⓒ ⓓ | 182 | ⓐ ⓑ ⓒ ⓓ |
| 103 | ⓐ ⓑ ⓒ ⓓ | 123 | ⓐ ⓑ ⓒ ⓓ | 143 | ⓐ ⓑ ⓒ ⓓ | 163 | ⓐ ⓑ ⓒ ⓓ | 183 | ⓐ ⓑ ⓒ ⓓ |
| 104 | ⓐ ⓑ ⓒ ⓓ | 124 | ⓐ ⓑ ⓒ ⓓ | 144 | ⓐ ⓑ ⓒ ⓓ | 164 | ⓐ ⓑ ⓒ ⓓ | 184 | ⓐ ⓑ ⓒ ⓓ |
| 105 | ⓐ ⓑ ⓒ ⓓ | 125 | ⓐ ⓑ ⓒ ⓓ | 145 | ⓐ ⓑ ⓒ ⓓ | 165 | ⓐ ⓑ ⓒ ⓓ | 185 | ⓐ ⓑ ⓒ ⓓ |
| 106 | ⓐ ⓑ ⓒ ⓓ | 126 | ⓐ ⓑ ⓒ ⓓ | 146 | ⓐ ⓑ ⓒ ⓓ | 166 | ⓐ ⓑ ⓒ ⓓ | 186 | ⓐ ⓑ ⓒ ⓓ |
| 107 | ⓐ ⓑ ⓒ ⓓ | 127 | ⓐ ⓑ ⓒ ⓓ | 147 | ⓐ ⓑ ⓒ ⓓ | 167 | ⓐ ⓑ ⓒ ⓓ | 187 | ⓐ ⓑ ⓒ ⓓ |
| 108 | ⓐ ⓑ ⓒ ⓓ | 128 | ⓐ ⓑ ⓒ ⓓ | 148 | ⓐ ⓑ ⓒ ⓓ | 168 | ⓐ ⓑ ⓒ ⓓ | 188 | ⓐ ⓑ ⓒ ⓓ |
| 109 | ⓐ ⓑ ⓒ ⓓ | 129 | ⓐ ⓑ ⓒ ⓓ | 149 | ⓐ ⓑ ⓒ ⓓ | 169 | ⓐ ⓑ ⓒ ⓓ | 189 | ⓐ ⓑ ⓒ ⓓ |
| 110 | ⓐ ⓑ ⓒ ⓓ | 130 | ⓐ ⓑ ⓒ ⓓ | 150 | ⓐ ⓑ ⓒ ⓓ | 170 | ⓐ ⓑ ⓒ ⓓ | 190 | ⓐ ⓑ ⓒ ⓓ |
| 111 | ⓐ ⓑ ⓒ ⓓ | 131 | ⓐ ⓑ ⓒ ⓓ | 151 | ⓐ ⓑ ⓒ ⓓ | 171 | ⓐ ⓑ ⓒ ⓓ | 191 | ⓐ ⓑ ⓒ ⓓ |
| 112 | ⓐ ⓑ ⓒ ⓓ | 132 | ⓐ ⓑ ⓒ ⓓ | 152 | ⓐ ⓑ ⓒ ⓓ | 172 | ⓐ ⓑ ⓒ ⓓ | 192 | ⓐ ⓑ ⓒ ⓓ |
| 113 | ⓐ ⓑ ⓒ ⓓ | 133 | ⓐ ⓑ ⓒ ⓓ | 153 | ⓐ ⓑ ⓒ ⓓ | 173 | ⓐ ⓑ ⓒ ⓓ | 193 | ⓐ ⓑ ⓒ ⓓ |
| 114 | ⓐ ⓑ ⓒ ⓓ | 134 | ⓐ ⓑ ⓒ ⓓ | 154 | ⓐ ⓑ ⓒ ⓓ | 174 | ⓐ ⓑ ⓒ ⓓ | 194 | ⓐ ⓑ ⓒ ⓓ |
| 115 | ⓐ ⓑ ⓒ ⓓ | 135 | ⓐ ⓑ ⓒ ⓓ | 155 | ⓐ ⓑ ⓒ ⓓ | 175 | ⓐ ⓑ ⓒ ⓓ | 195 | ⓐ ⓑ ⓒ ⓓ |
| 116 | ⓐ ⓑ ⓒ ⓓ | 136 | ⓐ ⓑ ⓒ ⓓ | 156 | ⓐ ⓑ ⓒ ⓓ | 176 | ⓐ ⓑ ⓒ ⓓ | 196 | ⓐ ⓑ ⓒ ⓓ |
| 117 | ⓐ ⓑ ⓒ ⓓ | 137 | ⓐ ⓑ ⓒ ⓓ | 157 | ⓐ ⓑ ⓒ ⓓ | 177 | ⓐ ⓑ ⓒ ⓓ | 197 | ⓐ ⓑ ⓒ ⓓ |
| 118 | ⓐ ⓑ ⓒ ⓓ | 138 | ⓐ ⓑ ⓒ ⓓ | 158 | ⓐ ⓑ ⓒ ⓓ | 178 | ⓐ ⓑ ⓒ ⓓ | 198 | ⓐ ⓑ ⓒ ⓓ |
| 119 | ⓐ ⓑ ⓒ ⓓ | 139 | ⓐ ⓑ ⓒ ⓓ | 159 | ⓐ ⓑ ⓒ ⓓ | 179 | ⓐ ⓑ ⓒ ⓓ | 199 | ⓐ ⓑ ⓒ ⓓ |
| 120 | ⓐ ⓑ ⓒ ⓓ | 140 | ⓐ ⓑ ⓒ ⓓ | 160 | ⓐ ⓑ ⓒ ⓓ | 180 | ⓐ ⓑ ⓒ ⓓ | 200 | ⓐ ⓑ ⓒ ⓓ |

----- 자르는 선 ✂ -----

시원스쿨 **LAB**

# ANSWER SHEET

테스트 회차

날짜

## READING COMPREHENSION ( PART 5-6 )

| NO | ANSWER A B C D | NO | ANSWER A B C D | NO | ANSWER A B C D | NO | ANSWER A B C D | NO | ANSWER A B C D |
|---|---|---|---|---|---|---|---|---|---|
| 101 | ⓐ ⓑ ⓒ ⓓ | 121 | ⓐ ⓑ ⓒ ⓓ | 141 | ⓐ ⓑ ⓒ ⓓ | 161 | ⓐ ⓑ ⓒ ⓓ | 181 | ⓐ ⓑ ⓒ ⓓ |
| 102 | ⓐ ⓑ ⓒ ⓓ | 122 | ⓐ ⓑ ⓒ ⓓ | 142 | ⓐ ⓑ ⓒ ⓓ | 162 | ⓐ ⓑ ⓒ ⓓ | 182 | ⓐ ⓑ ⓒ ⓓ |
| 103 | ⓐ ⓑ ⓒ ⓓ | 123 | ⓐ ⓑ ⓒ ⓓ | 143 | ⓐ ⓑ ⓒ ⓓ | 163 | ⓐ ⓑ ⓒ ⓓ | 183 | ⓐ ⓑ ⓒ ⓓ |
| 104 | ⓐ ⓑ ⓒ ⓓ | 124 | ⓐ ⓑ ⓒ ⓓ | 144 | ⓐ ⓑ ⓒ ⓓ | 164 | ⓐ ⓑ ⓒ ⓓ | 184 | ⓐ ⓑ ⓒ ⓓ |
| 105 | ⓐ ⓑ ⓒ ⓓ | 125 | ⓐ ⓑ ⓒ ⓓ | 145 | ⓐ ⓑ ⓒ ⓓ | 165 | ⓐ ⓑ ⓒ ⓓ | 185 | ⓐ ⓑ ⓒ ⓓ |
| 106 | ⓐ ⓑ ⓒ ⓓ | 126 | ⓐ ⓑ ⓒ ⓓ | 146 | ⓐ ⓑ ⓒ ⓓ | 166 | ⓐ ⓑ ⓒ ⓓ | 186 | ⓐ ⓑ ⓒ ⓓ |
| 107 | ⓐ ⓑ ⓒ ⓓ | 127 | ⓐ ⓑ ⓒ ⓓ | 147 | ⓐ ⓑ ⓒ ⓓ | 167 | ⓐ ⓑ ⓒ ⓓ | 187 | ⓐ ⓑ ⓒ ⓓ |
| 108 | ⓐ ⓑ ⓒ ⓓ | 128 | ⓐ ⓑ ⓒ ⓓ | 148 | ⓐ ⓑ ⓒ ⓓ | 168 | ⓐ ⓑ ⓒ ⓓ | 188 | ⓐ ⓑ ⓒ ⓓ |
| 109 | ⓐ ⓑ ⓒ ⓓ | 129 | ⓐ ⓑ ⓒ ⓓ | 149 | ⓐ ⓑ ⓒ ⓓ | 169 | ⓐ ⓑ ⓒ ⓓ | 189 | ⓐ ⓑ ⓒ ⓓ |
| 110 | ⓐ ⓑ ⓒ ⓓ | 130 | ⓐ ⓑ ⓒ ⓓ | 150 | ⓐ ⓑ ⓒ ⓓ | 170 | ⓐ ⓑ ⓒ ⓓ | 190 | ⓐ ⓑ ⓒ ⓓ |
| 111 | ⓐ ⓑ ⓒ ⓓ | 131 | ⓐ ⓑ ⓒ ⓓ | 151 | ⓐ ⓑ ⓒ ⓓ | 171 | ⓐ ⓑ ⓒ ⓓ | 191 | ⓐ ⓑ ⓒ ⓓ |
| 112 | ⓐ ⓑ ⓒ ⓓ | 132 | ⓐ ⓑ ⓒ ⓓ | 152 | ⓐ ⓑ ⓒ ⓓ | 172 | ⓐ ⓑ ⓒ ⓓ | 192 | ⓐ ⓑ ⓒ ⓓ |
| 113 | ⓐ ⓑ ⓒ ⓓ | 133 | ⓐ ⓑ ⓒ ⓓ | 153 | ⓐ ⓑ ⓒ ⓓ | 173 | ⓐ ⓑ ⓒ ⓓ | 193 | ⓐ ⓑ ⓒ ⓓ |
| 114 | ⓐ ⓑ ⓒ ⓓ | 134 | ⓐ ⓑ ⓒ ⓓ | 154 | ⓐ ⓑ ⓒ ⓓ | 174 | ⓐ ⓑ ⓒ ⓓ | 194 | ⓐ ⓑ ⓒ ⓓ |
| 115 | ⓐ ⓑ ⓒ ⓓ | 135 | ⓐ ⓑ ⓒ ⓓ | 155 | ⓐ ⓑ ⓒ ⓓ | 175 | ⓐ ⓑ ⓒ ⓓ | 195 | ⓐ ⓑ ⓒ ⓓ |
| 116 | ⓐ ⓑ ⓒ ⓓ | 136 | ⓐ ⓑ ⓒ ⓓ | 156 | ⓐ ⓑ ⓒ ⓓ | 176 | ⓐ ⓑ ⓒ ⓓ | 196 | ⓐ ⓑ ⓒ ⓓ |
| 117 | ⓐ ⓑ ⓒ ⓓ | 137 | ⓐ ⓑ ⓒ ⓓ | 157 | ⓐ ⓑ ⓒ ⓓ | 177 | ⓐ ⓑ ⓒ ⓓ | 197 | ⓐ ⓑ ⓒ ⓓ |
| 118 | ⓐ ⓑ ⓒ ⓓ | 138 | ⓐ ⓑ ⓒ ⓓ | 158 | ⓐ ⓑ ⓒ ⓓ | 178 | ⓐ ⓑ ⓒ ⓓ | 198 | ⓐ ⓑ ⓒ ⓓ |
| 119 | ⓐ ⓑ ⓒ ⓓ | 139 | ⓐ ⓑ ⓒ ⓓ | 159 | ⓐ ⓑ ⓒ ⓓ | 179 | ⓐ ⓑ ⓒ ⓓ | 199 | ⓐ ⓑ ⓒ ⓓ |
| 120 | ⓐ ⓑ ⓒ ⓓ | 140 | ⓐ ⓑ ⓒ ⓓ | 160 | ⓐ ⓑ ⓒ ⓓ | 180 | ⓐ ⓑ ⓒ ⓓ | 200 | ⓐ ⓑ ⓒ ⓓ |

# ANSWER SHEET

테스트 회차

날짜

## READING COMPREHENSION ( PART 5-6 )

| NO | ANSWER A B C D | NO | ANSWER A B C D | NO | ANSWER A B C D | NO | ANSWER A B C D |
|----|---|----|---|----|---|----|---|
| 101 | ⓐ ⓑ ⓒ ⓓ | 121 | ⓐ ⓑ ⓒ ⓓ | 141 | ⓐ ⓑ ⓒ ⓓ | 181 | ⓐ ⓑ ⓒ ⓓ |
| 102 | ⓐ ⓑ ⓒ ⓓ | 122 | ⓐ ⓑ ⓒ ⓓ | 142 | ⓐ ⓑ ⓒ ⓓ | 182 | ⓐ ⓑ ⓒ ⓓ |
| 103 | ⓐ ⓑ ⓒ ⓓ | 123 | ⓐ ⓑ ⓒ ⓓ | 143 | ⓐ ⓑ ⓒ ⓓ | 183 | ⓐ ⓑ ⓒ ⓓ |
| 104 | ⓐ ⓑ ⓒ ⓓ | 124 | ⓐ ⓑ ⓒ ⓓ | 144 | ⓐ ⓑ ⓒ ⓓ | 184 | ⓐ ⓑ ⓒ ⓓ |
| 105 | ⓐ ⓑ ⓒ ⓓ | 125 | ⓐ ⓑ ⓒ ⓓ | 145 | ⓐ ⓑ ⓒ ⓓ | 185 | ⓐ ⓑ ⓒ ⓓ |
| 106 | ⓐ ⓑ ⓒ ⓓ | 126 | ⓐ ⓑ ⓒ ⓓ | 146 | ⓐ ⓑ ⓒ | 186 | ⓐ ⓑ ⓒ ⓓ |
| 107 | ⓐ ⓑ ⓒ ⓓ | 127 | ⓐ ⓑ ⓒ ⓓ | 147 | ⓐ ⓑ ⓒ ⓓ | 187 | ⓐ ⓑ ⓒ ⓓ |
| 108 | ⓐ ⓑ ⓒ ⓓ | 128 | ⓐ ⓑ ⓒ ⓓ | 148 | ⓐ ⓑ ⓒ ⓓ | 188 | ⓐ ⓑ ⓒ ⓓ |
| 109 | ⓐ ⓑ ⓒ ⓓ | 129 | ⓐ ⓑ ⓒ ⓓ | 149 | ⓐ ⓑ ⓒ ⓓ | 189 | ⓐ ⓑ ⓒ ⓓ |
| 110 | ⓐ ⓑ ⓒ ⓓ | 130 | ⓐ ⓑ ⓒ ⓓ | 150 | ⓐ ⓑ ⓒ ⓓ | 190 | ⓐ ⓑ ⓒ ⓓ |
| 111 | ⓐ ⓑ ⓒ ⓓ | 131 | ⓐ ⓑ ⓒ ⓓ | 151 | ⓐ ⓑ ⓒ ⓓ | 191 | ⓐ ⓑ ⓒ ⓓ |
| 112 | ⓐ ⓑ ⓒ ⓓ | 132 | ⓐ ⓑ ⓒ ⓓ | 152 | ⓐ ⓑ ⓒ ⓓ | 192 | ⓐ ⓑ ⓒ ⓓ |
| 113 | ⓐ ⓑ ⓒ ⓓ | 133 | ⓐ ⓑ ⓒ ⓓ | 153 | ⓐ ⓑ ⓒ ⓓ | 193 | ⓐ ⓑ ⓒ ⓓ |
| 114 | ⓐ ⓑ ⓒ ⓓ | 134 | ⓐ ⓑ ⓒ ⓓ | 154 | ⓐ ⓑ ⓒ ⓓ | 194 | ⓐ ⓑ ⓒ ⓓ |
| 115 | ⓐ ⓑ ⓒ ⓓ | 135 | ⓐ ⓑ ⓒ ⓓ | 155 | ⓐ ⓑ ⓒ ⓓ | 195 | ⓐ ⓑ ⓒ ⓓ |
| 116 | ⓐ ⓑ ⓒ ⓓ | 136 | ⓐ ⓑ ⓒ ⓓ | 156 | ⓐ ⓑ ⓒ ⓓ | 196 | ⓐ ⓑ ⓒ ⓓ |
| 117 | ⓐ ⓑ ⓒ ⓓ | 137 | ⓐ ⓑ ⓒ ⓓ | 157 | ⓐ ⓑ ⓒ ⓓ | 197 | ⓐ ⓑ ⓒ ⓓ |
| 118 | ⓐ ⓑ ⓒ ⓓ | 138 | ⓐ ⓑ ⓒ ⓓ | 158 | ⓐ ⓑ ⓒ ⓓ | 198 | ⓐ ⓑ ⓒ ⓓ |
| 119 | ⓐ ⓑ ⓒ ⓓ | 139 | ⓐ ⓑ ⓒ ⓓ | 159 | ⓐ ⓑ ⓒ ⓓ | 199 | ⓐ ⓑ ⓒ ⓓ |
| 120 | ⓐ ⓑ ⓒ ⓓ | 140 | ⓐ ⓑ ⓒ ⓓ | 160 | ⓐ ⓑ ⓒ ⓓ | 200 | ⓐ ⓑ ⓒ ⓓ |

(NO 161-180 column: ⓐ ⓑ ⓒ ⓓ for each)

절취선

시원스쿨 LAB

# ANSWER SHEET

테스트 회차

날짜

## READING COMPREHENSION ( PART 5-6 )

| NO | ANSWER A B C D | NO | ANSWER A B C D | NO | ANSWER A B C D | NO | ANSWER A B C D |
|----|---|----|---|----|---|----|---|
| 101 | ⓐ ⓑ ⓒ ⓓ | 121 | ⓐ ⓑ ⓒ ⓓ | 141 | ⓐ ⓑ ⓒ ⓓ | 181 | ⓐ ⓑ ⓒ ⓓ |
| 102 | ⓐ ⓑ ⓒ ⓓ | 122 | ⓐ ⓑ ⓒ ⓓ | 142 | ⓐ ⓑ ⓒ ⓓ | 182 | ⓐ ⓑ ⓒ ⓓ |
| 103 | ⓐ ⓑ ⓒ ⓓ | 123 | ⓐ ⓑ ⓒ ⓓ | 143 | ⓐ ⓑ ⓒ ⓓ | 183 | ⓐ ⓑ ⓒ ⓓ |
| 104 | ⓐ ⓑ ⓒ ⓓ | 124 | ⓐ ⓑ ⓒ ⓓ | 144 | ⓐ ⓑ ⓒ ⓓ | 184 | ⓐ ⓑ ⓒ ⓓ |
| 105 | ⓐ ⓑ ⓒ ⓓ | 125 | ⓐ ⓑ ⓒ ⓓ | 145 | ⓐ ⓑ ⓒ ⓓ | 185 | ⓐ ⓑ ⓒ ⓓ |
| 106 | ⓐ ⓑ ⓒ ⓓ | 126 | ⓐ ⓑ ⓒ ⓓ | 146 | ⓐ ⓑ ⓒ | 186 | ⓐ ⓑ ⓒ ⓓ |
| 107 | ⓐ ⓑ ⓒ ⓓ | 127 | ⓐ ⓑ ⓒ ⓓ | 147 | ⓐ ⓑ ⓒ ⓓ | 187 | ⓐ ⓑ ⓒ ⓓ |
| 108 | ⓐ ⓑ ⓒ ⓓ | 128 | ⓐ ⓑ ⓒ ⓓ | 148 | ⓐ ⓑ ⓒ ⓓ | 188 | ⓐ ⓑ ⓒ ⓓ |
| 109 | ⓐ ⓑ ⓒ ⓓ | 129 | ⓐ ⓑ ⓒ ⓓ | 149 | ⓐ ⓑ ⓒ ⓓ | 189 | ⓐ ⓑ ⓒ ⓓ |
| 110 | ⓐ ⓑ ⓒ ⓓ | 130 | ⓐ ⓑ ⓒ ⓓ | 150 | ⓐ ⓑ ⓒ ⓓ | 190 | ⓐ ⓑ ⓒ ⓓ |
| 111 | ⓐ ⓑ ⓒ ⓓ | 131 | ⓐ ⓑ ⓒ ⓓ | 151 | ⓐ ⓑ ⓒ ⓓ | 191 | ⓐ ⓑ ⓒ ⓓ |
| 112 | ⓐ ⓑ ⓒ ⓓ | 132 | ⓐ ⓑ ⓒ ⓓ | 152 | ⓐ ⓑ ⓒ ⓓ | 192 | ⓐ ⓑ ⓒ ⓓ |
| 113 | ⓐ ⓑ ⓒ ⓓ | 133 | ⓐ ⓑ ⓒ ⓓ | 153 | ⓐ ⓑ ⓒ ⓓ | 193 | ⓐ ⓑ ⓒ ⓓ |
| 114 | ⓐ ⓑ ⓒ ⓓ | 134 | ⓐ ⓑ ⓒ ⓓ | 154 | ⓐ ⓑ ⓒ ⓓ | 194 | ⓐ ⓑ ⓒ ⓓ |
| 115 | ⓐ ⓑ ⓒ ⓓ | 135 | ⓐ ⓑ ⓒ ⓓ | 155 | ⓐ ⓑ ⓒ ⓓ | 195 | ⓐ ⓑ ⓒ ⓓ |
| 116 | ⓐ ⓑ ⓒ ⓓ | 136 | ⓐ ⓑ ⓒ ⓓ | 156 | ⓐ ⓑ ⓒ ⓓ | 196 | ⓐ ⓑ ⓒ ⓓ |
| 117 | ⓐ ⓑ ⓒ ⓓ | 137 | ⓐ ⓑ ⓒ ⓓ | 157 | ⓐ ⓑ ⓒ ⓓ | 197 | ⓐ ⓑ ⓒ ⓓ |
| 118 | ⓐ ⓑ ⓒ ⓓ | 138 | ⓐ ⓑ ⓒ ⓓ | 158 | ⓐ ⓑ ⓒ ⓓ | 198 | ⓐ ⓑ ⓒ ⓓ |
| 119 | ⓐ ⓑ ⓒ ⓓ | 139 | ⓐ ⓑ ⓒ ⓓ | 159 | ⓐ ⓑ ⓒ ⓓ | 199 | ⓐ ⓑ ⓒ ⓓ |
| 120 | ⓐ ⓑ ⓒ ⓓ | 140 | ⓐ ⓑ ⓒ ⓓ | 160 | ⓐ ⓑ ⓒ ⓓ | 200 | ⓐ ⓑ ⓒ ⓓ |

# ANSWER SHEET

테스트 회차

날짜

## READING COMPREHENSION ( PART 5-6 )

| NO | ANSWER | NO | ANSWER | NO | ANSWER | NO | ANSWER | NO | ANSWER |
|----|--------|----|--------|----|--------|----|--------|----|--------|
| | A B C D | | A B C D | | A B C D | | A B C D | | A B C D |
| 101 | ⓐ ⓑ ⓒ ⓓ | 121 | ⓐ ⓑ ⓒ ⓓ | 141 | ⓐ ⓑ ⓒ ⓓ | 161 | ⓐ ⓑ ⓒ ⓓ | 181 | ⓐ ⓑ ⓒ ⓓ |
| 102 | ⓐ ⓑ ⓒ ⓓ | 122 | ⓐ ⓑ ⓒ ⓓ | 142 | ⓐ ⓑ ⓒ ⓓ | 162 | ⓐ ⓑ ⓒ ⓓ | 182 | ⓐ ⓑ ⓒ ⓓ |
| 103 | ⓐ ⓑ ⓒ ⓓ | 123 | ⓐ ⓑ ⓒ ⓓ | 143 | ⓐ ⓑ ⓒ ⓓ | 163 | ⓐ ⓑ ⓒ ⓓ | 183 | ⓐ ⓑ ⓒ ⓓ |
| 104 | ⓐ ⓑ ⓒ ⓓ | 124 | ⓐ ⓑ ⓒ ⓓ | 144 | ⓐ ⓑ ⓒ ⓓ | 164 | ⓐ ⓑ ⓒ ⓓ | 184 | ⓐ ⓑ ⓒ ⓓ |
| 105 | ⓐ ⓑ ⓒ ⓓ | 125 | ⓐ ⓑ ⓒ ⓓ | 145 | ⓐ ⓑ ⓒ ⓓ | 165 | ⓐ ⓑ ⓒ ⓓ | 185 | ⓐ ⓑ ⓒ ⓓ |
| 106 | ⓐ ⓑ ⓒ ⓓ | 126 | ⓐ ⓑ ⓒ ⓓ | 146 | ⓐ ⓑ ⓒ ⓓ | 166 | ⓐ ⓑ ⓒ ⓓ | 186 | ⓐ ⓑ ⓒ ⓓ |
| 107 | ⓐ ⓑ ⓒ ⓓ | 127 | ⓐ ⓑ ⓒ ⓓ | 147 | ⓐ ⓑ ⓒ ⓓ | 167 | ⓐ ⓑ ⓒ ⓓ | 187 | ⓐ ⓑ ⓒ ⓓ |
| 108 | ⓐ ⓑ ⓒ ⓓ | 128 | ⓐ ⓑ ⓒ ⓓ | 148 | ⓐ ⓑ ⓒ ⓓ | 168 | ⓐ ⓑ ⓒ ⓓ | 188 | ⓐ ⓑ ⓒ ⓓ |
| 109 | ⓐ ⓑ ⓒ ⓓ | 129 | ⓐ ⓑ ⓒ ⓓ | 149 | ⓐ ⓑ ⓒ ⓓ | 169 | ⓐ ⓑ ⓒ ⓓ | 189 | ⓐ ⓑ ⓒ ⓓ |
| 110 | ⓐ ⓑ ⓒ ⓓ | 130 | ⓐ ⓑ ⓒ ⓓ | 150 | ⓐ ⓑ ⓒ ⓓ | 170 | ⓐ ⓑ ⓒ ⓓ | 190 | ⓐ ⓑ ⓒ ⓓ |
| 111 | ⓐ ⓑ ⓒ ⓓ | 131 | ⓐ ⓑ ⓒ ⓓ | 151 | ⓐ ⓑ ⓒ ⓓ | 171 | ⓐ ⓑ ⓒ ⓓ | 191 | ⓐ ⓑ ⓒ ⓓ |
| 112 | ⓐ ⓑ ⓒ ⓓ | 132 | ⓐ ⓑ ⓒ ⓓ | 152 | ⓐ ⓑ ⓒ ⓓ | 172 | ⓐ ⓑ ⓒ ⓓ | 192 | ⓐ ⓑ ⓒ ⓓ |
| 113 | ⓐ ⓑ ⓒ ⓓ | 133 | ⓐ ⓑ ⓒ ⓓ | 153 | ⓐ ⓑ ⓒ ⓓ | 173 | ⓐ ⓑ ⓒ ⓓ | 193 | ⓐ ⓑ ⓒ ⓓ |
| 114 | ⓐ ⓑ ⓒ ⓓ | 134 | ⓐ ⓑ ⓒ ⓓ | 154 | ⓐ ⓑ ⓒ ⓓ | 174 | ⓐ ⓑ ⓒ ⓓ | 194 | ⓐ ⓑ ⓒ ⓓ |
| 115 | ⓐ ⓑ ⓒ ⓓ | 135 | ⓐ ⓑ ⓒ ⓓ | 155 | ⓐ ⓑ ⓒ ⓓ | 175 | ⓐ ⓑ ⓒ ⓓ | 195 | ⓐ ⓑ ⓒ ⓓ |
| 116 | ⓐ ⓑ ⓒ ⓓ | 136 | ⓐ ⓑ ⓒ ⓓ | 156 | ⓐ ⓑ ⓒ ⓓ | 176 | ⓐ ⓑ ⓒ ⓓ | 196 | ⓐ ⓑ ⓒ ⓓ |
| 117 | ⓐ ⓑ ⓒ ⓓ | 137 | ⓐ ⓑ ⓒ ⓓ | 157 | ⓐ ⓑ ⓒ ⓓ | 177 | ⓐ ⓑ ⓒ ⓓ | 197 | ⓐ ⓑ ⓒ ⓓ |
| 118 | ⓐ ⓑ ⓒ ⓓ | 138 | ⓐ ⓑ ⓒ ⓓ | 158 | ⓐ ⓑ ⓒ ⓓ | 178 | ⓐ ⓑ ⓒ ⓓ | 198 | ⓐ ⓑ ⓒ ⓓ |
| 119 | ⓐ ⓑ ⓒ ⓓ | 139 | ⓐ ⓑ ⓒ ⓓ | 159 | ⓐ ⓑ ⓒ ⓓ | 179 | ⓐ ⓑ ⓒ ⓓ | 199 | ⓐ ⓑ ⓒ ⓓ |
| 120 | ⓐ ⓑ ⓒ ⓓ | 140 | ⓐ ⓑ ⓒ ⓓ | 160 | ⓐ ⓑ ⓒ ⓓ | 180 | ⓐ ⓑ ⓒ ⓓ | 200 | ⓐ ⓑ ⓒ ⓓ |

자르는 선 ✂

시원스쿨 LAB

# ANSWER SHEET

테스트 회차

날짜

## READING COMPREHENSION ( PART 5-6 )

| NO | ANSWER | NO | ANSWER | NO | ANSWER | NO | ANSWER | NO | ANSWER |
|----|--------|----|--------|----|--------|----|--------|----|--------|
| | A B C D | | A B C D | | A B C D | | A B C D | | A B C D |
| 101 | ⓐ ⓑ ⓒ ⓓ | 121 | ⓐ ⓑ ⓒ ⓓ | 141 | ⓐ ⓑ ⓒ ⓓ | 161 | ⓐ ⓑ ⓒ ⓓ | 181 | ⓐ ⓑ ⓒ ⓓ |
| 102 | ⓐ ⓑ ⓒ ⓓ | 122 | ⓐ ⓑ ⓒ ⓓ | 142 | ⓐ ⓑ ⓒ ⓓ | 162 | ⓐ ⓑ ⓒ ⓓ | 182 | ⓐ ⓑ ⓒ ⓓ |
| 103 | ⓐ ⓑ ⓒ ⓓ | 123 | ⓐ ⓑ ⓒ ⓓ | 143 | ⓐ ⓑ ⓒ ⓓ | 163 | ⓐ ⓑ ⓒ ⓓ | 183 | ⓐ ⓑ ⓒ ⓓ |
| 104 | ⓐ ⓑ ⓒ ⓓ | 124 | ⓐ ⓑ ⓒ ⓓ | 144 | ⓐ ⓑ ⓒ ⓓ | 164 | ⓐ ⓑ ⓒ ⓓ | 184 | ⓐ ⓑ ⓒ ⓓ |
| 105 | ⓐ ⓑ ⓒ ⓓ | 125 | ⓐ ⓑ ⓒ ⓓ | 145 | ⓐ ⓑ ⓒ ⓓ | 165 | ⓐ ⓑ ⓒ ⓓ | 185 | ⓐ ⓑ ⓒ ⓓ |
| 106 | ⓐ ⓑ ⓒ ⓓ | 126 | ⓐ ⓑ ⓒ ⓓ | 146 | ⓐ ⓑ ⓒ ⓓ | 166 | ⓐ ⓑ ⓒ ⓓ | 186 | ⓐ ⓑ ⓒ ⓓ |
| 107 | ⓐ ⓑ ⓒ ⓓ | 127 | ⓐ ⓑ ⓒ ⓓ | 147 | ⓐ ⓑ ⓒ ⓓ | 167 | ⓐ ⓑ ⓒ ⓓ | 187 | ⓐ ⓑ ⓒ ⓓ |
| 108 | ⓐ ⓑ ⓒ ⓓ | 128 | ⓐ ⓑ ⓒ ⓓ | 148 | ⓐ ⓑ ⓒ ⓓ | 168 | ⓐ ⓑ ⓒ ⓓ | 188 | ⓐ ⓑ ⓒ ⓓ |
| 109 | ⓐ ⓑ ⓒ ⓓ | 129 | ⓐ ⓑ ⓒ ⓓ | 149 | ⓐ ⓑ ⓒ ⓓ | 169 | ⓐ ⓑ ⓒ ⓓ | 189 | ⓐ ⓑ ⓒ ⓓ |
| 110 | ⓐ ⓑ ⓒ ⓓ | 130 | ⓐ ⓑ ⓒ ⓓ | 150 | ⓐ ⓑ ⓒ ⓓ | 170 | ⓐ ⓑ ⓒ ⓓ | 190 | ⓐ ⓑ ⓒ ⓓ |
| 111 | ⓐ ⓑ ⓒ ⓓ | 131 | ⓐ ⓑ ⓒ ⓓ | 151 | ⓐ ⓑ ⓒ ⓓ | 171 | ⓐ ⓑ ⓒ ⓓ | 191 | ⓐ ⓑ ⓒ ⓓ |
| 112 | ⓐ ⓑ ⓒ ⓓ | 132 | ⓐ ⓑ ⓒ ⓓ | 152 | ⓐ ⓑ ⓒ ⓓ | 172 | ⓐ ⓑ ⓒ ⓓ | 192 | ⓐ ⓑ ⓒ ⓓ |
| 113 | ⓐ ⓑ ⓒ ⓓ | 133 | ⓐ ⓑ ⓒ ⓓ | 153 | ⓐ ⓑ ⓒ ⓓ | 173 | ⓐ ⓑ ⓒ ⓓ | 193 | ⓐ ⓑ ⓒ ⓓ |
| 114 | ⓐ ⓑ ⓒ ⓓ | 134 | ⓐ ⓑ ⓒ ⓓ | 154 | ⓐ ⓑ ⓒ ⓓ | 174 | ⓐ ⓑ ⓒ ⓓ | 194 | ⓐ ⓑ ⓒ ⓓ |
| 115 | ⓐ ⓑ ⓒ ⓓ | 135 | ⓐ ⓑ ⓒ ⓓ | 155 | ⓐ ⓑ ⓒ ⓓ | 175 | ⓐ ⓑ ⓒ ⓓ | 195 | ⓐ ⓑ ⓒ ⓓ |
| 116 | ⓐ ⓑ ⓒ ⓓ | 136 | ⓐ ⓑ ⓒ ⓓ | 156 | ⓐ ⓑ ⓒ ⓓ | 176 | ⓐ ⓑ ⓒ ⓓ | 196 | ⓐ ⓑ ⓒ ⓓ |
| 117 | ⓐ ⓑ ⓒ ⓓ | 137 | ⓐ ⓑ ⓒ ⓓ | 157 | ⓐ ⓑ ⓒ ⓓ | 177 | ⓐ ⓑ ⓒ ⓓ | 197 | ⓐ ⓑ ⓒ ⓓ |
| 118 | ⓐ ⓑ ⓒ ⓓ | 138 | ⓐ ⓑ ⓒ ⓓ | 158 | ⓐ ⓑ ⓒ ⓓ | 178 | ⓐ ⓑ ⓒ ⓓ | 198 | ⓐ ⓑ ⓒ ⓓ |
| 119 | ⓐ ⓑ ⓒ ⓓ | 139 | ⓐ ⓑ ⓒ ⓓ | 159 | ⓐ ⓑ ⓒ ⓓ | 179 | ⓐ ⓑ ⓒ ⓓ | 199 | ⓐ ⓑ ⓒ ⓓ |
| 120 | ⓐ ⓑ ⓒ ⓓ | 140 | ⓐ ⓑ ⓒ ⓓ | 160 | ⓐ ⓑ ⓒ ⓓ | 180 | ⓐ ⓑ ⓒ ⓓ | 200 | ⓐ ⓑ ⓒ ⓓ |

# ANSWER SHEET

시원스쿨 **LAB**

테스트 회차

날짜

## READING COMPREHENSION ( PART 5-6 )

| NO | ANSWER A B C D | NO | ANSWER A B C D | NO | ANSWER A B C D | NO | ANSWER A B C D | NO | ANSWER A B C D |
|---|---|---|---|---|---|---|---|---|---|
| 101 | ⓐ ⓑ ⓒ ⓓ | 121 | ⓐ ⓑ ⓒ ⓓ | 141 | ⓐ ⓑ ⓒ ⓓ | 161 | ⓐ ⓑ ⓒ ⓓ | 181 | ⓐ ⓑ ⓒ ⓓ |
| 102 | ⓐ ⓑ ⓒ ⓓ | 122 | ⓐ ⓑ ⓒ ⓓ | 142 | ⓐ ⓑ ⓒ ⓓ | 162 | ⓐ ⓑ ⓒ ⓓ | 182 | ⓐ ⓑ ⓒ ⓓ |
| 103 | ⓐ ⓑ ⓒ ⓓ | 123 | ⓐ ⓑ ⓒ ⓓ | 143 | ⓐ ⓑ ⓒ ⓓ | 163 | ⓐ ⓑ ⓒ ⓓ | 183 | ⓐ ⓑ ⓒ ⓓ |
| 104 | ⓐ ⓑ ⓒ ⓓ | 124 | ⓐ ⓑ ⓒ ⓓ | 144 | ⓐ ⓑ ⓒ ⓓ | 164 | ⓐ ⓑ ⓒ ⓓ | 184 | ⓐ ⓑ ⓒ ⓓ |
| 105 | ⓐ ⓑ ⓒ ⓓ | 125 | ⓐ ⓑ ⓒ ⓓ | 145 | ⓐ ⓑ ⓒ ⓓ | 165 | ⓐ ⓑ ⓒ ⓓ | 185 | ⓐ ⓑ ⓒ ⓓ |
| 106 | ⓐ ⓑ ⓒ ⓓ | 126 | ⓐ ⓑ ⓒ ⓓ | 146 | ⓐ ⓑ ⓒ ⓓ | 166 | ⓐ ⓑ ⓒ ⓓ | 186 | ⓐ ⓑ ⓒ ⓓ |
| 107 | ⓐ ⓑ ⓒ ⓓ | 127 | ⓐ ⓑ ⓒ ⓓ | 147 | ⓐ ⓑ ⓒ ⓓ | 167 | ⓐ ⓑ ⓒ ⓓ | 187 | ⓐ ⓑ ⓒ ⓓ |
| 108 | ⓐ ⓑ ⓒ ⓓ | 128 | ⓐ ⓑ ⓒ ⓓ | 148 | ⓐ ⓑ ⓒ ⓓ | 168 | ⓐ ⓑ ⓒ ⓓ | 188 | ⓐ ⓑ ⓒ ⓓ |
| 109 | ⓐ ⓑ ⓒ ⓓ | 129 | ⓐ ⓑ ⓒ ⓓ | 149 | ⓐ ⓑ ⓒ ⓓ | 169 | ⓐ ⓑ ⓒ ⓓ | 189 | ⓐ ⓑ ⓒ ⓓ |
| 110 | ⓐ ⓑ ⓒ ⓓ | 130 | ⓐ ⓑ ⓒ ⓓ | 150 | ⓐ ⓑ ⓒ ⓓ | 170 | ⓐ ⓑ ⓒ ⓓ | 190 | ⓐ ⓑ ⓒ ⓓ |
| 111 | ⓐ ⓑ ⓒ ⓓ | 131 | ⓐ ⓑ ⓒ ⓓ | 151 | ⓐ ⓑ ⓒ ⓓ | 171 | ⓐ ⓑ ⓒ ⓓ | 191 | ⓐ ⓑ ⓒ ⓓ |
| 112 | ⓐ ⓑ ⓒ ⓓ | 132 | ⓐ ⓑ ⓒ ⓓ | 152 | ⓐ ⓑ ⓒ ⓓ | 172 | ⓐ ⓑ ⓒ ⓓ | 192 | ⓐ ⓑ ⓒ ⓓ |
| 113 | ⓐ ⓑ ⓒ ⓓ | 133 | ⓐ ⓑ ⓒ ⓓ | 153 | ⓐ ⓑ ⓒ ⓓ | 173 | ⓐ ⓑ ⓒ ⓓ | 193 | ⓐ ⓑ ⓒ ⓓ |
| 114 | ⓐ ⓑ ⓒ ⓓ | 134 | ⓐ ⓑ ⓒ ⓓ | 154 | ⓐ ⓑ ⓒ ⓓ | 174 | ⓐ ⓑ ⓒ ⓓ | 194 | ⓐ ⓑ ⓒ ⓓ |
| 115 | ⓐ ⓑ ⓒ ⓓ | 135 | ⓐ ⓑ ⓒ ⓓ | 155 | ⓐ ⓑ ⓒ ⓓ | 175 | ⓐ ⓑ ⓒ ⓓ | 195 | ⓐ ⓑ ⓒ ⓓ |
| 116 | ⓐ ⓑ ⓒ ⓓ | 136 | ⓐ ⓑ ⓒ ⓓ | 156 | ⓐ ⓑ ⓒ ⓓ | 176 | ⓐ ⓑ ⓒ ⓓ | 196 | ⓐ ⓑ ⓒ ⓓ |
| 117 | ⓐ ⓑ ⓒ ⓓ | 137 | ⓐ ⓑ ⓒ ⓓ | 157 | ⓐ ⓑ ⓒ ⓓ | 177 | ⓐ ⓑ ⓒ ⓓ | 197 | ⓐ ⓑ ⓒ ⓓ |
| 118 | ⓐ ⓑ ⓒ ⓓ | 138 | ⓐ ⓑ ⓒ ⓓ | 158 | ⓐ ⓑ ⓒ ⓓ | 178 | ⓐ ⓑ ⓒ ⓓ | 198 | ⓐ ⓑ ⓒ ⓓ |
| 119 | ⓐ ⓑ ⓒ ⓓ | 139 | ⓐ ⓑ ⓒ ⓓ | 159 | ⓐ ⓑ ⓒ ⓓ | 179 | ⓐ ⓑ ⓒ ⓓ | 199 | ⓐ ⓑ ⓒ ⓓ |
| 120 | ⓐ ⓑ ⓒ ⓓ | 140 | ⓐ ⓑ ⓒ ⓓ | 160 | ⓐ ⓑ ⓒ ⓓ | 180 | ⓐ ⓑ ⓒ ⓓ | 200 | ⓐ ⓑ ⓒ ⓓ |

✂ 잘라서 쓰세요

---

# ANSWER SHEET

시원스쿨 **LAB**

테스트 회차

날짜

## READING COMPREHENSION ( PART 5-6 )

| NO | ANSWER A B C D | NO | ANSWER A B C D | NO | ANSWER A B C D | NO | ANSWER A B C D | NO | ANSWER A B C D |
|---|---|---|---|---|---|---|---|---|---|
| 101 | ⓐ ⓑ ⓒ ⓓ | 121 | ⓐ ⓑ ⓒ ⓓ | 141 | ⓐ ⓑ ⓒ ⓓ | 161 | ⓐ ⓑ ⓒ ⓓ | 181 | ⓐ ⓑ ⓒ ⓓ |
| 102 | ⓐ ⓑ ⓒ ⓓ | 122 | ⓐ ⓑ ⓒ ⓓ | 142 | ⓐ ⓑ ⓒ ⓓ | 162 | ⓐ ⓑ ⓒ ⓓ | 182 | ⓐ ⓑ ⓒ ⓓ |
| 103 | ⓐ ⓑ ⓒ ⓓ | 123 | ⓐ ⓑ ⓒ ⓓ | 143 | ⓐ ⓑ ⓒ ⓓ | 163 | ⓐ ⓑ ⓒ ⓓ | 183 | ⓐ ⓑ ⓒ ⓓ |
| 104 | ⓐ ⓑ ⓒ ⓓ | 124 | ⓐ ⓑ ⓒ ⓓ | 144 | ⓐ ⓑ ⓒ ⓓ | 164 | ⓐ ⓑ ⓒ ⓓ | 184 | ⓐ ⓑ ⓒ ⓓ |
| 105 | ⓐ ⓑ ⓒ ⓓ | 125 | ⓐ ⓑ ⓒ ⓓ | 145 | ⓐ ⓑ ⓒ ⓓ | 165 | ⓐ ⓑ ⓒ ⓓ | 185 | ⓐ ⓑ ⓒ ⓓ |
| 106 | ⓐ ⓑ ⓒ ⓓ | 126 | ⓐ ⓑ ⓒ ⓓ | 146 | ⓐ ⓑ ⓒ ⓓ | 166 | ⓐ ⓑ ⓒ ⓓ | 186 | ⓐ ⓑ ⓒ ⓓ |
| 107 | ⓐ ⓑ ⓒ ⓓ | 127 | ⓐ ⓑ ⓒ ⓓ | 147 | ⓐ ⓑ ⓒ ⓓ | 167 | ⓐ ⓑ ⓒ ⓓ | 187 | ⓐ ⓑ ⓒ ⓓ |
| 108 | ⓐ ⓑ ⓒ ⓓ | 128 | ⓐ ⓑ ⓒ ⓓ | 148 | ⓐ ⓑ ⓒ ⓓ | 168 | ⓐ ⓑ ⓒ ⓓ | 188 | ⓐ ⓑ ⓒ ⓓ |
| 109 | ⓐ ⓑ ⓒ ⓓ | 129 | ⓐ ⓑ ⓒ ⓓ | 149 | ⓐ ⓑ ⓒ ⓓ | 169 | ⓐ ⓑ ⓒ ⓓ | 189 | ⓐ ⓑ ⓒ ⓓ |
| 110 | ⓐ ⓑ ⓒ ⓓ | 130 | ⓐ ⓑ ⓒ ⓓ | 150 | ⓐ ⓑ ⓒ ⓓ | 170 | ⓐ ⓑ ⓒ ⓓ | 190 | ⓐ ⓑ ⓒ ⓓ |
| 111 | ⓐ ⓑ ⓒ ⓓ | 131 | ⓐ ⓑ ⓒ ⓓ | 151 | ⓐ ⓑ ⓒ ⓓ | 171 | ⓐ ⓑ ⓒ ⓓ | 191 | ⓐ ⓑ ⓒ ⓓ |
| 112 | ⓐ ⓑ ⓒ ⓓ | 132 | ⓐ ⓑ ⓒ ⓓ | 152 | ⓐ ⓑ ⓒ ⓓ | 172 | ⓐ ⓑ ⓒ ⓓ | 192 | ⓐ ⓑ ⓒ ⓓ |
| 113 | ⓐ ⓑ ⓒ ⓓ | 133 | ⓐ ⓑ ⓒ ⓓ | 153 | ⓐ ⓑ ⓒ ⓓ | 173 | ⓐ ⓑ ⓒ ⓓ | 193 | ⓐ ⓑ ⓒ ⓓ |
| 114 | ⓐ ⓑ ⓒ ⓓ | 134 | ⓐ ⓑ ⓒ ⓓ | 154 | ⓐ ⓑ ⓒ ⓓ | 174 | ⓐ ⓑ ⓒ ⓓ | 194 | ⓐ ⓑ ⓒ ⓓ |
| 115 | ⓐ ⓑ ⓒ ⓓ | 135 | ⓐ ⓑ ⓒ ⓓ | 155 | ⓐ ⓑ ⓒ ⓓ | 175 | ⓐ ⓑ ⓒ ⓓ | 195 | ⓐ ⓑ ⓒ ⓓ |
| 116 | ⓐ ⓑ ⓒ ⓓ | 136 | ⓐ ⓑ ⓒ ⓓ | 156 | ⓐ ⓑ ⓒ ⓓ | 176 | ⓐ ⓑ ⓒ ⓓ | 196 | ⓐ ⓑ ⓒ ⓓ |
| 117 | ⓐ ⓑ ⓒ ⓓ | 137 | ⓐ ⓑ ⓒ ⓓ | 157 | ⓐ ⓑ ⓒ ⓓ | 177 | ⓐ ⓑ ⓒ ⓓ | 197 | ⓐ ⓑ ⓒ ⓓ |
| 118 | ⓐ ⓑ ⓒ ⓓ | 138 | ⓐ ⓑ ⓒ ⓓ | 158 | ⓐ ⓑ ⓒ ⓓ | 178 | ⓐ ⓑ ⓒ ⓓ | 198 | ⓐ ⓑ ⓒ ⓓ |
| 119 | ⓐ ⓑ ⓒ ⓓ | 139 | ⓐ ⓑ ⓒ ⓓ | 159 | ⓐ ⓑ ⓒ ⓓ | 179 | ⓐ ⓑ ⓒ ⓓ | 199 | ⓐ ⓑ ⓒ ⓓ |
| 120 | ⓐ ⓑ ⓒ ⓓ | 140 | ⓐ ⓑ ⓒ ⓓ | 160 | ⓐ ⓑ ⓒ ⓓ | 180 | ⓐ ⓑ ⓒ ⓓ | 200 | ⓐ ⓑ ⓒ ⓓ |

시원스쿨 LAB

# ANSWER SHEET

테스트 회차

날짜

## READING COMPREHENSION ( PART 5-6 )

| NO | ANSWER<br>A B C D | NO | ANSWER<br>A B C D | NO | ANSWER<br>A B C D | NO | ANSWER<br>A B C D |
|---|---|---|---|---|---|---|---|
| 101 | ⓐ ⓑ ⓒ ⓓ | 121 | ⓐ ⓑ ⓒ ⓓ | 141 | ⓐ ⓑ ⓒ ⓓ | 181 | ⓐ ⓑ ⓒ ⓓ |
| 102 | ⓐ ⓑ ⓒ ⓓ | 122 | ⓐ ⓑ ⓒ ⓓ | 142 | ⓐ ⓑ ⓒ ⓓ | 182 | ⓐ ⓑ ⓒ ⓓ |
| 103 | ⓐ ⓑ ⓒ ⓓ | 123 | ⓐ ⓑ ⓒ ⓓ | 143 | ⓐ ⓑ ⓒ ⓓ | 183 | ⓐ ⓑ ⓒ ⓓ |
| 104 | ⓐ ⓑ ⓒ ⓓ | 124 | ⓐ ⓑ ⓒ ⓓ | 144 | ⓐ ⓑ ⓒ ⓓ | 184 | ⓐ ⓑ ⓒ ⓓ |
| 105 | ⓐ ⓑ ⓒ ⓓ | 125 | ⓐ ⓑ ⓒ ⓓ | 145 | ⓐ ⓑ ⓒ ⓓ | 185 | ⓐ ⓑ ⓒ ⓓ |
| 106 | ⓐ ⓑ ⓒ ⓓ | 126 | ⓐ ⓑ ⓒ ⓓ | 146 | ⓐ ⓑ ⓒ ⓓ | 186 | ⓐ ⓑ ⓒ ⓓ |
| 107 | ⓐ ⓑ ⓒ ⓓ | 127 | ⓐ ⓑ ⓒ ⓓ | 147 | ⓐ ⓑ ⓒ ⓓ | 187 | ⓐ ⓑ ⓒ ⓓ |
| 108 | ⓐ ⓑ ⓒ ⓓ | 128 | ⓐ ⓑ ⓒ ⓓ | 148 | ⓐ ⓑ ⓒ ⓓ | 188 | ⓐ ⓑ ⓒ ⓓ |
| 109 | ⓐ ⓑ ⓒ ⓓ | 129 | ⓐ ⓑ ⓒ ⓓ | 149 | ⓐ ⓑ ⓒ ⓓ | 189 | ⓐ ⓑ ⓒ ⓓ |
| 110 | ⓐ ⓑ ⓒ ⓓ | 130 | ⓐ ⓑ ⓒ ⓓ | 150 | ⓐ ⓑ ⓒ ⓓ | 190 | ⓐ ⓑ ⓒ ⓓ |
| 111 | ⓐ ⓑ ⓒ ⓓ | 131 | ⓐ ⓑ ⓒ ⓓ | 151 | ⓐ ⓑ ⓒ ⓓ | 191 | ⓐ ⓑ ⓒ ⓓ |
| 112 | ⓐ ⓑ ⓒ ⓓ | 132 | ⓐ ⓑ ⓒ ⓓ | 152 | ⓐ ⓑ ⓒ ⓓ | 192 | ⓐ ⓑ ⓒ ⓓ |
| 113 | ⓐ ⓑ ⓒ ⓓ | 133 | ⓐ ⓑ ⓒ ⓓ | 153 | ⓐ ⓑ ⓒ ⓓ | 193 | ⓐ ⓑ ⓒ ⓓ |
| 114 | ⓐ ⓑ ⓒ ⓓ | 134 | ⓐ ⓑ ⓒ ⓓ | 154 | ⓐ ⓑ ⓒ ⓓ | 194 | ⓐ ⓑ ⓒ ⓓ |
| 115 | ⓐ ⓑ ⓒ ⓓ | 135 | ⓐ ⓑ ⓒ ⓓ | 155 | ⓐ ⓑ ⓒ ⓓ | 195 | ⓐ ⓑ ⓒ ⓓ |
| 116 | ⓐ ⓑ ⓒ ⓓ | 136 | ⓐ ⓑ ⓒ ⓓ | 156 | ⓐ ⓑ ⓒ ⓓ | 196 | ⓐ ⓑ ⓒ ⓓ |
| 117 | ⓐ ⓑ ⓒ ⓓ | 137 | ⓐ ⓑ ⓒ ⓓ | 157 | ⓐ ⓑ ⓒ ⓓ | 197 | ⓐ ⓑ ⓒ ⓓ |
| 118 | ⓐ ⓑ ⓒ ⓓ | 138 | ⓐ ⓑ ⓒ ⓓ | 158 | ⓐ ⓑ ⓒ ⓓ | 198 | ⓐ ⓑ ⓒ ⓓ |
| 119 | ⓐ ⓑ ⓒ ⓓ | 139 | ⓐ ⓑ ⓒ ⓓ | 159 | ⓐ ⓑ ⓒ ⓓ | 199 | ⓐ ⓑ ⓒ ⓓ |
| 120 | ⓐ ⓑ ⓒ ⓓ | 140 | ⓐ ⓑ ⓒ ⓓ | 160 | ⓐ ⓑ ⓒ ⓓ | 200 | ⓐ ⓑ ⓒ ⓓ |

자르는 선 ✂

시원스쿨 LAB

# ANSWER SHEET

테스트 회차

날짜

## READING COMPREHENSION ( PART 5-6 )

| NO | ANSWER<br>A B C D | NO | ANSWER<br>A B C D | NO | ANSWER<br>A B C D | NO | ANSWER<br>A B C D |
|---|---|---|---|---|---|---|---|
| 101 | ⓐ ⓑ ⓒ ⓓ | 121 | ⓐ ⓑ ⓒ ⓓ | 141 | ⓐ ⓑ ⓒ ⓓ | 181 | ⓐ ⓑ ⓒ ⓓ |
| 102 | ⓐ ⓑ ⓒ ⓓ | 122 | ⓐ ⓑ ⓒ ⓓ | 142 | ⓐ ⓑ ⓒ ⓓ | 182 | ⓐ ⓑ ⓒ ⓓ |
| 103 | ⓐ ⓑ ⓒ ⓓ | 123 | ⓐ ⓑ ⓒ ⓓ | 143 | ⓐ ⓑ ⓒ ⓓ | 183 | ⓐ ⓑ ⓒ ⓓ |
| 104 | ⓐ ⓑ ⓒ ⓓ | 124 | ⓐ ⓑ ⓒ ⓓ | 144 | ⓐ ⓑ ⓒ ⓓ | 184 | ⓐ ⓑ ⓒ ⓓ |
| 105 | ⓐ ⓑ ⓒ ⓓ | 125 | ⓐ ⓑ ⓒ ⓓ | 145 | ⓐ ⓑ ⓒ ⓓ | 185 | ⓐ ⓑ ⓒ ⓓ |
| 106 | ⓐ ⓑ ⓒ ⓓ | 126 | ⓐ ⓑ ⓒ ⓓ | 146 | ⓐ ⓑ ⓒ ⓓ | 186 | ⓐ ⓑ ⓒ ⓓ |
| 107 | ⓐ ⓑ ⓒ ⓓ | 127 | ⓐ ⓑ ⓒ ⓓ | 147 | ⓐ ⓑ ⓒ ⓓ | 187 | ⓐ ⓑ ⓒ ⓓ |
| 108 | ⓐ ⓑ ⓒ ⓓ | 128 | ⓐ ⓑ ⓒ ⓓ | 148 | ⓐ ⓑ ⓒ ⓓ | 188 | ⓐ ⓑ ⓒ ⓓ |
| 109 | ⓐ ⓑ ⓒ ⓓ | 129 | ⓐ ⓑ ⓒ ⓓ | 149 | ⓐ ⓑ ⓒ ⓓ | 189 | ⓐ ⓑ ⓒ ⓓ |
| 110 | ⓐ ⓑ ⓒ ⓓ | 130 | ⓐ ⓑ ⓒ ⓓ | 150 | ⓐ ⓑ ⓒ ⓓ | 190 | ⓐ ⓑ ⓒ ⓓ |
| 111 | ⓐ ⓑ ⓒ ⓓ | 131 | ⓐ ⓑ ⓒ ⓓ | 151 | ⓐ ⓑ ⓒ ⓓ | 191 | ⓐ ⓑ ⓒ ⓓ |
| 112 | ⓐ ⓑ ⓒ ⓓ | 132 | ⓐ ⓑ ⓒ ⓓ | 152 | ⓐ ⓑ ⓒ ⓓ | 192 | ⓐ ⓑ ⓒ ⓓ |
| 113 | ⓐ ⓑ ⓒ ⓓ | 133 | ⓐ ⓑ ⓒ ⓓ | 153 | ⓐ ⓑ ⓒ ⓓ | 193 | ⓐ ⓑ ⓒ ⓓ |
| 114 | ⓐ ⓑ ⓒ ⓓ | 134 | ⓐ ⓑ ⓒ ⓓ | 154 | ⓐ ⓑ ⓒ ⓓ | 194 | ⓐ ⓑ ⓒ ⓓ |
| 115 | ⓐ ⓑ ⓒ ⓓ | 135 | ⓐ ⓑ ⓒ ⓓ | 155 | ⓐ ⓑ ⓒ ⓓ | 195 | ⓐ ⓑ ⓒ ⓓ |
| 116 | ⓐ ⓑ ⓒ ⓓ | 136 | ⓐ ⓑ ⓒ ⓓ | 156 | ⓐ ⓑ ⓒ ⓓ | 196 | ⓐ ⓑ ⓒ ⓓ |
| 117 | ⓐ ⓑ ⓒ ⓓ | 137 | ⓐ ⓑ ⓒ ⓓ | 157 | ⓐ ⓑ ⓒ ⓓ | 197 | ⓐ ⓑ ⓒ ⓓ |
| 118 | ⓐ ⓑ ⓒ ⓓ | 138 | ⓐ ⓑ ⓒ ⓓ | 158 | ⓐ ⓑ ⓒ ⓓ | 198 | ⓐ ⓑ ⓒ ⓓ |
| 119 | ⓐ ⓑ ⓒ ⓓ | 139 | ⓐ ⓑ ⓒ ⓓ | 159 | ⓐ ⓑ ⓒ ⓓ | 199 | ⓐ ⓑ ⓒ ⓓ |
| 120 | ⓐ ⓑ ⓒ ⓓ | 140 | ⓐ ⓑ ⓒ ⓓ | 160 | ⓐ ⓑ ⓒ ⓓ | 200 | ⓐ ⓑ ⓒ ⓓ |

시원스쿨 LAB

# 시원스쿨LAB 강사 라인업

20년 노하우의 토익/텝스/토스/오픽/지텔프/아이엘츠/토플/SPA/듀오링고
기출 빅데이터 심층 연구로 빠르고 효율적인 목표 점수 달성을 보장합니다.

시험영어 전문 연구 조직

## 시원스쿨어학연구소

 **시험영어 전문**

 **기출 빅데이터**

 **264,000시간**

TOEIC/TEPS/OPIc/
TOEIC Speaking/G-TELP/
TOEFL/SPA/Duolingo
공인 영어시험 콘텐츠 개발 경력
20년 이상의 국내외 연구원들이 포진한
전문적인 연구 조직입니다.

본 연구소 연구원들은
매월 각 전문 분야의 시험에 응시해
시험에 나온 모든 문제를 철저하게
해부하고, 시험별 기출문제 빅데이터
분석을 통해 단기 고득점을 위한
학습 솔루션을 개발 중입니다.

각 분야 연구원들의 연구시간
모두 합쳐 264,000시간
이 모든 시간이 쌓여
시원스쿨어학연구소가
탄생했습니다.

# 시원스쿨 토익
# Part 5&6
# 실전문제집
## 정답 및 해설

# 시원스쿨
# 토익
# Part 5&6
# 실전문제집

## 정답 및 해설

## PART 5

| | | | | |
|---|---|---|---|---|
| **101**(C) | **102**(C) | **103**(C) | **104**(A) | **105**(A) |
| **106**(B) | **107**(A) | **108**(D) | **109**(C) | **110**(C) |
| **111**(B) | **112**(A) | **113**(B) | **114**(A) | **115**(A) |
| **116**(C) | **117**(B) | **118**(D) | **119**(D) | **120**(B) |
| **121**(D) | **122**(B) | **123**(C) | **124**(C) | **125**(B) |
| **126**(A) | **127**(A) | **128**(A) | **129**(A) | **130**(D) |

## PART 6

| | | | |
|---|---|---|---|
| **131**(C) | **132**(D) | **133**(A) | **134**(A) |
| **135**(D) | **136**(A) | **137**(B) | **138**(A) |
| **139**(D) | **140**(C) | **141**(B) | **142**(B) |
| **143**(A) | **144**(B) | **145**(D) | **146**(C) |

---

### 101 형용사 자리 ★★☆☆☆

**정답해설**

부정관사 a와 명사 business 사이에 위치한 빈칸은 명사를 수식할 형용사 자리이므로 **(C) sizable**이 정답이다.

**오답해설**

(A) 명사: 명사 business와 복합명사를 구성하지 않으므로 오답.
(B) 동명사/현재분사: 명사 business를 수식하는 역할을 하지 않으므로 오답.
(D) 동사의 과거형/과거분사: 명사 business를 수식하는 역할을 하지 않으므로 오답.

**해석**

입소문 광고로 인해, 월버샴 페인트 사는 100명의 직원 및 3곳의 지점과 함께 상당한 규모의 사업체를 구축했다.

**어휘**

word-of-mouth 입소문의  advertising 광고  build up ~을 구축하다  sizable 상당한 규모의  size n. 크기 v. ~에 크기를 표시하다

### 102 to부정사 자리 ★★☆☆☆

**정답해설**

빈칸은 주어인 명사 initiative를 수식하는 to부정사가 쓰여 '~하기 위한 계획'이라는 의미가 되어야 알맞으므로 **(C) to transform**이 정답이다.

**오답해설**

(A) 동사의 현재형: 이미 동사 is gaining이 존재하는 문장에서 또 다른 동사가 쓰일 수 없으므로 오답.
(B) 명사: 빈칸 앞에 위치한 initiative와 복합명사를 구성하지 않으므로 오답.
(D) 동사의 과거형/과거분사: 문장의 동사는 is gaining이므로 동사의 과거형 transformed는 오답이며, 과거분사 뒤에는 명사(구)가 목적어로 위치할 수 없으므로 과거분사 transformed도 오답.

**해석**

도시 내 건물의 지붕을 녹지 경관으로 바꿔 놓기 위한 계획이 대중의 지지를 얻고 있다.

**어휘**

initiative (대대적인) 계획  transform A into B: A를 B로 바꿔 놓다, 탈바꿈시키다  green landscape 녹지 경관  transformation 변화, 탈바꿈

### 103 대명사 수 일치 ★★☆☆☆

**정답해설**

'of 복수명사'로 된 전치사구의 수식을 받을 수 있는 대명사이면서 단수동사 was와 수 일치되는 주어로 쓰일 수 있는 **(C) Each**가 정답이다.

**오답해설**

(A) 'All of 복수명사'의 구조에서 All은 복수대명사이기 때문에 단수동사 was와 수 일치되지 않으므로 오답.
(B) Any는 명확하게 특정 대상을 가리키는 것이 아니며, 가능성과 관련된 의미로 사용되므로 오답.
(D) This는 'of 복수명사'의 수식을 받지 않으므로 오답.

**해석**

덴마크의 화가 안네 샌처의 그림 각각이 덴마크 정부에 의해 되찾아졌다.

**어휘**

recover ~을 되찾다, 회복시키다

### 104 부사 어휘 ★★★☆☆

**정답해설**

빈칸 뒤에 위치한 형용사 effective를 수식해 효과적인 정도를 나타낼 부사가 필요하므로 '미미하게, 아주 조금'을 뜻하는 **(A) marginally**가 정답이다.

**오답해설**

(B) '유감스럽게도 효과적인'은 의미가 어울리지 않으므로 오답.
(C) '예상되어 효과적인'은 의미가 어울리지 않으므로 오답.
(D) '결정적으로 효과적인'은 의미가 어울리지 않으므로 오답.

**해석**

추가 연구를 바탕으로, 높은 기대를 받고 있는 새로운 항알레르기 의약품이 오직 미미하게 효과적인 것으로 밝혀졌다.

**어휘**

highly-anticipated 높은 기대를 받는 anti-allergy 항알레르기의 medication 의약품 be found to be A: A한 것으로 밝혀지다 marginally 미미하게, 아주 조금 effective 효과적인 regretfully 유감스럽게도 expectedly 예상되어 conclusively 결정적으로

## 105 전치사 자리 및 의미 ★★★☆☆

**정답 해설**

빈칸 뒤에 위치한 동명사구는 합작 사업을 통해 이루기 위한 목적에 해당되므로 '~을 위해'라는 의미로 목적을 나타낼 때 사용하는 전치사 **(A) toward**가 정답이다.

**오답 해설**

(B) 부사: 동명사구를 목적어로 취할 수 없어 오답.
(C) 전치사: 목적을 나타내지 않으므로 의미가 어울리지 않아 오답.
(D) 전치사: 목적을 나타내지 않으므로 의미가 어울리지 않아 오답.

**해석**

신테로 시스템즈 사는 세계적인 네트워크 보안 시장으로의 사업 확장을 할 수 있도록 노력하기 위해 제티슨 보안 주식회사와의 합작 사업을 발표했다.

**어휘**

announce ~을 발표하다, 알리다 joint venture 합작 사업 work toward ~을 위해 노력하다 expand into (사업 등) ~로 확장하다, 확대하다

## 106 부사 어휘 ★★★☆☆

**정답 해설**

빈칸 뒤에 위치한 형용사 profitable을 수식해 제안서가 지닌 특징을 나타내야 알맞으므로 '잠재적으로 수익성이 있는'이라는 의미를 구성하는 **(B) potentially**가 정답이다.

**오답 해설**

(A) '조심스럽게 수익성이 있는'은 의미가 어울리지 않으므로 오답.
(C) '주의하여 수익성이 있는'은 의미가 어울리지 않으므로 오답.
(D) '원래 수익성이 있는'은 제안서의 특징으로 맞지 않으므로 오답.

**해석**

이사진은 컴스턴 씨의 사업 제안서가 잠재적으로 회사에 수익성이 있다는 점에 동의하고 있다.

**어휘**

agree that ~라는 점에 동의하다 proposal 제안(서) potentially 잠재적으로 profitable 수익성이 있는 carefully 조심스럽게, 신중하게 attentively 주의하여, 신경 써서

## 107 형용사 어휘 ★★★☆☆

**정답 해설**

빈칸 뒤에 위치한 명사 stocks를 수식해 빨리 판매되어야 하는 제품의 특성을 나타낼 형용사가 필요하므로 '부패하기 쉬운'을 뜻하는 **(A) perishable**이 정답이다.

**오답 해설**

(B) '건강하지 않은 재고품'은 의미가 어울리지 않으므로 오답.
(C) '조심스러운 재고품'은 의미가 어울리지 않으므로 오답.
(D) '수출된 재고품'은 문맥상 어울리지 않으므로 오답.

**해석**

부패하기 쉬운 재고품이 상하기 전에 반드시 더 빨리 판매되도록 하기 위해, 콜마트는 그것들을 눈높이 중간 높이의 선반에 놓는다.

**어휘**

perishable 부패하기 쉬운 stock 재고(품) spoil (음식 등이) 상하다 place A on B: A를 B에 놓다, 위치시키다 cautious 조심스러운 exported 수출된

## 108 명사 어휘 ★★★☆☆

**정답 해설**

빈칸 앞에 위치한 in-depth와 어울리는 것으로 투자자들이 회의장에 남아 깊이 있게 할 수 있는 일을 나타낼 명사가 필요하므로 '논의, 토론' 등을 뜻하는 **(D) discussion**이 정답이다.

**오답 해설**

(A) '깊이 있는 상관 관계'는 투자자들이 따로 남아 하는 일로 맞지 않으므로 오답.
(B) '깊이 있는 대표단'은 의미가 어울리지 않으므로 오답.
(C) '깊이 있는 참가(자의 수)'는 의미가 어울리지 않으므로 오답.

**해석**

앳우드 씨의 발표 후에, 여러 잠재 투자자들이 깊이 있는 논의를 하기 위해 컨퍼런스 홀에 남아 있었다.

**어휘**

potential 잠재적인 investor 투자자 in-depth 깊이 있는, 심층적인 discussion 논의 correlation 상관 관계 delegation 대표단 attendance 참가(자의 수)

### 109 형용사 어휘 ★★★☆☆

**정답 해설**

빈칸에 쓰일 형용사는 reason을 수식해 회원 자격을 지금 업그레이드해야 하는 이유의 특성을 나타내야 하므로 '주요한, 주된' 등을 뜻하는 **(C) primary**가 정답이다.

**오답해설**

(A) '계속되는/지속적인 이유'는 의미가 어울리지 않으므로 오답.
(B) '안정적인/자리를 잡은 이유'는 의미가 어울리지 않으므로 오답.
(D) '곧은/똑바른 이유'는 의미가 어울리지 않으므로 오답.

**해석**

회원 자격을 지금 업그레이드하셔야 하는 주요한 이유는 매달 10회의 무료 개인 트레이닝 시간을 받으실 수 있기 때문입니다.

**어휘**

primary 주요한, 주된  session (특정 활동을 위한) 시간
continuous 계속되는, 지속적인  settled 안정적인, 자리를 잡은
straight a. 곧은, 똑바른

### 110 전치사 어휘 ★★★★☆

**정답 해설**

가장 성공적인 전기 작가들이라는 범주에 속하는 사람으로서 '오직 ~에게만 뒤처진다'와 같은 의미가 되어야 자연스러우므로 **(C) behind**가 정답이다.

**오답해설**

(A) except는 제외 대상을 나타낼 때 사용하므로 오답.
(B) between 뒤에는 복수명사 또는 'A and B'의 구조로 목적어가 쓰이므로 오답.
(D) among 뒤에는 복수명사가 쓰여야 하므로 오답.

**해석**

제임스 호건은 가장 성공적인 전기 작가들 중의 한 명이지만, 한 전직 수상에 대한 전기로 베스트셀러 작가가 된 제프리 애덤스에게만 뒤처진다.

**어휘**

biography 전기  author 작가, 저자  prime minister 수상
except ~을 제외하고

### 111 부사 어휘 ★★★☆☆

**정답 해설**

현재완료시제 동사 has stocked와 어울리는 것으로 과거시점의 일과 관련된 부사가 쓰여야 알맞으므로 '최근에'를 의미하는 **(B) recently**가 정답이다.

**오답해설**

(A) suddenly는 현재완료시제 동사와 어울려 쓰이지 않으므로 오답.
(C) fully가 쓰이려면 과거분사 앞에 위치해야 하므로 오답.
(D) briefly는 현재완료시제 동사와 의미가 맞지 않으므로 오답.

**해석**

소비자 수요의 감소로 인해, 그 슈퍼마켓은 최근에 전자레인지로 조리 가능한 어떠한 음식도 갖춰 놓지 않았다.

**어휘**

decrease in ~의 감소  demand 수요  stock (재고로) ~을 갖춰 놓다  microwavable 전자레인지로 조리 가능한  recently 최근에
suddenly 갑자기  fully 완전히, 전적으로  briefly 간단히

### 112 접속사 자리 ★★☆☆☆

**정답 해설**

빈칸 뒤에 주어와 동사가 포함된 절이 위치해 있으므로 이 절을 이끌 접속사가 필요하므로 선택지에서 유일한 접속사인 **(A) provided that**이 정답이다.

**오답해설**

(B) 전치사: 주어와 동사가 포함된 절을 이끌 수 없어 오답.
(C) 전치사: 주어와 동사가 포함된 절을 이끌 수 없어 오답.
(D) 전치사: 주어와 동사가 포함된 절을 이끌 수 없어 오답.

**해석**

호텔 손님들께서는 안내 데스크가 충분한 통지를 받는다면, 어느 시점에서든 숙박 기간을 연장하실 수 있습니다.

**어휘**

extend ~을 연장하다, 확장하다  provided that (만일) ~라면
receive ~을 받다  notification 통지, 알림  regardless of ~에
상관없이  according to ~에 따르면  as a result of ~의 결과로서

### 113 접속사 자리 ★★★☆☆

**정답 해설**

전치사 to 뒤로 주어와 동사가 포함된 절이 있으므로 이 절은 to의 목적어 역할을 할 명사절이 되어야 한다. 따라서 명사절 접속사인 **(B) whichever**가 정답이다.

**오답해설**

(A) 대명사: 주어와 동사가 포함된 절을 이끌 수 없으므로 오답.
(C) 형용사/대명사: 주어와 동사가 포함된 절을 이끌 수 없으므로 오답.
(D) 형용사/대명사: 주어와 동사가 포함된 절을 이끌 수 없으므로 오답.

대부분의 새로운 수송품들은 어느 창고 시설이든 배송 지점과 가장 가까운 곳으로 보내질 것이다.

the bulk of 대부분의  shipment 수송품, 적하물

## 114 과거분사 어휘 ★★★☆☆

**정답해설**

빈칸 뒤에 위치한 'to + 동명사구' 구조와 어울리는 것으로서 '~하는 데 전념하'이라는 의미를 구성할 때 사용하는 **(A) dedicated**가 정답이다.

**오답해설**

(B) 문장의 의미 및 빈칸 뒤에 위치한 'to + 동명사구' 구조와 어울리지 않으므로 오답.
(C) 문장의 의미 및 빈칸 뒤에 위치한 'to + 동명사구' 구조와 어울리지 않으므로 오답.
(D) 문장의 의미 및 빈칸 뒤에 위치한 'to + 동명사구' 구조와 어울리지 않으므로 오답.

**해석**

그 음반 회사는 촉망되는 블루그래스 및 포크 음악가들의 음악을 선보이는 데 전념하는 새로운 음반사를 시작한다.

**어휘**

launch ~을 시작하다, 출시하다  dedicated to -ing ~하는 데 전념하는, 헌신하는  showcase ~을 선보이다  promising 촉망되는  named 지명된, 지정된  emphasized 강조된  concerned 우려하는, 걱정하는

## 115 전치사 자리 및 의미 ★★★☆☆

**정답해설**

빈칸 뒤에 위치한 명사구를 목적어로 취할 전치사가 필요하며, 이 명사구는 많은 주택 구매자들이 모여 드는 원인에 해당되므로 원인을 나타내는 전치사 **(A) as a result of**가 정답이다.

**오답해설**

(B) 접속사: 주어와 동사가 포함된 절을 이끌어야 하므로 오답.
(C) 전치사/접속사: '~ 이후로'를 뜻하므로 의미가 맞지 않아 오답.
(D) 전치사: '~와 같은'을 뜻하므로 의미가 맞지 않아 오답.

**해석**

많은 주택 구매자들이 하락하는 부동산 가격에 따른 결과로 나인 힐즈 지역으로 모여 들고 있다.

flock to ~로 모여 들다  falling 하락하는, 감소하는  property 부동산, 건물  even though ~에도 불구하고, ~이므로  since prep. ~ 이후로 conj. ~한 이후로, ~하기 때문에

## 116 명사 어휘 ★★★☆☆

**정답해설**

'귀중한'을 뜻하는 valuable의 수식을 받을 수 있는 명사로서 외부 자문이 하는 일과 관련된 명사가 필요하므로, '공헌, 기여' 등을 뜻하는 **(C) contributions**가 정답이다.

**오답해설**

(A) '귀중한 완료'는 의미가 어울리지 않으므로 오답.
(B) '귀중한 경쟁자'는 의미가 어울리지 않으므로 오답.
(D) '귀중한 계산'은 의미가 어울리지 않으므로 오답.

**해석**

미첼 씨는 외부 자문으로서의 귀중한 공헌에 대해 그 회사의 대표이사로부터 찬사를 받았다.

**어휘**

be praised by ~로부터 찬사를 받다, 칭찬을 듣다  contribution 공헌, 기여  external 외부의  advisor 자문, 조언자  completion 완료, 완수  competitor 경쟁자  calculation 계산, 산출

## 117 명사 어휘 ★★★☆☆

**정답해설**

빈칸 앞뒤에 위치한 a high 및 'of + 복수명사' 전치사구와 어울리는 명사로 '많은 양의'라는 의미를 구성할 때 사용하는 **(B) volume**이 정답이다.

**오답해설**

(A) a high 및 'of + 복수명사' 전치사구와 어울려 쓰이는 명사가 아니므로 오답.
(C) a high 및 'of + 복수명사' 전치사구와 어울려 쓰이는 명사가 아니므로 오답.
(D) a high 및 'of + 복수명사' 전치사구와 어울려 쓰이는 명사가 아니므로 오답.

**해석**

샵-어-랏 사의 교환대는 밤낮으로 많은 양의 전화 통화를 처리하므로, 교환 담당 직원들이 순환 교대 근무조로 일한다.

**어휘**

switchboard 교환대  manage ~을 처리하다, 운영하다  operator 교환 담당 직원  rotating 순환하는  shift 교대 근무(조)  selection 선정, 선택 가능한 것들

## 118 부사 어휘 ★★★☆☆

**정답 해설**

빈칸에 쓰일 부사는 시장이 100번째 생일을 기념하는 주민을 방문하는 방식을 나타내야 하므로 '직접, 개인적으로'를 뜻하는 **(D) personally**가 정답이다.

**오답 해설**

(A) '확고히 방문한다'는 의미가 어울리지 않으므로 오답.
(B) '뛰어나게 방문한다'는 의미가 어울리지 않으므로 오답.
(C) '서로 방문한다'는 문맥상 어울리지 않으므로 오답.

**해석**

그 도시의 시장은 100번째 생일을 기념하는 모든 주민을 직접 방문한다.

**어휘**

mayor 시장  personally 직접, 개인적으로  firmly 확고히, 굳게
exceptionally 뛰어나게, 유난히  mutually 서로, 상호간에

## 119 접속사 자리 및 구분 ★★★★☆

**정답 해설**

동사 depends 앞까지가 문장 전체의 주어 역할을 할 명사절이 되어야 하므로 빈칸에 명사절 접속사가 필요한데, 명사 engineer를 수식해야 하므로 명사 수식이 가능한 접속사 **(D) Which**가 정답이다.

**오답 해설**

(A) 대명사/형용사: 명사절을 이끌 수 없어 오답.
(B) 명사절 접속사: 바로 뒤에 위치한 명사를 수식하지 않으므로 오답.
(C) 형용사/대명사: 형용사 또는 대명사로 쓰이거나 「either A or B」의 구조로 상관접속사를 구성하므로 오답.

**해석**

어느 엔지니어가 그 프로젝트 작업을 하는지는 고안될 필요가 있는 특징 또는 요소에 달려 있다.

**어휘**

work on ~에 대한 작업을 하다  depend on ~에 달려 있다, ~에
따라 다르다  feature 특징, 기능  component 요소, 부품

## 120 동사 어휘 ★★★☆☆

**정답 해설**

'북극풍이 화물선의 순조로운 운송에 방해가 되다'와 같은 의미가 되어야 알맞으므로 with와 함께 '~에 방해가 되다'를 뜻하는 **(B) interfere**가 정답이다.

**오답 해설**

(A) '북극풍이 순조로운 운송에 의존하다'는 의미가 어울리지 않으므로 오답.
(C) '북극풍이 순조로운 운송과 일치하다'는 의미가 어울리지 않으므로 오답.
(D) '북극풍이 순조로운 운송에 내리다'는 의미가 어울리지 않으므로 오답.

**해석**

최신 예보에서는 북극풍이 북대서양을 가로지르는 화물선의 순조로운 운송에 방해가 될 수도 있다고 예측하고 있다.

**어휘**

latest 최신의  forecast 예보  predict that ~라고 예측하다
arctic wind 북극풍  interfere 방해하다, 간섭하다  transit 운송
cargo ship 화물선  depend 의존하다, 의지하다  correspond
일치하다, 부합하다  fall 내리다, 떨어지다

## 121 부사 어휘 ★★★☆☆

**정답 해설**

빈칸 뒤에 위치한 형용사 short를 수식해 '놀라울 정도로 짧은 기간에'라는 의미가 되어야 자연스러우므로 **(D) surprisingly**가 정답이다.

**오답 해설**

(A) '면밀히, 단단히 짧은 기간에'는 의미가 어울리지 않으므로 오답.
(B) '점차적으로 짧은 기간에'는 의미가 어울리지 않으므로 오답.
(C) hardly는 부정관사 a와 형용사 사이에 위치하지 않으므로 오답.

**해석**

지역적인 수준으로 축구 경기를 중계하는 케이블 채널 SBN 스포츠는 놀라울 정도로 짧은 기간에 전국적인 수준이 되기를 희망하고 있다.

**어휘**

broadcast ~을 중계하다, 방송하다  surprisingly 놀라울 정도로
closely 면밀히, 단단히  gradually 점차적으로  hardly 거의 ~ 않
다

## 122 동사 어휘 ★★★☆☆

**정답 해설**

빈칸 뒤에 위치한 목적어 a comment와 어울려 '발언하다'라는 의미를 구성할 때 사용하는 **(B) issue**가 정답이다.

**오답 해설**

(A) '의견을 나르다/취급하다'는 의미가 어울리지 않으므로 오답.
(C) '의견을 수행하다/실시하다'는 의미가 어울리지 않으므로 오답.
(D) '의견을 짓다'는 의미가 어울리지 않으므로 오답.

홍보부장은 자사의 제조 공장에서 거의 200개의 일자리를 감축하기 위한 계획에 관해 공식 발언을 할 것이다.

**public relations manager** 홍보부장 **issue a comment** 발언하다, 언급하다 **cut** ~을 감축하다, 줄이다 **manufacturing plant** 제조 공장 **carry** ~을 나르다, (매장 등이) ~을 취급하다 **perform** ~을 수행하다, 실시하다 **construct** ~을 짓다, 건설하다

## 123 명사 어휘 ★★★☆☆

'a + 빈칸 + of 불가산명사'의 구조에 어울리는 것으로 a 및 of와 함께 '풍부한'이라는 의미를 구성할 때 사용하는 **(C) wealth**가 정답이다.

(A) '경험의 명성'은 의미가 어울리지 않으므로 오답.
(B) '경험의 높이'는 의미가 어울리지 않으므로 오답.
(D) 'a + 빈칸 + of 가산복수명사' 구조에 어울리므로 오답.

스탬포드 경영 대학원 강사들은 대부분 경영에 있어 풍부한 경험을 지닌 고위 기업 임원들이다.

**high-ranking** 고위의, 고급의 **executive** 임원 **a wealth of** 풍부한 **reputation** 평판, 명성 **height** 높이, 키

## 124 접속사 자리 및 의미 ★★★☆☆

빈칸 뒤에 주어와 동사가 포함된 절이 있으므로 이 절을 이끌 접속사가 필요하며, '마치 전체 수용 인원을 예상하고 있는 것처럼 점검해야 한다'와 같은 의미가 되어야 알맞으므로 **(C) as if**가 정답이다.

(A) 접속사: 의미가 어울리지 않으므로 오답.
(B) more than 뒤에는 명사(구)가 위치하므로 오답.
(D) as much as 뒤에는 명사(구)가 위치하므로 오답.

그 콘서트가 공연장을 가득 메울 수 있을 것 같지는 않지만, 마치 우리가 전체 수용 인원을 예상하고 있는 것처럼 그 장소 전체는 여전히 점검되어야 한다.

**although** (비록) ~이기는 하지만 **auditorium** 공연장, 강당

**entire** 전체의, 모든 **as if** 마치 ~한 것처럼 **expect** ~을 예상하다, 기대하다 **capacity** 수용 인원, 수용력

## 125 전치사 자리 및 의미 ★★☆☆☆

빈칸 뒤에 위치한 명사구를 목적어로 취할 전치사가 필요하며, '~업계 전반에 걸쳐'라는 의미로 범위를 나타내야 알맞으므로 **(B) throughout**이 정답이다.

(A) 전치사: 기간을 나타내므로 오답.
(C) 부사: 명사구를 목적어로 취할 수 없어 오답.
(D) 전치사: 대상, 이유, 방향 등을 나타내므로 오답.

볼턴 가죽 회사는 뛰어난 가죽에 대한 신뢰할 수 있는 공급원으로서 축구화 업계 전반에 걸쳐 잘 알려져 있다.

**reliable** 신뢰할 수 있는 **source** 공급원, 원천 **abroad** 해외에, 해외로

## 126 부사 어휘 ★★★☆☆

빈칸 뒤에 위치한 형용사 beneficial을 수식해 유익한 정도를 나타낼 부사가 필요하므로 '두드러지게 유익한'과 같이 강조의 역할을 할 때 사용하는 **(A) markedly**가 정답이다.

(B) '조심스럽게 유익한'은 의미가 어울리지 않으므로 오답.
(C) '자발적으로 유익한'은 의미가 어울리지 않으므로 오답.
(D) '밀집하여 유익한'은 의미가 어울리지 않으므로 오답.

병원 기록을 전산화하는 데 필요한 프로그램이 두드러지게 유익했는데, 그것으로 인해 직원들과 환자들이 쉽게 정보를 검색할 수 있기 때문이다.

**computerize** ~을 전산화하다 **markedly** 두드러지게, 눈에 띌 정도로 **beneficial** 유익한, 이로운 **A allow B to do**: A로 인해 B가 ~할 수 있다, A가 B에게 ~할 수 있게 해주다 **retrieve information** 정보를 검색하다 **densely** 밀집하여, 빽빽이

## 127 형용사 어휘 ★★★☆☆

**정답 해설**

빈칸에 쓰일 형용사는 '증가'를 의미하는 rise를 수식해 그 정도나 변화와 관련된 의미를 나타내야 하므로 '주목할 만한, 두드러진' 등을 뜻하는 **(A) remarkable**이 정답이다.

**오답 해설**

(B) '통찰력 있는'을 뜻하므로 의미가 어울리지 않는 오답.
(C) '계약상의'를 뜻하므로 의미가 어울리지 않는 오답.
(D) '관심이 있는'을 뜻하므로 의미가 어울리지 않는 오답.

**해석**

그 자동차 판매 대리점에 대한 온라인 광고가 실제 판매에 대해 약 30퍼센트의 주목할 만한 증가라는 결과를 낳았다.

**어휘**

advertising 광고  dealership 판매 대리점  result in ~의 결과를 낳다, ~을 초래하다  remarkable 주목할 만한, 두드러진  actual 실제의  perceptive 통찰력 있는  contractual 계약상의

## 128 동사 어휘 ★★★☆☆

**정답 해설**

빈칸 뒤에 위치한 that절을 목적어로 취할 수 있는 동사가 필요하므로 that절과 함께 '~하도록 권하다, 추천하다'라는 의미를 나타낼 때 사용하는 **(A) recommends**가 정답이다.

**오답 해설**

(B) 타동사이지만 that절을 목적어로 취하지 않으므로 오답.
(C) 자동사이므로 that절을 목적어로 취할 수 없어 오답.
(D) 자동사이므로 that절을 목적어로 취할 수 없어 오답.

**해석**

그 외부 감사관은 정확한 회계를 보장하기 위해 매달 말일에 예산 보고서가 검토되도록 권하고 있다.

**어휘**

external 외부의  auditor 감사관  recommend that ~하도록 권하다  budget 예산  accurate 정확한  accounting 회계  receive ~을 받다  register 등록하다  rise 오르다, 올라가다

## 129 관계대명사 ★★☆☆☆

**정답 해설**

선행사 countries와 빈칸 뒤의 명사 currency는 소유 관계에 해당되므로 이와 같은 관계를 나타낼 때 사용하는 관계대명사 **(A) whose**가 정답이다.

**오답 해설**

(B) 주격관계대명사: 뒤에 동사가 바로 이어져야 하므로 오답.
(C) 목적격관계대명사: 동사나 전치사의 목적어가 빠진 불완전한 절을 이끌어야 하므로 오답.
(D) that이 선행사를 수식하는 관계대명사일 경우, 주어나 목적어 등이 빠진 불완전한 절을 이끌어야 하므로 오답.

**해석**

금에 대한 가격에 있어 약간의 하락은 오직 화폐가 여전히 금본위제와 연관되어 있는 국가들에게만 영향을 미칠 것이다.

**어휘**

drop in ~의 하락, 감소  affect ~에 영향을 미치다  currency 화폐, 통화  be linked to ~와 연관되다  gold standard 금본위제

## 130 가정법 과거완료 ★★★☆☆

**정답 해설**

가정법 과거완료의 주절은 과거시점의 일에 대한 가정의 의미가 되어야 알맞으므로 '~할 수도 있었다'와 같은 의미로 쓰이는 **(D) would have attended**가 정답이다.

**오답 해설**

(A) 미래의 일에 대한 상상이나 추측 등을 나타내므로 오답.
(B) 현재 또는 미래에 반드시 해야 하는 의무를 나타내므로 오답.
(C) '참석했다'는 의미를 나타내는데, 겹치는 일정이 있었다는 말과 어울리지 않으므로 오답.

**해석**

교수진은 겹치는 강의 일정이 없었다면 어제 학교 회의에 참석할 수도 있었다.

**어휘**

attend ~에 참석하다  assembly 회의, 모임, 집회  conflicting (일정이) 겹치는, 충돌하는

## 131-134 다음의 지시사항을 참조하시오.

정수 필터 교체

유레카 정수기 제품 이용 고객들께서는 장비의 수명을 늘리고 필요로 하시는 여과 과정이 더 잘 제공될 수 있도록 보장하기 위해 반드시 다음 안내 사항을 따르셔야 합니다.

저희는 정수 필터를 3개월에 **131** 한 번씩 교체하시도록 권해 드립니다. 이렇게 하기 위해서는, 물을 필터로 보내주는 주 밸브를 잠그는 것으로 시작하십시오. 필터로 들어가는 물 공급이 **132** 차단되는 대로, 필터 덮개에 있는 버튼을 누르십시오. 이 버튼을 누르면 필터 덮개가 **133** 풀려 내부에 있는 필터에 손이 닿을 수 있습니다. 손으로 필터를

시계 방향으로 돌리셔서 꺼내신 후, 그 자리에 새 것을 설치하십시오. **134** 꺼내신 후에는 사용하신 필터를 폐기하시기 바랍니다.

water purifying product 정수기 제품 lengthen ~을 늘리다, 길게 하다 serve (서비스 등) ~을 제공하다 filtering 여과 direct A to B: A를 B로 보내다, 안내하다 supply 공급 shut off ~을 차단하다 housing 덮개 allow A to do: A가 ~할 수 있게 해 주다 reach ~에 손이 닿다, 도달하다 turn ~을 돌리다 clockwise 시계 방향으로 install ~을 설치하다

## 131 형용사 자리 ★★★☆☆

정답 해설

빈칸 뒤에 위치한 기간 명사구와 결합해 '~에 한 번씩, ~마다'라는 교체 주기를 나타내는 **(C) every**가 정답이다.

**오답 해설**

(A) 부사/전치사: 부사일 경우 숫자 표현 앞에 쓰여 '약, 대략' 등을 나타내며, 전치사일 경우 '~에 관해' 등을 나타내 문장의 의미에 맞지 않으므로 오답.
(B) 형용사/대명사: 단수 명사를 수식하므로 오답.
(D) 전치사: 기간 명사구와 결합할 수 있지만, '계속'의 의미를 나타내 교체 주기를 나타내야 하는 이 문장에 맞지 않으므로 오답.

## 132 접속사 어휘 ★★★☆☆

**정답 해설**

'물 공급이 차단되는 대로, ~ 버튼을 누르십시오'와 같은 의미가 되어야 알맞으므로 **(D) Once**가 정답이다.

**오답 해설**

(A) '마치 ~인 것처럼'을 뜻하는 접속사이므로 의미가 어울리지 않아 오답.
(B) '언제든 ~할 때는'을 뜻하는 접속사이므로 의미가 어울리지 않아 오답.
(C) '~인 반면'을 뜻하는 접속사이므로 의미가 어울리지 않아 오답.

**어휘**

once ~하는 대로, ~하자마자 as if 마치 ~인 것처럼 whereas ~인 반면

## 133 동사 자리 및 시제 ★★★☆☆

**정답 해설**

빈칸 앞에는 주어와 전치사구가, 빈칸 뒤에는 명사구와 분사구문이 있으므로 빈칸에 문장의 동사가 필요하다. 앞 문장에서 말하는 버튼을 누른 후, 즉 나중의 시점에 발생되는 일을 나타낼 수 있는 미래시제인 **(A) will release**가 정답이다.

**오답 해설**

(B) 과거완료진행시제: 앞 문장에서 말하는 버튼을 누른 후에 발생되는 일을 나타내기에 맞지 않는 시제이므로 오답.
(C) 과거시제: 앞 문장에서 말하는 버튼을 누른 후에 발생되는 일을 나타내기에 맞지 않으므로 오답.
(D) to부정사: 동사의 형태가 아니므로 문장의 동사가 필요한 빈칸에 맞지 않으므로 오답.

**어휘**

release ~을 풀다, 놓아주다

## 134 문장 삽입 ★★★★☆

**정답 해설**

앞 문장에 필터를 꺼내고 새 것을 설치하라는 말이 있으므로 사용된 필터를 it으로 지칭해 그 처리 방법을 알리는 **(A)**가 정답이다.

**오답 해설**

(B) 정수 시스템을 이용하도록 권장하는 말이므로 앞 문장과 흐름이 맞지 않는 오답.
(C) 배송 물품을 받는다는 사실을 알리는 말이므로 앞 문장과 흐름이 맞지 않는 오답.
(D) 자사 제품의 우수성과 관련된 말이므로 앞 문장과 흐름이 맞지 않는 오답.

**해석**

(A) 꺼내신 후에는 사용하신 필터를 폐기하시기 바랍니다.
(B) 주택 소유주들께서는 깨끗한 물을 보장하기 위해 반드시 정수 시스템을 이용하셔야 합니다.
(C) 정수된 물을 집 앞까지 보내 드리는 배송 물품을 받으시게 될 것입니다.
(D) 유레카 정수 시스템은 시중에 나와 있는 것 중에서 최고입니다.

**어휘**

dispose of ~을 폐기하다, 처리하다 water filtration 정수, 여과 on the market 시중에서, 시장에 나온

## 135-138 다음의 이메일을 참조하시오.

수신: mila_santos@montarise.edu
발신: gbloomfeld@verifold.com
날짜: 11월 25일
제목: 방문 가능성

산토스 씨께,

지난주에 열린 대학교 **135** 컨퍼런스에서 귀하의 연설을 듣게 된 것이 매우 행운이었다고 느꼈습니다. 제 동료 직원들과 저는 귀하의 발언이 통찰력 있을 뿐만 아니라 **136** 영감을 준다고 생각했습니다. 저희는

귀하께서 저희 직원들에게 연설을 하도록 하는 것이 아주 좋은 아이디어일 것으로 생각했습니다. 저희 사무실을 방문하셔서 저희 월간 총회 시간에 짧은 연설하시는 것이 가능할까요?

학기가 막 종료되었으므로, 저는 귀하께서 시험지를 채점하시느라 분명 바쁘실 것으로 생각합니다. <u>137</u> 따라서, 현재 방문하실 시간을 내시는 것이 어려우실 수 있습니다. 여름 방학이 시작되고 몇 주 후에 하루 방문 일정을 잡으시는 것에 대해 어떻게 생각하시는지요? 가능한 날짜를 논의하기 위해 간단한 이야기를 나눌 수 있도록 만나 뵙고자 합니다. <u>138</u> 제가 다음 주에 전화로 연락드려도 되는지 알려 주시기 바랍니다.

안녕히 계십시오.

가스 블룸펠드
최고 경영자, 가스 출판사

fortunate 행운인  colleague 동료 직원  remark 발언, 말  insightful 통찰력 있는  address ~에게 연설하다  deliver a speech 연설하다  general assembly 총회  grade v. 성적을 매기다  make time 시간을 내다  schedule ~의 일정을 잡다  brief 간단한, 잠시 동안의  discuss ~을 논의하다

## 135 전치사 어휘 ★★☆☆☆

**정답 해설**

the university conference를 목적어로 취해 연설이 진행된 장소를 나타낼 전치사로서 하나의 지점 등을 나타낼 때 사용하는 **(D) at**이 정답이다.

**오답 해설**

(A) 장소 전치사가 아니므로 오답.
(B) '~ 옆에'라는 위치를 나타낼 때 사용하므로 오답.
(C) '~ 위에'라는 의미로 접촉된 표면에 위치한 상태를 나타낼 때 사용하므로 오답.

## 136 형용사 자리 및 구분 ★★★☆☆

**정답 해설**

「find + 목적어 + 목적보어」의 구조에서 목적어의 특징을 나타낼 형용사 보어가 필요한데, 목적어 remarks가 영감을 주는 주체에 해당되므로 현재분사 형태의 형용사인 **(A) inspiring**이 정답이다.

**오답 해설**

(B) 동사: 빈칸 앞에 이미 문장의 동사 found가 있으므로 오답.
(C) 명사: 명사가 목적보어로 쓰이려면 목적어와 동격이 되어야 하므로 오답.
(D) 형용사: 과거분사 형태의 형용사는 영감을 받은 대상에 대해 사용하므로 오답.

**어휘**

inspiring 영감을 주는  inspiration 영감(을 주는 것)  inspired 영감을 받은

## 137 접속부사 자리 및 구분 ★★★☆☆

**정답 해설**

앞 문장에는 상대방이 바쁠 것으로 생각한다는 말이, 빈칸 뒤에는 시간을 내는 것이 어려울 것이라는 말이 쓰여 있다. 바빠서 시간을 내기 어렵다는 원인과 결과의 흐름을 이어주며, 결과 앞에 사용하는 접속부사 **(B) Therefore**가 정답이다.

**오답 해설**

(A) 접속부사: 양보를 나타내므로 오답.
(C) 접속부사: 대조를 나타내므로 오답.
(D) 부사: 과거시점의 일에 대해 사용하므로 오답.

**어휘**

therefore 따라서, 그러므로  even so 그렇다 하더라도  previously 이전에, 과거에

## 138 문장 삽입 ★★★★☆

**정답 해설**

앞 문장에 이야기를 나눌 수 있도록 만나고 싶다는 말이 쓰여 있으므로 만남을 갖기 위해 연락할 방법을 언급하는 **(A)**가 정답이다.

**오답 해설**

(B) 학생의 입장에 있는 사람이 할 수 있는 말이므로 앞 문장과 흐름이 맞지 않는 오답.
(C) 상대방이 지속적으로 지원하는 상황이 아니므로 흐름에 맞지 않는 오답.
(D) 이메일의 작성자가 만나고 싶다는 뜻을 전하고 있으므로 앞 문장과 흐름이 맞지 않는 오답.

**해석**

(A) 제가 다음 주에 전화로 연락드려도 되는지 알려 주시기 바랍니다.
(B) 저는 이번 학기에 졸업하기 위한 요건을 마무리 짓는 중입니다.
(C) 늘 그렇듯이, 저희 업무에 대한 귀하의 한결같은 지원에 감사드립니다.
(D) 저희가 만나 뵐 시간을 낼 수 없었던 것에 대해 사과드립니다.

## 139-142 다음의 편지를 참조하시오.

5월 6일
아만다 리드
술타나 스트리트 1756번지
애들레이드 SA 5000

리드 씨께,

5월 12일 월요일에, 와틀 비치와 술타나 포인트가 연례 해변 정화 활동으로 인해 오전 8시에서 오후 2시 사이에 일반 사람들에게 폐쇄될 것입니다. **139** 주차 서비스 또한 두 곳에서 모두 이용할 수 없을 것입니다.

귀하의 카페 영업에 대한 모든 **140** 불편함과 지장에 대해 사과드립니다. 이 활동은 수질 오염에 대한 우려를 **141** 고려해 볼 때 점점 더 중요해지고 있습니다. 이는 또한 환경에 대한 인식과 자원봉사 활동을 촉진합니다. 실제로, 저희가 자원봉사자들을 환영하고 있으므로 귀하께서 저희와 함께 하실 수 있기를 바랍니다. 귀하의 지원이 곧 있을 이 활동을 성공적으로 완수하는 데 **142** 도움이 될 것입니다.

추가 정보를 원하시면, www.adelaidecleanbeach.org.au를 방문해 보시기 바랍니다.

안녕히 계십시오.

크리스 비커튼
행사 조직 책임자, 애들레이드 해변 정화 단체

annual 연례적인, 해마다의  apologize for ~에 대해 사과하다  disruption 지장, 방해  increasingly 점점 더  critical 중요한, 중대한  concern 우려, 걱정  promote ~을 촉진하다  awareness 인식  volunteerism 자원봉사 활동  upcoming 곧 있을, 다가오는

## 139 문장 삽입 ★★★★☆

**정답 해설**

앞서 두 곳의 특정 장소가 일반 사람들에게 개방되지 않는다는 사실을 알리고 있으므로 이 두 곳을 both locations로 지칭해 주차를 할 수 없다는 추가 정보를 제시하는 **(D)**가 정답이다.

**오답 해설**

(A) 쓰레기 관리 가이드라인을 준수하도록 권하는 말이므로 앞 문장과 흐름이 맞지 않는 오답.
(B) 자원봉사에 대해 감사의 뜻을 전하는 말이므로 앞 문장과 흐름이 맞지 않는 오답.
(C) 입장권 구입 방법을 알리는 말이므로 앞 문장과 흐름이 맞지 않는 오답.

**해석**

(A) 모든 주민들께서는 게시된 쓰레기 관리 가이드라인을 준수하도록 권장됩니다.
(B) 이번 행사를 조직하는 데 도움이 된 자원봉사 활동에 대해 감사드립니다.
(C) 입장권은 행사장 또는 온라인에서 구입하실 수 있습니다.
(D) 주차 서비스 또한 두 곳에서 모두 이용할 수 없을 것입니다.

**어휘**

unavailable 이용할 수 없는  location 지점, 위치  be advised to do ~하도록 권장되다, ~하는 것이 좋다  site 장소, 현장

## 140 명사 어휘 ★★★☆☆

**정답 해설**

전치사 for의 목적어로서 사과의 이유를 나타낼 명사가 필요하며, 바로 뒤에 or로 연결된 disruption과 유사한 부정적인 의미를 지닌 **(C) inconvenience**가 정답이다.

**오답 해설**

(A) '카페 영업에 대한 거절'은 의미가 어울리지 않으므로 오답.
(B) '카페 영업에 대한 파괴'는 의미가 어울리지 않으므로 오답.
(D) '카페 영업에 대한 방지'는 의미가 어울리지 않으므로 오답.

**어휘**

inconvenience 불편함  refusal 거절, 거부  destruction 파괴  prevention 방지, 예방

## 141 전치사 어휘 ★★★☆☆

**정답 해설**

'수질 오염에 대한 우려를 고려해 볼 때'라는 의미가 되어야 자연스러우므로 **(B) given**이 정답이다.

**오답 해설**

(A) '~ 이후로'를 뜻하여 시작 시점을 나타내므로 의미가 어울리지 않는 오답.
(C) 주로 '~하자마자'를 뜻하여 의미가 어울리지 않는 오답.
(D) '~와 같은'을 뜻하여 예시를 나타내므로 의미가 어울리지 않는 오답.

## 142 동사 자리 및 시제 ★★★☆☆

**정답 해설**

빈칸 앞뒤로 주어와 목적어, 그리고 전치사구만 있으므로 빈칸이 문장의 동사 자리이며, 앞 문장에서 자원봉사자로서 함께 할 수 있기를 바란다는 희망을 나타내는 말과 어울리려면 도움이 되는 시점은 미래가 되어야 알맞으므로 **(B) will help**가 정답이다.

**오답 해설**

(A) to부정사: 동사의 형태가 아니므로 동사가 필요한 빈칸에 맞지 않는 오답.
(C) 과거시제: 앞 문장과 시점 관계가 어울리지 않는 오답.
(D) 현재완료시제: 앞 문장과 시점 관계가 어울리지 않는 오답.


### 143-146 다음의 이메일을 참조하시오.

수신: c_porter@pallmall.net
발신: orders@muteimages.com
날짜: 6월 24일
제목: 감사합니다

포터 씨께,

제 온라인 사진 전시물의 이미지들 중 하나를 구입해 주셔서 감사드립니다. 귀하께서 받으신 인쇄물에 만족하시기를 바랍니다. 만일 그러실 경우, 제 웹 사이트에서 사진 소장인 목록에 귀하의 성함을 추가하도록 요청드리고자 합니다. **143** 하지만, 해당 사진이 귀하의 기준에 미달된다고 판단하실 경우에는, 저에게 알려 주셔서 제가 **144** 어떻게 작업물을 개선할 수 있는지 제안해 주실 수 있으시다면 감사하겠습니다. 저는 동료 사진 애호가들께서 말씀해 주시는 어떤 **145** 의견이든 환영합니다.

**146** 아마 제 웹 사이트에서 보실 수 있겠지만, 저는 전문 예술가가 아닙니다. 이는 제가 최근에 아주 크게 관심을 갖게 된 기술입니다. 그와 같은 이유로, 저는 귀하와 같은 고객께서 제 기술을 향상시키고 작업물을 다른 분들에게 홍보하도록 도움을 주시는 데 의존하고 있습니다.

귀하의 거래에 다시 한 번 감사드립니다.

안녕히 계십시오.

니나 거버
뮤트 이미지

---

**be pleased with** ~에 만족하다, 기뻐하다  **ask A to do:** A에게 ~하도록 요청하다  **judge A to be B:** A가 B하다고 판단하다  **fellow** 동료의  **enthusiast** 애호가  **craft** 기술, 공예(품)  **recently** 최근에  **keenly** 아주 크게, 열심히  **as such** (앞선 말에 대해) 그와 같은 이유로, 그래서  **rely on** ~에 의존하다  **enhance** ~을 향상시키다, 강화하다  **endorse** ~을 홍보하다, 보증하다


## 143 접속부사 어휘 ★★★☆☆

**정답 해설**

빈칸 앞에는 상대방이 작품에 만족하면 이름을 목록에 추가하고 싶다고 요청하는 말이, 빈칸 뒤에는 사진이 상대방의 기준에 미달할 경우에 개선 방법을 제안해 달라는 말이 쓰여 있다. 이는 만족과 불만족이라는 대조적인 내용이 이어지는 흐름이므로 **(A) However**가 정답이다.

**오답 해설**

(B) 예시를 언급할 때 사용하는 접속부사이므로 오답.
(C) 추가 정보를 언급할 때 사용하는 접속부사이므로 오답.
(D) 앞서 언급된 내용을 간략히 다시 언급할 때 사용하는 접속부사이므로 오답.


## 144 접속사 어휘 ★★★☆☆

**정답 해설**

빈칸 이하 부분이 타동사 suggest의 목적어 역할을 할 명사절이 되어야 하므로 명사절 접속사가 빈칸에 필요한데, '어떻게 개선할 수 있는지'와 같은 의미가 되어야 적절하므로 **(B) how**가 정답이다.

**오답 해설**

(A) suggest의 목적어로 that절이 쓰이기도 하는데, 이때 제안 사항에 해당되는 내용이 that 뒤에 이어져야 하므로 오답.
(C) '~인지 (아닌지)'를 의미하는 명사절 접속사이므로 의미가 어울리지 않아 오답.
(D) which 뒤에는 주어 없이 동사가 바로 이어지는 불완전한 절이 쓰이거나, which의 수식을 받을 명사가 바로 뒤에 쓰여야 하므로 오답.


## 145 명사 어휘 ★★★☆☆

**정답 해설**

앞 문장에 개선 사항과 관련해 제안해 달라고 요청하는 말과 흐름상 어울리는 문장이 되어야 하므로 '어떤 의견이든 환영합니다'와 같은 의미를 구성할 수 있는 **(D) feedback**이 정답이다.

**오답 해설**

(A) '어떤 연설이든 환영합니다'는 흐름상 어울리지 않으므로 오답.
(B) '어떤 서류/문서든 환영합니다'는 흐름상 어울리지 않으므로 오답.
(C) '어떤 이점이든 환영합니다'는 흐름상 어울리지 않으므로 오답.


## 146 문장 삽입 ★★★★☆

**정답 해설**

빈칸 뒤에 결과를 나타내는 As such와 함께 자신의 기술을 향상시키고 작업물을 홍보하는데 다른 사람들의 도움이 필요하다는 말이 쓰

여 있으므로 그 원인에 해당되는 것으로서 전문 예술가가 아님을 밝히는 **(C)**가 정답이다.

(A) 앞 단락의 내용으로 보아 홍보 여부를 알 수 없으므로 오답.
(B) 빈칸 앞뒤의 내용은 주문 수량과 관련된 것이 아니므로 흐름상 맞지 않는 오답.
(D) 빈칸 앞뒤의 내용은 사진 이용 방법과 관련된 것이 아니므로 흐름상 맞지 않는 오답.

**해석**

(A) 제 웹 사이트를 다른 출판사들에게 홍보해 주신 것에 대해 감사를 드립니다.
(B) 제가 많은 이미지를 재고로 보유하고 있기 때문에, 심지어 대량 주문도 처리해 드릴 수 있습니다.
(C) 아마 제 웹 사이트에서 보실 수 있겠지만, 저는 전문 예술가가 아닙니다.
(D) 제 사진들은 디지털 및 인쇄물 버전으로 이용 가능합니다.

**어휘**

have A in stock: A를 재고로 보유하다  fulfill (약속, 직무 등) ~을 다하다, 이행하다  available 이용 가능한, 구매 가능한

---

# TEST 2

## PART 5

| | | | | |
|---|---|---|---|---|
| **101**(A) | **102**(B) | **103**(B) | **104**(C) | **105**(C) |
| **106**(B) | **107**(D) | **108**(A) | **109**(C) | **110**(A) |
| **111**(D) | **112**(C) | **113**(C) | **114**(B) | **115**(B) |
| **116**(B) | **117**(B) | **118**(C) | **119**(C) | **120**(C) |
| **121**(C) | **122**(A) | **123**(A) | **124**(D) | **125**(A) |
| **126**(D) | **127**(A) | **128**(D) | **129**(C) | **130**(C) |

## PART 6

| | | | |
|---|---|---|---|
| **131**(D) | **132**(B) | **133**(D) | **134**(B) |
| **135**(C) | **136**(A) | **137**(B) | **138**(A) |
| **139**(B) | **140**(C) | **141**(D) | **142**(D) |
| **143**(C) | **144**(C) | **145**(A) | **146**(C) |

## 101 대명사의 격 ★★★☆☆

**정답해설**

접속사 because와 동사 was being repainted 사이는 주어 자리인데, 동사의 의미로 보아 페인트칠되는 대상, 즉 사물이 주어가 되어야 한다는 것을 알 수 있다. 따라서 '그의 것'이라는 의미로 사물을 지칭하는 소유대명사 **(A) his**가 정답이다.

(B) 목적격대명사: 주어 자리에 쓰일 수 없으므로 오답.
(C) 주격대명사: 사람을 가리켜 동사 was being repainted와 의미가 어울리지 않으므로 오답.
(D) 재귀대명사: 주어 자리에 쓰일 수 없으므로 오답.

**해석**

하마다 씨는 그의 사무실이 다시 페인트칠 되고 있었기 때문에 쿠마 씨의 사무실에서 신규 고객들과 회의를 했다.

**어휘**

take a meeting 회의를 하다  client 고객, 의뢰인

## 102 명사 자리 및 구분 ★★☆☆☆

**정답해설**

부정관사 an 뒤에 위치한 빈칸은 명사 자리이며, an의 수식을 받을 수 있는 가산단수명사인 **(B) assistant**가 정답이다.

(A) 동사원형: 명사 자리인 빈칸에 맞지 않는 오답.
(C) 동사의 과거형/과거분사: 명사 자리인 빈칸에 맞지 않는 오답.
(D) 명사: 불가산명사이고 사람명사가 아니므로 빈칸에 맞지 않는 오답.

그 회사는 오드리스콜 씨의 업무량을 덜어주기 위해 업무 보조를 모집할 계획이다.

recruit ~을 모집하다 assistant 보조, 조수 lighten ~을 덜어주다, 가볍게 해 주다 workload 업무량 assist ~을 돕다 assistance 도움

---

## 103 분사 자리 ★★★☆☆

**정답 해설**

이미 문장의 동사 is가 존재하는 상태이므로 또 다른 동사 focus는 준동사의 형태로 쓰여야 한다. 그러므로 빈칸 앞에 위치한 명사구를 수식하는 역할을 할 수 있는 분사 **(B) focusing**이 정답이다.

**오답 해설**

(A) 동사원형: 이미 동사 is가 존재하는 상태에서 함께 쓰일 수 없으므로 오답.

(C) 동사의 현재형: 이미 동사 is가 존재하는 상태에서 함께 쓰일 수 없으므로 오답.

(D) to부정사: to부정사가 명사를 수식하는 구조가 되려면 to부정사 이하 부분이 불완전한 구조가 되어야 하므로 오답.

**해석**

스틸맨 스튜디오는 결혼식 및 가족 행사에 필요한 서비스를 제공하는 데 초점을 맞추는 새로운 동영상 및 사진 촬영 업체이다.

**어휘**

photography 사진 촬영(술) focus on ~에 초점을 맞추다, 중점을 두다 cater to ~에 필요한 서비스를 제공하다, ~의 구미에 맞추다

---

## 104 동명사 자리 ★★☆☆☆

**정답 해설**

전치사 In 뒤에 위치한 빈칸은 In의 목적어 역할을 할 동명사 자리이므로 **(C) speaking**이 정답이다.

**오답 해설**

(A) 동사원형: 동명사 자리에 쓰일 수 없으므로 오답.

(B) 동사의 과거형: 동명사 자리에 쓰일 수 없으므로 오답.

(D) 과거분사: 동명사 자리에 쓰일 수 없으므로 오답.

**해석**

처음으로 하원 의원들 앞에서 연설하면서, 신임 수상은 자신의 주요 정책을 간략히 설명할 기회를 가졌다.

**어휘**

House of Commons 하원 (의사당) prime minister 수상, 총리 outline ~을 간략히 설명하다

---

## 105 분사 자리 및 구분 ★★☆☆☆

**정답 해설**

주어와 동사, 그리고 목적어로 이어지는 완전한 절 뒤에 빈칸이 있으므로 또 다른 동사 prefer는 준동사의 형태로 쓰여야 한다. 따라서 이유를 나타내는 분사구문의 구조가 되어야 하며, to부정사와 결합하려면 현재분사로 쓰여야 하므로 **(C) preferring**이 정답이다.

**오답 해설**

(A) 동사원형: 이미 동사 restricts가 존재하는 상태에서 다른 동사가 쓰일 수 없으므로 오답.

(B) to부정사: 목적을 나타내므로 문장의 의미에 맞지 않는 오답.

(D) 동사의 과거형/과거분사: 이미 동사 restricts가 존재하는 상태에서 다른 동사가 쓰일 수 없고, 과거분사일 경우 to부정사와 결합하지 않으므로 오답.

**해석**

시스타 에어라인은 자사의 광고 예산을 제한하고 있는데, 입소문을 통해 자사의 서비스를 홍보하는 것을 선호하기 때문이다.

**어휘**

restrict ~을 제한하다 advertising 광고 (활동) budget 예산 promote ~을 홍보하다 word-of-mouth 입소문

---

## 106 과거분사 어휘 ★★★☆☆

**정답 해설**

빈칸 뒤에 위치한 that절과 결합 가능한 과거분사가 필요하므로 that절과 함께 '~해서 우쭐하다'라는 의미를 나타낼 때 사용하는 **(B) flattered**가 정답이다.

**오답 해설**

(A) that절과 결합 가능한 과거분사가 아니므로 오답.

(C) that절과 결합 가능한 과거분사가 아니므로 오답.

(D) that절과 결합 가능한 과거분사가 아니므로 오답.

**해석**

뮐러 씨는 자신이 제출한 사진들 중 하나가 결선 진출작으로 지명된 것에 대해 우쭐해했다.

**어휘**

flattered 우쭐한 nominate (후보 등으로) ~을 지명하다 finalist 결선 진출작, 결선 진출자 perform ~을 수행하다, 실시하다 challenge ~에 도전하다, 이의를 제기하다

---

## 107 분사구문 접속사 ★★★★☆

**정답 해설**

빈칸 뒤로 동사 stated만 있는 불완전한 절이 있고, 그 뒤로 '주어 + 동사'가 포함된 완전한 절이 이어져 있다. 선택지가 주어로 쓰일 수

---

없는 전치사/부사/접속사로 되어 있는데, '접속사 + 과거분사'로 된 분사구문이 구성되어야 알맞은 구조가 되므로 접속사인 **(D) As**가 정답이다.

(A) 전치사: 명사(구)나 동명사구를 목적어로 취하므로 오답.
(B) 부사: 절을 이끄는 역할을 하지 못하므로 오답.
(C) 전치사: 명사(구)나 동명사구를 목적어로 취하므로 오답.

해석

신청서에 명시된 바와 같이, 운전 면허증 처리 과정은 2~3주가 소요됩니다.

어휘

**as stated in** ~에 명시된 바와 같이  **processing** 처리 (과정)

## 108 부사 어휘 ★★★☆☆

정답해설

최상급 형용사를 구성하는 정관사 the와 latest 사이에 위치해 최상급을 강조할 수 있는 **(A) very**가 정답이다.

오답해설

(B) 최상급 형용사를 강조하는 역할을 하는 부사가 아니므로 오답.
(C) 최상급 형용사를 강조하는 역할을 하는 부사가 아니므로 오답.
(D) 최상급 형용사를 강조하는 역할을 하는 부사가 아니므로 오답.

해석

웹스위트 컨설턴트는 자사의 애플리케이션을 개발하기 위해 아주 최신의 프로그래밍 소프트웨어를 이용하고 있다.

어휘

**take advantage of** ~을 이용하다, 활용하다  **latest** 최신의

## 109 전치사 어휘 ★★★☆☆

정답해설

빈칸 앞뒤에 각각 위치한 명사(구)를 연결해 '~하는 것의 위험과 관련된 우려'라는 의미가 되어야 알맞으므로 **(C) regarding**이 정답이다.

오답해설

(A) '위험 후의 우려'는 의미가 어울리지 않으므로 오답.
(B) '위험을 제외하고 우려'는 의미가 어울리지 않으므로 오답.
(D) '위험 동안 우려'는 어색한 의미를 구성하므로 오답.

해석

의약품 관리 위원회가 너무 많은 보충제를 섭취하는 것의 위험과 관련된 우려를 해결하기 위한 성명서를 마침내 발표했다.

어휘

**release a statement** 성명서를 발표하다  **address** (문제 등) ~을 해결하다, 처리하다  **concern** 우려, 걱정  **regarding** ~와 관련된  **supplement** 보충제  **excluding** ~을 제외하고

## 110 부사 자리 및 의미 ★★☆☆☆

정답해설

빈칸 뒤에 위치한 시점 표현 this month와 어울려 대략적인 미래 시점을 나타낼 부사가 빈칸에 쓰여야 알맞으므로 **(A) later**가 정답이다.

오답해설

(B) 부사: 대략적인 과거 시점을 나타내므로 오답.
(C) 형용사: this month와 결합해 시점을 나타낼 수 없으므로 오답.
(D) 명사: this month와 결합해 시점을 나타낼 수 없으므로 오답.

해석

행사 기획 위원회는 크리스마스 행진에 대한 계획을 최종 확정하기 위해 이달 말에 회의를 개최할 것이다.

어휘

**planning committee** 기획 위원회  **finalize** ~을 최종 확정하다  **lately** 최근에  **latest** 최신의  **lateness** 늦음, 지각

## 111 명사 어휘 ★★★★☆

정답해설

빈칸 뒤에 위치한 전치사 with와 어울리는 명사로서 '~ 규정에 대한 준수'라는 의미를 구성할 수 있는 **(D) compliance**가 정답이다.

오답해설

(A) '~ 규정에 대한 완료'는 의미가 어울리지 않으므로 오답.
(B) '~ 규정에 대한 활성화'는 의미가 어울리지 않으므로 오답.
(C) '~ 규정에 대한 권위'는 의미가 어울리지 않으므로 오답.

해석

모든 쓰레기 수거 담당자들은 시의 쓰레기 처리 규정에 대한 준수를 보장하기 위해 쓰레기 재활용 및 분리 작업에 대해 반드시 교육받아야 한다.

어휘

**separation** 분리  **compliance** 준수  **disposal** 처리, 처분  **regulation** 규정, 규제  **activation** 활성화  **authority** 권위(자), 권한

## 112 명사 어휘 ★★★★☆

'신분, 신원'을 나타내는 identity와 의미가 연결될 수 있는 것은 사람 명사이므로 **(C) recipient**가 정답이다.

(A) identity와 의미가 연결되는 사람 명사가 아니므로 오답.
(B) identity와 의미가 연결되는 사람 명사가 아니므로 오답.
(D) identity와 의미가 연결되는 사람 명사가 아니므로 오답.

하퍼 로웰 상의 수상자 신분은 오직 5명의 심사 위원단만 알고 있었다.

identity 신분, 신원 **recipient** 수상자, 수령인 judging panel 심사 위원단 entry 참가(작), 입장 vote 투표, 표결

## 113 형용사 어휘 ★★★★☆

빈칸 뒤에 위치한 amount를 수식해 금액 수준과 관련된 의미를 나타낼 형용사가 필요하므로 **(C) equivalent**가 정답이다.

(A) '수익성이 있는 액수'는 의미가 어울리지 않으므로 오답.
(B) '합리적인 액수'는 문맥상 어울리지 않으므로 오답.
(D) '의존하는 액수'는 의미가 어울리지 않으므로 오답.

50달러 또는 유로화로 그에 상당하는 액수 이상으로 가격이 매겨진 모든 제품은 자선 단체에 기부되는 대신에 반드시 판매되어야 한다는 점을 기억하시기 바랍니다.

priced 가격이 매겨진 upwards of (수량 등) ~ 이상으로 **equivalent** 상당하는, 동등한 profitable 수익성이 있는

## 114 부사 어휘 ★★☆☆☆

동사 go 및 방향 전치사 to와 어울려 이동 방식을 나타낼 부사가 필요하므로 이 둘과 함께 '~로 곧바로 가다'라는 의미를 구성하는 **(B) directly**가 정답이다.

(A) '~로 흔히 가다'는 어색한 의미를 구성하므로 오답.
(C) 완료에 근접한 상태나 특정 수치와 관련된 근사치를 나타낼 때 사용하므로 오답.
(D) '~로 한결같이 가다'는 어색한 의미를 구성하므로 오답.

보안 검색대를 통과한 다음, 투어 참가자들께서는 2번 터미널의 34번 탑승구로 곧바로 가셔야 합니다.

security checkpoint 보안 검색대 **directly** 곧바로, 직접 commonly 흔히 nearly 거의 consistently 한결같이, 지속적으로

## 115 부사 어휘 ★★★☆☆

현재완료시제를 구성하는 has와 과거분사 사이에 위치할 수 있는 부사가 필요한데, 앞 부분에 과거시제동사로 시작 시점이 제시된 것과 어울려 '그 이후로 ~가 되었다'와 같은 의미를 구성할 수 있는 **(B) since**가 정답이다.

(A) 현재완료시제를 구성하는 has와 과거분사 사이에 위치할 수는 있지만, 과거의 경험과 관련된 의미를 나타내므로 오답.
(C) 현재완료수동태를 구성하는 요소이지만, become은 자동사이므로 수동태를 구성할 수 없어 오답.
(D) 현재완료시제와 어울리는 부사이지만, 의미가 어울리지 않으므로 오답.

제인 밀리뱅크 씨는 2년 전에 스탠드업 코미디 공연을 하기 시작했으며, 그 이후로 도시의 클럽 순회 공연을 하는 정기 공연자가 되었다.

circuit 순회 (공연)

## 116 전치사 어휘 ★★☆☆☆

빈칸 뒤에 위치한 명사구가 크게 수익을 얻은 원인에 해당되므로 동사 has profited와 함께 수익의 출처 등을 나타낼 때 사용하는 **(B) from**이 정답이다.

(A) 방향이나 대상 등을 나타내는 전치사이므로 오답.
(C) 관련성을 나타내는 전치사이므로 오답.
(D) 이유나 원인을 나타내기는 하지만 profit과 함께 사용하지 않으므로 오답.

하이랜드 파크 앤 와일드라이프는 여러 종의 카리부와 사슴을 매입한 것으로 크게 수익을 얻어 왔다.

greatly 크게, 대단히  acquisition 매입, 습득  species (동물) 종

## 117 가정법 과거완료 ★★☆☆☆

If절의 동사가 had p.p.의 형태일 때, 주절의 동사는 「would/could/should/might + have p.p.」의 형태가 되어야 하므로 **(B) would have offered**가 정답이다.

(A) If절의 동사가 had p.p.의 형태일 때 주절의 동사로 쓰이는 형태가 아니므로 오답.
(C) If절의 동사가 had p.p.의 형태일 때 주절의 동사로 쓰이는 형태가 아니므로 오답.
(D) If절의 동사가 had p.p.의 형태일 때 주절의 동사로 쓰이는 형태가 아니므로 오답.

만일 그 농산물이 상한 채로 배송되었다면, 그 운송 회사가 배송 물품에 대한 보상 비용을 지불하겠다고 제안했었을 것이다.

farm produce 농산물, 농작물  be delivered p.p. ~된 채로 배송되다  offer to do ~하겠다고 제안하다  compensation 보상  shipment 배송 (물품), 선적

## 118 명사 어휘 ★★★☆☆

빈칸 뒤에 위치한 전치사 to와 어울려 '엔진에 대한 강화'라는 의미가 되어야 자연스러우므로 **(C) enhancements**가 정답이다.

(A) '엔진에 대한 경우'는 의미가 어울리지 않으므로 오답.
(B) '엔진에 대한 가속화'는 의미가 어울리지 않으므로 오답.
(D) '엔진에 대한 기회'는 의미가 어울리지 않으므로 오답.

경주 차량 정비사들은 터보 엔진에 대한 강화가 경주 중에 진동 및 소음을 줄여 줄 것이라고 주장한다.

claim that ~라고 주장하다  enhancement 강화, 개선  reduce ~을 줄이다, 감소시키다  vibration 진동  occasion 경우, 기회  acceleration 가속화

## 119 형용사 자리 ★★★☆☆

부정관사 a와 명사 impression 사이에 위치한 빈칸은 명사를 수식할 형용사 자리이며, '오래 지속되는 인상'이라는 의미가 되어야 적절하므로 **(C) lasting**이 정답이다.

(A) 동사원형/형용사: 형용사로 쓰일 경우, '마지막의'를 뜻하므로 의미가 어울리지 않는 오답.
(B) 동사의 과거형: last가 동사로 쓰일 경우, 자동사이므로 과거분사의 형태로 명사를 수식할 수 없어 오답.
(D) 동사의 현재형: 형용사 자리에 쓰일 수 없어 오답.

힐러리 밀튼 씨는 그 컨퍼런스에서 겨우 몇 분 동안만 연설했지만, 그 이야기는 대표자들에게 오래 지속되는 인상을 남겼다.

make a lasting impression on ~에게 오래 지속되는 인상을 남기다  delegate 대표(자)  last v. 지속되다 a. 마지막의

## 120 전치사 자리 및 의미 ★★★☆☆

빈칸 뒤에 위치한 명사구를 목적어로 취할 전치사가 필요하며, '~의 반대에도 불구하고'와 같은 의미가 되어야 알맞으므로 **(C) despite**이 정답이다.

(A) 접속사: '주어 + 동사'가 포함된 절을 이끌어야 하므로 오답.
(B) 접속사: '주어 + 동사'가 포함된 절을 이끌어야 하므로 오답.
(D) 전치사/접속사: 전치사일 경우 '~ 이후로'를 뜻하므로 의미가 어울리지 않는 오답.

거의 300명에 달하는 대표자들이 전국 각지에 있는 시민권 단체들의 반대에도 불구하고 그 법안을 통과시키기 위해 투표했다.

representative 대표(자), 직원  vote 투표하다  legislation 법안, 제정법  civil rights group 시민권 단체  opposition 반대

## 121 부사 어휘 ★★☆☆☆

온도를 나타내는 at 전치사구와 어울리는 부사가 필요하므로 '정확히 375도로'라는 뜻으로 정확성을 나타낼 수 있는 **(C) precisely**가 정답이다.

### 오답 해설

(A) '올바르게 375도로'는 의미가 어울리지 않으므로 오답.
(B) '중요하게 375도로'는 의미가 어울리지 않으므로 오답.
(D) '부드럽게 375도로'는 의미가 어울리지 않으므로 오답.

### 해석

양고기를 구울 때, 고기가 완전히 요리되도록 보장하기 위해 오븐 온도를 정확히 375도로 꼭 설정하시기 바랍니다.

### 어휘

roast ~을 굽다  be sure to do 꼭 ~하다  precisely 정확히  thoroughly 완전히, 철저히  rightfully 올바르게, 정당하게  smoothly 부드럽게, 순조롭게

## 122 전치사 어휘 ★★★☆☆

### 정답 해설

'환자들의 장애를 고려해, 간호사 및 간병인이 ~하도록 돕는다'와 같은 의미가 되어야 적절하므로 (A) Given이 정답이다.

### 오답 해설

(B) 전치사로 쓰일 때 '~ 이후로'라는 뜻으로 시작 시점을 나타내므로 의미가 어울리지 않는 오답.
(C) '~와 관련해'라는 뜻으로 관련성이나 주제 등을 나타내므로 의미가 어울리지 않는 오답.
(D) '~을 위해, ~로 인해' 등의 뜻으로 대상이나 원인 등을 나타내므로 의미가 어울리지 않는 오답.

### 해석

몇몇 환자들의 장애를 고려해, 상주 간호사 및 간병인들이 가능한 한 움직임이 자유롭고 독립적인 상태가 되도록 그들을 돕고 있다.

### 어휘

given ~을 고려해, 감안해  disability 장애  resident nurse 상주 간호사  caregiver 간병인  mobile 움직임이 자유로운  independent 독립적인

## 123 부사 어휘 ★★★☆☆

### 정답 해설

빈칸 뒤에 위치한 비교급 형용사 more popular를 수식할 부사가 필요하므로 '훨씬'이라는 의미로 비교급을 강조할 때 사용하는 (A) even이 정답이다.

### 오답 해설

(B) 비교급을 수식해 강조하는 역할을 하는 부사가 아니므로 오답.
(C) 비교급을 수식해 강조하는 역할을 하는 부사가 아니므로 오답.
(D) 비교급을 수식해 강조하는 역할을 하는 부사가 아니므로 오답.

### 해석

혁신적인 마케팅에 따른 결과로, 그 게임은 그 게임 회사의 이전 출시 작들보다 훨씬 더 많은 인기를 얻었다.

### 어휘

innovative 혁신적인  previous 이전의, 과거의  release 출시 (작), 공개(작)

## 124 형용사 어휘 ★★★☆☆

### 정답 해설

일반 주어가 사용된 문장에서 that절과 결합 가능한 형용사인 (D) hopeful이 정답이다.

### 오답 해설

(A) that절과 결합하는 형용사가 아니므로 오답.
(B) that절과 결합하는 형용사가 아니므로 오답.
(C) 'It ~ that절' 가주어-진주어 문장에 사용하는 형용사이므로 오답.

### 해석

관광 진흥청은 새롭게 개발된 해안 구역이 도시로 많은 새로운 관광객들을 끌어들이기를 바라고 있다.

### 어휘

tourism board 관광 진흥청  newly developed 새롭게 개발된  waterfront 해안가  attract ~을 끌어들이다  temporary 일시적인, 임시의

## 125 대명사 자리 및 수 일치 ★★☆☆☆

### 정답 해설

동사 are 앞에 위치해 주어로 쓰일 대명사가 빈칸에 필요하며, 복수동사 are과 수 일치가 되어야 하므로 (A) all이 정답이다.

### 오답 해설

(B) 단수대명사: 복수동사 are과 수 일치가 되지 않는 오답.
(C) 형용사: 주어 자리에 쓰일 수 없으므로 오답.
(D) 부사: 주어 자리에 쓰일 수 없으므로 오답.

### 해석

직원들이 정규직이나 시간제, 또는 인턴이든 상관없이, 모두 연말 기념 파티에 참석하는 것을 환영합니다.

### 어휘

whether A, B, or C: A나 B, 또는 C이든 상관없이  be welcome to do ~하는 것을 환영하다, 얼마든지 ~해도 좋다  attend ~에 참석하다  year-end 연말의

## 126 동사 어휘 ★★★☆☆

### 정답 해설
to부정사 관용어구 맨 마지막에 빈칸이 위치해 있으므로 목적어가 필요 없는 자동사인 (D) thrive가 정답이다.

### 오답 해설
(A) 목적어를 필요로 하는 타동사이므로 오답.
(B) 목적어를 필요로 하는 타동사이므로 오답.
(C) 목적어를 필요로 하는 타동사이므로 오답.

### 해석
레이크타운의 여러 업체들은 번창하기 위한 노력의 일환으로 아시아 관광객들에게 적합하도록 자사의 서비스를 조정했다.

### 어휘
adapt (용도나 상황 등에 맞춰) ~을 조정하다 suit ~에게 적합하게 하다, 어울리게 하다 thrive 번창하다, 번성하다 withstand ~을 견디다 promote ~을 홍보하다, 승진시키다 designate ~을 지정하다

## 127 부사 어휘 ★★★☆☆

### 정답 해설
'여러 업체들 중에서, ~가 특히 언급되었다'와 같은 의미가 되어야 알맞으므로 (A) specifically가 정답이다.

### 오답 해설
(B) '여러 업체들 중에서, ~가 애매하게 언급되었다'는 의미가 어울리지 않으므로 오답.
(C) '여러 업체들 중에서, ~가 점차 언급되었다'는 의미가 어울리지 않으므로 오답.
(D) '여러 업체들 중에서, ~가 긴급히 언급되었다'는 의미가 어울리지 않으므로 오답.

### 해석
그 계약에 대한 다양한 입찰 업체들 중에서, 글래드스톤 테크놀로지 사가 가능성이 있는 선정 업체로 특별히 언급되었다.

### 어휘
bidder 입찰 업체, 입찰자 specifically 특히, 구체적으로 mention ~을 언급하다 likely 가능성 있는 doubtfully 애매하게, 미심쩍게 gradually 점차, 서서히 urgently 긴급히

## 128 접속사 자리 및 구분 ★★★☆☆

### 정답 해설
빈칸 뒤에 타동사 prefer의 목적어가 빠진 불완전한 절이 있으므로 불완전한 절을 이끄는 접속사를 찾아야 한다. 앞서 언급된 두 가지 지불 방식 중 하나를 선택하는 의미가 되어야 하므로 (D) whichever

가 정답이다.

### 오답 해설
(A) 접속사: 사람을 대상으로 하는 접속사이므로 의미가 맞지 않아 오답.
(B) 부사: '주어 + 동사'로 된 절을 이끌 수 없어 오답.
(C) 접속사: 접속사이지만, 완전한 절을 이끌어야 하므로 오답.

### 해석
실버 레이크 컨트리 클럽 회원으로서, 귀하께서는 어느 쪽이든 선호하시는 것으로 회비를 달마다 또는 해마다 지불하실 수 있습니다.

### 어휘
fee 회비, 수수료 annually 해마다, 연례적으로 prefer ~을 선호하다 therefore 따라서, 그러므로 provided (만약) ~라면

## 129 전치사 자리 및 의미 ★★★☆☆

### 정답 해설
빈칸 뒤에 위치한 명사구를 목적어로 취할 전치사가 필요하며, '여론 조사에 따르면, ~에 대한 지지가 늘고 있다'라는 의미가 되어야 자연스러우므로 (C) According to가 정답이다.

### 오답 해설
(A) 전치사: '~ 대신'을 뜻하므로 의미가 맞지 않아 오답.
(B) 접속사: 전치사 자리인 빈칸에 쓰일 수 없으므로 오답.
(D) 전치사: '~에 관한'을 뜻하므로 의미가 맞지 않아 오답.

### 해석
최근의 여론 조사에 따르면, 신규 업체들을 대상으로 하는 법을 완화하자는 제안에 대한 지지가 늘고 있다.

### 어휘
recent 최근의 public opinion poll 여론 조사 growing 늘어나는, 증가하는 liberalize ~을 완화하다

## 130 형용사 어휘 ★★★☆☆

### 정답 해설
빈칸 뒤에 위치한 전치사 to와 결합 가능한 형용사로서 '최근 출장과 관련된 영수증'이라는 의미를 구성할 수 있는 (C) relevant가 정답이다.

### 오답 해설
(A) 전치사 to와 결합 가능한 형용사가 아니므로 오답.
(B) 전치사 to와 결합 가능한 형용사가 아니므로 오답.
(D) 전치사 to와 결합 가능한 형용사가 아니므로 오답.

## 131-134 다음의 이메일을 참조하시오.

수신: 모든 일선 서비스 담당 직원들
발신: 에밀리 첸, 직무 능력 개발실
제목: 고객 관리에 관한 교육 과정
날짜: 4월 12일, 수요일

동료 직원 여러분,

이틀 간 진행되는 2차 고객 관리에 관한 교육 과정이 4월 16일에 개최됩니다. **131** 다가오는 이 과정은 오직 20명의 참가자들만 수용할 수 있으므로, 조기에 등록해 주시기 바랍니다. 운 좋게도 고객 서비스의 선구자이신 마리 구티에레즈 씨께서 우리 과정 교육 담당자들로 구성된 팀을 이끄시게 되었습니다. 구티에레즈 씨께서는 오직 2시간 동안만 시간이 나시기 때문에, 우리의 핵심 주제인 '고객 충성도 만들어 내기'를 **132** 이야기하시게 될 것입니다. **133** 나머지 교육 담당자들은 불만 있는 고객 다루기와 같은 주제를 다룰 것입니다. 노련한 우리 임원들 중 한 분으로부터 배울 수 있는 이 흔치 않은 기회를 활용해 보시기를 바랍니다. 또한, 이 과정에 참석하기 위해 **134** 직속 상관의 승인을 꼭 받으십시오.

에밀리 첸

---

frontline 일선의  customer relations 고객 관리  hold ~을 개최하다  accommodate ~을 수용하다  register 등록하다  be fortunate to do 운 좋게 ~하다  pioneer 선구자  lead ~을 이끌다  available 시간이 나는  customer loyalty 고객 충성도  take advantage of ~을 활용하다, 이용하다  veteran 노련한, 경험 많은  approval 승인  direct superior 직속 상관

## 131 형용사 어휘 ★★★☆☆

정답해설

빈칸 뒤에 위치한 course는 앞 문장에서 4월 16일에 개최된다고 말한 교육 과정을 가리키는데, 이 날짜는 지문 상단의 이메일 발송 날짜인 4월 12일보다 미래 시점이다. 따라서 앞으로의 일을 나타내는 **(D) upcoming**이 정답이다.

## 132 동사 태 및 시제 ★★★☆☆

정답해설

빈칸 뒤에 위치한 명사구 our key topic을 목적어로 취해야 하므로 능동태 동사가 필요하다. 또한 이 문장에서 구티에레즈 씨가 이야기하는 시점은 앞서 언급한 교육 날짜(4월 16일), 즉 이메일 작성 날짜인 4월 12일보다 미래 시점의 일이므로 능동태이자 미래시제로 된 **(B) will discuss**가 정답이다.

오답해설

(A) 과거시제: 앞서 언급된 교육 날짜 및 이메일 작성 날짜 사이의 시점 관계와 맞지 않아 오답.
(C) 현재시제: 빈칸 앞에 쓰인 3인칭 단수주어 she와 수 일치되지 않는 형태이므로 오답.
(D) 미래시제 수동태: 빈칸 뒤에 위치한 명사구를 목적어로 취할 수 없어 오답.

## 133 문장 삽입 ★★★★☆

정답해설

앞 문장에 특정 강사가 이야기하는 주제가 언급되어 있으므로 이와 흐름상 자연스럽게 연결되는 것으로서 다른 교육 담당자들이 이야기할 주제를 언급하는 **(D)**가 정답이다.

오답해설

(A) 수상 후보자와 관련된 내용 흐름이 아니므로 오답.
(B) 대규모 청중을 대상으로 하는 연설자를 찾는 내용 흐름이 아니므로 오답.
(C) 앞서 구티에레즈 씨가 교육 강사라고 언급한 내용과 맞지 않으므로 오답.

해석

(A) 구티에레즈 씨는 같은 업계에 종사하시는 분들에 의해 그 상의 후보로 지명되었습니다.
(B) 대규모 청중에게 연설해 보신 경험이 있는 누구든 연설을 준비하도록 권장됩니다.
(C) 젊은 인턴으로서, 구티에레즈 씨는 적합한 진로를 찾기 위해 오랜 시간 일하셨습니다.
(D) 나머지 교육 담당자들은 불만 있는 고객 다루기와 같은 주제를 다룰 것입니다.

handle ~을 다루다, 처리하다  dissatisfied 불만 있는  be nominated for ~에 대해 후보로 지명되다  peer (지위, 능력 등이) 동등한 사람, 동료  address v. ~에게 연설하다  be encouraged to do ~하도록 권장되다, 장려되다  suitable 적합한, 어울리는  career path 진로

## 134 전치사 어휘 ★★☆☆☆

빈칸 앞뒤의 명사구들로 보아 '직속 상관의 승인'이라는 의미가 되어야 자연스러우므로 행위 주체 또는 소유 주체 등을 나타내는 (B) of 가 정답이다.

(A) 방향이나 대상 등을 나타내므로 오답.
(C) 일의 전후 관계 등을 나타내므로 오답.
(D) 대상이나 원인 등을 나타내므로 오답.

## 135-138 다음의 편지를 참조하시오.

도서관 이용객 여러분,

3월 20일부터 저희 도서관 서비스의 일시적인 135 중단에 관해 알려드리기 위해 편지를 씁니다. 저희는 모든 소설 도서를 최근에 확장된 동쪽 부속 건물로 옮길 예정입니다. 136 이를 통해 저희가 더 많은 소장 도서를 제공해 드릴 수 있게 될 것입니다. 저희는 이 도서 이동 작업이 약 2~3일 걸릴 것으로 예상하고 있으며, 137 이 기간 중에는 소설 범주에 속한 모든 도서에 대한 이용 서비스를 제공해 드릴 수 없을 것입니다. 어떠한 불편함이든 138 피하실 수 있도록, 필요로 하시는 모든 도서를 3월 20일 이전에 대출하시기 바라며, 연체료가 발생되지 않도록 동일한 날짜 이전에 소유하고 계신 모든 도서를 반납해 주십시오. 대단히 감사합니다.

안녕히 계십시오.

아미라 보이시
수석 사서

let A know about B: A에게 B에 관해 알리다  temporary 일시적인  fiction 소설  title 도서, 서적  recently expanded 최근에 확장된  wing 부속 건물, 동  estimate that ~하는 것으로 예상하다, 추정하다  offer ~을 제공하다  access to ~에 대한 이용 (서비스), 접근  inconvenience 불편함  in one's possession ~가 소유 중인  incur (비용 등) ~을 발생시키다  late fee 연체료

## 135 명사 어휘 ★★★☆☆

다음 문장을 보면 도서관 소장 도서를 모두 옮긴다는 말이 쓰여 있으므로 이로 인해 도서관 서비스에 일시적으로 발생되는 일로서 '중단, 지장' 등을 뜻하는 (C) disruption이 정답이다.

(A) '일시적인 할당'은 지문상에서 의미가 어울리지 않으므로 오답.
(B) '일시적인 공석'은 지문상에서 의미가 어울리지 않으므로 오답.
(D) '일시적인 혜택'은 지문상에서 의미가 어울리지 않으므로 오답.

disruption 중단, 지장  benefit 혜택, 이득  allocation 할당(량)  vacancy 공석, 빈 자리

## 136 문장 삽입 ★★★★☆

앞 문장에 모든 소설 도서를 옮긴다는 말이 있으므로 이 일을 This로 지칭해 그에 따라 발생될 긍정적인 결과를 언급하는 (A)가 정답이다.

(B) 빈칸 앞뒤에 언급된 도서 이동 작업과 관련 없는 이용 시간 정책을 말하는 오답.
(C) 독서가 지역 주민에게 어떤 의미를 지니는지를 말하고 있어 앞뒤의 내용 흐름에 맞지 않는 오답.
(D) 빈칸 앞뒤에 언급된 도서 이동 작업 일정과 관련 없는 도서 종류를 언급하는 오답.

(A) 이를 통해 저희가 더 많은 소장 도서를 제공해 드릴 수 있게 될 것입니다.
(B) 동쪽 부속 건물은 오직 제한된 시간에 한해 도서관 이용객들께 개방될 것입니다.
(C) 독서는 여전히 지역 사회 내의 주민들께 중요한 취미 활동입니다.
(D) 개조된 부속 건물에서 최근에 확보한 비소설 도서들을 찾아보실 수 있습니다.

A allow B to do: A를 통해 B가 ~할 수 있게 되다, A가 B에게 ~하게 해 주다  limited 제한된, 한정된  pastime 취미 (활동)  recently acquired 최근에 확보한  renovated 개조된, 보수된

## 137 전치사 어휘 ★★★☆☆

빈칸 뒤에 위치한 which time은 바로 앞서 언급한 two or three days, 즉 기간을 가리키므로 기간 명사를 목적어로 취하는 (B) during이 정답이다.

오답해설

(A) '~ 대신에'를 뜻하므로 의미가 어울리지 않는 오답.

(C) '~로 인해, ~ 때문에'를 뜻하므로 의미가 어울리지 않는 오답.

(D) '~ 아래에, ~에 미치지 못하는'을 뜻하므로 의미가 어울리지 않는 오답.

## 138 to부정사 자리 ★★★☆☆

정답해설

빈칸 뒤에 이미 명령문 구조로 쓰인 동사 borrow가 있으므로 또 다른 동사 avoid는 준동사 형태로 쓰여야 하며, '불편함을 피할 수 있도록'이라는 목적을 나타내는 **(A) To avoid**가 정답이다.

오답해설

(B) 동사의 과거형: 이미 문장의 동사가 존재하는 상태에서 쓰일 수 없으므로 오답.

(C) 동사의 현재형: 이미 문장의 동사가 존재하는 상태에서 쓰일 수 없으므로 오답.

(D) 동명사: 준동사이기는 하지만, 문장의 의미에 어울리지 않는 오답.

## 139~142 다음의 기사를 참조하시오.

새로운 가스관에 관한 공청회

6월 8일

작성자, 샘 스페이드

셔브룩 시 의회가 조지아와 플로리다로 가스를 수송해 줄 것으로 계획된 가스관 문제를 논의하기 위해 6월 11일 월요일에 공청회를 개최합니다. 139 이 가스관은 거주 구역을 통해 지나갈 예정입니다. 따라서, 셔브룩 주민 및 인근 도시에서는 이 프로젝트가 주택 및 지역 사회를 바꿔 놓을 뿐만 아니라 향후에 위험을 초래할 것이라는 우려를 표명해 왔습니다. 140 그에 대한 대응으로, 이 가스관의 소유 업체인 LLC 가스 회사에서 가장 덜 침해가 될 만한 대체 가스관 경로를 연구해 오고 있습니다. 이번 공청회에는 LLC 사의 홍보 임원이신 주디스 타운센드 씨와 톰 코완 셔브룩 시장님께서 참석하실 것입니다. 타운센드 씨께서 이 프로젝트가 진행되는 동안 우리 도시가 LLC 사로부터 얼마나 많은 도움을 받을 것으로 141 예상할 수 있는지를 이야기해 주실 것입니다. 이 가스관이 얼마나 안전한지에 관한 LLC 사의 심층적인 142 발표 또한 예정되어 있습니다.

public hearing 공청회 council 의회 hold ~을 개최하다 transport ~을 수송하다 neighboring 인근의, 주변의 concern 우려, 걱정 displace (장소 등) ~을 바꿔 놓다 pose a hazard 위험을 초래하다 alternative 대체의, 대안의 least 가장 덜한, 가장 적은 intrusive 침해하는 attend ~에 참석하다 public relations 홍보 mayor 시장 assistance 도움, 지원 receive ~을 받다 ongoing 진행 중인 in-depth 심층적인

## 139 문장 삽입 ★★★★☆

정답해설

앞서 가스관 계획과 관련된 공청회를 개최한다는 말이 쓰여 있으므로 이 가스관을 The pipeline으로 지칭해 그 가스관의 설치 장소와 관련된 정보를 제공하는 **(B)**가 정답이다.

오답해설

(A) 빈칸 앞뒤 문장이 프로젝트 취소와 관련된 것이 아니므로 흐름상 맞지 않는 오답.

(C) 빈칸 앞뒤 문장이 내년에 있을 선거와 관련된 것이 아니므로 흐름상 맞지 않는 오답.

(D) 이미 앞 문장에 공청회 일정이 나와 있으므로 흐름상 맞지 않는 오답.

해석

(A) 그 프로젝트의 취소에 대해 아무런 이유도 밝혀지지 않았습니다.

**(B) 이 가스관은 거주 구역을 통해 지나갈 예정입니다.**

(C) 시 의회에서 내년 초에 선거를 개최할 것입니다.

(D) 셔브룩은 월간 공청회를 주최하기로 결정했습니다.

어휘

run through ~을 통과해 지나가다, 연결되다 residential 거주의 cancellation 취소 election 선거 decide to do ~하기로 결정하다 host ~을 주최하다

## 140 접속부사 어휘 ★★★☆☆

정답해설

빈칸 앞에는 위험성과 관련된 우려를 나타냈다는 말이, 빈칸 뒤에는 해가 되지 않는 방법을 연구하고 있다는 말이 쓰여 있다. 따라서 문제에 따른 해결 방안을 말하는 흐름임을 알 수 있으므로 조치 방법을 말할 때 사용하는 **(C) In response**가 정답이다.

오답해설

(A) 앞서 언급된 내용을 요약할 때 사용하는 접속부사이므로 오답.

(B) 앞서 언급된 것에 대한 구체적인 예를 들 때 사용하는 접속부사이므로 오답.

(D) 앞서 언급된 내용과 관련해 실질적인 사실을 말할 때 사용하는 접속부사이므로 오답.

어휘

in effect 사실상, 실제로는

## 141 동사 어휘 ★★★☆☆

정답해설

빈칸 뒤에 위치한 to부정사와 결합할 수 있는 것으로서 '~할 것으로 예상하다'라는 의미를 나타낼 때 사용하는 **(D) expect**가 정답이다.

**어휘**

suffer (고통 등) ~을 겪다, 당하다  convince ~을 설득하다

---

## 142 명사 자리 ★★☆☆☆

**정답 해설**

바로 앞에 위치한 부정관사 An과 형용사 in-depth의 수식을 받을 수 있는 명사 (D) presentation이 정답이다.

**오답 해설**

(A) 동사의 과거형/과거분사: 명사 자리에 쓰일 수 없으므로 오답.
(B) 동명사: 부정관사와 형용사의 수식을 받을 수 없으므로 오답.
(C) 형용사: 명사 자리에 쓰일 수 없으므로 오답.

**어휘**

presentable 남 앞에 내놓을 만한, 받아들여질 만한

---

### 143-146 다음의 이메일을 참조하시오.

수신: ahenrikson@detik.com
발신: raystevens@bluedeep.com
제목: 페더 테일 베타

헨릭슨 씨께,

저는 현재 저희 고객들께 더 나은 서비스를 제공하기 위해 수족관 물고기의 종류를 143 확장하는 과정에 있는 블루 딥 아쿠아리움 스토어를 대표하는 사람입니다. 저희는 더 많은 열대 지방 민물고기, 특히 페더 테일이라고 불리는 베타 종을 구비하는 것에 관해 문의드리고자 합니다. 이 물고기 144 종류를 인도네시아에서 흔히 찾아볼 수 있기 때문에, 저희는 인도네시아 어류 수출업자 협회에 연락드렸으며, 그쪽에서 귀사에 연락해 보도록 권해 주셨습니다. 저희가 귀사의 웹 사이트를 둘러 보았는데, 145 확실히 이 종을 취급하는 것으로 보입니다. 저희는 먼저 몇몇 표본을 주문하고자 합니다. 146 하지만 나중에 더 많은 양의 주문을 하기를 원합니다. 대량 구매에 대해 할인된 가격을 제공해 주시나요?

연락 주시기를 고대합니다.

안녕히 계십시오.

레이 스티븐스
블루 딥 아쿠아리움 스토어

---

represent ~을 대표하다  serve ~에게 서비스를 제공하다  inquire about ~에 관해 문의하다  stock (매장 등이) ~을 구비하다, 재고로 갖추다  tropical 열대 지방의, 열대의  freshwater fish 민물고기  particularly 특히  species (동물) 종  commonly 흔히  browse ~을 둘러 보다  carry (매장 등에서) ~을 취급하다  specimen 표본, 견본  initially 먼저, 처음에  reduced 할인된  rate 가격, 요금  bulk purchase 대량 구매  look forward to -ing ~하기를 고대하다

---

## 143 동명사 자리 ★★☆☆☆

**정답 해설**

빈칸 뒤에 위치한 명사구를 목적어로 취함과 동시에 앞에 위치한 전치사 of의 목적어 역할을 할 동명사 (C) expanding이 정답이다.

**오답 해설**

(A) 동사의 현재형: 전치사의 목적어 역할을 할 수 없으므로 오답.
(B) 동사의 과거형/과거분사: 전치사의 목적어 역할을 할 수 없으므로 오답.
(D) 동사원형: 전치사의 목적어 역할을 할 수 없으므로 오답.

---

## 144 명사 어휘 ★★★☆☆

**정답 해설**

빈칸 앞에 위치한 this는 바로 앞 문장에 언급된 한 가지 물고기 종을 가리키므로 그 물고기 종을 대신할 수 있는 (C) variety가 정답이다.

**오답 해설**

(A) '조리법'을 의미하므로 물고기 종을 대신할 명사로 맞지 않아 오답.
(B) '맛, 풍미'를 의미하므로 물고기 종을 대신할 명사로 맞지 않아 오답.
(D) '능력'을 의미하므로 물고기 종을 대신할 명사로 맞지 않아 오답.

**어휘**

variety 종류  flavor 맛, 풍미

---

## 145 부사 어휘 ★★★☆☆

**정답 해설**

동사 앞에 위치할 수 있는 부사로서 그 앞에 강조 역할을 위해 사용된 조동사 do와 어울려 강조의 의미를 더하는 (A) indeed가 정답이다.

**오답 해설**

(B) 동사 앞에 위치할 수는 있지만 조동사 do와 어울리는 강조의 의미를 나타내지 못하므로 오답.
(C) '그 이후에'라는 뜻을 나타내므로 의미가 어울리지 않는 오답.
(D) 동사 앞에 위치할 수 있는 부사가 아니므로 오답.

## 146 문장 삽입 ★★★★☆

**정답 해설**

앞서 몇몇 표본을 주문하겠다는 말이 있으므로 이와 관련된 문장으로서 이후의 주문 방식을 언급하는 **(C)**가 정답이다.

**오답 해설**

(A) 앞뒤 문장들이 수출품의 수요와 관련된 내용이 아니므로 흐름상 맞지 않는 오답.

(B) 매장 측에서 할 수 있는 말이므로 앞뒤 문장들과 흐름상 맞지 않는 오답.

(D) 매장 측에서 할 수 있는 말이므로 앞뒤 문장들과 흐름상 맞지 않는 오답.

**해석**

(A) 저희 수족관 물고기 수출품은 인도네시아에서 수요가 매우 높습니다.

(B) 안타깝게도, 이 종은 이번 철에 더 이상 구매가 가능하지 않습니다.

(C) 하지만 나중에 더 많은 양의 주문을 하기를 원합니다.

(D) 가능하시면, 월말 이전에 주문하셔서 할인을 받으십시오.

**어휘**

place an order 주문하다  export n. 수출(품)  much in demand 수요가 높은  available 구매가 가능한, 이용 가능한

---

## TEST 3

### PART 5

| | | | | |
|---|---|---|---|---|
| **101**(B) | **102**(A) | **103**(B) | **104**(B) | **105**(A) |
| **106**(B) | **107**(A) | **108**(B) | **109**(C) | **110**(C) |
| **111**(D) | **112**(D) | **113**(C) | **114**(B) | **115**(C) |
| **116**(A) | **117**(D) | **118**(B) | **119**(D) | **120**(D) |
| **121**(B) | **122**(D) | **123**(C) | **124**(A) | **125**(D) |
| **126**(B) | **127**(A) | **128**(B) | **129**(A) | **130**(C) |

### PART 6

| | | | |
|---|---|---|---|
| **131**(D) | **132**(D) | **133**(C) | **134**(C) |
| **135**(C) | **136**(D) | **137**(A) | **138**(A) |
| **139**(B) | **140**(D) | **141**(C) | **142**(A) |
| **143**(D) | **144**(A) | **145**(C) | **146**(D) |

---

## 101 소유격대명사 관용표현 ★★☆☆☆

**정답 해설**

빈칸 앞의 the hotel을 대신하고 빈칸 뒤의 own과 결합 가능한 **(B)** its가 정답이다.

**오답 해설**

(A) 지시형용사: own과 결합하는 형태로 쓰이지 않으므로 오답.

(C) 소유격대명사: own과 결합하는 형태로 쓰이지 않으므로 오답.

(D) 소유격대명사: own과 결합하는 형태로 쓰이지 않으므로 오답.

**해석**

해변이 너무 붐빈다고 생각하실 경우, 호텔 고객들께서는 호텔 자체 수영장에서 개인적으로 휴식하실 수 있습니다.

**어휘**

crowded 붐비는  relax 휴식하다, 쉬다  in the privacy of ~에서 개인적으로

---

## 102 명사 자리 ★★☆☆☆

**정답 해설**

전치사 with 뒤에 위치한 빈칸은 with의 목적어 역할을 할 명사 자리이므로 **(A)** ease가 정답이다.

**오답 해설**

(B) 형용사: 전치사의 목적어로 쓰일 수 없으므로 오답.

(C) 부사: 전치사의 목적어로 쓰일 수 없으므로 오답.

(D) 비교급 형용사: 전치사의 목적어로 쓰일 수 없으므로 오답.

새 공장 조립 라인은 수월하게 더 많은 수량의 태양열 전지판이 제조될 수 있게 해 준다.

assembly 조립  allow A to do: A가 ~할 수 있게 해 주다
manufacture ~을 제조하다  with ease 수월하게, 쉽게  easily 쉽게

## 103 형용사 자리 및 의미 ★★★☆☆

전치사 of와 명사구 contact lenses 사이에 위치한 빈칸은 명사구를 수식할 형용사 자리이며, 콘택트 렌즈의 특성과 관련되어야 하므로 '일회용의'를 뜻하는 (B) disposable이 정답이다.

(A) 형용사: 사물이 아닌 사람의 마음 상태와 관련된 의미를 나타내므로 오답.
(C) 명사: contact lenses와 복합명사를 구성하지 않으므로 오답.
(D) 동명사/현재분사: '콘택트 렌즈를 배치하는 것'과 같은 어색한 의미를 구성하므로 오답.

린드-비시오는 최근 자사의 새로운 일회용 콘택트 렌즈 브랜드를 출시했다.

recently 최근에  launch ~을 출시하다, 발표하다  disposable 일회용의  disposed ~할 마음이 있는, 생각이 있는  dispose ~을 배치하다, (of와 함께) 처리하다  disposition 기질, 성향, 배치

## 104 형용사 자리 ★★☆☆☆

전치사와 명사 사이에 위치한 빈칸은 명사를 수식할 형용사 자리이므로 (B) lengthy가 정답이다.

(A) 명사: 빈칸 뒤에 위치한 명사들과 복합명사를 구성하지 않으므로 오답.
(C) 동사원형: 전치사 뒤에 목적어로 쓰이려면 동명사의 형태가 되어야 하므로 오답.
(D) 동사의 현재형: 전치사 뒤에 목적어로 쓰이려면 동명사의 형태가 되어야 하므로 오답.

새로운 대기 측정 기기가 장기간의 실험 및 다양한 해양성 기후에 대한 노출 끝에 마침내 승인되었다.

atmospheric 대기의  measuring 측정, 측량  approve ~을 승인하다  lengthy 장기간의, 너무 긴  exposure to ~에 대한 노출  oceanic climate 해양성 기후  length 길이  lengthen ~을 길게 하다, 늘리다

## 105 동사 어휘 ★★★☆☆

'품질 보증 서비스에 ~ 작업이 포함되어 있다'와 같은 의미가 되어야 자연스러우므로 (A) covers가 정답이다.

(B) '품질 보증 서비스가 ~ 작업을 증가시키다'와 같은 어색한 의미를 구성하므로 오답.
(C) '품질 보증 서비스가 ~ 작업을 수행하다'와 같은 어색한 의미를 구성하므로 오답.
(D) '품질 보증 서비스가 ~ 작업을 요구하다'와 같은 어색한 의미를 구성하므로 오답.

품질 보증 서비스에는 보일러의 연례 유지 관리 작업 뿐만 아니라 모든 필수 수리 작업도 포함되어 있습니다.

warranty 품질 보증(서)  cover ~을 포함하다, 다루다  annual 연례적인, 해마다의  maintenance 유지 관리, 시설 관리  increase ~을 증가시키다, 늘리다  perform ~을 수행하다, 실시하다  require ~을 필요로 하다

## 106 부사 자리 ★★☆☆☆

빈칸 뒤로 주어 없이 동사 intended가 바로 이어져 있는데, 콤마 뒤로 '주어 + 동사'가 포함된 절이 있으므로 intended가 분사구문을 이끄는 과거분사임을 알 수 있다. 따라서 과거분사를 수식할 수 있는 부사 (B) Originally가 정답이다.

(A) 형용사: 과거분사를 수식하지 못하므로 오답.
(C) 동사의 과거형/과거분사: 과거분사와 나란히 쓰이지 못하므로 오답.
(D) 동명사/현재분사: 이미 과거분사 intended가 분사구문을 이끄는 구조여서 함께 사용되지 못하므로 오답.

애초에 호텔 고객들을 위한 전용 서비스로 계획된, 스파 시설이 그 이후로 일반 대중에게 문을 개방했다.

originally 애초에, 처음에  intended as ~로 계획된, 의도된
exclusive 전용의, 독점적인  originate (from) (~로부터) 비롯되
다, 유래하다

## 107 전치사 자리 ★★★☆☆

정답해설

빈칸 뒤에 위치한 명사구를 목적어로 취할 전치사가 빈칸에 쓰여야
알맞은 구조가 되므로 **(A) Besides**가 정답이다.

오답해설

(B) 부사: 빈칸 뒤에 위치한 명사구를 목적어로 취할 수 없으므로 오답.
(C) 부사: 빈칸 뒤에 위치한 명사구를 목적어로 취할 수 없으므로 오답.
(D) 부사: 빈칸 뒤에 위치한 명사구를 목적어로 취할 수 없으므로 오답.

해석

우리 제품에 대한 더 나은 광고뿐만 아니라, 우리는 또한 더욱 매력적
인 회사 로고도 만들어 내야 한다.

어휘

advertisement 광고  attractive 매력적인  similarly 유사하게
moreover 더욱이, 게다가  otherwise 그렇지 않으면, 그 외에는

## 108 형용사 자리 ★★★☆☆

정답해설

동사 encourages와 명사구 theater actors 사이에 위치한 빈칸은
명사구를 수식할 형용사 자리이므로 **(B) emerging**이 정답이다.

오답해설

(A) 동사의 과거형/과거분사: emerge는 자동사이므로 과거분사의 형
　태로 명사를 수식할 수 없어 오답.
(C) 동사원형: 빈칸 바로 앞에 문장의 동사가 있으므로 또 다른 동사가
　쓰일 수 없어 오답.
(D) 동사의 현재형: 빈칸 바로 앞에 문장의 동사가 있으므로 또 다른 동
　사가 쓰일 수 없어 오답.

해석

버트란드 씨는 새롭게 떠오르는 연극 배우들에게 연기의 폭을 넓히고
아주 다양한 역할도 해보도록 권한다.

어휘

encourage A to do: A에게 ~하도록 권하다, 장려하다
emerging 새롭게 떠오르는, 신생의, 신흥의  expand ~을 넓히다,
확장하다  range 폭, 범위  emerge 드러나다, 생겨나다, 발생되다

## 109 관계대명사의 격 ★★☆☆☆

정답해설

빈칸 앞뒤의 명사들은 '엔지니어의 전문 분야'와 같은 소유 관계에 해
당되므로 이와 같은 의미 관계를 나타낼 수 있는 소유격관계대명사
**(C) whose**가 정답이다.

오답해설

(A) 주격관계대명사: 주어가 빠진 불완전한 절을 이끌어야 하므로 오답.
(B) 목적격관계대명사: 동사나 전치사의 목적어가 빠진 불완전한 절을
　이끌어야 하므로 오답.
(D) 복합관계대명사: 동사나 전치사의 목적어가 빠진 불완전한 절을 이
　끌어야 하므로 오답.

해석

수석 연구원 직책에 대해, 저희는 전문 분야가 자동차 전자 공학인 모
든 엔지니어들을 환영합니다.

어휘

chief 수석의, 최고의, 중요한  specialty 전문 분야, 전공
automotive 자동차의  electronics 전자 공학

## 110 전치사 자리 및 의미 ★★★☆☆

정답해설

빈칸 앞뒤에 위치한 명사들의 의미 관계를 나타낼 전치사가 빈칸에
필요하며, '제안과 관련된 회의'라는 의미가 되어야 알맞으므로 **(C)
concerning**이 정답이다.

오답해설

(A) 전치사: 의미가 맞지 않으므로 오답.
(B) 부사: 전치사 자리에 쓰일 수 없어 오답.
(D) 형용사: 전치사 자리에 쓰일 수 없어 오답.

해석

잭슨 시 의회는 축제 기간 중에 특정 거리들을 폐쇄하자는 제안과 관
련된 지역 공동체 회의를 열 것이다.

어휘

council 의회  concerning ~와 관련된  close down ~을 폐
쇄하다  certain 특정한, 일정한  regardless (of) (~에) 상관없이
intending 미래의, 지망하는

## 111 부사 어휘 ★★★☆☆

정답해설

빈칸에 쓰일 부사는 바로 앞에 위치한 자동사 watched를 수식해 지
켜보는 방식을 나타내야 하므로 '열중해서'를 뜻하는 **(D) intently**가
정답이다.

(A) '일반적으로 지켜보았다'와 같은 어색한 의미를 구성하므로 오답.
(B) '빠르게 지켜보았다'와 같은 어색한 의미를 구성하므로 오답.
(C) '극심하게 지켜보았다'와 같은 어색한 의미를 구성하므로 오답.

애스콧 씨는 각 직원이 월례 프로젝트 발표를 진행하는 동안 열중해서 지켜보았다.

intently 열중해서, 골똘히  deliver a presentation 발표하다
rapidly 빠르게, 신속히  severely 극심하게, 엄격하게

## 112 동사 시제 ★★★☆☆

by the time이 이끄는 절에 현재시제동사가 쓰이면 주절에는 미래완료시제 will have p.p.가 함께 사용되므로 **(D) will have completed**가 정답이다.

(A) 현재시제: by the time이 이끄는 절에 현재시제동사가 쓰일 때 함께 사용되지 않으므로 오답.
(B) 과거시제: by the time이 이끄는 절에 현재시제동사가 쓰일 때 함께 사용되지 않으므로 오답.
(C) 현재완료시제: by the time이 이끄는 절에 현재시제동사가 쓰일 때 함께 사용되지 않으므로 오답.

다음 연설자가 오전 11시에 도착할 때쯤이면 칼 로벅 씨가 발표를 끝마치게 될 것이다.

complete ~을 끝마치다, 완료하다  presentation 발표(회)
arrive 도착하다

## 113 대명사 자리 및 수 일치 ★★☆☆☆

than 뒤에 위치한 빈칸은 비교 대상이 되는 것을 나타낼 단어가 필요한 자리인데, 이 문장에서 비교 대상에 해당되는 것은 앞서 언급된 solutions이므로 이를 대신할 수 있는 복수대명사 **(C) those**가 정답이다.

(A) 대명사: 둘 중 하나를 선택하는 의미를 나타내므로 오답.
(B) 접속사: '주어 + 동사'가 포함된 절을 이끌어야 하므로 오답.
(D) 접속사: '주어 + 동사'가 포함된 절을 이끌어야 하므로 오답.

연구가들에 따르면, 인지력 실험은 10살짜리 아이들이 제공한 해결책이 8살짜리 아이들의 것보다 더 정교하다는 것을 밝혀냈다.

according to ~에 따르면  cognitive 인지력의, 인지의
experiment 실험  solution 해결책  elaborate 정교한

## 114 형용사 어휘 ★★★☆☆

'발언, 말' 등을 의미하는 주어 remarks의 보어로서 그 특징을 나타낼 형용사가 필요하므로 '솔직한' 등을 의미하는 **(B) straightforward**가 정답이다.

(A) '발언이 우연한/돌발적인'과 같이 빈칸 이후의 내용과 어울리지 않는 의미를 나타내므로 오답.
(C) '발언이 수익성 있는'과 같이 어색한 의미를 구성하므로 오답.
(D) '발언이 제한된'과 같이 어색한 의미를 구성하므로 오답.

대표이사의 발언은 매우 솔직했으며 업무 성과가 개선되지 못한다면 회사가 곤경에 처할 것이라는 뜻을 분명히 나타냈다.

remark 발언, 말  straightforward 솔직한, 간단한  indicate that ~임을 나타내다, 가리키다  in trouble 곤경에 처한  fail to do ~하지 못하다  accidental 우연한, 돌발적인  profitable 수익성이 있는  restricted 제한된

## 115 부사 어휘 ★★★☆☆

빈칸이 속한 that절은 동사 complained의 목적어 역할을 하는 명사절로서 불만 사항에 해당되는 부정적인 의미를 나타내야 하므로 **(C) hardly**가 정답이다.

(A) '거의 듣다'는 의미가 어울리지 않으므로 오답.
(B) '접근하여/밀접하게/단단히 듣다'는 의미가 어울리지 않으므로 오답.
(D) '큰 소리로 듣다'는 의미가 어울리지 않으므로 오답.

객석 뒤쪽에 착석한 몇몇 관객들은 무대 위에 선 배우들의 말을 거의 들을 수 없다고 불평했다.

audience 관객, 청중  rear 뒤쪽  auditorium 객석, 강당

complain that ~라고 불평하다  hardly 거의 ~ 않다  nearly 거의

## 116 전치사 자리 ★★★★☆

정답해설

빈칸 뒤에 위치한 명사구를 목적어로 취할 전치사가 빈칸에 쓰여야
알맞으므로 선택지에서 유일한 전치사인 **(A) past**가 정답이다.

오답해설

(B) 부사: 명사구를 목적어로 취할 수 없으므로 오답.
(C) 접속사: '주어 + 동사'가 포함된 절을 이끌어야 하므로 오답.
(D) 부사: 명사구를 목적어로 취할 수 없으므로 오답.

해석

그 질병은 일반적으로 25세에서 50세 사이에 해당되는 나이의 남성
들 사이에서 나타나기는 하지만, 증상은 중년기가 지나서도 나타날
수 있다.

어휘

disease 질병, 질환  occur 나타나다, 발생되다  symptom 증상,
징후  appear 나타나다  past ~을 지나서  middle age 중년기
unless ~가 아니라면, ~하지 않는다면  lastly 마지막으로

## 117 접속사 자리 ★★☆☆☆

정답해설

빈칸 앞에는 주어와 동사가 포함된 절이 있고, 빈칸 뒤로 주어 없이
동사 is로 시작되는 불완전한 절이 있으므로 주어 역할을 함과 동시
에 절을 이끌 수 있는 접속사 **(D) whichever**가 정답이다.

오답해설

(A) 대명사/형용사: 절을 이끄는 역할을 할 수 없으므로 오답.
(B) 대명사/형용사: 절을 이끄는 역할을 할 수 없으므로 오답.
(C) 대명사/형용사: 절을 이끄는 역할을 할 수 없으므로 오답.

해석

손님들께서는 어느 쪽이든 더욱 편리한 것으로 언제든지 섬으로 가는
오전 여객선을 이용하시거나 개인 보트를 대여하실 수 있습니다.

어휘

ferry 여객선  hire ~을 대여하다, 고용하다  private 개인의, 사적인

## 118 명사 어휘 ★★★☆☆

정답해설

that절의 동사 include의 목적어 자리인 빈칸은 이 that절이 수식하
는 명사구, 즉 보험 약정 서비스에 포함된 것을 나타낼 명사가 필요한
자리이므로 '보상' 등을 의미하는 **(B) coverage**가 정답이다.

오답해설

(A) '정도를 포함하는 보험 약정 서비스'는 의미가 어울리지 않으므로
오답.
(C) '잠재력을 포함하는 보험 약정 서비스'는 의미가 어울리지 않으므로
오답.
(D) '기준을 포함하는 보험 약정 서비스'는 의미가 어울리지 않으므로
오답.

해석

프로퍼티 킹은 자연 재해로 인해 야기된 피해에 대한 부분적인 보상
을 포함하는 보험 약정 서비스를 제공한다.

어휘

offer ~을 제공하다  insurance 보험  partial 부분적인
coverage (보험 등의) 보상, 비용 부담  damage 피해, 손상
cause ~을 야기하다, 초래하다  extent (크기, 중요성 등의) 정도, 규
모  potential n. 잠재력

## 119 동사 어휘 ★★★☆☆

정답해설

방문객들이 박물관 정책에 대해 해야 하는 일을 나타낼 동사 표현
이 필요하므로 '~을 준수하다'를 뜻하는 **(D) comply with**가 정답
이다.

오답해설

(A) '정책을 할당하다'라는 의미를 나타내는데, 이는 방문객들이 반드시
해야 하는 일로 볼 수 없으므로 오답.
(B) '정책에 반대하다'라는 의미를 나타내는데, 이는 방문객들이 반드시
해야 하는 일로 볼 수 없으므로 오답.
(C) '정책을 제안하다'라는 의미를 나타내는데, 이는 방문객들이 반드시
해야 하는 일로 볼 수 없으므로 오답.

해석

방문객들께서는 반드시 플래시를 이용한 사진 촬영 및 동영상 녹화와
관련된 박물관 정책을 준수하셔야 합니다.

어휘

comply with ~을 준수하다  policy 정책  regarding ~와 관련된
photography 사진 촬영  assign ~을 할당하다, 맡기다  oppose
to ~에 반대하다  suggest ~을 제안하다, 암시하다

## 120 형용사 어휘 ★★★☆☆

정답해설

빈칸 뒤에 위치한 명사 units를 수식해 쇼핑몰 내의 점포가 지닌 특
성을 나타낼 형용사가 필요하므로 '상업의'라는 의미로 쓰이는 **(D)
commercial**이 정답이다.

(A) '책임이 있는 점포'는 의미가 어울리지 않으므로 오답.
(B) '직업적인 점포'는 의미가 어울리지 않으므로 오답.
(C) '재정의 점포'는 의미가 어울리지 않으므로 오답.

**해석**

메이플라워 쇼핑몰은 아주 다양한 업체에 적합한 여러 곳의 빈 상업용 점포를 포함하고 있다.

**어휘**

contain ~을 포함하다  vacant 비어 있는  commercial 상업용의
unit (상가 등의) 점포, (아파트 등의) 세대  suitable for ~에 적합한,
알맞은  accountable 책임이 있는  career a. 직업적인

## 121 과거분사 어휘 ★★☆☆☆

**정답해설**

빈칸 앞뒤에 위치한 be동사 및 that절과 어울리는 과거분사가 필요하므로 이 둘과 함께 '~에 대해 만족하다'라는 의미를 구성할 때 사용하는 (B) satisfied가 정답이다.

**오답해설**

(A) that절과 결합하는 과거분사가 아니므로 오답.
(C) that절과 결합하는 과거분사가 아니므로 오답.
(D) that절과 결합하는 과거분사가 아니므로 오답.

**해석**

리차드슨 씨는 메인 스트리트에 발생되는 교통 혼잡 문제를 줄이기 위한 자신의 제안이 공청회에서 언급된 것에 대해 만족했다.

**어휘**

suggestion 제안, 의견  reduce ~을 줄이다, 감소시키다
mention ~을 언급하다  public hearing 공청회  appointed 지정된, 임명된  exhausted 기진맥진한, 매우 피곤한  distracted
(주의가) 산만해진

## 122 형용사 어휘 ★★★☆☆

**정답해설**

빈칸 뒤에 위치한 명사구는 상 이름을 나타내므로 이 상이 지닌 특성을 나타낼 형용사로 '권위 있는'을 뜻하는 (D) prestigious가 정답이다.

**오답해설**

(A) '극도의 상'이라는 어색한 의미를 구성하므로 오답.
(B) '성공적인 상'이라는 어색한 의미를 구성하므로 오답.
(C) '부유한 상'이라는 어색한 의미를 구성하므로 오답.

**해석**

사울 블랙모어 씨가 마침내 30년 넘게 이어진 시나리오 작성 작업에 대해 권위 있는 우수 영화 공로상을 받았다.

**어휘**

present A with B: A에게 B를 주다, 제공하다  prestigious 권위 있는  outstanding 우수한, 뛰어난  contribution 공로, 기여
screenwriting 시나리오 작성, 대본 작성  span (기간 등) ~ 동안에 걸쳐 이어지다

## 123 부사 어휘 ★★★☆☆

**정답해설**

빈칸에 쓰일 부사는 바로 뒤에 위치한 동사 limits를 수식해 회사의 노출을 제한하는 방식을 나타내야 하므로 '크게, 급격히' 등을 뜻하는 (C) drastically가 정답이다.

**오답해설**

(A) 과거의 의미를 지니는 부사이므로 현재시제동사 limits와 함께 쓰일 수 없어 오답.
(B) '간편하게 제한하다'와 같은 어색한 의미를 구성하므로 오답.
(D) '흥분하여 제한하다'와 같은 어색한 의미를 구성하므로 오답.

**해석**

최근 연구는 온라인상에서의 강한 존재감을 유지하지 못하는 것이 잠재 고객들에게 회사에 대한 노출을 크게 제한하는 것을 보여준다.

**어휘**

maintain ~을 유지하다  presence 존재(감)  drastically (변화 등) 크게, 급격히  exposure to ~에 대한 노출  potential 잠재적인
formerly 이전에  excitedly 흥분하여

## 124 동사 어휘 ★★★☆☆

**정답해설**

빈칸 뒤에 위치한 전치사 to와 결합 가능한 자동사가 필요하므로 전치사 to와 함께 '~로 이어지다'라는 의미를 나타낼 때 사용하는 (A) lead가 정답이다.

**오답해설**

(B) 전치사 없이 목적어가 바로 뒤에 이어져야 하는 타동사이므로 오답.
(C) 전치사 없이 목적어가 바로 뒤에 이어져야 하는 타동사이므로 오답.
(D) 자동사로도 쓰이기는 하지만 전치사 to와 결합하지 않으므로 오답.

**해석**

주택 개발업체들은 주거용 및 상업용 건물 숫자의 갑작스러운 증가가 인구 과밀과 교통 혼잡으로 이어지지 않을 것이라는 점을 증명해야 한다.

avoid ~을 피하다  incur (비용 등) ~을 발생시키다  interest 이자

**어휘**

housing 주택 (공급)  prove that ~임을 증명하다, 입증하다
sudden 갑작스러운  rise in ~의 증가  lead to ~로 이어지다
overcrowding 인구 과밀  determine ~을 결정하다  plan ~을
계획하다  conclude 끝나다, ~을 끝내다

## 125 부사 어휘 ★★★☆☆

**정답해설**

빈칸 뒤에 위치한 과거분사 crafted를 수식해 앨범이 만들어지는 방식이나 수준 등과 관련된 의미를 나타낼 부사가 필요하므로 '아주 훌륭하게'를 뜻하는 **(D) superbly**가 정답이다.

**오답해설**

(A) 양이나 정도 등을 강조할 때 사용하는 부사이므로 오답.
(B) 양이나 정도 등을 강조할 때 사용하는 부사이므로 오답.
(C) 다른 것과 비교되는 차이를 나타낼 때 사용하는 부사이므로 오답.

**해석**

그 녹음 스튜디오는 정교한 악기 편성 및 수준 높은 음질을 통해 아주 훌륭하게 제작된 앨범들을 출시한다.

**어휘**

release ~을 출시하다, 공개하다  superbly 아주 훌륭하게
craft v. ~을 공들여 제작하다  sophisticated 정교한, 세련된
instrumentation 악기 편성  immensely 엄청나게

## 126 to부정사 관용표현 ★★★☆☆

**정답해설**

빈칸 앞에 주어와 동사, 그리고 to부정사구와 with 전치사구로 구성된 완전한 절이 있고 빈칸 뒤로 주어 없이 동사 avoid가 바로 이어져 있다. 따라서 빈칸 이하 부분은 수식어구로서 부가적인 요소가 되어야 하므로 동사원형과 결합해 '~하기 위해'라는 의미를 나타낼 때 사용하는 **(B) in order to**가 정답이다.

**오답해설**

(A) 접속사: '주어 + 동사'가 포함된 절을 이끌어야 하므로 오답.
(C) 접속사: '주어 + 동사'가 포함된 절을 이끌어야 하므로 오답.
(D) 부사: 빈칸에 부사가 쓰이려면 두 개의 동사를 연결할 접속사가 필요하므로 오답.

**해석**

대출자들은 추가 이자를 발생시키는 것을 피할 수 있도록 은행과의 대출 계약을 갱신하시도록 권고됩니다.

**어휘**

borrower 대출자, 빌리는 사람  be advised to do ~하도록 권고되다, ~하는 것이 좋다  renew ~을 갱신하다  loan 대출, 융자

## 127 부사 자리 ★★☆☆☆

**정답해설**

employees를 수식하는 관계대명사 who와 동사 visit 사이에 위치한 빈칸은 동사를 수식할 부사 자리이므로 **(A) sometimes**가 정답이다.

**오답해설**

(B) 형용사: 접속사와 동사 사이에 위치할 수 없으므로 오답.
(C) 접속사: 접속사와 동사 사이에 위치할 수 없으므로 오답.
(D) 대명사: who가 employees를 수식하는 관계대명사인 구조에서 동사 앞에 위치한 빈칸은 주어 자리가 아니므로 오답.

**해석**

저희 여행 보험 패키지는 종종 해외로 고객들을 방문하는 직원들에게 크게 도움이 됩니다.

**어휘**

insurance 보험  of great benefit 크게 도움이 되는, 크게 이득이 되는  though ~이기는 하지만

## 128 전치사 어휘 ★★☆☆☆

**정답해설**

빈칸 뒤에 위치한 the opening day는 특정한 날을 나타내는 명사구이므로 특정 날짜, 특정한 날, 요일 앞에 사용되는 **(B) on**이 정답이다.

**오답해설**

(A) 빈칸 앞뒤의 명사구가 소유 관계 또는 대상에 해당되는 것이 아니므로 오답.
(C) 위치 관계 또는 진행 상황 등과 관련된 의미를 나타내므로 오답.
(D) 수단 또는 동반의 의미를 나타낼 때 사용하는 전치사이므로 오답.

**해석**

웬디스 패스트리 숍의 모든 제과 제품이 개장 당일에 품절되었다.

**어휘**

baked goods 제과 제품  sold out 품절된, 매진된

## 129 형용사 자리 및 의미 ★★★☆☆

**정답해설**

동사 have와 명사 목적어 impact 사이에 위치한 빈칸은 불가산명사 impact를 수식할 형용사 자리이다. 또한, 업체에서 제품에 대해 보장하는 것을 말하는 긍정적인 내용이 되어야 하므로 '거의 영향을 미치지 않는다'는 의미를 구성할 수 있는 **(A) little**이 정답이다.

(B) 형용사: 가산복수명사를 수식해야 하므로 오답.
(C) 형용사: 불가산명사를 수식할 수는 있지만 문장의 의미에 맞지 않으므로 오답.
(D) 대명사: 형용사 자리에 쓰일 수 없어 오답.

저희는 운동용 자전거 이용 중에 느끼시는 진동이 그 기계의 전반적인 효과 및 기능성에 거의 영향을 미치지 않는다는 점을 여러분께 보장해 드립니다.

**assure A that**: A에게 ~임을 보장하다, 장담하다 **have little impact on** ~에 거의 영향을 미치지 않다 **overall** 전반적인 **effectiveness** 효과(적임) **functionality** 기능성

## 130 명사 어휘 ★★★☆☆

점심 식사 비용으로 인턴에게 제공되는 것을 나타낼 명사가 쓰여야 하므로 '수당'을 뜻하는 **(C) allowance**가 정답이다.

(A) '청구 요금'을 의미하므로 점심 식사 비용으로 인턴에게 제공되는 것으로 맞지 않는 오답.
(B) '영수증'을 의미하므로 점심 식사 비용으로 인턴에게 제공되는 것으로 맞지 않는 오답.
(D) '여행 일정(표)'를 의미하므로 점심 식사 비용으로 인턴에게 제공되는 것으로 맞지 않는 오답.

모든 인턴들에게 점심 식사 비용을 부담하는 데 사용되어야 하는 주간 수당이 제공된다.

**allowance** 수당, 비용 **cover** (비용 등) ~을 부담하다, 충당하다 **charge** 청구 비용 **itinerary** 여행 일정(표)

### 131-134 다음의 이메일을 참조하시오.

수신: 브래드 나이두 <bnadeau@xtra.co.nz>
발신: 드니즈 리플리 <dripley@rspw.org.nz>
제목: 정보
날짜: 6월 10일

나이두 씨께,

레인보우 스프링스 파크 앤 와일드라이프의 수의사 공석에 관해 문의해 주셔서 감사드립니다. 이 131 직책은 여전히 지원 가능합니다. 132

관심 있으실 경우, 개인 면접이 다음 단계에 해당됩니다. 귀하께서 오클랜드 대학에서 취득하신 수의학 석사 학위를 소지하고 계신 것으로 133 알고 있습니다. 동봉해 주신 귀하의 이력서에는 또한 과거에 두 곳의 야생 동물 보호 지역에서 근무하신 사실도 언급되어 있습니다. 134 하지만, 저희 레인보우 스프링스는 뉴질랜드 내의 보호 지역들 중에서도 드문 곳이므로, 일부 저희 방식 및 절차가 귀하께 새로울 것입니다.

6월 15일 목요일, 오전 10시에 면접을 보실 시간이 있으신가요? 이메일 또는 제 사무실로 전화 주셔서 확인해 주시기 바랍니다.

귀하를 만나 뵐 수 있기를 고대합니다.

안녕히 계십시오.

드니즈 리플리
인사부장

**inquire about** ~에 관해 문의하다 **veterinarian** 수의사 **available** 지원 가능한, 시간이 나는 **master's degree** 석사 학위 **veterinary medicine** 수의학 **enclosed** 동봉된 **mention** ~을 언급하다 **rarity** 드문 것, 희귀한 것 **method** 방식, 방법 **procedure** 절차 **confirm** 확인해 주다 **look forward to -ing** ~하기를 고대하다

## 131 명사 어휘 ★★☆☆☆

빈칸 뒤로 여전히 가능하다는 말이 쓰여 있는데, 이는 앞선 문장에서 언급한 공석에 대한 설명이다. 따라서 job opening을 대신할 수 있는 명사가 필요하므로 **(D) position**이 정답이다.

(A) '의약(품)'을 의미하므로 앞선 문장과 내용 흐름상 맞지 않는 오답.
(B) '등록'을 의미하므로 앞선 문장과 내용 흐름상 맞지 않는 오답.
(C) '예약, 약속'을 의미하므로 앞선 문장과 내용 흐름상 맞지 않는 오답.

**enrollment** 등록 **appointment** 예약, 약속

## 132 문장 삽입 ★★★★☆

앞서 수의사 공석에 관한 문의에 감사한다는 인사와 함께 여전히 지원 가능하다는 말이 쓰여 있으므로 이 말들과 연관성 있는 것으로서 지원 이후에 있을 진행 과정의 하나로 면접을 언급하는 **(D)**가 정답이다.

**오답 해설**

(A) 앞선 문장을 통해 발신인이 레인보우 스프링스 직원임을 알 수 있으므로 의미 관계가 맞지 않는 오답.

(B) 뉴질랜드의 야생 동물을 잘 알고 있는지 묻는 것은 앞 문장에 언급된 지원 가능성과 흐름상 맞지 않는 오답.

(C) 야생 동물 보호 지역 사무실로 찾아 가는 방법이 이메일에 첨부되었다고 알리는 것은 앞 문장에 언급된 지원 가능성과 흐름상 맞지 않는 오답.

**해석**

(A) 레인보우 스프링스에서의 경험에 관해 말씀해 주시겠습니까?

(B) 특히, 뉴질랜드 내의 야생 동물을 잘 알고 계신가요?

(C) 그 야생 동물 보호 지역 사무실로 찾아 가는 방법이 이 이메일에 첨부되어 있습니다.

(D) 관심 있으실 경우, 개인 면접이 다음 단계에 해당됩니다.

**어휘**

in particular 특히  be familiar with ~을 잘 알고 있다, ~에 익숙하다  attach ~을 첨부하다

## 133 동사 자리 및 시제 ★★☆☆☆

**정답 해설**

주어와 that절 사이에 위치한 빈칸은 문장의 동사 자리이며, 석사 학위를 소지하고 있다는 사실을 아는 것은 현재의 일에 해당되므로 현재시제 동사인 **(C) see**가 정답이다.

**오답 해설**

(A) 과거의 경험이나 완료 상태 등을 나타내는 현재완료시제이므로 오답.

(B) 앞으로의 일에 대한 상상이나 가정을 나타내므로 오답.

(D) 동사의 형태가 아니므로 동사 자리에 쓰일 수 없는 오답.

## 134 접속부사 자리 및 의미 ★★★☆☆

**정답 해설**

빈칸 앞 문장에는 유사 단체에서 근무한 사실이, 빈칸 다음 문장에는 발신인이 속한 단체가 다른 곳과 달라서 새로울 것이라는 말이 쓰여 있다. 즉 과거의 경험과 달리 새롭게 적응해야 한다는 대조적인 내용이 제시되는 흐름이므로 **(C) However**이 정답이다.

**오답 해설**

(A) 빈칸이 속한 문장에 이미 접속사 so가 있으므로 빈칸에 맞지 않는 오답.

(B) 정보를 추가할 때 사용하는 접속부사이므로 의미가 맞지 않는 오답.

(D) 대안을 말할 때 사용하는 접속부사이므로 의미가 맞지 않는 오답.

**135-138 다음의 편지를 참조하시오.**

동료 여러분,

저희는 연례 알레그헤니 강 정화 작업이 올해 3월 24일에 시작된다는 사실을 알려 드리게 되어 기쁩니다. 올해 **135** 참가하기를 원하시는 정기 자원봉사자 및 신입 자원봉사자들께서는 보호복을 착용하셔야 합니다. 보호복을 **136** 요청하시려면, 포함된 자원봉사 등록 양식을 작성해 주시기 바랍니다.

이틀 간의 강 정화 활동이 코니왕고 크릭에서 계획되어 있으며, 이후 알레그헤니에서 3일간의 작업이 이어집니다. **137** 추가로, 다양한 팀들이 회수한 쓰레기를 작업 현장에서 도시 쓰레기 매립지로 옮기기 위해 쓰레기 처리 담당 부서와 협업할 것입니다. **138** 저희는 여러분께서 이 중요한 계획에 참여해 주시기를 바랍니다. 여러분의 도움으로, 올해의 정화 작업은 또 한 번의 커다란 성공을 거둘 것입니다. 그럼 현장에서 뵙겠습니다!

안녕히 계십시오.

호르헤 조렌조, 매니저
와코 재활용 프로그램

---

be pleased to do ~해서 기쁘다  announce that ~라고 알리다, 발표하다  annual 연례의, 해마다의  cleanup 정화, 청소  commence 시작되다  be required to do ~해야 하다, ~할 필요가 있다  protective suit 보호복  registration 등록  form 양식, 서식  A followed by B: A 후에 B가 이어지는, 뒤따르는  landfill 쓰레기 매립지  initiative (대대적인) 계획, 운동  success 성공

## 135 to부정사 자리 ★★☆☆☆

**정답 해설**

빈칸 앞에 위치한 would like는 to부정사와 결합해 '~하기를 원하다, ~하고자 하다' 등을 의미하므로 **(C) to participate**가 정답이다.

**오답 해설**

(A) 동사의 현재형: would like와 결합하지 못하는 오답.

(B) 동명사/현재분사: would like와 결합하지 못하는 오답.

(D) 명사: would like 뒤에 쓰이는 명사는 먹고 싶은 것이나 갖고 싶은 것을 나타내므로 오답.

## 136 동사 어휘 ★★★☆☆

**정답 해설**

빈칸 뒤에 목적어로 쓰인 a suit는 앞서 언급한 보호복을 가리키며, 그 뒤로 자원봉사 등록 양식을 작성하라는 말이 쓰여 있다. 이는 해당

보호복을 요청하는 방법에 해당되므로 **(D) request**가 정답이다.

(A) '보호복을 만들어 내려면'을 의미하게 되므로 앞 문장과 어울리지
않는 오답.
(B) '보호복을 따르려면'과 같은 어색한 의미를 구성하므로 오답.
(C) '보호복과 함께 하려면'과 같은 어색한 의미를 구성하므로 오답.

request ~을 요청하다  join ~와 함께 하다

## 137 접속부사 어휘 ★★☆☆☆

빈칸 앞 문장에는 예정된 작업 기간이, 빈칸 다음 문장에는 쓰레기 처
리 방법이 언급되어 있다. 이는 모두 정화 작업 진행과 관련된 정보에
해당되므로 추가 정보를 알리는 흐름임을 알 수 있다. 따라서 **(A) In
addition**이 정답이다.

(B) 결과를 말할 때 사용하는 접속부사이므로 오답.
(C) 최종적으로 발생된 일을 말할 때 사용하는 접속부사이므로 오답.
(D) 대조나 반대 등을 나타낼 때 사용하는 접속부사이므로 오답.

## 138 문장 삽입 ★★★★☆

빈칸 다음 문장에 편지 수신인의 도움으로 성공할 것이라고 알리는
말이 쓰여 있으므로, 도움을 제공할 수 있는 방법, 즉 행사에 참여하
도록 권하는 **(A)**가 정답이다.

(B) 보호복과 관련된 내용은 첫 단락에 제시되고 있으므로 흐름상 맞지
않는 오답.
(C) 쓰레기 매립지가 최대 수용량에 도달한 사실을 말하는 것은 행사 진
행 및 도움 제공과 관련 없는 오답.
(D) 다음 문장에 또 한 번의 성공을 거둘 것이라는 말이 있는데, 이는 과
거에도 성공을 거뒀다는 뜻이므로 주요 결과물을 만들어 내지 못했
다는 말은 흐름상 맞지 않는 오답.

(A) 저희는 여러분께서 이 중요한 계획에 참여해 주시기를 바랍니다.
(B) 여러분의 보호복이 행사 전에 전달될 것입니다.
(C) 시의 쓰레기 매립지는 이미 최대 수용량에 도달했습니다.
(D) 이 정화 운동은 아직 주요 결과물을 만들어 내지 못했습니다.

reach ~에 도달하다, 이르다  capacity 수용량, 수용 능력  have
yet to do 아직 ~하지 못하다  see (사건 등) ~을 발생시키다, 일어
나게 하다  result 결과(물)

## 139-142 다음의 언론 공식 발표를 참조하시오.

웨이드 데이비스 전무 이사는 오그덴스버그 국제 공항의 터미널이 더
많은 탑승객을 수용할 수 있도록 **139** 확장될 것이라고 어제 확인해
주었습니다. 캐나다에서 출발해 도착하는 관광객 수의 증가로 인해 최
근 몇 년 사이에 항공기 및 탑승객 통행량이 계속 증가 추세에 있었습니
다. 이 프로젝트는 13개월 후에 완료될 것으로 예상됩니다. **140** 10
개월이라는 최초의 예상 기간이 한층 더 고려되면서 변경되었습니
다. 이 공항을 소유하고 있는 오그덴스버그 교량 및 항만 관리 당국은
낙찰된 입찰업체와 내일 계약할 예정입니다. 관계자들은 이것이 여행
객들에게 과잉 수용 및 불편을 초래할 수 있다는 점을 인정하고 있지
만, 탑승객 시설은 공사가 **141** 진행되는 동안 규모가 더 작은 행정 건
물로 임시 이전될 것입니다. "**142** 안타깝게도, 이는 우리가 당분간 참
고 견뎌야 하는 일입니다."라고 공항 관계자가 밝혔습니다.

confirm that ~임을 확인해 주다  accommodate ~을 수용하다
on the rise 증가 추세에 있는  recent 최근의  be expected
to do ~할 것으로 예상되다  complete ~을 완료하다  be set
to do ~할 예정이다  award the contract to ~와 계약하다
bidder 입찰업체, 입찰자  temporarily 임시로, 일시적으로
relocate ~을 이전하다  administrative 행정의, 관리의
ongoing 진행 중인  official 관계자, 당국자  acknowledge
that ~임을 인정하다  cause ~을 초래하다, 야기하다
overcrowding 과잉 수용  bear with ~을 참고 견디다

## 139 동사 자리 및 시제 ★★★☆☆

빈칸이 속한 that절에서, 빈칸 앞에는 주어와 전치사구가 있고 빈칸
뒤에는 to부정사구만 있으므로 빈칸이 that절의 동사 자리이다. 또한
뒤에 이어지는 문장들 중에서 13개월 후에 완료될 것으로 예상된다는
말이 있으므로 미래 시점에 확장된다는 것을 알 수 있으므로 미래시
제 동사인 **(B) will be expanded**가 정답이다.

(A) 동명사/현재분사: 동사 자리에 쓰일 수 없는 오답.
(C) to부정사: 동사 자리에 쓰일 수 없는 오답.
(D) 동사의 과거형: 뒤에 이어지는 내용과 시제가 맞지 않는 오답.

expand ~을 확장하다, 확대하다

## 140 문장 삽입 ★★★★☆

### 정답해설

앞 문장에 13개월 후에 프로젝트가 완료된다는 말이 있으므로 이와 같은 진행 기간과 관련해 최초의 예상 및 변경 사실을 언급하는 **(D)**가 정답이다.

### 오답해설

(A) 빈칸 앞뒤의 내용이 공항의 특성을 설명하는 것이 아니므로 흐름상 맞지 않는 오답.
(B) 빈칸 앞뒤의 내용으로 보아 아직 공사가 시작되기 전이라는 것을 알 수 있으므로 흐름상 맞지 않는 오답.
(C) 빈칸 앞뒤의 내용이 오그덴스버그라는 지역의 특징을 말하는 것이 아니므로 흐름상 맞지 않는 오답.

### 해석

(A) 이 공항은 캐나다인 여행객들을 위한 사설 전용 공항으로 문을 열었습니다.
(B) 탑승객들이 공사 프로젝트에 의해 초래된 큰 소음에 대해 불만을 제기했습니다.
(C) 오그덴스버그는 변화에 따른 결과로 매력적인 관광지로 탈바꿈했습니다.
(D) 10개월이라는 최초의 예상 기간이 한층 더 고려되면서 변경되었습니다.

### 어휘

estimate 예상, 추정  consideration 고려  exclusive 전용의, 독점적인  complain about ~에 대해 불만을 제기하다  evolve into ~로 탈바꿈하다, 변모하다  attractive 매력적인

## 141 접속사 자리 및 의미 ★★★☆☆

### 정답해설

빈칸 앞에 주어와 동사가 포함된 절이 있고, 빈칸 뒤에도 주어와 동사가 포함된 절이 위치해 있다. 따라서 이 절들을 연결할 접속사가 빈칸에 쓰여야 하며, '공사가 진행되는 동안 탑승객 시설이 임시로 이전될 것이다'와 같은 의미가 되어야 알맞으므로 **(C) while**이 정답이다.

### 오답해설

(A) 부사/전치사: 접속사 자리에 맞지 않는 오답.
(B) 접속사: 의미가 어울리지 않는 오답.
(D) 부사: 접속사 자리에 맞지 않는 오답.

## 142 부사 어휘 ★★★☆☆

### 정답해설

빈칸 앞에 큰 불편함이 초래될 수 있다는 점을 인정한다는 말이 있고, 빈긴 뒤에는 그것을 당분긴 참고 견뎌야 한다는 부정적인 상황이 언급되어 있다. 따라서 유감스러운 일을 말할 때 사용하는 **(A)**

Unfortunately가 정답이다.

### 오답해설

(B) 놀라움을 나타낼 때 사용하는 부사이므로 오답.
(C) 과거에 있었던 일과 관련된 부사이므로 오답.
(D) 동시에 발생되는 일을 말할 때 사용하는 부사이므로 오답.

### 어휘

simultaneously 동시에

## 143-146 다음의 이메일을 참조하시오.

> 수신: mthatcher@nili.ca
> 발신: gloria_nahili@jobx.com
> 제목: 잡스X 데이터베이스
> 날짜: 7월 7일
> 첨부: 안내 책자
>
> 마이크 탯처 씨께,
>
> 잡스X에 관한 귀하의 문의에 감사드립니다. 저희 온라인 구인 웹 사이트는 전문 인력을 찾고 고용하는 쉽고 체계적인 방법을 업체에 제공해 드리며, 이로 인해 직원 모집에 필요한 시간과 노력을 143 아끼실 수 있습니다. 귀하께서 편리하게 144 검토해 보실 수 있도록 회사 안내 책자를 첨부해 드렸습니다. 여기에는 잡스X를 만족스럽게 이용한 바 있는 업체에서 작성한 추천 후기가 포함되어 있습니다. 저희가 제공해 드리는 한 가지 핵심적인 특징은 귀사의 공석에 필요한 가능성 있는 후보자들에 대한 선택 서비스입니다. 145 예를 들어, 귀사에서 5년이 넘는 경력을 지니고 있으면서 재택 근무할 의향이 있는 디지털 콘텐츠 개발 담당자를 찾는 경우, 저희 소프트웨어는 이 필요 조건을 충족하는 모든 구직 지원자들을 저희 웹 사이트에서 찾기 위해 검색 작업을 수행합니다. 146 모든 적합한 이력서들이 그 후에 데이터베이스 내에서 깔끔하게 정리됩니다. 이 데이터는 결국 귀하께 이용 가능한 상태가 됩니다.
>
> 저희는 이 정보가 저희와 함께 하실 수 있도록 귀하의 관심을 불러 일으키기를 바랍니다. 인원 배치 문제를 논의할 수 있도록 언제든지 기꺼이 만나 뵙고자 합니다.
>
> 글로리아 나힐리
> 잡스X 고객 관리 책임자

brochure 안내 책자  inquiry 문의  offer A B: A에게 B를 제공하다  recruitment 직원 모집  attach ~을 첨부하다  testimonial (고객이 작성하는) 추천 후기  open position 공석  be willing to do ~할 의향이 있다, 기꺼이 ~하다  work from home 재택 근무하다  conduct ~을 수행하다, 실시하다  meet ~을 충족하다  requirement 필요 조건  in turn 결국, 결과적으로  be made available 이용 가능한 상태가 되다

## 143 분사 자리 및 구분 ★★★★☆

### 정답해설

빈칸 앞에 이미 문장의 동사 offers가 있으므로 빈칸은 동사 자리가
아니다. 따라서 또 다른 동사 save는 준동사의 형태로 쓰여야 하므로
분사들 중에서 하나를 골라야 하는데, 빈칸 뒤에 위치한 명사구를 목
적어로 취해야 하므로 현재분사인 **(D) saving**이 정답이다.

### 오답해설

(A) 동사원형: 준동사 자리인 빈칸에 맞지 않는 오답.
(B) 동사의 현재형: 준동사 자리인 빈칸에 맞지 않는 오답.
(C) 동사의 과거형/과거분사: 동사의 과거형인 경우 준동사 자리인 빈
칸에 맞지 않으며, 과거분사인 경우 목적어를 취할 수 없어 빈칸에
맞지 않는 오답.

## 144 동사 어휘 ★★★☆☆

### 정답해설

빈칸에 쓰일 동사는 to부정사구를 구성해 회사 안내 책자를 첨부한 목
적을 나타내야 하므로 '~을 검토하다'라는 의미로 쓰이는 **(A) review**
가 정답이다.

### 오답해설

(B) 예약 사항이나 특정 사실을 확인해 줄 때 사용하는 동사이므로 의미
가 어울리지 않는 오답.
(C) 자료 등을 모아 정리한다는 의미로 쓰이는 동사이므로 어울리지 않
는 오답.
(D) 요구하는 일을 나타낼 때 사용하는 동사이므로 어울리지 않는 오답.

### 어휘

confirm ~을 확인해 주다  compile ~을 정리하다  demand ~을
요구하다

## 145 접속부사 자리 및 구분 ★★★☆☆

### 정답해설

빈칸 앞에는 한 가지 특징으로서 후보자를 선택하는 서비스가 있다
는 말이, 빈칸 뒤에는 그와 같은 특징에 해당되는 예시가 구체적으로
언급되어 있으므로 예를 들 때 사용하는 **(C) For example**이 정답
이다.

### 오답해설

(A) 연속적으로 발생되는 일에 대해 사용하는 부사이므로 오답.
(B) 동시에 발생되는 일을 나타낼 때 사용하는 부사이므로 오답.
(D) 앞에서 말한 내용과 반대되는 것을 말하거나 말의 강도를 완화할
때 사용하는 부사이므로 오답.

### 해석

consecutively 연속하여  meanwhile 그 동안에

## 146 문장 삽입 ★★★★☆

### 정답해설

앞 문장에 소프트웨어가 필요 조건을 충족하는 모든 구직 지원자들을
웹 사이트에서 찾기 위해 검색 작업을 한다는 말이 쓰여 있으므로, 그
이후에 발생되는 일로서 적합한 이력서들이 깔끔하게 정리된다는 결
과를 말하는 **(D)**가 정답이다.

### 오답해설

(A) 빈칸 앞뒤의 내용이 면접과 관련된 것이 아니므로 흐름상 어울리지
않는 오답.
(B) 빈칸 앞뒤의 내용이 우려 사항과 관련된 것이 아니므로 흐름상 어울
리지 않는 오답.
(C) 빈칸 앞뒤의 내용이 적합한 사람을 고용하는 일의 어려움과 관련된
것이 아니므로 흐름상 어울리지 않는 오답.

### 해석

(A) 해당 직책에 적격인 후보자들이 언제든지 면접을 볼 수 있습
니다.
(B) 이러한 우려에 대해 주의를 기울여 주셔서 감사드립니다.
(C) 일자리에 적합한 사람을 고용하는 일이 항상 쉽게 또는 신속하게
되는 것은 아닙니다.
(D) 모든 적합한 이력서들이 그 후에 데이터베이스 내에서 깔끔하
게 정리됩니다.

### 어휘

neatly 깔끔하게  qualified for ~에 적격인, 자격이 있는
appreciate one's -ing ~가 …한 것에 대해 감사하다  direct
one's attention to ~에 주의를 기울이다, 관심을 갖다  concern
우려, 걱정

## PART 5

| | | | | |
|---|---|---|---|---|
| **101** (C) | **102** (B) | **103** (C) | **104** (C) | **105** (C) |
| **106** (D) | **107** (C) | **108** (B) | **109** (D) | **110** (B) |
| **111** (B) | **112** (A) | **113** (B) | **114** (C) | **115** (D) |
| **116** (B) | **117** (D) | **118** (A) | **119** (B) | **120** (D) |
| **121** (C) | **122** (D) | **123** (D) | **124** (B) | **125** (C) |
| **126** (C) | **127** (B) | **128** (A) | **129** (A) | **130** (C) |

## PART 6

| | | | |
|---|---|---|---|
| **131** (D) | **132** (A) | **133** (B) | **134** (C) |
| **135** (B) | **136** (D) | **137** (B) | **138** (B) |
| **139** (B) | **140** (A) | **141** (A) | **142** (B) |
| **143** (C) | **144** (B) | **145** (C) | **146** (A) |

### 101 명사 자리 및 구분 ★★☆☆☆

**정답 해설**

바로 뒤에 위치한 for 전치사구의 수식을 받음과 동시에 문장의 주어 역할을 할 명사가 필요한데, 허가증과 관련해 면접에 참석하도록 요청받는 것은 사람이므로 **(C) Applicants**가 정답이다.

**오답 해설**

(A) 동사의 현재형: 주어 자리에 쓰일 수 없어 오답.
(B) 명사: 사물명사이므로 사람명사가 필요한 빈칸에 맞지 않는 오답.
(D) 동사의 과거형/과거분사: 주어 자리에 맞지 않는 오답.

**해석**

올해의 도시 박람회에 필요한 판매업체 허가증 신청자들은 시청에서 열리는 면접에 참석하도록 요청받을 것입니다.

**어휘**

applicant 신청자, 지원자  vendor 판매업체  permit 허가증  be asked to do ~하도록 요청받다  attend ~에 참석하다  apply 신청하다, 지원하다  application 신청(서), 지원(서)

### 102 형용사 자리 ★★★☆☆

**정답 해설**

동사 make는 「make + 목적어 + 목적보어」의 구조로 쓰이므로 목적보어 역할이 가능한 형용사 **(B) educational**이 정답이다.

**오답 해설**

(A) 동사원형: 빈칸 앞에 이미 동사 make가 있으므로 동사원형으로 쓰일 수 없어 오답.
(C) 동사의 과거형/과거분사: 과거형일 경우 문장의 동사 make와 함께 쓰일 수 없어 오답이며, 과거분사일 경우 목적어와의 의미 관계를 파악해야 하는데, playtime은 교육되는 대상이 아니므로 오답.
(D) 부사: 목적보어로 쓰일 수 없으므로 오답.

**해석**

리틀 토츠 놀이 학습 센터는 취학 전의 나이에 해당되는 아이들을 위해 놀이 시간을 교육적으로 만드는 것을 목표로 한다.

**어휘**

aim to do ~하는 것을 목표로 하다  educational 교육적인  preschool 취학 전의  educate ~을 교육하다  educationally 교육적으로

### 103 to부정사 자리 ★★★☆☆

**정답 해설**

빈칸 뒤에 이미 문장의 동사 has been welcomed가 있으므로 또 다른 동사 address는 준동사의 형태로 쓰여야 한다. 따라서 준동사로서 목적을 나타내는 **(C) to address**가 정답이다.

**오답 해설**

(A) 동사원형: 준동사가 필요한 빈칸에 맞지 않는 오답.
(B) 동사의 과거형: 준동사가 필요한 빈칸에 맞지 않는 오답.
(D) 동사의 미래형: 준동사가 필요한 빈칸에 맞지 않는 오답.

**해석**

공장 내 직원들의 제안 사항을 처리하기 위해 설립된 검토 위원단이 직원들로부터 환영받았다.

**어휘**

panel 위원단  establish ~을 설립하다, 확립하다  address (문제 등) ~을 처리하다, 다루다  suggestion 제안 (사항)  personnel 직원들, 인사(부)

### 104 형용사 자리 및 의미 ★★★☆☆

**정답 해설**

부정관사 an과 명사 list 사이에 위치한 빈칸은 명사를 수식할 형용사 자리인데, 사물명사 list를 수식해야 하므로 **(C) exhaustive**가 정답이다.

(A) 동사의 현재형 : 부정관사 an과 명사 list 사이에서 명사를 수식할 수 없어 오답.
(B) 명사: 빈칸 뒤에 위치한 명사 list와 복합명사를 구성하지 않으므로 오답.
(D) 형용사: 분사 형태의 형용사로서 사람명사를 수식하므로 오답.

하트랜드 재단과 리틀 엔젤스는 기금 마련 잠재성을 높이기 위해 공동으로 철저한 자선 행사 목록을 준비했다.

jointly 공동으로, 합동으로  organize ~을 준비하다, 조직하다
exhaustive 철저한, 완전한  charity 자선 (활동)  exhaust ~을 기진맥진하게 만들다  exhaustion 기진맥진, 탈진  exhausted 기진맥진한, 진이 다 빠진

## 105 부사 자리 ★★☆☆☆

선행사를 수식하는 관계대명사 which와 동사 spans 사이에 위치한 빈칸은 동사를 수식할 부사 자리이므로 **(C) gracefully**가 정답이다.

(A) 형용사: 관계대명사와 동사 사이에서 동사를 수식할 수 없어 오답.
(B) 명사: 관계대명사와 동사 사이에서 동사를 수식할 수 없어 오답.
(D) 명사: 관계대명사와 동사 사이에서 동사를 수식할 수 없어 오답.

우아하게 퍼니 강 위로 이어져 있는 리틀턴 현수교가 폭풍우로 인해 손상되었으며, 그 이후로 수리 작업을 위해 폐쇄되었다.

suspension bridge 현수교, 출렁다리  gracefully 우아하게, 품위 있게  span (걸쳐) 이어지다, 뻗어 있다  damaged 손상된, 피해를 입은  graceful 우아한, 품위 있는  grace 우아함, 품위  graces 예의

## 106 부사 어휘 ★★★☆☆

빈칸 뒤에 위치한 전치사 after와 어울릴 수 있는 부사로 '~ 직후에'라는 의미를 구성할 때 사용하는 **(D) immediately**가 정답이다.

(A) 빈칸 뒤에 위치한 전치사 after와 어울리지 않는 부사이므로 오답.
(B) 빈칸 뒤에 위치한 전치사 after와 어울리지 않는 부사이므로 오답.
(C) 형용사나 다른 부사를 수식하는 부사이므로 오답.

몰디브 관광객 안내 웹 사이트는 여행객들에게 해파리에게 쏘인 직후에 치료를 받도록 조언한다.

advise A to do: A에게 ~하도록 조언하다, 권하다  seek medical attention 치료를 받다  sting ~을 쏘다, 찌르다

## 107 명사 어휘 ★★★★☆

빈칸 뒤에 위치한 전치사 on과 어울리는 명사로서 on과 함께 '~의 변형, ~을 변형시킨 것'이라는 의미를 나타내는 **(C) variation**이 정답이다.

(A) 명사로 쓰일 때 '변수'를 나타내므로 문장의 의미에 맞지 않는 오답.
(B) '다양성, 품종' 등을 나타내는 명사이며, 전치사 on과 어울려 쓰이지 않으므로 오답.
(D) '가변성, 변동성'을 나타내므로 문장의 의미에 맞지 않는 오답.

멕시코에서 영향을 받은 이 토르티야 랩은 전통 크리스마스 민스 파이가 변형된 흥미로운 음식이다.

A-inspired: A에서 영향을 받은  variation 변형(시킨 것)
traditional 전통적인  variable n. 변수 a. 가변적인  variety 다양성, 종류, 품종  variability 가변성, 변동성

## 108 과거분사 어휘 ★★★☆☆

빈칸 앞뒤에 위치한 be동사 및 that절과 어울리는 과거분사가 필요하므로 이 둘과 함께 '~에 대해 기뻐하다, 반기다' 등을 의미할 때 사용하는 **(B) delighted**가 정답이다.

(A) 빈칸 앞뒤에 위치한 be동사 및 that절과 어울리는 과거분사가 아니므로 오답.
(C) 빈칸 앞뒤에 위치한 be동사 및 that절과 어울리는 과거분사가 아니므로 오답.
(D) 빈칸 앞뒤에 위치한 be동사 및 that절과 어울리는 과거분사가 아니므로 오답.

하카타 씨는 중서부 기술 컨퍼런스에서 기조 연설을 하도록 초대받은 것에 대해 기뻐했다.

## 109 명사 자리 및 수 일치 ★★★☆☆

정답해설

형용사 Multiple과 전치사 of 사이에 위치한 빈칸은 이 둘의 수식을 동시에 받을 명사 자리인데, Multiple은 복수명사를 수식하므로 **(D) purchases**가 정답이다.

오답해설

(A) 명사: 단수명사의 형태이므로 Multiple의 수식을 받을 수 없어 오답.
(B) 명사: 단수명사의 형태이므로 Multiple의 수식을 받을 수 없어 오답.
(C) 동명사/현재분사: 형용사 Multiple의 수식을 받을 수 없어 오답.

해석

동일 제품에 대한 복수 구매는 첫 번째 것이 승인받은 한 반복된 승인을 필요로 하지 않습니다.

어휘

require ~을 필요로 하다  authorization 승인, 인가  as long as ~하는 한, ~하기만 하면  approve ~을 승인하다

## 110 동사 어휘 ★★★☆☆

정답해설

빈칸 뒤에 위치한 '목적어 + to do' 구조와 어울리는 동사가 필요하므로 이 구조와 함께 '~에게 …하도록 요청하다'라는 의미를 나타낼 때 사용하는 **(B) require**가 정답이다.

오답해설

(A) '목적어 + to do' 구조와 어울리는 동사가 아니므로 오답.
(C) '목적어 + to do' 구조와 어울리는 동사가 아니므로 오답.
(D) '목적어 + to do' 구조와 어울리는 동사가 아니므로 오답.

해석

해충 구제 담당자들은 작업을 수행하는 동안 전 직원에게 건물에서 나가 있도록 요청한다.

어휘

pest control 해충 구제  require A to do: A에게 ~하도록 요청하다  leave ~에서 나가다, 떠나다  include ~을 포함하다  monitor ~을 관찰하다, 감시하다

## 111 부사 어휘 ★★★☆☆

정답해설

빈칸에 쓰일 부사는 바로 앞에 위치한 to work를 수식해 근무하는

방식을 나타내야 하므로 '원격으로'를 뜻하는 **(B) remotely**가 정답이다.

오답해설

(A) '지속적으로'를 뜻하므로 부상을 입었을 때 근무하는 방식을 나타낼 부사로 맞지 않는 오답.
(C) '상당히, 꽤'를 뜻하므로 부상을 입었을 때 근무하는 방식을 나타낼 부사로 맞지 않는 오답.
(D) '상대적으로, 비교적'을 뜻하므로 부상을 입었을 때 근무하는 방식을 나타낼 부사로 맞지 않는 오답.

해석

직원들은 부상을 입은 이후와 같은 특별한 상황에 원격으로 근무하도록 허용될 수 있다.

어휘

grant A permission to do: A에게 ~하도록 허용하다  remotely 원격으로, 멀리서  circumstance 상황, 환경  sustain an injury 부상을 입다  continuously 지속적으로  fairly 상당히, 꽤  relatively 상대적으로, 비교적

## 112 관계대명사 자리 및 격 ★★★☆☆

정답해설

빈칸 앞뒤로 주어와 동사가 각각 포함된 절이 하나씩 위치해 있으므로 빈칸은 이 절들을 연결할 접속사 자리이며, 빈칸 앞뒤에 위치한 명사 John Spencer와 contributions는 소유 관계에 해당되므로 소유격관계대명사인 **(A) whose**가 정답이다.

오답해설

(B) 주격관계대명사: 바로 뒤에 동사가 이어져야 하므로 오답.
(C) 전치사: 두 개의 절을 연결하는 역할을 할 수 없어 오답.
(D) 소유격대명사: 두 개의 절을 연결하는 역할을 할 수 없어 오답.

해석

자신의 공헌으로 회사를 지역 제조업체에서 세계적인 기업체로 탈바꿈시킨 존 스펜서 씨에게 대표이사가 경외감을 표했다.

어휘

express (감정, 생각 등) ~을 표(현)하다  admiration 경외(감), 존경(심)  contribution 공헌, 기여  transform A from B to C: A를 B에서 C로 탈바꿈시키다, 변모시키다  local 지역의, 현지의  manufacturer 제조업체  enterprise 기업(체)

## 113 부사 자리 ★★☆☆☆

정답해설

자동사 act 뒤에 위치한 빈칸은 자동사를 뒤에서 수식할 부사 자리이므로 **(B) responsibly**가 정답이다.

**해석**

관광객들께서는 보르네오의 오랑우탄 보호 구역을 방문하실 때 책임감 있게 행동하셔야 한다는 점을 명심하시기 바랍니다.

**어휘**

be reminded to do ~하는 것을 명심하다  responsibly 책임감 있게  sanctuary 보호 구역  responsible 책임 있는  responsibility 책임(감), 책무  responsibleness 책임이 있음

## 114 전치사 자리 및 의미 ★★★☆☆

**정답해설**

빈칸 뒤에 넓은 장소를 나타내는 명사구가 쓰여 있으므로 장소 명사와 함께 '~ 전체에 걸쳐'라는 의미를 나타낼 때 사용하는 전치사 **(C) across**가 정답이다.

**해석**

텔레비전으로 방송되는 정치 토론회에 남부의 여러 주에 걸친 대부분의 선거 후보자들이 포함될 것이다.

**어휘**

televised 텔레비전으로 방송되는  political 정치의  include ~을 포함하다  election 선거  candidate 후보자  across ~ 전체에 걸쳐, 가로질러  forward 앞으로, 앞쪽으로  against ~에 반대하여, ~에게 불리한

## 115 명사 자리 ★★★☆☆

**정답해설**

that절의 동사 exercise와 to부정사 사이에 위치한 빈칸은 타동사 exercise의 목적어 역할을 할 명사 자리이므로 **(D) caution**이 정답이다.

**해석**

모든 공사장 작업자들에게 중장비를 가동할 때 반드시 부상을 방지할 수 있도록 주의를 기울이시기 바랍니다.

**어휘**

exercise caution 주의를 기울이다  prevent ~을 방지하다, 막다  operate ~을 가동하다, 운전하다  heavy machinery 중장비  cautious 조심스러운, 신중한  cautiously 조심스럽게, 신중하게

## 116 형용사 어휘 ★★★☆☆

**정답해설**

빈칸 앞뒤에 위치한 be동사 및 전치사 to와 어울리는 형용사가 필요하며, '원천 과세의 대상이 되다'라는 의미가 되어야 알맞으므로 be동사 및 전치사 to와 함께 '~의 대상이 되다'라는 의미를 구성할 때 사용하는 **(B) subject**가 정답이다.

**해석**

해외 은행 계좌를 통해 이뤄지는 현금 인출은 10퍼센트에서 30퍼센트 사이의 원천 과세 대상이 될 것입니다.

**어휘**

withdrawal 인출  be subject to ~의 대상이 되다  withholding tax 원천 과세  entitled 자격이 있는, 권리가 있는  transferable 이동 가능한, 양도 가능한  imposed 부과된

## 117 명사 어휘 ★★★☆☆

**정답해설**

배송에 앞서 특정 장소와 관련해 상자에 표기되는 정보와 관련된 명사가 필요하므로 빈칸 바로 앞에 위치한 place of와 함께 '원산지'라는 의미를 구성할 때 사용하는 **(D) origin**이 정답이다.

**해석**

배송에 앞서, 반드시 제공된 라벨을 이용해 원산지가 각 상자 윗면에 명확하게 표기되어야 한다.

shipping 배송, 선적  place of origin 원산지  clearly 명확하게, 분명하게  indicate ~을 표기하다, 나타내다  provide ~을 제공하다

## 118 부사 어휘 ★★★☆☆

**정답 해설**

'별도의 표기가 있지 않으면, 일반적으로 2주가 소요된다'와 같은 의미가 되어야 알맞으므로 **(A) typically**가 정답이다.

**오답 해설**

(B) '평소와 달리, 유난히'를 뜻하므로 별도의 표기가 있지 않은 일반적인 상황을 나타낼 부사로 맞지 않아 오답.
(C) '임시로, 일시적으로'를 뜻하므로 별도의 표기가 있지 않은 일반적인 상황을 나타낼 부사로 맞지 않아 오답.
(D) '특별히'를 뜻하므로 별도의 표기가 있지 않은 일반적인 상황을 나타낼 부사로 맞지 않아 오답.

**해석**

귀하께 발송된 통지서에 별도로 표기되어 있지 않을 경우, 아파트 임대 계약 신청서는 일반적으로 승인되기까지 2주의 시간이 소요됩니다.

**어휘**

temporarily 임시로, 일시적으로

## 119 동사 어휘 ★★★☆☆

**정답 해설**

빈칸 뒤에 위치한 전치사 for와 어울려 쓰이는 자동사가 필요하므로 for와 함께 '~을 설명하다'라는 의미를 나타내는 **(B) accounted**가 정답이다.

**오답 해설**

(A) 목적어가 바로 뒤에 위치해야 하는 타동사이므로 오답.
(C) 목적어가 바로 뒤에 위치해야 하는 타동사이므로 오답.
(D) 목적어가 바로 뒤에 위치해야 하는 타동사이므로 오답.

**해석**

인사부는 부서 내의 연례 운영 경비 보고서에 기재된 모든 지출 비용 내역을 설명했다.

**어휘**

account for ~을 설명하다  expenditure 지출 비용, 경비  operating expense 운영 경비  explain ~을 설명하다  calculate ~을 계산하다

## 120 전치사 어휘 ★★★☆☆

**정답 해설**

빈칸 뒤에 위치한 명사구 the information guide는 서비스 정보를 찾아 볼 수 있는 범위에 해당되므로 전체 범위를 나타낼 때 사용하는 **(D) in**이 정답이다.

**오답 해설**

(A) 부분이나 전체 범위를 나타내는 전치사가 아니므로 오답.
(B) 부분이나 전체 범위를 나타내는 전치사가 아니므로 오답.
(C) 부분이나 전체 범위를 나타내는 전치사가 아니므로 오답.

**해석**

안내 정보 가이드에 기재된 그 호텔 서비스들은 프론트 데스크에 전화해 요청하자마자 이용 가능하다.

**어휘**

listed 기재된, 목록에 오른  available 이용 가능한  upon ~ 하자마자  request 요청

## 121 대명사의 격 및 수 일치 ★★☆☆☆

**정답 해설**

빈칸 뒤에 위치한 taste or quality는 앞서 언급된 food items의 맛과 품질을 의미한다. 따라서 food items를 대신할 수 있으면서 taste or quality를 수식할 대명사가 필요하므로 복수명사를 대신하는 소유격대명사 **(C) their**가 정답이다.

**오답 해설**

(A) 소유격대명사: 단수명사를 대신하므로 오답.
(B) 대명사: food items를 대신하는 대명사가 아니므로 오답.
(D) 목적격대명사: taste or quality를 수식할 수 없어 오답.

**해석**

팩라이트 상자와 액체 용기들은 맛과 품질에 영향을 미치지 않고 음식 제품을 더 오래 저장할 수 있게 해 주는 안전 밀폐 기능을 포함하고 있다.

**어휘**

liquid 액체  come with ~을 포함하다, ~가 딸려 있다  secure 안전한  seal 밀폐 (처리)  affect ~에 영향을 미치다  quality 품질

## 122 동사 어휘 ★★★☆☆

**정답 해설**

빈칸 뒤에 목적어가 없으므로 빈칸은 자동사 자리이며, '~에 따라 가격이 다양하다'와 같은 의미가 되어야 알맞으므로 **(D) vary**가 정답이다.

**해석**

지역 주유소의 가격은 수입 연료에 대한 현 시세에 따라 다양하다.

**어휘**

vary 다양하다, 다르다  depending on ~에 따라, ~에 달려 있는  market price 시세  imported 수입된  transport ~을 운송하다, 수송하다  calculate ~을 계산하다

## 123 부사 자리 ★★★☆☆

**정답해설**

빈칸 뒤에 위치한 수치 표현 30%를 앞에서 수식해 '약, 대략'이라는 의미를 나타낼 때 사용하는 (D) About이 정답이다.

**오답해설**

(A) Among 전치사구가 문장 앞에 도치되는 구조로도 자주 쓰이는데, 이때 be동사 뒤에 주어에 해당되는 명사(구)가 쓰여야 하므로 이 문장 구조에 맞지 않는 오답.
(B) 빈칸 뒤에 위치한 수치 표현 30%를 앞에서 수식할 수 없는 부사이므로 오답.
(C) 빈칸 뒤에 위치한 수치 표현 30%를 앞에서 수식할 수 없는 부사이므로 오답.

**해석**

개장일 하룻밤에만 전시 미술 작품의 약 30퍼센트가 판매되었다.

**어휘**

exhibit ~을 전시하다  alone (명사 뒤에서) ~ 하나만으로도

## 124 접속사 자리 ★★☆☆☆

**정답해설**

빈칸 뒤로 주어와 동사가 각각 하나씩 포함된 절이 콤마 앞뒤에 위치해 있으므로 빈칸은 이 절들을 연결할 접속사 자리이다. 따라서 선택지에서 유일하게 접속사인 (B) Even though가 정답이다.

**오답해설**

(A) 전치사: 접속사 자리인 빈칸에 맞지 않는 오답.
(C) 부사: 접속사 자리인 빈칸에 맞지 않는 오답.
(D) but also와 짝을 이뤄 사용하므로 빈칸에 맞지 않는 오답.

**해석**

순수익이 겨우 1퍼센트 정도 오르기는 했지만, 은행 임원들은 이것이 여전히 4분기 예상 수치와 일치한 것이라고 주장하고 있다.

**어휘**

net income 순수익  rise 오르다, 증가하다  executive 임원  insist that ~라고 주장하다  in line with ~와 일치하는  quarter 분기  estimate 예상(수치), 추정

## 125 전치사 자리 및 의미 ★★★☆☆

**정답해설**

빈칸 뒤에 위치한 명사구 the Ticketron service를 목적어로 취할 전치사가 빈칸에 쓰여야 하며, '~ 서비스를 통해 구매 가능하다'와 같은 의미가 되어야 알맞으므로 전치사 (C) through가 정답이다.

**오답해설**

(A) 전치사: '~와 같은'이라는 의미로 예를 들 때 사용하므로 오답.
(B) 접속사: 전치사가 필요한 빈칸에 맞지 않는 오답.
(D) 전치사: '~을 포함해'라는 의미로 포함되는 대상을 나타낼 때 사용하므로 오답.

**해석**

조기 판매 입장권이 8월 1일부터 티켓트론 서비스를 통해 구매 가능하다.

**어휘**

available for purchase 구매 가능한  starting + 날짜: ~부터  including ~을 포함해

## 126 형용사 어휘 ★★☆☆☆

**정답해설**

동명사구 주어 '조리법 책에 포함된 요리를 제공하는 것'의 특성을 나타낼 수 있는 형용사가 필요하므로 '도움이 되는'을 뜻하는 (C) helpful이 정답이다.

**오답해설**

(A) '조리법 책에 포함된 요리를 제공하는 것'은 출판되는 대상이 될 수 없으므로 오답.
(B) 사람에 대해 사용하는 형용사이므로 오답.
(D) 사람에 대해 사용하는 형용사이므로 오답.

**해석**

저녁 만찬 파티에서 손님들에게 깊은 인상을 남기기를 바라는 사람들에게 있어, 이 조리법 책에 포함된 요리를 제공하는 것이 도움이 될 수 있다.

**어휘**

impress ~에게 깊은 인상을 남기다  serve (음식 등) ~을 제공하다, 내오다  feature ~을 포함하다, 특징으로 하다  publish ~을 출판하다  attentive 주의하는, 관심을 가진, 배려하는  perceptive 통찰력 있는, 지각력 있는

## 127 to부정사 관용표현 ★★★☆☆

**정답 해설**

빈칸 뒤에 위치한 동사원형 ensure와 결합 가능한 것이 필요하므로 동사원형과 함께 '~하기 위해'라는 의미를 나타낼 때 사용하는 **(B) in order to**가 정답이다.

**오답 해설**

(A) 접속사: 동사원형과 결합할 수 없어 오답.
(C) 전치사: 동사원형과 결합할 수 없어 오답.
(D) 접속사: 동사원형과 결합할 수 없어 오답.

**해석**

선수들이 결승전에 대비해 반드시 최상의 상태로 유지되도록 보장하기 위해 화요일부터 농구 연습이 하루에 두 차례씩 두 배로 늘어날 것이다.

**어휘**

practice 연습  double ~을 두 배로 하다  ensure that 반드시 ~하도록 하다, ~임을 보장하다  peak 최상의, 최고조의  final n. 결승전

## 128 전치사 자리 및 의미 ★★★☆☆

**정답 해설**

빈칸은 바로 뒤에 위치한 명사구를 목적어로 취할 전치사 자리이며, '어떠한 문제 없이 찾을 수 있었다'와 같은 의미가 되어야 자연스러우므로 **(A) without**이 정답이다.

**오답 해설**

(B) 전치사: '~을 제외하고'를 뜻하여 의미가 맞지 않는 오답.
(C) 전치사: '~ 덕분에, ~ 때문에'를 뜻하여 의미가 맞지 않는 오답.
(D) 부사: 빈칸 뒤에 위치한 명사구를 목적어로 취할 수 없는 오답.

**해석**

우리에게 찾아 가는 방법을 알려 준 한 온라인 앱 덕분에, 우리는 어떠한 문제 없이 그 스키 리조트를 찾을 수 있었다.

**어휘**

directions 찾아 가는 방법  be able to do ~할 수 있다  apart 떨어져, 따로

## 129 명사절 접속사 자리 ★★★★☆

**정답 해설**

목적어가 필요한 타동사 decide 뒤로 빈칸이 있고, 그 뒤로 주어와 동사가 포함된 하나의 절이 이어지는 구조이다. 따라서 이 절이 타동사 decide의 목적어 역할을 할 명사절이 되어야 하므로 **(A) whether**가 정답이다.

**오답 해설**

(B) 부사절 접속사: 명사절 접속사가 필요한 빈칸에 맞지 않는 오답.
(C) 부사절 접속사: 명사절 접속사가 필요한 빈칸에 맞지 않는 오답.
(D) 부사: 접속사 자리인 빈칸에 쓰일 수 없어 오답.

**해석**

재무팀은 3층과 4층을 개조하는 계획이 진행될 것인지의 여부를 결정할 것이다.

**어휘**

decide ~을 결정하다  renovate ~을 개조하다, 보수하다  go ahead 진행되다

## 130 부사 자리 및 구분 ★★☆☆☆

**정답 해설**

but절의 주어 the collection과 동사 sold out 사이에 위치한 빈칸은 동사를 앞에서 수식할 부사 자리이므로 이 역할이 가능한 **(C) already**가 정답이다.

**오답 해설**

(A) 부사: 주어와 동사 사이에 위치하지 않는 부사이므로 오답.
(B) 전치사/접속사: 부사 자리에 쓰일 수 없어 오답.
(D) 부사: 주어와 동사 사이에 위치하지 않는 부사이므로 오답.

**해석**

디자이너 마르코 루찌의 새 모피 코트 제품 라인이 불과 이번 주말에 판매에 돌입했지만, 이 컬렉션은 이미 품절되었다.

**어휘**

go on sale 판매에 돌입하다  sell out 품절되다, 다 팔리다

### 131-134 다음의 이메일을 참조하시오.

수신: 조나 랑게
발신: 폴라 슐리크
날짜: 6월 3일
제목: 제안 사항

랑게 씨께,

이 기회를 빌어 어제의 좋지 못한 저녁 식사 서비스에 비추어 몇 가지 건의하고자 합니다. 첫째로, 우리가 훨씬 더 큰 주방용 조리대를 **131** 구입한다면 크게 도움이 될 것이라고 생각합니다. 현재, 그릴이 서빙 구역과 **132** 다소 가까운 곳에 놓여 있는데, 이는 고객들에게 뜨거운 기름이 튈 위험에 처하게 만듭니다. 서비스 담당 직원들은 또한 메뉴 항목에 대해 음식 이름을 통째로 받아 적거나 외치는 대신, 번호 코드를 사용하도록 제안해 주었습니다. **133** 이는 우리가 음식 주문을 더 잘 조직적으로 처리하도록 해 줄 것입니다.

귀하께서 이 제안 사항들에 대해 동의하시기를 바랍니다. 우리가 귀하의 지원 및 **134** 믿음과 함께 음식 서비스를 개선할 수 있을 것으로 확신합니다.

안녕히 계십시오.

폴라 슐리크

suggestion 제안 (사항), 의견  take this opportunity to do 이 기회를 빌어 ~하다  make a recommendation 건의하다, 추천하다  significantly 훨씬, 상당히  put A at risk of -ing: A를 ~할 위험에 처하게 하다  get splashed with ~가 튀다  grease 기름  suggest -ing ~하도록 제안하다, 권하다  call out ~을 외치다  be certain (that) ~라고 확신하다  improve ~을 개선하다, 향상시키다

## 131 동사 자리 및 태 ★★★☆☆

### 정답해설
if절의 주어 we와 명사구 사이에 위치한 빈칸은 if절의 동사 자리이며, 명사구를 목적어로 취해야 하므로 능동태 동사인 **(D) purchase**가 정답이다.

### 오답해설
(A) 동명사/현재분사: 동사의 형태가 아니므로 오답.
(B) 동사의 수동태: 목적어를 취할 수 없어 오답.
(C) to부정사: 동사의 형태가 아니므로 오답.

## 132 부사 자리 및 의미 ★★★☆☆

### 정답해설
빈칸은 바로 뒤에 이어지는 위치를 나타내는 부사 close를 수식할 부사 자리이므로 부사를 앞에서 수식할 수 있는 **(A) rather**가 정답이다.

### 오답해설
(B) 부사: 부사를 앞에서 수식할 수 없으므로 오답.
(C) 전치사: 부사가 필요한 빈칸에 맞지 않는 오답.
(D) 형용사/부사: 부사를 앞에서 수식할 수 없으므로 오답.

## 133 문장 삽입 ★★★★☆

### 정답해설
빈칸 앞 문장을 보면, 음식 이름을 통째로 받아 적거나 외치는 대신에 번호 코드를 사용하도록 제안한 사실이 쓰여 있다. 따라서 이와 같은 방식을 This로 지칭해 그 방식에 따른 긍정적인 결과를 말하는 **(B)**가 정답이다.

### 오답해설
(A) 빈칸 앞 부분의 내용이 점심 메뉴 확대와 관련이 없으므로 흐름상 맞지 않는 오답.
(C) 빈칸 앞 부분의 내용이 이미 이뤄진 개선 사항과 관련이 없으므로 흐름상 맞지 않는 오답.
(D) 빈칸 앞 부분의 내용이 이전 매니저의 특성과 관련이 없으므로 흐름상 맞지 않는 오답.

### 해석
(A) 우리는 새로운 음식들과 함께 점심 메뉴를 확대하기를 바랍니다.
(B) 이는 우리가 음식 주문을 더 잘 조직적으로 처리하도록 해 줄 것입니다.
(C) 이는 우리가 이뤄낸 많은 개선 사항들 중 하나입니다.
(D) 이전의 매니저는 제안 사항에 관심이 없었습니다.

### 어휘
A allow B to do: A가 B에게 ~할 수 있게 해 주다, A로 인해 B가 ~할 수 있다  coordinate ~을 조직적으로 하다, 조정하다  expand ~을 확대하다, 확장하다  make an improvement 개선하다, 향상시키다

## 134 전치사 자리 및 의미 ★★★☆☆

### 정답해설
빈칸 뒤에 위치한 명사구 your support and trust를 목적어로 취할 전치사가 필요하며, 이 명사구는 '지원 및 믿음'을 나타내므로 '지원 및 믿음과 함께 서비스를 개선할 수 있다'와 같은 의미가 되어야 알맞으므로 **(C) with**가 정답이다.

### 오답해설
(A) 전치사: '~을 위해, ~에 대해' 등을 뜻하므로 의미가 어울리지 않는 오답.
(B) 전치사: '~ 위에, ~을 넘는' 등을 뜻하므로 의미가 어울리지 않는 오답.
(D) 형용사: 전치사 자리인 빈칸에 맞지 않는 오답.

## 135-138 다음의 기사를 참조하시오.

버밍엄 역사 박물관
버밍엄 (10월 19일)

지난 주에 있었던 버밍엄 역사 박물관의 수석 큐레이터 제이콥 옌토브 씨의 예기치 못한 은퇴 후에, 이 단체는 적합한 후임자를 찾았다는 사실을 **135** 확인해 주었습니다. 10월 25일부터, 에디스 노스 씨가 이 박물관 수석 큐레이터 직책 및 모든 책임을 맡을 것입니다. **136** 노스 씨는 거의 10년 동안 부 큐레이터로 재직해 왔습니다.

이 박물관에서 근무한 시간 동안, 노스 씨는 박물관의 몇몇 가장 성공적이었던 영구 전시회와 임시 전시회를 조직하고 홍보하는데 있어 중요한 역할을 했습니다. **137** 추가적으로, 노스 씨는 이 박물관 현장 학

습 중에 수천 명의 아이들이 즐긴 인기 교육 프로그램들을 확립하는 일
도 책임지셨습니다.

새로운 역할을 맡는 즉시, 노스 씨는 박물관의 선사시대 부속 건물을
확장하고 개선하기 위해 노력의 일환으로 이 박물관의 인상적인 공룡
화석 수집 자료를 138 모아 정리한 기록 관리 담당 벤자민 카 씨와 긴
밀히 협업할 계획입니다.

---

following ~ 후에  unexpected 예기치 못한  retirement 은
퇴, 퇴직  effective + 날짜: ~부터, ~부로  assume (직책 등)
~을 맡다  permanent 영구적인  temporary 임시의, 일시적인
establish ~을 확립하다, 설립하다  field trip 현장 학습
archivist 기록 관리 담당자  expand ~을 확장하다, 확대하다
improve ~을 개선하다, 향상시키다  prehistoric era 선사 시
대  wing 부속 건물, 동

---

## 135 동사 어휘 ★★★☆☆

**정답 해설**

빈칸 뒤에 위치한 that절을 목적어로 취할 수 있는 **(B) confirmed**
가 정답이다.

**오답 해설**

(A) that절을 목적어로 취할 수 있는 동사가 아니므로 오답.
(C) that절을 목적어로 취할 수 있는 동사가 아니므로 오답.
(D) that절을 목적어로 취할 수 있는 동사가 아니므로 오답.

**어휘**

confirm ~을 확인해 주다  appoint ~을 임명하다, 정하다

## 136 문장 삽입 ★★★★☆

**정답 해설**

앞서 적합한 후임자를 찾았다는 말과 함께 에디스 노스 씨가 박물관
수석 큐레이터 직책 및 모든 책임을 맡는다고 쓰여 있다. 따라서 노스
씨가 거의 10년 동안 부 큐레이터로 재직한 사실을 언급함으로써 경
력과 자격 요건을 동시에 알리는 내용을 담은 **(D)**가 정답이다.

**오답 해설**

(A) 앞선 문장에 지난 주에 큐레이터가 은퇴한 사실이 언급된 것과 흐름
상 맞지 않는 내용이므로 오답.
(B) 앞서 이미 새로운 수석 큐레이터가 선임된 사실이 언급되어 있으므
로 흐름상 맞지 않는 오답.
(C) 앞서 노스 씨가 이미 선임되었다고 알리고 있으므로 흐름상 어울리
지 않는 오답.

**해석**

(A) 이 박물관의 큐레이터 자리는 수 개월 동안 계속 비어 있는 상태

입니다.
(B) 버밍엄 역사 박물관은 막 신임 수석 큐레이터를 선정했습니다.
(C) 이 박물관의 이사진이 노스 씨의 지원서를 고려해 볼 것입니다.
(D) 노스 씨는 거의 10년 동안 부 큐레이터로 재직해 왔습니다.

**어휘**

serve as ~로 재직하다, 근무하다  vacant 비어 있는  select ~을
선정하다  board members 이사진, 이사회  consider ~을 고려
하다  application 지원(서), 신청(서)

## 137 접속부사 어휘 ★★★☆☆

**정답 해설**

빈칸 앞에는 노스 씨가 중요한 역할을 맡았던 일이, 빈칸 뒤에는 노스
씨가 책임을 맡았던 또 다른 일이 쓰여 있다. 따라서 노스 씨가 했던
일들이 추가적으로 제시되는 흐름임을 알 수 있으므로 정보를 추가할
때 사용하는 **(B) Additionally**가 정답이다.

**오답 해설**

(A) 결과를 나타낼 때 사용하는 접속부사이므로 오답.
(C) 대안이 되는 일 또는 다른 선택 사항을 언급할 때 사용하는 접속부
사이므로 오답.
(D) 다른 말로 바꿔 표현할 때 사용하는 접속부사이므로 오답.

## 138 관계대명사절 ★★★☆☆

**정답 해설**

빈칸 앞에는 협업 대상인 기록 관리 담당자 벤자민 카 씨의 이름이
쓰여 있고, 빈칸 뒤에는 공룡 화석 수집 자료를 의미하는 명사구가 위
치해 있다. 따라서 벤자민 카 씨가 해당 자료와 관련된 일을 하는 사
람인 것으로 판단할 수 있으므로 사람을 수식하는 관계대명사 who
와 빈칸 뒤의 명사구를 목적어로 취할 수 있는 동사 compiled가 결
합되어 관계대명사절을 구성하는 **(B) who compiled**가 정답이다.

**오답 해설**

(A) 관계대명사 that은 사람 이름에 대해 사용하지 않으므로 오답.
(C) 가산명사에 해당되는 사람명사이므로 빈칸에 들어가 동격으로 쓰
이려면 부정관사 a가 필요하므로 오답.
(D) whose compilation 뒤에는 동사가 이어져야 알맞은 구조가 되
므로 오답.

**어휘**

compile ~을 모아 정리하다  compiler 편찬자, 편집자
compilation 모음집

## 139-142 다음의 정보를 참조하시오.

6월 2일 날짜로 보내 주신 이메일 문의에 대해 감사드립니다. 저희 매장의 반품 정책에 유의해 주시기 바랍니다. 저희 슈 어드밴티지는 어떤 방식으로든 결함이 있거나 제대로 기능하지 못하는 것으로 여겨지는 모든 구매 제품에 대해 교환 또는 비용 환불을 해 드립니다. 저희는 또한 매장 포인트의 형태로 환불을 제공해 드릴 수도 있습니다. 고객께서 제품에 **139** 만족하시지 못하는 경우, 배송 날짜로부터 30일 이내에 반품하실 수 있습니다. 반품 또는 교환되는 제품은 반드시 미개봉 상태로, 또는 개봉된 경우에는 제품이 들어 있던 포장 용기가 함께 **140** 배송되어야 합니다. **141** 처리 과정에 대해 7~10일의 시간을 감안해 주시기 바랍니다. 저희는 이것이 귀하의 질문에 대한 답변이 되기를 바랍니다. 반품하기를 원하시는 어떠한 제품이든 있으실 경우, 저희에게 알려 주시면 기꺼이 도움이 되어 드리겠습니다. www.shoeadvantage.com/fall/about에서 새로운 가을 제품 컬렉션을 확인하셔서 계속 저희 매장에서 **142** 쇼핑해 주시기 바랍니다.

inquiry 문의 dated + 날짜: ~의 날짜로 된 Please be advised of ~에 유의하십시오 replace ~을 교환해 주다, 교체해 주다 found to be A: A하는 것으로 여겨지는 defective 결함이 있는 dysfunctional 제대로 기능하지 못하는 store credit 매장용 포인트 of help 도움이 되는

## 139 형용사 자리 및 의미 ★★☆☆☆

**정답해설**

빈칸 앞뒤에 각각 위치한 be동사 is 및 전치사 with와 어울려 '~에 대해 만족하다'라는 의미를 나타내는 **(B) satisfied**가 정답이다.

**오답해설**

(A) be동사 is 및 전치사 with와 어울려 사용하는 형용사가 아니므로 오답.
(C) be동사 is 및 전치사 with와 어울려 사용할 수 없는 명사이므로 오답.
(D) be동사 is 및 전치사 with와 어울려 사용하는 형용사가 아니므로 오답.

## 140 동사 자리 및 시제 ★★★☆☆

**정답해설**

빈칸 앞에는 주어와 to부정사구가, 빈칸 뒤에는 「either A or B」의 구조로 된 상관접속사구만 있으므로 빈칸이 문장의 동사 자리이다. 또한 이 문장은 일반적인 정책과 관련된 것으로서 반드시 지켜져야 하는 일에 해당되므로 의무를 나타내는 must가 포함된 **(A) must be shipped**가 정답이다.

**오답해설**

(B) 현재완료수동태: 완료 상태를 나타내므로 일반적인 정책을 의미하는 동사 시제로 맞지 않는 오답.
(C) 동사의 수동태: 주어 Items와 어울리는 be동사의 형태가 아니므로 오답.
(D) to부정사의 수동태: 동사의 형태가 아니므로 동사 자리인 빈칸에 맞지 않는 오답.

## 141 문장 삽입 ★★★★☆

**정답해설**

앞선 문장에 반품 기간 및 조건이 제시되어 있으므로 제품 반품과 관련된 정보로서 처리 과정에서 소요되는 기간을 언급하는 **(A)**가 정답이다.

**오답해설**

(B) 빈칸 앞뒤의 내용이 배송 시간과 관련된 것이 아니므로 흐름상 맞지 않는 오답.
(C) 빈칸 앞뒤의 내용이 재고 유무와 관련된 것이 아니므로 흐름상 맞지 않는 오답.
(D) 빈칸 앞뒤의 내용이 제품에 발생된 결함과 관련된 것이 아니므로 흐름상 맞지 않는 오답.

**해석**

(A) 처리 과정에 대해 7~10일의 시간을 감안해 주시기 바랍니다.
(B) 저희는 귀사의 빠른 배송 시간에 대해 진심으로 감사드립니다.
(C) 문의하신 제품은 현재 재고가 없는 상태입니다.
(D) 결함에 대해 사과의 말씀드립니다.

**어휘**

allow + 기간: ~의 기간을 감안하다 pocessing 처리 과정 truly 진심으로 inquire about ~에 관해 문의하다 out of stock 재고가 없는 Please accept our apologies for ~에 대해 사과의 말씀드립니다 defect 결함

## 142 동사 어휘 ★★☆☆☆

**정답해설**

빈칸이 속한 문장의 내용으로 볼 때, 웹 사이트에서 새로운 가을 제품 컬렉션을 확인함으로써 할 수 있는 일을 나타낼 동사가 필요하다는 것을 알 수 있으므로 '쇼핑하다'라는 의미를 나타내는 **(B) shop**이 정답이다.

**오답해설**

(A) 웹 사이트에서 새로운 가을 제품 컬렉션을 확인함으로써 할 수 있는 일을 나타낼 동사로 의미가 어울리지 않으므로 오답.
(C) 웹 사이트에서 새로운 가을 제품 컬렉션을 확인함으로써 할 수 있는 일을 나타낼 동사로 의미가 어울리지 않으므로 오답.
(D) 웹 사이트에서 새로운 가을 제품 컬렉션을 확인함으로써 할 수 있는 일을 나타낼 동사로 의미가 어울리지 않으므로 오답.

## 143-146 다음의 정보를 참조하시오.

---

랭포드 대도시 권역 환경 위원회
급수 규제: 업데이트

잔디밭과 정원이 있는 조경을 유지하고 계신 랭포드 대도시 주민들께서는 일주일 중 어느 날에 물을 줘야 하는지를 명시하고 있는 급수 규정을 준수하셔야 한다는 점을 명심하시기 바랍니다. 이 규제는 빗물 또는 기타 유형의 재활용 물을 사용하시는 것에는 적용되지 않습니다. 143 하지만, 시립 상수도 공급 시스템을 이용하시는 경우, 이 규제는 반드시 엄격하게 준수되어야 합니다.

많은 주택 소유주들께서 건강한 상태를 유지하기 위해 잔디와 정원에 매일 물이 뿌려져야 한다고 잘못 생각하고 계십니다. 144 이는 흔히 발생되는 오류입니다. 사실, 일주일에 한 시간 길이의 빗물 또는 급수가 건강한 잔디를 유지하는데 필요한 전부입니다. 해당되지 않는 날에 물을 뿌리는 일이 이뤄지고 있는 모습을 권역 점검 담당자가 발견하는 경우, 그 부지 소유주는 벌금을 물어야 할 것입니다.

모두에게 도움이 되기 위해 이 규제를 145 시행하고 있다는 사실에 유의해 주시기 바랍니다. 반드시 이 규제가 146 준수되도록 함으로써, 우리는 소중한 수자원을 보존하고 환경을 보호하게 됩니다. 동봉된 잔디 관리 가이드를 통해 규정을 준수함과 동시에 건강한 잔디 및 정원을 유지하는 방법에 관해 더 많은 것을 알아보시기 바랍니다.

---

metro 대도시의 district 권역, 구역, 지구 watering 급수 restriction 규제, 제한 maintain ~을 유지하다 landscape 조경 be reminded to do ~해야 한다는 점을 명심하다 comply with ~을 준수하다(= follow) specify ~을 명시하다 apply to ~에 적용되다 municipal 시의, 지방 자치의 supply 공급 strictly 엄격하게 mistakenly 잘못하여, 실수로 in truth 사실, 사실은 inspector 점검 담당자 inappropriate 해당되지 않는, 부적절한 conserve ~을 보존하다 enclosed 동봉된 care 관리, 관심

---

### 143 접속부사 어휘 ★★★☆☆

정답 해설

빈칸 앞에는 빗물 또는 기타 유형의 재활용 물을 사용하는 경우가, 빈칸 뒤에는 시립 상수도 공급 시스템을 이용하는 경우가 언급되어 있다. 이는 서로 상반되는 방식에 해당되므로 대조 또는 반대를 나타낼 때 사용하는 (C) However가 정답이다.

오답해설

(A) 예를 들 때 사용하는 접속부사이므로 오답.
(B) 다른 말로 바꿔 표현할 때 사용하는 접속부사이므로 오답.
(D) 결과를 말할 때 사용하는 접속부사이므로 오답.

---

어휘

namely 즉, 다시 말해

---

### 144 문장 삽입 ★★★★☆

정답 해설

앞 문장에 많은 사람들이 잔디와 정원에 매일 물이 뿌려져야 한다는 생각이 잘못되었음을 알리는 말이 쓰여 있다. 따라서 이와 같은 일을 This로, 잘못된 생각이라는 사실을 a common error로 지칭해 간단히 다시 말한 (B)가 정답이다.

오답해설

(A) 앞서 매일 물이 뿌려져야 한다는 생각이 잘못된 것이라고 알리고 있으므로 흐름상 맞지 않는 오답.
(C) 빈칸 앞뒤의 내용이 매일 물을 뿌리는 일의 횟수와 관련된 잘못을 지적하고 있는데, '시간 소모적'이라는 말은 비효율성과 관련된 의미를 지니므로 흐름상 맞지 않는 오답.
(D) 앞서 매일 물을 주는 일이 잘못되었다고 지적한 것과 흐름상 맞지 않는 오답.

해석

(A) 매일 물을 주는 것이 건조한 계절에는 이상적입니다.
(B) 이는 흔히 발생되는 오류입니다.
(C) 이 일상적인 일은 시간 소모적일 수 있습니다.
(D) 대부분의 주택 소유주들께서는 하루에 두 번 물을 줍니다.

어휘

ideal 이상적인 routine 일상적인 일 time-consuming 시간 소모적인

---

### 145 동사 어휘 ★★★☆☆

정답 해설

빈칸 뒤에 위치한 명사구 these restrictions는 앞서 지문 전체적으로 설명하고 있는 규제를 가리키며, 해당 규제가 실시되는 이유를 나타내는 문장이 되어야 자연스러우므로 '~을 시행하다'를 뜻하는 (C) enforcing이 정답이다.

오답해설

(A) '규제를 보존하다'와 같은 어색한 의미가 구성되므로 오답.
(B) '규제를 제한하다'라는 의미를 나타내는데, 이는 앞서 언급된 규제가 실시되는 이유로 맞지 않으므로 오답.
(D) '규제를 폐지하다'라는 의미를 나타내는데, 이는 앞서 언급된 규제가 실시되는 이유로 맞지 않으므로 오답.

어휘

enforce ~을 시행하다 conserve ~을 보존하다

---

## 146 동사 자리 및 태 ★★★☆☆

빈칸이 속한 that절에 주어 the regulations와 빈칸만 있으므로 빈칸이 that절의 동사 자리임을 알 수 있다. 또한 규제는 사람에 의해 준수되는 대상이므로 동사 follow가 수동태로 쓰여야 하므로 **(A) are followed**가 정답이다.

(B) to부정사: 동사의 형태가 아니므로 동사 자리인 빈칸에 맞지 않는 오답.

(C) 형용사/현재분사/동명사: 동사의 형태가 아니므로 동사 자리인 빈칸에 맞지 않는 오답.

(D) 현재완료 능동태: 수동태 동사가 필요한 빈칸에 맞지 않는 오답.

---

# TEST 5

## PART 5

| | | | | |
|---|---|---|---|---|
| **101**(C) | **102**(A) | **103**(B) | **104**(B) | **105**(B) |
| **106**(A) | **107**(B) | **108**(A) | **109**(B) | **110**(D) |
| **111**(D) | **112**(B) | **113**(B) | **114**(A) | **115**(C) |
| **116**(B) | **117**(C) | **118**(A) | **119**(A) | **120**(B) |
| **121**(B) | **122**(B) | **123**(A) | **124**(A) | **125**(B) |
| **126**(D) | **127**(C) | **128**(D) | **129**(B) | **130**(A) |

## PART 6

| | | | |
|---|---|---|---|
| **131**(D) | **132**(D) | **133**(C) | **134**(A) |
| **135**(A) | **136**(C) | **137**(D) | **138**(D) |
| **139**(B) | **140**(C) | **141**(C) | **142**(B) |
| **143**(D) | **144**(D) | **145**(A) | **146**(C) |

## 101 명사 자리 및 수 일치 ★★★☆☆

빈칸 뒤에 위치한 from 전치사구의 수식을 받음과 동시에 문장의 주어 역할을 할 명사가 빈칸에 필요한데, 복수동사 are transmitted와 수 일치가 되어야 하므로 복수명사의 형태인 **(C) Requests**가 정답이다.

(A) 단수명사: 부정관사 a를 동반하거나 복수 형태로 쓰여야 하므로 오답.

(B) 동사의 과거형/과거분사: 명사 자리에 쓰일 수 없으므로 오답.

(D) 동명사/현재분사: 동명사 주어는 단수 취급하므로 복수동사와 수 일치되지 않는 오답.

추가 정보를 원하는 고객들의 요청 사항은 고객 관리 부서로 전달된다.

request n. 요청 v. ~을 요청하다  transmit ~을 전달하다, 전송하다  customer relations 고객 관리

## 102 형용사 자리 ★★★☆☆

빈칸 앞에 위치한 동사 make는 「make + 목적어 + 목적보어」의 구조로 쓰인다. 따라서 more의 수식을 받아 목적보어의 역할을 할 단어가 필요한데, 진주어인 to부정사구가 나타내는 일의 특성을 나타낼 형용사가 쓰여야 알맞으므로 **(A) difficult**가 정답이다.

(B) 명사: 진주어인 to부정사구에 대한 보어로 쓰일 수 없으므로 오답.
(C) 명사: 진주어인 to부정사구에 대한 보어로 쓰일 수 없으므로 오답.
(D) 부사: 목적보어 자리에 쓰일 수 없어 오답.

**해석**

많은 희귀 질병에 있어, 그에 관해 이용 가능한 문헌의 부족으로 인해 연구자들이 질환에 대한 명확한 설명을 만들어 내는 것이 더욱 어려워지고 있다.

**어휘**

rare 희귀한, 드문  disease 질병  literature 문헌  available 이용 가능한  **A make it B for C to do**: A로 인해 C가 ~하는 것이 B한 상태가 되다  generate ~을 만들어 내다, 발생시키다  condition 질환

## 103 분사 구분 ★★★☆☆

**정답해설**

빈칸 앞에 위치한 be동사 were와 결합해야 하므로 현재분사와 과거분사 중에서 하나를 골라야 하는데, 빈칸 뒤에 목적어 없이 전치사구가 있으므로 수동태를 구성하는 과거분사 **(B) overwhelmed**가 정답이다.

**오답해설**

(A) 동사원형: be동사와 결합할 수 없어 오답.
(C) 현재분사: were와 함께 과거진행형을 구성하며, 바로 뒤에 목적어가 필요하므로 오답.
(D) 동사의 현재형: be동사와 결합할 수 없어 오답.

**해석**

샬롯 카운티 지역의 많은 주택 소유주들은 강한 폭풍이 그 지역 사회를 강타한 후에 남은 잔해에 압도당했다고 알렸다.

**어휘**

report that ~라고 알리다  be overwhelmed with ~에 압도당하다  debris 잔해  overwhelm ~을 압도하다

## 104 명사 자리 ★★★★☆

**정답해설**

빈칸은 정관사 the의 수식을 받음과 동시에 전치사 with의 목적어 역할을 할 명사 자리이므로 **(B) writing**이 정답이다.

**오답해설**

(A) 동사원형: 명사 자리인 빈칸에 맞지 않는 오답.
(C) 동사의 과거분사: 명사 자리인 빈칸에 맞지 않는 오답.
(D) 동사의 과거형: 명사 자리인 빈칸에 맞지 않는 오답.

**해석**

모든 상자는 반드시 각각의 측면에 있는 글자가 분명히 눈에 보이는 상태로 10개 미만의 기둥 형태로 쌓여야 한다.

**어휘**

stack ~을 쌓다  column 기둥  writing 글자, 글씨, 글(쓰기)  visible 눈에 보이는

## 105 부사 자리 ★★★☆☆

**정답해설**

현재진행형으로 쓰인 자동사 function 뒤에 위치한 빈칸은 동사를 수식할 부사 자리이므로 **(B) correctly**가 정답이다.

**오답해설**

(A) 형용사/동사: 부사 자리인 빈칸에 맞지 않는 오답.
(C) 동사의 과거형/과거분사: 부사 자리인 빈칸에 맞지 않는 오답.
(D) 명사: 부사 자리인 빈칸에 맞지 않는 오답.

**해석**

회전문 기계 장치가 제대로 기능하고 있는데, 일부 기계 부품들이 교체되었기 때문이다.

**어휘**

mechanism 기계 장치  revolving door 회전문  function v. 기능하다, 작동하다  now that (이제) ~이므로, ~이기 때문에  replace ~을 교체하다  correction 정정, 수정

## 106 동사 자리 ★★☆☆☆

**정답해설**

주어와 빈칸 뒤로 명사구와 전치사구들만 있으므로 빈칸이 문장의 동사 자리임을 알 수 있다. 따라서 선택지에서 유일한 동사인 **(A) extends**가 정답이다.

**오답해설**

(B) 명사: 동사가 필요한 빈칸에 맞지 않는 오답.
(C) 동명사/현재분사: 동사가 필요한 빈칸에 맞지 않는 오답.
(D) 형용사: 동사가 필요한 빈칸에 맞지 않는 오답.

**해석**

새로운 법안은 유럽 연합 전체에 걸쳐 소고기 수입 금지 조치를 2년 더 연장시키는 것이다.

**어휘**

legislation 법안, 제정법  extend ~을 연장하다, 확장하다  A-wide: A 전체에 걸친  ban 금지 (조치)  importation 수입(품)  extension 연장, 확장, 증축  extensive 폭넓은, 광범위한

## 107 형용사 자리 및 구분 ★★★☆☆

**정답 해설**

형용사 several과 명사 points 사이에 위치한 빈칸은 명사를 수식할 또 다른 형용사가 필요한 자리인데, '요점'을 뜻하는 points가 사람을 설득하는 주체에 해당되므로 '설득력 있는'을 뜻하는 **(B) convincing**이 정답이다.

**오답 해설**

(A) 동사: 형용사 자리에 맞지 않는 오답.
(C) 형용사: 사람 명사에 대해 사용하므로 오답.
(D) 부사: 형용사 자리에 맞지 않는 오답.

**해석**

도시 기획 회의 시간 중에, 필립스 씨는 리버사이드 드라이브에 있는 창고를 개조하는 일에 대해 찬성하는 여러 설득력 있는 주장을 제시했다.

**어휘**

town planning 도시 기획  convincing 설득력 있는  in favor of ~을 찬성하는  convince ~을 설득하다, 납득시키다  convinced 확신하는  convincingly 설득력 있게, 납득이 되게

## 108 전치사 어휘 ★★★☆☆

**정답 해설**

빈칸 뒤에 위치한 명사구 walking distance와 어울리는 전치사로 '걸어서 갈 수 있는 거리에'라는 의미를 구성할 때 사용하는 **(A) within**이 정답이다.

**오답 해설**

(B) walking distance와 어울리는 전치사가 아니므로 오답.
(C) walking distance와 어울리는 전치사가 아니므로 오답.
(D) walking distance와 어울리는 전치사가 아니므로 오답.

**해석**

조드퍼 체육관은 방갈로르 시내 중심부에, 브라이튼 기차역에서 걸어서 갈 수 있는 거리에 위치해 있다.

**어휘**

be situated in the heart of ~의 중심부에 위치해 있다  within walking distance of ~에서 걸어서 갈 수 있는 거리에

## 109 비교급 강조 부사 ★★★☆☆

**정답 해설**

빈칸 뒤에 위치한 비교급 형용사 faster를 수식해 그 의미를 강조할 부사가 빈칸에 쓰여야 알맞으므로 '훨씬'이라는 의미로 비교급을 강조할 때 사용하는 **(B) much**가 정답이다.

**오답 해설**

(A) faster가 이미 비교급 형용사의 형태이므로 more를 추가할 수 없어 오답.
(C) 비교급 형용사나 부사를 강조하는 부사가 아니므로 오답.
(D) 비교급 형용사나 부사를 강조하는 부사가 아니므로 오답.

**해석**

AVX 조리 기구는 SNX 모델보다 훨씬 더 빠르기 때문에, 대규모 저녁 만찬 파티를 위한 음식을 준비하는데 더욱 적합하다.

**어휘**

food processor 조리 기구  appropriate 적합한  prepare A for B: B를 위해 A를 준비하다

## 110 형용사 의미 및 수 일치 ★★★☆☆

**정답 해설**

회사의 목표와 관련되어야 하므로 '전국의 모든 가정에'라는 의미가 되어야 자연스러운데, 가산단수명사인 household를 수식해야 하므로 이 역할이 가능한 **(D) every**가 정답이다.

**오답 해설**

(A) 가산복수명사를 수식해야 하므로 오답.
(B) 주로 정관사 the 또는 소유격대명사와 함께 사용하므로 오답.
(C) 가산복수명사 또는 불가산명사를 수식해야 하므로 오답.

**해석**

우리 회사의 내년 목표는 전국의 모든 가정에 R-120 에스프레소 메이커를 놓는 것이다.

**어휘**

household 가정

## 111 대명사 구분 및 수 일치 ★★★☆☆

**정답 해설**

빈칸 뒤에 위치한 명사 components는 '부품'을 의미하는데, 이는 앞서 언급된 the machine을 구성하는 부품이므로 단수사물명사 the machine을 대신할 수 있는 대명사인 **(D) its**가 정답이다.

**오답 해설**

(A) 복수사람명사를 대신하는 대명사이므로 the machine을 대신할 수 없어 오답.
(B) 복수사물명사를 대신하는 대명사이므로 단수사물명사인 the machine을 대신할 수 없어 오답.
(C) 단수남성명사를 대신하는 대명사이므로 단수사물명사인 the machine을 대신할 수 없어 오답.

해석

저희는 부품이 재고로 남아 있지 않아 그 기계가 현재 수리될 수 없다는 사실을 알려 드리게 되어 유감스럽게 생각합니다.

어휘

regret to do ~해서 유감이다  inform A that: A에게 ~라고 알리다  component 부품  in stock 재고가 있는

## 112 to부정사 자리 ★★☆☆☆

정답 해설

빈칸 앞에 위치한 명사 decision은 to부정사와 결합해 '~하기 위한 결정'이라는 의미를 나타내므로 **(B) to discontinue**가 정답이다.

오답 해설

(A) 동사원형: 명사 decision과 결합할 수 없어 오답.
(C) 동사의 과거형/과거분사: 명사 decision과 결합할 수 없어 오답.
(D) 동명사/현재분사: 명사 decision과 결합할 수 없어 오답.

해석

제트 블랙 항공사의 관계자들은 마사스 바인야드로 가는 탑승객 숫자의 감소에 대해 그 섬으로 가는 항공편을 중단하기로 결정한 것을 이유로 들었다.

어휘

official 관계자, 당국자  cite A as the reason for B: A에 대해 B를 이유로 들다  decreasing 감소하는  decision to do ~하기 위한 결정  discontinue ~을 중단하다, 단종시키다

## 113 부사 어휘 ★★★☆☆

정답 해설

동사를 수식하는 부사 early를 뒤에서 수식할 수 있는 또 다른 부사가 빈칸에 쓰여야 알맞으므로 부사를 뒤에서 수식할 수 있는 **(D) enough**가 정답이다.

오답 해설

(A) 부사를 뒤에서 수식할 수 있는 부사가 아니므로 오답.
(B) 다른 부사를 앞에서 수식하는 부사이므로 오답.
(C) 다른 부사를 앞에서 수식하는 부사이므로 오답.

해석

귀하의 지원서가 충분히 일찍 접수되지 않았기 때문에, 저희는 귀하를 <더 블랙번 데일리 뉴스>의 보조 편집자 직책에 대해 고려할 수 없을 것입니다.

어휘

application 지원(서), 신청(서)  receive ~을 받다  consider ~을 고려하다  assistant 보조의, 조수의  editor 편집자  rather 다소, 오히려

## 114 형용사 어휘 ★★★☆☆

정답 해설

빈칸에 쓰일 형용사는 50명의 인원을 수용하는 개별 식사 공간이 지니는 특성과 관련된 의미를 나타내야 하므로 '행사에 충분할 것이다'와 같은 의미를 구성할 수 있는 **(A) sufficient**가 정답이다.

오답 해설

(B) '장기적인'을 의미하므로 행사 공간의 규모와 관련된 특성을 나타내기에 맞지 않아 오답.
(C) '종합적인, 포괄적인'을 의미하므로 행사 공간의 규모와 관련된 특성을 나타내기에 맞지 않아 오답.
(D) '유연한, 탄력적인'을 의미하므로 행사 공간의 규모와 관련된 특성을 나타내기에 맞지 않아 오답.

해석

인사부장은 50명의 인원을 수용하는 개별 식사 공간이 연말 연회에 충분할 것이라고 확인해 주었다.

어휘

confirm that ~임을 확인해 주다  accommodate ~을 수용하다  sufficient 충분한  year-end 연말의  banquet 연회  prolonged 장기적인  comprehensive 종합적인, 포괄적인  flexible 유연한, 탄력적인

## 115 부사 어휘 ★★★☆☆

정답 해설

두 회사 사이의 제휴 관계가 어떻게 이로웠는지를 나타낼 부사가 빈칸에 쓰여야 알맞으므로 '상호, 서로 간에'를 뜻하는 **(C) mutually**가 정답이다.

오답 해설

(A) 주로 very와 함께 '아마, 어쩌면'을 의미하므로 어떻게 이로웠는지를 나타낼 부사로 맞지 않아 오답.
(B) '시간대로, 정각에'를 의미하므로 어떻게 이로웠는지를 나타낼 부사로 맞지 않아 오답.
(D) '정확하게, 바르게'를 의미하므로 어떻게 이로웠는지를 나타낼 부사로 맞지 않아 오답.

해석

지금까지, 글로브 텔레콤 사와 만달라 광고회사 사이의 제휴 관계는 상호 이로운 것이었다.

어휘

partnership 제휴 관계  mutually 상호, 서로 간에  advantageous 이로운, 유익한  likely 아마, 어쩌면  punctually 시간대로, 정각에

## 116 명사 자리 및 수 일치 ★★★☆☆

**정답 해설**

정관사 the와 of 전치사구 사이에 위치한 빈칸은 이 둘의 수식을 동시에 받은 명사 자리이며, 한 곳의 업체에 대한 인수를 의미해야 하므로 단수명사인 (B) acquisition이 정답이다.

**오답 해설**

(A) 동사의 과거형/과거분사: 명사 자리에 맞지 않는 오답.
(C) 복수명사: 한 곳의 업체에 대한 인수를 의미하기에 맞지 않는 의미를 나타내므로 오답.
(D) 동사의 현재형: 명사 자리에 맞지 않는 오답.

**해석**

페트로 AV 사는 국내 최대의 정유회사인 엑사 주식회사를 인수하면서 최근 석유 시장에서 중심적인 역할을 하는 업체가 되었다.

**어휘**

recently 최근에 acquisition 인수, 매입, 획득 acquire ~을 얻다, 획득하다

## 117 부사 어휘 ★★★☆☆

**정답 해설**

빈칸에 쓰일 부사는 잘못된 의사 소통으로 인해 발생된 일과 관련된 것이어야 하는데, '지원서가 ~ 되어야 완전히 검토되었다'와 같은 의미가 되어야 알맞으므로 (C) completely가 정답이다.

**오답 해설**

(A) '상대적으로, 비교적'을 의미하므로 지원서 검토 방식을 나타낼 부사로 맞지 않아 오답.
(B) '때때로'를 의미하므로 지원서 검토 방식을 나타낼 부사로 맞지 않아 오답.
(D) '엄청나게, 대단히'를 의미하므로 지원서 검토 방식을 나타낼 부사로 맞지 않아 오답.

**해석**

사무실 내의 잘못된 의사 소통으로 인해, 쉬머 씨의 지원서가 11월 5일이나 돼서야 완전히 검토되었다.

**어휘**

miscommunication 잘못된 의사 소통 application 지원(서), 신청(서) not A until B: B나 돼서야 A하다 completely 완전히, 전적으로 relatively 상대적으로, 비교적 occasionally 때때로 enormously 엄청나게, 대단히

## 118 대명사 자리 및 수 일치 ★★★☆☆

**정답 해설**

접속사 If와 동사 has borrowed 사이에 위치한 빈칸은 If절의 주어

자리이며, 단수동사 has borrowed와 수 일치되어야 하므로 단수대명사인 (A) anyone이 정답이다.

**오답 해설**

(B) 재귀대명사: 주어로 쓰이지 않으므로 오답.
(C) 복수대명사: 단수동사 has와 수 일치가 되지 않아 오답.
(D) 복수대명사: 단수동사 has와 수 일치가 되지 않아 오답.

**해석**

누구든 <위대한 탐험>의 첫 두 가지 판을 빌려 가신 경우, 도서관 데스크의 존 나이트 씨에게 알려 주시기 바랍니다.

**어휘**

edition (출판물의) 판, 호 inform ~에게 알리다

## 119 부사 어휘 ★★★☆☆

**정답 해설**

빈칸에 쓰일 부사는 후방 카메라가 판매되는 방식과 관련된 의미를 나타내야 하는데, 빈칸이 속한 but절은 이미 포함되어 있는 것들과 대조적인 의미가 되어야 하므로 후방 카메라가 포함되어 있지 않다는 의미가 되어야 한다. 따라서 '별도로'를 뜻하는 (A) separately가 정답이다.

**오답 해설**

(B) '무심코, 부주의하게'를 뜻하므로 판매 방식으로 맞지 않는 의미를 나타내는 오답.
(C) '동시에'라는 의미를 지니므로 주절과 대조되는 but절에 어울리지 않아 오답.
(D) '확실히, 분명히'를 뜻하므로 주절과 대조되는 but절에 어울리지 않아 오답.

**해석**

그 새로운 승용차에는 GPS 내비게이션 시스템과 내장 TV 스크린이 딸려 있지만, 후방 카메라는 별도로 판매된다.

**어휘**

come with ~가 딸려 있다, ~을 포함하다 built-in 내장된 rear-view camera 후방 카메라 separately 별도로, 따로 inadvertently 무심코, 부주의하게 simultaneously 동시에 definitely 확실히, 분명히

## 120 형용사 수 일치 및 의미 ★★★☆☆

**정답 해설**

가산단수명사 expense를 수식할 형용사가 필요하며, 동사 sort의 목적어로서 '여러 항목별로 분류되는 각각의 지출 비용'이라는 의미가 되어야 알맞으므로 가산단수명사를 수식해 '각각의'를 뜻을 나타낼 때 사용하는 (B) each가 정답이다.

(A) 가산단수명사를 수식하기는 하지만, 특정한 한 가지 대상만을 가리 키게 되므로 문장의 의미에 맞지 않는 오답.
(C) 둘 중 하나를 선택하는 경우에 사용하므로 오답.
(D) 가산복수명사를 수식해야 하므로 오답.

귀하의 예산을 파악하는데 있어, 이 무료 애플리케이션이 각 지출 비 용을 확인해 식료품이나 공과금, 또는 여가와 같이 서로 다른 항목으 로 분류할 수 있게 해 드립니다.

**keep track of** ~을 파악하다, 추적하다  **allow A to do**: A가 ~할 수 있게 해 주다  **identify** ~을 확인하다  **sort A into B**: A를 B로 분류하다  **utilities** 공과금

## 121 부사 어휘 ★★★☆☆

빈칸에 쓰일 부사는 바로 앞에 위치한 동사 voted를 수식해 심사위 원단이 표결한 방식을 나타내야 하므로 '만장일치로'를 뜻하는 (B) **unanimously**가 정답이다.

(A) '긍정적으로'를 뜻하므로 표결 방식을 나타낼 부사로 맞지 않아 오답.
(C) '친근하게, 익숙하게'를 뜻하므로 표결 방식을 나타낼 부사로 맞지 않아 오답.
(D) '크게, 대단히'를 뜻하는 강조 부사이므로 표결 방식을 나타낼 부사 로 맞지 않아 오답.

그 미술 콘테스트의 심사위원단 구성원들은 만장일치로 싱 씨에게 상 을 수여하기로 표결했다.

**panel of judges** 심사위원단  **vote to do** ~하기로 표결하다  **unanimously** 만장일치로  **familiarly** 친근하게, 익숙하게  **greatly** 크게, 대단히

## 122 명사 자리 및 수 일치 ★★★★☆

빈칸 앞에 위치한 명사 stock과 어울려 '주가'라는 의미를 나타내는 복합명사를 구성할 또 다른 명사가 빈칸에 쓰여야 한다. 그런데 선행 사에 해당되는 이 복합명사를 수식하는 which절에 쓰인 복수동사 continue와 수 일치가 되려면 복수명사가 필요하므로 (B) **prices** 가 정답이다.

(A) 동사의 과거형/과거분사: 명사 자리인 빈칸에 쓰일 수 없어 오답.
(C) 단수명사: which절의 동사 continue와 수 일치가 되지 않아 오답.
(D) 단수명사: which절의 동사 continue와 수 일치가 되지 않아 오답.

투자 분석 전문가들은 지속적으로 하락하고 있는 그 회사의 주가가 장기적으로는 비교적 안정적인 상태로 유지될 것이라고 주장하고 있다.

**investment** 투자(금)  **analyst** 분석 전문가  **insist that** ~라고 주 장하다  **stock price** 주가  **relatively** 비교적, 상대적으로  **stable** 안정적인  **pricing** 가격 책정

## 123 형용사 수 일치 및 의미 ★★★☆☆

빈칸 뒤에 위치한 복수가산명사를 수식해 전치사 Among의 목적어 로서 대상 범위에 해당되는 여러 가지를 나타낼 수 있는 형용사가 필 요하므로 '많은'을 뜻하는 (A) **many**가 정답이다.

(B) 정관사 the와 함께 쓰여 '가장 많은, 최대의' 등과 같은 최상급을 나 타내므로 문장의 의미에 맞지 않는 오답.
(C) 불가산명사를 수식하므로 오답.
(D) '더 많은'이라는 뜻으로 비교를 나타내므로 문장의 의미에 맞지 않 는 오답.

잭 트레이너의 선거 패배에 대한 많은 이유들 중의 하나는 지역 주민 들의 우려 사항들을 다루지 못한 것이었다.

**defeat** 패배  **election** 선거  **address** (문제 등) ~을 다루다, 처리 하다  **concern** 우려 (사항), 걱정

## 124 부사 어휘 ★★★☆☆

빈칸에 쓰일 부사는 바로 뒤에 위치한 동사 come을 수식해 매니저 들과 충돌하는 방식을 나타내야 하는데, come이 현재시제로 되어 있으므로 현재시제동사와 함께 사용하는 (A) **frequently**가 정답 이다.

(B) '크게, 대단히' 등의 의미로 강조의 역할을 하는 부사이므로 오답.
(C) '엄청나게, 대단히' 등의 의미로 강조의 역할을 하는 부사이므로 오답.
(D) '굳게, 단호히' 등을 나타내므로 come과 의미가 어울리지 않아 오답.

**해석**

코스타스 레스토랑 직원들은 우선 사항과 업무 방식에 있어서의 차이로 인해 매니저들과 자주 충돌을 빚는다.

**어휘**

frequently 자주, 흔히  come into conflict 충돌을 빚다, 마찰을 일으키다  priority 우선 사항  method 방식, 방법  enormously 엄청나게, 대단히  firmly 굳게, 단호히

## 125 명사 자리 및 구분 ★★★☆☆

**정답 해설**

빈칸 뒤로 at 전치사구와 동사가 바로 이어져 있으므로 빈칸에 주어 역할을 할 명사가 필요하다는 것을 알 수 있으며, 동사 enter의 주체, 즉 입장하는 행위를 하는 것은 사람이어야 하므로 **(B) Attendees**가 정답이다.

**오답 해설**

(A) 동사원형: 명사가 필요한 빈칸에 맞지 않는 오답.
(C) 명사: 사람명사가 아니므로 빈칸에 맞지 않는 오답.
(D) 동사의 과거형/과거분사: 명사가 필요한 빈칸에 맞지 않는 오답.

**해석**

엑소콘 심포지엄 참석자들은 늦어도 오후 5시까지는 강당에 입장해야 한다.

**어휘**

attendee 참석자  auditorium 강당  no later than 늦어도 ~까지는  attend ~에 참석하다  attendance 참석(자의 수)

## 126 전치사 자리 및 의미 ★★★☆☆

**정답 해설**

빈칸 뒤에 위치한 명사구 film work를 목적어로 취할 전치사가 빈칸에 필요하며, '영화 작업뿐만 아니라 ~을 옹호한 것으로도 알려져 있다'와 같은 의미가 되어야 자연스러우므로 **(D) In addition to**가 정답이다.

**오답 해설**

(A) 부사: 명사구를 목적어로 취할 수 없어 오답.
(B) 부사: 명사구를 목적어로 취할 수 없어 오답.
(C) 전치사: '~에 관해서'라는 뜻으로 쓰이므로 의미가 맞지 않는 오답.

**해석**

영화 작업뿐만 아니라, 벤 더글러스 씨는 시민 평등권 운동을 옹호한 것으로도 알려져 있다.

**어휘**

be known for ~로 알려져 있다  champion v. 옹호하다  civil

rights 시민 평등권  cause (복합명사로) ~ 운동, 대의  likewise 마찬가지로  in regard to ~에 관해서, ~와 관련해

## 127 대명사 자리 및 수 일치 ★★★☆☆

**정답 해설**

동사 is known 앞에 위치한 빈칸은 문장의 주어 자리이며, 단수주어 is와 수 일치되는 단수대명사인 **(C) Little**이 정답이다.

**오답 해설**

(A) 복수 취급하는 대명사이므로 단수동사 is known과 수 일치가 되지 않아 오답.
(B) 주어 자리에 쓰일 때 'Any of 복수명사'의 구조로 사용되므로 오답.
(D) 접속사로서 두 개의 절을 연결하는 역할을 하므로 오답.

**해석**

18세기 후반에 글렌포드 지역에서 사용되었던 농업 활동에 관해 알려진 것이 거의 없다.

**어휘**

agricultural 농업의, 농사의  practice 활동, 관례, 연습

## 128 부사 자리 ★★★☆☆

**정답 해설**

빈칸 뒤에 위치한 숫자 표현을 수식할 수 있는 부사로서 '~을 넘는'을 의미하는 **(D) over**가 정답이다.

**오답 해설**

(A) 전치사: 빈칸 앞에 위치한 for와 이중 전치사를 구성하지 않으므로 오답.
(B) 전치사: 빈칸 앞에 위치한 for와 이중 전치사를 구성하지 않으므로 오답.
(C) 전치사: 빈칸 앞에 위치한 for와 이중 전치사를 구성하지 않으므로 오답.

**해석**

팍허스트 앤 선즈 사는 40년 넘게 가구 장식 업계에 속해 있었다.

**어휘**

upholstery (소파나 의자에 덮개 등을 씌우는) 가구 장식(업)
decade 10년

## 129 명사 어휘 ★★★☆☆

**정답 해설**

새 기계 설치로 인해 예측할 수 있는 것으로서 생산량과 관련해 빠르게 이뤄질 수 있는 일을 나타낼 명사가 필요하므로 '가속화'를 의미하는 **(B) acceleration**이 정답이다.

**해석**

그로우어스 푸드 사는 새 공장 기계 설치로 인해 생산량의 빠른 가속화를 예측하고 있다.

**어휘**

predict ~을 예측하다  acceleration 가속화  production output 생산량  installation 설치  acquisition 획득, 인수, 매입  sufficiency 충분함, 충분한 양  provision 공급, 제공, 대비

## 130 부사 자리 및 의미 ★★★☆☆

**정답 해설**

빈칸 뒤에 위치한 숫자 표현을 수식할 수 있는 부사구가 필요하므로 숫자 표현 앞에 위치해 '최소한, 적어도'라는 의미로 쓰이는 **(A) at least**가 정답이다.

**오답 해설**

(B) 숫자 표현이 포함된 복수명사를 수식하지 않으므로 오답.
(C) two screws가 leave의 목적어이므로 빈칸은 전치사 자리가 될 수 없어 오답.
(D) 숫자 표현이 포함된 복수명사를 수식하지 않으므로 오답.

**해석**

뒷면의 패널을 세척하시는 동안, 패널이 그릴 표면 위로 떨어지지 않도록 하기 위해 최소한 2개의 나사를 꼭 제자리에 남겨 두도록 하십시오.

**어휘**

be sure to do 꼭 ~하도록 하다  leave ~을 남겨 두다, 놓다  screw 나사  in place 제자리에  fall onto ~ 위로 떨어지다  surface 표면  as much 그만큼

### 131-134 다음의 이메일을 참조하시오.

수신: 이사벨 톨레도 <atoledo@calimail.net>
발신: 조지 앤더슨 <ganderson@fresnosecurity.edu.us>
제목: 자전거
날짜: 7월 15일

**131** 분실하신 자전거, 페어팩스 SC8 DLX 모델과 관련된 메시지에 감사드립니다. 우리 캠퍼스 웹 사이트에 보내 주신 사진을 게시해 두었으

며, 보고된 목격 사례를 조사할 것입니다. 또한 누군가 자전거를 찾아 안전한 보관을 위해 **132** 가져 갔을 경우에 대비해, 캠퍼스 보안 직원들에게 순찰을 돌 때 조사를 해 보도록 요청했습니다. **133** 안타깝게도, 지금까지는 성공적이지 못했습니다. 저희가 조사 작업의 결과에 관해 **134** 계속 통보 받으시도록 해 드리겠습니다. 저희보다 앞서 그 물건을 발견하시거나 경찰에 정식으로 고소하기를 원하실 경우, 저희에게 즉시 알려 주시기 바랍니다.

안녕히 계십시오.

조지 앤더슨
캠퍼스 보안팀

post ~을 게시하다, 알리다  investigate ~을 조사하다  sighting 목격  personnel 직원들, 인사(부)  make an inquiry 조사하다  conduct ~을 수행하다, 실시하다  patrol 순찰  safekeeping 안전한 보관  locate ~을 발견하다, ~의 위치를 찾다  make a police complaint 경찰에 고소하다  inform ~에게 알리다

## 131 형용사 자리 및 의미 ★★★☆☆

**정답 해설**

소유격대명사 your와 명사 bicycle 사이에 위치한 빈칸은 명사를 수식할 형용사 자리인데, '분실된 자전거'를 의미해야 알맞으므로 **(D) missing**이 정답이다.

**오답 해설**

(A) 형용사: '놓친, 손실된' 등의 의미로 기회나 교통편 등과 관련된 명사를 수식하므로 오답.
(B) to부정사: 소유격대명사와 명사 사이에 위치할 수 없어 오답.
(C) 동사의 현재형: 소유격대명사와 명사 사이에 위치할 수 없어 오답.

**어휘**

missing 분실된, 빠진

## 132 동사 시제 및 태 ★★☆☆☆

**정답 해설**

빈칸 바로 앞에 위치한 and는 동일한 성격의 단어를 연결하므로 found와 동일한 과거시제동사인 **(D) took**가 정답이다.

**오답 해설**

(A) 현재시제: found와 and로 연결될 수 없어 오답.
(B) 수동태: 빈칸 뒤에 위치한 명사구를 목적어로 취할 수 없어 오답.
(C) 미래시제: found와 and로 연결될 수 없어 오답.

## 133 문장 삽입 ★★★★☆

### 정답 해설

바로 앞 문장에 보안 직원들에게 순찰을 돌 때 조사를 해 보도록 요청했다는 말이 있으므로 그 결과와 관련된 문장으로서 성공적이지 못했음을 알리는 (C)가 정답이다.

### 오답 해설

(A) 앞뒤 문장들이 학생들에게 거치대에 자전거를 보관해도 좋다고 허용하는 것과 관련 없는 내용이므로 흐름상 맞지 않는 오답.
(B) 앞뒤 문장들이 보안 대책의 개선과 관련 없는 내용이므로 흐름상 맞지 않는 오답.
(D) 앞뒤 문장들이 아직 자전거를 찾지 못한 상황임을 나타내고 있으므로 목격되었다고 말하는 것은 흐름상 맞지 않는 오답.

### 해석

(A) 학생들께서는 얼마든지 제공된 거치대에 자전거를 보관하셔도 좋습니다.
(B) 저희 보안 대책이 현재 개선되고 있습니다.
(C) 안타깝게도, 지금까지는 성공적이지 못했습니다.
(D) 하지만, 저희는 그 자전거가 목격되었음을 확인해 드릴 수 있습니다.

### 어휘

be welcome to do 얼마든지 ~해도 좋다  rack 거치대
security measure 보안 대책  confirm that ~임을 확인해 주다

## 134 동사 어휘 ★★★☆☆

### 정답 해설

각 선택지가 모두 동사이므로 빈칸 뒤에 위치한 you posted는 '목적어 + 과거분사'인 것으로 판단할 수 있으며, 이와 같은 구조와 결합 가능한 (A) keep이 정답이다.

### 오답 해설

(B) '목적어 + 과거분사'의 구조와 결합할 수 없는 동사이므로 오답.
(C) '목적어 + 과거분사'의 구조와 결합할 수 없는 동사이므로 오답.
(D) '목적어 + 과거분사'의 구조와 결합할 수 없는 동사이므로 오답.

### 해석

keep A posted: A에게 계속 알리다  announce ~을 발표하다, 알리다

### 135-138 다음의 편지를 참조하시오.

10월 3일

베리 씨께,

귀하의 대본에 있는 대사를 읽어 볼 기회와 다가오는 영화의 마리에타

---

히긴스 역할을 한 번 해 보도록 기회를 주신 것에 대해 감사드립니다. 135 그 인물은 제가 묘사할 준비가 잘 되어 있다고 느끼는 인물입니다. 이전의 제 연기 작업들 중 많은 것이 강한 의지를 지닌 여성 인물들을 다뤘으며, 이 경험들은 저에게 마리에타 136 역할을 잘 준비하게 해 주었습니다. 극적인 연기와 아주 긴 독백, 그리고 동료 배우들과의 좋은 호흡이 제 이전의 연기 작업에서 137 모두 요구되었습니다. 저는 또한 히긴스 씨의 실제 이야기에 대해서도 마음이 끌렸으며, 그 실제 이야기가 진정으로 영감을 준다고 생각합니다.

저는 138 오디션을 볼 기회가 있었던 것에 대해 대단히 감사하게 생각했습니다. 제 연기에 좋은 인상을 받으셨기를 바라며, 귀하의 출연진 결정 소식을 들을 수 있기를 고대합니다.

안녕히 계십시오.

아이리스 뷸러

---

line 대사  try out to do ~하는 것을 한 번 해 보다  upcoming 다가오는, 곧 있을  deal with ~을 다루다  strong-willed 강한 의지를 지닌  lengthy 아주 긴, 장황한  chemistry (상대방과의) 호흡, 공감대, 친근감  co-star 동료 배우  be drawn to ~에 마음이 끌리다  inspiring 영감을 주는  be grateful to do ~해서 감사하다  be impressed with ~에 좋은 인상을 받다  look forward to -ing ~하기를 고대하다  casting 출연진

## 135 문장 삽입 ★★★★☆

### 정답 해설

앞 문장에서 마리에타 히긴스 역할을 한 번 해 볼 기회가 있었던 것에 대해 감사의 인사를 하고 있으므로 이 역할을 The character로 지칭해 자신이 그 역할에 준비된 사람임을 알리는 (A)가 정답이다.

### 오답 해설

(B) 빈칸 앞뒤의 내용이 박스 오피스에서의 성과와 관련되어 있지 않으므로 흐름상 맞지 않는 오답.
(C) 빈칸 앞뒤의 내용을 보면, 발신인 자신이 배우임을 알 수 있으므로 흐름상 맞지 않는 오답.
(D) 빈칸 앞뒤의 내용이 영화 관람 후기와 관련되어 있지 않으므로 흐름상 맞지 않는 오답.

### 해석

(A) 그 인물은 제가 묘사할 준비가 잘 되어 있다고 느끼는 인물입니다.
(B) 귀하께서는 틀림없이 그것이 박스 오피스에서 얼마나 좋은 성과를 냈는지에 대해 매우 기쁘실 것입니다.
(C) 앞으로 있을 연기 기회에 대해 귀하를 기꺼이 추천해 드리겠습니다.
(D) 이 편지에 동봉된 제 영화 관람 후기를 확인해 보시기 바랍니다.

well-equipped (사람이) 잘 준비된  portray ~을 묘사하다
enclosed 동봉된

## 136 명사 어휘 ★★☆☆☆

**정답 해설**

빈칸 뒤에 위치한 전치사구 of Marietta에서 Marietta는 첫 문장에
영화 속 인물이라고 언급되어 있으므로 그 인물을 대신 지칭할 수 있
는 것으로 '역할'을 뜻하는 **(C) role**이 정답이다.

**오답 해설**

(A) '방문'을 뜻하므로 영화 속 인물을 나타내는 전치사구 of Marietta
와 의미가 어울리지 않는 오답.
(B) '협업'을 뜻하므로 영화 속 인물을 나타내는 전치사구 of Marietta
와 의미가 어울리지 않는 오답.
(D) '의견'을 뜻하므로 영화 속 인물을 나타내는 전치사구 of Marietta
와 의미가 어울리지 않는 오답.

**어휘**

collaboration 협업, 협동

## 137 동사 자리 및 태 ★★★☆☆

**정답 해설**

빈칸 앞에는 'A, B, and C'의 구조로 된 명사구들이 있고, 빈칸 뒤에
는 전치사구만 있으므로 빈칸에 문장의 동사가 필요하다. 빈칸 앞에
'A, B, and C'의 구조로 된 명사구들은 사람에 의해 요구되는 대상에
해당되므로 수동태 동사인 **(D) were all required**가 정답이다.

**오답 해설**

(A) 동명사/현재분사: 동사 자리인 빈칸에 맞지 않는 오답.
(B) 능동태: 수동태 동사가 필요한 빈칸에 맞지 않는 오답.
(C) 명사구: 동사 자리인 빈칸에 맞지 않는 오답.

## 138 동사 어휘 ★★★☆☆

**정답 해설**

빈칸 뒤에 목적어 없이 for 전치사구가 있으므로 빈칸은 자동사 자리
이며, 앞서 지문 전체적으로 특정 역할을 연기하는 데 있어 자신의 능
력과 관련된 이야기를 하는 내용과 어울려야 하므로 '오디션을 보다'
를 뜻하는 **(D) audition**이 정답이다.

---

**오답 해설**

(A) 자동사이지만 '여행하다'라는 의미로 쓰이므로 지문의 내용과 어울
리지 않는 오답.
(B) 자동사이지만 '출장 요리를 제공하다'라는 뜻이므로 지문의 내용과
어울리지 않는 오답.
(C) 타동사이며, '~을 대체하다'라는 뜻이므로 지문의 내용과 어울리지
않는 오답.

**어휘**

cater 출장 요리를 제공하다, 구미에 맞추다  substitute ~을 대체
하다

### 139-142 다음의 회람을 참조하시오.

> 수신: 모든 고위 임원들
> 발신: 재무팀
> 날짜: 7월 7일
> 제목: 새 가이드라인
>
> 정식 출장 중에 임원들의 지출 비용 계좌를 관리하는 가이드라인이 변
> 경되었다는 사실을 알려 드립니다. 139 이전에는, 임원들께 회사에서
> 승인한 출장에 대해 사용하는 신용 결제 카드가 발급되었습니다. 이제,
> 신용 카드 대신, 임원들께는 출장 경비로 사용하실 현금이 지급될 것
> 입니다. 지급된 액수를 초과하는 경비는 정식 영수증 및 비용 환급 양
> 식 제출 즉시 재무팀에 의해 140 지급될 것입니다. 임원들께서는 반
> 드시 예상 경비를 기재하셔서 예정된 출장보다 10일 전에 지출 경비 양
> 식을 제출하셔야 합니다. 액수가 승인되는 대로, 요청하신 임원께 141
> 통보 메시지가 발송될 것입니다. 142 이 금액은 해당 임원의 출발에
> 앞서 이용 가능한 상태가 될 것입니다. 지급 과정에서 지연이 있을 경
> 우, 해당 금액은 출장 업무 중에 이용하실 수 있도록 해당 임원의 계좌
> 로 입금될 것입니다.
>
> ---
>
> govern ~을 관리하다  expense 지출 비용, 경비  revise ~을
> 변경하다, 수정하다  issue ~을 발급하다, 지급하다  charge
> account card 신용 결제 카드  exceed ~을 초과하다
> disburse ~을 지급하다, 지출하다  reimbursement 비용 환
> 급  anticipated 예상된  delay 지연  release 지급, 방출, 출
> 시  deposit ~을 입금하다  access ~을 이용하다, ~에 접근하
> 다  on assignment 업무 중인, 임무 수행 중인

## 139 부사 어휘 ★★★☆☆

**정답 해설**

앞 문장에는 비용과 관련된 가이드라인이 변경되었다는 사실이 쓰여
있고, 뒤에 이어지는 문장에는 새롭게 적용되는 방침으로 카드 대신
현금이 지급된다는 말이 쓰여 있다. 따라서 빈칸이 속한 문장에서 카
드를 이용했다고 말하는 것은 과거의 방침에 해당되므로 '이전에'를
뜻하는 **(B) Previously**가 정답이다.

(A) '잠재적으로'를 뜻하므로 과거의 방침을 말하는 문장에 어울리지 않는 오답.

(C) '유사하게'를 뜻하므로 과거의 방침을 말하는 문장에 어울리지 않는 오답.

(D) '그 후에'를 뜻하므로 과거의 방침을 말하는 문장에 어울리지 않는 오답.

subsequently 그 후에

## 140 동사 자리 및 태 ★★☆☆☆

빈칸 앞에는 주어와 분사구가, 빈칸 뒤에는 여러 전치사구들만 있으므로 빈칸은 문장의 동사 자리이다. 또한 주어 Expenses는 사람에 의해 지급되는 대상에 해당되므로 수동태 동사인 **(C) will be paid** 가 정답이다.

(A) to부정사 수동태: 동사의 형태가 아니므로 동사 자리인 빈칸에 맞지 않는 오답.

(B) 동사의 과거형/과거분사: 능동태이므로 수동태가 필요한 빈칸에 맞지 않는 오답.

(D) 동사원형: 능동태이므로 수동태가 필요한 빈칸에 맞지 않는 오답.

## 141 명사 자리 ★★☆☆☆

접속사 Once가 이끄는 절이 끝나고 콤마 뒤로 빈칸과 동사 will be sent가 이어져 있다. 따라서 빈칸은 주절의 주어 자리임을 알 수 있으므로 명사인 **(C) notification**이 정답이다.

(A) 동명사/현재분사: notify가 타동사이므로 빈칸 뒤에 목적어가 없는 구조에 맞지 않아 오답.

(B) 동사의 과거형/과거분사: 주어 자리에 쓰일 수 없어 오답.

(D) 동사원형: 주어 자리에 쓰일 수 없어 오답.

## 142 문장 삽입 ★★★★☆

앞선 문장들을 보면, 지출 경비 양식을 제출하고 액수가 승인되는 과정이 쓰여 있으므로 승인 금액을 This money로 지칭해 승인된 이후에 발생되는 일을 언급한 **(B)**가 정답이다.

(A) 회사에서 승인한 항공사를 선택하라는 말은 앞서 언급된 비용 승인 과정에 해당되지 않으므로 흐름상 어울리지 않는 오답.

(C) 신용 카드 한도 초과와 관련된 내용은 앞서 언급된 비용 승인 과정에 해당되지 않으므로 흐름상 어울리지 않는 오답.

(D) 고위 임원들이 새 가이드라인 적용 대상자가 아니라는 말은 앞서 언급된 비용 승인 과정에 해당되지 않으므로 흐름상 어울리지 않는 오답.

(A) 항공편에 대해 회사에서 승인한 항공사 중 하나를 선택하십시오.

**(B) 이 금액은 해당 임원의 출발에 앞서 이용 가능한 상태가 될 것입니다.**

(C) 그 신용 카드는 출장 경비가 한도를 초과할 경우에 사용 중단될 것입니다.

(D) 고위 임원들은 새로운 가이드라인 준수 의무에서 면제될 것입니다.

select ~을 선택하다  suspend ~을 (사용) 중단하다, 유예하다  be exempt from (의무 등) ~에서 면제되다  comply with ~을 준수하다

## 143-146 다음의 웹 페이지를 참조하시오.

www.gateway.co.au/about

커뮤니케이션 앱에 관해

크게 성공을 거둔 업체들은 경제 성장에 필요한 원동력입니다. 갈수록, 연구는 143 그 업체들의 뛰어난 성과가 주로 팀과 부서, 그리고 직원들 사이의 효과적인 의사 소통 때문인 것을 보여주고 있습니다.

동료 직원들이 조직 체계의 위아래로 의사 소통할 때, 더욱 신속하고 현명하게 결정에 도달하게 되고 문제가 해결됩니다. 144 기술은 이와 같은 팀워크를 더욱 용이하게 할 수 있습니다. 이것이 바로 2년 전에 새로운 내부 의사 소통 및 정보 공유 플랫폼인 게이트웨이가 암리치에 의해 145 만들어진 이유입니다. 146 그 이후로, 게이트웨이는 호주의 여러 크고 작은 기업체들이 선택하는 플랫폼이 되어 왔습니다. 따라서 여러분의 업체를 한 단계 더 끌어 올리시길 원하시면, 주저하지 마시고 게이트웨이를 선택하시기 바랍니다.

highly successful 크게 성공한  driving force 원동력  economic growth 경제 성장  outstanding 뛰어난, 우수한  largely 주로, 대체로  personnel 직원들, 인사(부)  line 조직 체계  reach ~에 도달하다, 이르다  internal 내부의  of choice 선택되는  take A to the next level: A를 한 단계 끌어 올리다  hesitate to do ~하기를 주저하다

## 143 인칭대명사의 격 및 수 일치 ★★☆☆☆

빈칸 뒤에 '뛰어난 성과'를 의미하는 명사구가 쓰여 있는데, 이는 앞 문장에 언급된 '크게 성공을 거둔 업체들'이 이룬 성과에 해당되므로 Highly successful businesses를 대신할 수 있는 3인칭 복수대명사 **(D) their**가 정답이다.

(A) 3인칭 단수대명사이므로 오답.
(B) 1인칭 복수대명사이므로 오답.
(C) 2인칭 복수대명사이므로 오답.

## 144 문장 삽입 ★★★★☆

빈칸 앞에는 좋은 의사 소통 방식의 장점이, 빈칸 뒤에는 앞서 제시된 일을 가리키는 This와 함께 특정한 의사 소통 및 정보 공유 플랫폼과 관련된 이유를 알리는 말이 쓰여 있다. 따라서 앞 문장에 언급된 의사 소통 방식을 such teamwork로 지칭해 기술이 팀워크에 미치는 영향을 설명한 **(D)**가 정답이다.

(A) 빈칸 앞뒤 문장들이 관리자 직책 확보와 관련된 것이 아니므로 흐름상 맞지 않는 오답.
(B) 빈칸 앞뒤 문장들이 생산성 하락 문제와 관련된 것이 아니므로 흐름상 맞지 않는 오답.
(C) 빈칸 앞뒤 문장들이 현장 교육의 효과성과 관련된 것이 아니므로 흐름상 맞지 않는 오답.

(A) 오늘날 많은 직원들이 관리자 직책을 확보하지 못하고 있습니다.
(B) 결과적으로, 전반적인 생산성이 하락할 가능성이 있습니다.
(C) 현장 교육이 대단히 효과적인 것으로 입증되었습니다.
(D) 기술은 이와 같은 팀워크를 더욱 용이하게 할 수 있습니다.

**fail to do** ~하지 못하다 **productivity** 생산성 **be likely to do** ~할 가능성이 있다, ~할 것 같다 **decline** 하락하다, 감소하다 **on-site** 현장의 **highly** 대단히, 매우, 크게 **facilitate** ~을 용이하게 하다

## 145 동사 어휘 ★★★☆☆

빈칸 앞뒤로 공유 플랫폼 제품과 업체 이름이 쓰여 있으므로 둘 사이의 관계를 나타낼 수 있는 것으로 '만들어졌다'라는 의미를 구성할 수 있는 **(A) created**가 정답이다.

(B) '영광스러운' 등의 뜻으로 사람에 대해 사용하므로 의미가 어울리지 않는 오답.
(C) '소통되었다'라는 뜻을 나타내므로 의미가 어울리지 않는 오답.
(D) '통보 받았다'라는 뜻을 나타내므로 의미가 어울리지 않는 오답.

## 146 부사 어휘 ★★★☆☆

앞서 2년 전에 게이트웨이가 만들어졌다는 사실이 쓰여 있고, 빈칸이 속한 문장은 현재완료시제동사 has been과 함께 과거에서 현재까지 지속되어 온 상태를 나타내고 있다. 따라서 2년 전이라는 시점을 then으로 대신해 '그 이후로'라는 뜻으로 많은 업체가 선택하게 된 과거의 시작점을 나타내는 **(C) Since then**이 정답이다.

(A) '아직도' 등을 의미하므로 앞선 문장에 제시된 과거의 시작점 및 현재완료시제동사와 어울리지 않는 오답.
(B) '이러한 방법으로, 이런 식으로' 등을 의미하는데, 앞선 문장에 특정한 방법으로 언급된 내용이 없으므로 오답.
(D) '곧, 머지 않아' 등의 뜻으로 가까운 미래 시점과 관련된 의미를 나타내므로 현재완료시제동사와 어울리지 않는 오답.

## TEST 6

### PART 5

| | | | | |
|---|---|---|---|---|
| **101** (C) | **102** (B) | **103** (B) | **104** (C) | **105** (C) |
| **106** (D) | **107** (B) | **108** (A) | **109** (D) | **110** (D) |
| **111** (C) | **112** (D) | **113** (D) | **114** (C) | **115** (A) |
| **116** (A) | **117** (D) | **118** (A) | **119** (A) | **120** (B) |
| **121** (A) | **122** (C) | **123** (C) | **124** (A) | **125** (B) |
| **126** (A) | **127** (B) | **128** (A) | **129** (B) | **130** (D) |

### PART 6

| | | | |
|---|---|---|---|
| **131** (B) | **132** (D) | **133** (D) | **134** (A) |
| **135** (C) | **136** (B) | **137** (C) | **138** (B) |
| **139** (D) | **140** (A) | **141** (B) | **142** (D) |
| **143** (B) | **144** (B) | **145** (A) | **146** (C) |

### 101 명사 자리 ★★☆☆☆

**정답 해설**

빈칸은 형용사 first-time의 수식을 받음과 동시에 전치사 for의 목적어 역할을 할 명사 자리이므로 **(C) buyers**가 정답이다.

**오답 해설**

(A) 동사원형: 형용사의 수식을 받지 못하며 전치사의 목적어로도 쓰일 수 없으므로 오답.
(B) 동명사/현재분사: 형용사의 수식을 받지 못하며 전치사의 목적어로도 쓰일 수 없으므로 오답.
(D) 동사의 현재형: 형용사의 수식을 받지 못하며 전치사의 목적어로도 쓰일 수 없으므로 오답.

**해석**

스냅업은 처음 구매하는 사람들을 위해 자사의 복사기와 인쇄기를 작동하는 것에 관한 시연회 및 사용 설명서를 제공한다.

**어휘**

offer ~을 제공하다  demo 시연(회)  tutorial 사용 설명서
operate ~을 작동하다, 운영하다

### 102 동명사 자리 ★★☆☆☆

**정답 해설**

전치사 of 뒤에 위치한 빈칸은 of의 목적어 자리이므로 동명사인 **(B) registering**이 정답이다.

**오답 해설**

(A) 동사의 현재형: 전치사의 목적어로 쓰일 수 없으므로 오답.
(C) 동사의 과거형/과거분사: 전치사의 목적어로 쓰일 수 없으므로 오답.
(D) 동사원형: 전치사의 목적어로 쓰일 수 없으므로 오답.

**해석**

워크숍에 등록하신 후 24시간 이내에, 이메일로 확인 통지서 및 행사 프로그램의 상세 정보를 받으실 것입니다.

**어휘**

register for ~에 등록하다  confirmation 확인  notice 통지(서), 공고  details 상세 정보, 세부 사항

### 103 부사 자리 ★★☆☆☆

**정답 해설**

be동사 are과 보어 five meters 사이에 위치한 빈칸은 문장 전체를 수식할 부사 자리이므로 **(B) generally**가 정답이다.

**오답 해설**

(A) 형용사: 숫자 표현(five) 앞에 사용할 수 있는 형용사가 아니므로 오답.
(C) 동사원형: be동사 are과 결합 가능한 형태가 아니므로 오답.
(D) 명사: 숫자 표현(five) 앞에 사용할 수 없으므로 오답.

**해석**

던포드 시의 고가 도로들은 트럭과 같은 대형 차량들을 수용할 수 있도록 일반적으로 5미터 높이로 되어 있다.

**어휘**

overpass 고가 도로, 육교  accommodate ~을 수용하다
general 일반적인, 보통의  generalize ~을 일반화하다
generalization 일반화

### 104 분사 자리 및 구분 ★★★☆☆

**정답 해설**

동사 schedule이 주어 없이 접속사 when과 바로 결합하려면 분사의 형태가 되어 분사구문을 구성해야 하는데, 빈칸 뒤에 위치한 명사구를 목적어로 취할 수 있는 것은 현재분사이므로 **(C) scheduling**이 정답이다.

**오답 해설**

(A) 동사원형/명사: 주어 없이 접속사 when과 바로 결합 가능한 형태가 아니므로 오답.
(B) 동사의 과거형/과거분사: 과거분사일 경우, 빈칸 뒤에 위치한 명사구를 목적어로 취하지 못하므로 오답.
(D) 동사의 현재형: 주어 없이 접속사 when과 바로 결합 가능한 형태가 아니므로 오답.

해석

고위 책임자들이 회계부에 분기별 예산 회의 일정을 잡을 때 2주 전에 통보하도록 요청했다.

**어휘**

senior 고위의, 상급의, 선배의  ask A to do: A에게 ~하도록 요청하다  give two week's notice 2주 전에 통보하다

## 105 형용사 자리 ★★★☆☆

**정답 해설**

be동사 is와 결합 가능한 형용사 또는 분사들 중에서 하나를 골라야 하는데, 늘어나는 광고가 지니는 특성을 나타낼 형용사가 보어로 쓰여야 알맞으므로 **(C) disruptive**가 정답이다.

**오답 해설**

(A) 동사원형: be동사 is와 결합할 수 없으므로 오답.
(B) 동사의 과거형/과거분사: 과거형은 be동사와 결합하지 못하며, 과거분사일 경우에 수동태를 구성하는데, that절의 주어 advertisements가 방해받는 대상이 아니므로 의미가 맞지 않는 오답.
(D) 부사: be동사 뒤에서 보어 역할을 하지 못하므로 오답.

**해석**

그 온라인 동영상 재생 사이트의 가입자들이 점점 더 늘어나는 광고의 개수가 시청에 지장을 준다고 불평하기 시작했다.

**어휘**

complain that ~라고 불평하다  advertisement 광고  be disruptive to ~에 지장을 주다  disrupt ~에 지장을 주다, ~을 방해하다  disruptively 지장을 주어

## 106 명사 자리 ★★★☆☆

**정답 해설**

빈칸은 newly updated의 수식을 받음과 동시에 form과 복합명사를 구성할 또 다른 명사가 필요한 자리이므로 **(D) reimbursement**가 정답이다.

**오답 해설**

(A) 동사원형: 과거분사와 명사 사이에 위치할 수 없으므로 오답.
(B) 동사의 과거형/과거분사: 과거분사가 명사를 수식할 수는 있지만 '환급된 양식'이라는 어색한 의미를 구성하므로 오답.
(C) 동명사/현재분사: 과거분사와 명사 사이에 위치할 수 없으므로 오답.

**해석**

모든 지출 비용은 반드시 새로 업데이트된 지출 비용 환급 양식에 기재되어야 하며, 그 양식의 사본은 인사부에서 받으실 수 있습니다.

**어휘**

expense 지출 비용, 경비  reimbursement 비용 환급

reimburse ~을 환급해 주다

## 107 형용사 자리 및 의미 ★★★★☆

**정답 해설**

that절은 건축가들이 조언하는 내용을 나타내야 하므로 six months가 청소 작업의 반복 주기가 되어야 의미가 자연스럽다. 따라서 기간 명사와 결합해 '~마다 (한 번씩)'을 의미할 때 사용하는 **(B) every**가 정답이다.

**오답 해설**

(A) 단수명사를 수식하므로 오답.
(C) 'over the next ~'나 'over the past ~' 등의 구조로 기간을 나타내므로 오답.
(D) 숫자 표현이 포함된 명사구를 목적어로 취하지 않으므로 오답.

**해석**

저희 조경 건축가들은 옥외 수영장이 6개월마다 한 번씩 전문적으로 청소되도록 조언합니다.

**어휘**

landscape 조경  advise that ~하도록 조언하다

## 108 전치사 자리 및 구분 ★★★☆☆

**정답 해설**

빈칸 뒤에 위치한 명사구를 목적어로 취할 전치사가 빈칸에 필요하며, 이 명사구는 시점을 나타내므로 시점 명사(구)를 목적어로 취하는 전치사 **(A) until**이 정답이다.

**오답 해설**

(B) 부사: 전치사 자리에 쓰일 수 없어 오답.
(C) 전치사: 시점 명사가 아닌 기간 명사와 함께 사용하므로 오답.
(D) 전치사: 방향이나 목적 등을 나타내므로 오답.

**해석**

지난 분기에 대한 매출 보고서가 이미 정리되기는 했지만, 다음 주 월요일이나 돼서야 공개적으로 발표될 것으로 예상된다.

**어휘**

quarter 분기  compile (자료 등을 모아) ~을 정리하다  be expected to do ~할 것으로 예상되다  release ~을 발표하다, 출시하다, 공개하다  publicly 공개적으로  not A until B: B나 돼서야 A하다

## 109 관계대명사 ★★★☆☆

**정답 해설**

주어와 동사 사이에 삽입되어 주어를 부연 설명하는 절을 이끌 관계

대명사가 필요한데, 주어 Rammerscales가 사물이므로 사물명사에 대해 사용하는 **(D) which**가 정답이다.

(A) 사람명사에 대해 사용하는 관계대명사이므로 오답.
(B) 사람명사에 대해 사용하는 관계대명사이므로 오답.
(C) 사람명사에 대해 사용하는 관계대명사이므로 오답.

해석

스코틀랜드의 램머스케일즈는 1760년에 지어진 이후로 바뀌지 않은 상태로 유지되어 왔으며, 휴가 방문객들에게 아침 식사를 제공하는 숙박 서비스를 제공하고 있다.

어휘

**unaltered** 바뀌지 않은 **offer** ~을 제공하다 **bed-and-breakfast** 아침 식사를 제공하는 숙박 서비스

## 110 형용사 자리 ★★★☆☆

정답해설

빈칸은 부사 extremely의 수식을 받음과 동시에 two-month와 함께 명사 campaign을 수식할 형용사 자리이므로 **(D) demanding**이 정답이다.

오답해설

(A) 동사원형/명사: 명사를 수식하는 역할을 하지 못하므로 오답.
(B) 동사의 과거형/과거분사: 과거분사가 명사를 수식하는 역할을 할 수는 있지만 demanded는 명사를 수식하지 않으므로 오답.
(C) 동사의 현재형/명사: 명사를 수식하는 역할을 하지 못하므로 오답.

해석

올해 선거 후보자들이 45곳의 선거구 모두를 방문하도록 요구하는 2개월 기간의 대단히 까다로운 선거 운동에 참가할 것이다.

어휘

**election** 선거 **demanding** 까다로운 **require A to do**: A에게 ~하도록 요구하다 **voting district** 선거구 **demand** v. ~을 요구하다 n. 요구

## 111 동사 어휘 ★★★☆☆

정답해설

빈칸 뒤에 '목적어 + to do' 구조가 이어져 있으므로 이 구조와 어울려 '~에게 …하도록 장려하다, 권장하다' 등을 의미할 때 사용하는 **(C) encourages**가 정답이다.

오답해설

(A) '목적어 + to do' 구조와 어울리는 동사가 아니므로 오답.
(B) to부정사가 아닌 전치사 to와 어울려 쓰이는 자동사이므로 오답.
(D) 「strive to do」의 구조로 쓰이므로 오답.

해석

대학 보조금 프로그램은 교수진과 대학원생들이 학계 내에서 소속 학교의 명성을 끌어 올리기 위한 연구를 수행하도록 장려해 준다.

어휘

**grant** 보조금 **faculty** 교수진 **conduct** ~을 수행하다, 실시하다 **lift** ~을 끌어 올리다, 높이다 **reputation** 명성, 평판 **academic community** 학계 **invest** ~을 투자하다 **strive (to do)** (~하기 위해) 애쓰다

## 112 명사 어휘 ★★★☆☆

정답해설

일부 직원들을 해고하는 일은 타회사에 인수된 것에 따른 결과로 발생되는 일로 생각할 수 있으므로 **(D) consequence**가 정답이다.

오답해설

(A) '전환, 개조'를 나타내므로 문장의 의미에 맞지 않는 오답.
(B) '가능성'을 나타내므로 문장의 의미에 맞지 않는 오답.
(C) '감소, 인하, 할인'을 나타내므로 문장의 의미에 맞지 않는 오답.

해석

모터 매거진은 모르디카이 출판 그룹에 인수된 것에 따른 결과로 일부 직원들을 해고할 예정이다.

어휘

**lay off** ~을 해고하다 **personnel** 직원들, 인사(부) **acquisition** 인수, 매입, 획득 **conversion** 전환, 개조 **likelihood** 가능성 **reduction** 감소, 인하, 할인

## 113 전치사 자리 ★★★★☆

정답해설

빈칸 뒤에 위치한 명사구를 목적어로 취할 전치사가 빈칸에 쓰여야 알맞은 구조가 되므로 선택지에서 유일한 전치사인 **(D) Given**이 정답이다.

오답해설

(A) 접속사: '주어 + 동사'가 포함된 절을 이끌어야 하므로 오답.
(B) 형용사: 빈칸 뒤에 위치한 정관사 the 앞에 사용하지 않으므로 오답.
(C) 접속사: '주어 + 동사'가 포함된 절을 이끌어야 하므로 오답.

해석

의료 서비스의 증가하는 비용을 감안하면, 질병이 있는 노인들과 사

람들은 앞으로 더욱 힘든 시간을 겪을 가능성이 있다.

어휘

rising 증가하는  medical condition 질병  likely ~할 가능성이 있다, ~할 것 같다  see ~을 겪다  providing ~라면

## 114 형용사 어휘 ★★★☆☆

**정답 해설**

빈칸 앞에 위치한 최상급 표현과 어울려 '이용 가능한 가장 ~한'이라는 의미로 명사를 뒤에서 수식하는 역할을 하는 **(C) available**이 정답이다.

**오답 해설**

(A) 최상급 표현과 어울려 명사를 뒤에서 수식하는 역할을 하지 못하므로 오답.
(B) 최상급 표현과 어울려 명사를 뒤에서 수식하는 역할을 하지 못하므로 오답.
(D) 최상급 표현과 어울려 명사를 뒤에서 수식하는 역할을 하지 못하므로 오답.

**해석**

실버 스타 피트니스는 자사의 체육관마다 아주 다양한 무료 웨이트 기구 및 이용 가능한 가장 상급의 운동 기계들을 갖췄다.

**어휘**

equip A with B: A에 B를 갖추다, 갖춰 주다  advanced 상급의, 고급의, 진보한  agreeable 기분 좋은, 선뜻 동의하는

## 115 접속사 자리 ★★★☆☆

**정답 해설**

타동사 do 뒤로 빈칸이 있고 그 뒤로 '주어 + 조동사'로 구성된 불완전한 절 they can이 있으므로 이 절을 이끌 접속사 **(A) whatever**가 정답이다.

**오답 해설**

(B) 대명사/형용사: 하나의 절을 이끄는 역할을 하지 못하므로 오답.
(C) 대명사/형용사: 하나의 절을 이끄는 역할을 하지 못하므로 오답.
(D) 대명사/형용사: 하나의 절을 이끄는 역할을 하지 못하므로 오답.

**해석**

그 호텔의 시설 관리 직원은 침대 시트 및 타월에서 얼룩을 제거하기 위해 할 수 있는 무엇이든 한다.

**어휘**

housekeeping (호텔 등의) 시설 관리  stain 얼룩, 자국  bed linen 침대 시트

## 116 동사 어휘 ★★★☆☆

**정답 해설**

행사 참가를 위해 보안 출입증과 관련해 할 수 있는 일을 나타낼 동사가 필요하므로 '~을 얻다, 획득하다'를 뜻하는 **(A) acquire**이 정답이다.

**오답 해설**

(B) '~을 참고하다, ~와 상의하다' 등을 뜻하므로 의미가 어울리지 않는 오답.
(C) '~을 수정하다, 변경하다' 등을 뜻하므로 의미가 어울리지 않는 오답.
(D) '진행되다, 계속하다' 등을 뜻하며, 자동사이므로 목적어를 취할 수 없어 오답.

**해석**

그 무역 박람회에 참가하는 회사의 부서장들께서는 직원들을 위해 행사 주최측으로부터 보안 출입증을 받으시기 바랍니다.

**어휘**

be advised to do ~하시기 바랍니다, ~하는 것이 좋습니다  acquire ~을 얻다, 획득하다  security pass 보안 출입증  consult (사물) ~을 참고하다, (사람) ~와 상의하다  revise ~을 수정하다, 변경하다  proceed 진행되다, 계속하다

## 117 전치사 어휘 ★★★☆☆

**정답 해설**

빈칸 뒤에 위치한 핏츠 씨가 직책을 맡은 시점과 어울려 '~ 이후 처음으로 ~에 참석할 것이다'라는 의미를 구성할 수 있는 **(D) since**가 정답이다.

**오답 해설**

(A) '~ 아래에, ~ 속으로'를 의미해 의미상 어울리지 않는 오답.
(B) '(~을) 지나서, (정도, 단계 등을) 지나서, 넘어서' 등을 의미해 의미상 어울리지 않는 오답.
(C) '~(때)까지'를 의미해 의미상 어울리지 않는 오답.

**해석**

월요일에, 핏츠 씨는 지역 영업 이사 직책을 맡은 이후 처음으로 연례 총회에 참석할 것이다.

**어휘**

attend ~에 참석하다  general meeting 총회  assume (직책, 책임 등) ~을 맡다

## 118 전치사 어휘 ★★★☆☆

**정답 해설**

빈칸 앞뒤의 명사구들이 '수리 작업과 관련된 새로운 도면'이라는 의미가 되어야 자연스러우므로 **(A) concerning**이 정답이다.

(B) '~에 따르면'이라는 의미로 출처나 근거 등을 나타낼 때 사용하므로 오답.

(C) '~ 전역에 걸쳐, ~을 가로질러'라는 의미로 장소 범위 등을 나타낼 때 사용하므로 오답.

(D) '~ 전역에서, ~동안 내내' 등의 의미로 장소 범위나 기간 등을 나타낼 때 사용하므로 오답.

**해석**

사우스엔드 지역에 제안된 수도관 수리 작업과 관련된 새로운 도면이 곧 이용 가능해질 것이다.

**어휘**

blueprint 도면, 설계도  concerning ~와 관련된  shortly 곧, 머지 않아

## 119 부사 어휘 ★★★☆☆

**정답해설**

빈칸에 쓰일 부사는 동사 matches를 수식해 개최 장소 요건에 부합하는 정도를 나타내야 알맞으므로 '완벽히'를 의미하는 **(A) perfectly**가 정답이다.

**오답해설**

(B) '이전에, 과거에'를 뜻하므로 특정 요건에 부합하는 정도를 나타낼 수 없어 오답.

(C) '일상적으로'를 뜻하므로 특정 요건에 부합하는 정도를 나타낼 수 없어 오답.

(D) '갑자기'를 뜻하므로 특정 요건에 부합하는 정도를 나타낼 수 없어 오답.

**해석**

홍보부장은 클리프턴 호텔의 연회실이 자사의 행사 개최 장소 요건에 완벽히 부합한다고 생각한다.

**어휘**

ballroom 연회실  venue 개최 장소, 행사장  requirement 요건, 필요 조건  routinely 일상적으로

## 120 명사절 접속사 자리 및 의미 ★★★★☆

**정답해설**

to부정사로 쓰인 타동사 determine 뒤로 빈칸이 있고, 그 뒤로 주어와 동사가 포함된 절이 이어지는 구조이다. 따라서 빈칸 이하의 절이 determine의 목적어 역할을 하는 명사절이 되어야 하는데, 이 절은 빠진 요소 없이 완전한 절이므로 완전한 절을 이끄는 명사절 접속사 **(B) whether**가 정답이다.

**오답해설**

(A) 부사절접속사: 명사절 접속사 자리에 쓰일 수 없으므로 오답.

(C) 부사: 명사절 접속사 자리에 쓰일 수 없으므로 오답.

(D) 명사절접속사: '어느 추가되는 가로등이 야간 교통량 및 보행자와 운전자들 사이의 안전에 긍정적인 영향을 미칠지'와 같은 어색한 의미를 구성하므로 오답.

**해석**

그 설문 조사는 강과 운하 구역을 따라 추가되는 가로등이 야간 교통량 및 보행자와 운전자들 사이의 안전에 긍정적인 영향을 미칠지 결정하는 것이 목적이다.

**어휘**

aim to do ~하는 것이 목적이다  determine ~을 결정하다  canal 운하, 수로  have a positive effect on ~에 긍정적인 영향을 미치다  pedestrian 보행자  motorist 운전자

## 121 동사 어휘 ★★★☆☆

**정답해설**

빈칸 뒤에 목적어 없이 at 전치사구가 위치해 있으므로 빈칸이 자동사 자리임을 알 수 있다. 따라서 선택지에서 유일하게 자동사인 **(A) excelled**가 정답이다.

**오답해설**

(B) 목적어를 필요로 하는 타동사이므로 오답.

(C) 목적어를 필요로 하는 타동사이므로 오답.

(D) 목적어를 필요로 하는 타동사이므로 오답.

**해석**

펜웨이 코퍼레이션 사에서 지낸 시간 중엔, 허튼 씨는 영감을 주는 그룹 대화 방식으로 직원들에게 동기를 부여하는데 뛰어났다.

**어휘**

excel at ~에 뛰어나다  motivate ~에게 동기를 부여하다  inspiring 영감을 주는  instruct ~에게 지시하다, 설명하다  simplify ~을 간소화하다

## 122 가정법 과거완료 ★★☆☆☆

**정답해설**

If절의 동사가 had p.p.의 형태일 경우, 주절의 동사는 「would/could/should/might + have p.p.」가 되어야 하므로 **(C) would have reverted**가 정답이다.

**오답해설**

(A) If절의 동사가 had p.p.의 형태일 경우에 주절에 함께 쓰이는 동사의 형태가 아니므로 오답.

(B) If절의 동사가 had p.p.의 형태일 경우에 주절에 함께 쓰이는 동사의 형태가 아니므로 오답.

(D) If절의 동사가 had p.p.의 형태일 경우에 주절에 함께 쓰이는 동사의 형태가 아니므로 오답.

**해석**

그 지역 도서관이 건물에 대한 권리를 연장하지 않았다면, 그 건물 소유권은 정부에 귀속되었을 것이다.

**어휘**

renew ~을 연장하다, 갱신하다 claim 권리, 주장 property 건물, 부동산 ownership 소유권 revert 귀속되다, 되돌아가다

## 123 부사 어휘 ★★★☆☆

**정답해설**

여러 해 동안 고려한 끝에 이뤄진 결과와 관련된 의미를 나타낼 부사가 빈칸에 쓰여야 알맞으므로 '마침내, 결국' 등을 의미하는 **(C) eventually**가 정답이다.

**오답해설**

(A) '광범위하게, 대체로'를 의미하므로 문장의 의미에 맞지 않는 오답.

(B) '정확히'를 의미하므로 문장의 의미에 맞지 않는 오답.

(D) '이미, 벌써'를 의미하므로 문장의 의미에 맞지 않는 오답.

**해석**

여러 해 동안 셔브룩 시를 떠나는 것을 고려한 끝에, 존스 씨는 마침내 트렌트빌에 있는 새 아파트로 이사했다.

**어휘**

consider -ing ~하는 것을 고려하다 eventually 마침내, 결국 broadly 광범위하게, 대체로 precisely 정확히

## 124 대명사 자리 ★★☆☆☆

**정답해설**

전치사 for와 of 사이에 위치한 빈칸은 for의 목적어 역할을 할 단어가 필요한 자리이므로 대명사인 **(A) each**가 정답이다.

**오답해설**

(B) 접속사: 주어와 동사가 포함된 절을 이끌어야 하므로 오답.

(C) 접속사: 주어와 동사가 포함된 절을 이끌어야 하므로 오답.

(D) 형용사: 전치사의 목적어 역할을 하지 못하므로 오답.

**해석**

저희 마틴 코헨 광고사는 각각의 저희 고객들께 완전히 독창적인 광고 캠페인을 디자인해 드린다는 점을 자랑스럽게 여깁니다.

**어휘**

take pride in ~을 자랑스럽게 여기다 wholly 완전히, 전적으로

## 125 부사 자리 ★★★☆☆

**정답해설**

빈칸 뒤에 위치한 전치사 after와 결합 가능한 것은 전치사구를 수식할 수 있는 부사이므로 선택지에서 유일한 부사인 **(B) Immediately**가 정답이다.

**오답해설**

(A) 접속사: 전치사 after와 나란히 쓰일 수 없으므로 오답.

(C) 접속사: 전치사 after와 나란히 쓰일 수 없으므로 오답.

(D) 전치사: 전치사 after와 나란히 쓰일 수 없으므로 오답.

**해석**

개인 인터넷 회사를 설립한 직후에, 레즐리 샤프 씨와 로버트 반즈 씨는 처음으로 백만 달러를 벌었다.

**어휘**

found ~을 설립하다 make one's million 백만 달러를 벌다

## 126 형용사 어휘 ★★★☆☆

**정답해설**

빈칸 앞뒤에 위치한 be동사 is 및 to부정사와 결합 가능한 형용사가 필요하므로 이 둘과 함께 '~할 가능성이 있다'라는 의미를 나타낼 때 사용하는 **(A) likely**가 정답이다.

**오답해설**

(B) to부정사가 아닌 전치사 to와 결합하는 형용사이므로 오답.

(C) be동사 is 및 to부정사와 결합 가능한 형용사가 아니므로 오답.

(D) be동사 is 및 to부정사와 결합 가능한 형용사가 아니므로 오답.

**해석**

서버에 대한 작업이 완료되는 동안 앞으로 24시간 내에 간헐적인 인터넷 연결이 지속될 가능성이 있다.

**어휘**

intermittent 간헐적인 be likely to do ~할 가능성이 있다, ~할 것 같다 complete ~을 완료하다 constant 끊임없는

## 127 접속사 자리 및 구분 ★★★☆☆

**정답해설**

빈칸 앞에는 주어와 동사가 포함된 완전한 절이, 빈칸 뒤에는 주어 없이 동사 are부터 시작되는 불완전한 절이 있으므로 이 절들을 연결할 접속사가 필요한데, 수량 표현 three of의 수식을 받을 수 있는 **(B) which**가 정답이다.

(A) 주격관계대명사: 수량 표현 three of의 수식을 받을 수 없으므로 오답.
(C) 소유격관계대명사: 수량 표현 three of의 수식을 받을 수 없으므로 오답.
(D) 대명사: 두 개의 절을 연결하는 역할을 하지 못하므로 오답.

**해석**

에이보켐에는 총 12개의 부서가 있으며, 그 중 세 곳이 현재 이사회 회의에 참가하고 있다.

**어휘**

in total 총, 전부 합쳐  board 이사회, 이사진

## 128 의문형용사 자리 ★★★★★

**정답 해설**

동사 indicate와 목적어로 쓰인 대명사 one 사이에 위치한 빈칸에는 의문형용사가 와야 하며, '어느 것인지 밝히지 않았다'와 같은 의미가 되어야 알맞으므로 '어느'를 뜻하는 (A) which가 정답이다.

**오답 해설**

(B) 접속사: 주어와 동사가 포함된 명사절 또는 부사절을 이끄는 접속사이므로 오답.
(C) 형용사: '둘 중 어느 하나'를 뜻하므로 의미가 맞지 않는 오답.
(D) 형용사: '각각의'를 뜻하므로 의미가 맞지 않는 오답.

**해석**

야마사키 씨는 시카고를 방문하는 동안 한 호텔에 머물 것이라고 말했지만, 어느 곳인지 밝히거나 아무런 연락처도 제공하지 않았다.

**어휘**

indicate ~을 가리키다, 나타내다  provide ~을 제공하다
contact details 연락처

## 129 전치사 어휘 ★★★☆☆

**정답 해설**

빈칸 앞에 위치한 동사 expand와 어울리는 전치사로서 '~로 확장하다'라는 의미를 나타낼 때 사용하는 (B) into가 정답이다.

**오답 해설**

(A) 동사 expand와 어울려 쓰이는 전치사가 아니므로 오답.
(C) 동사 expand와 어울려 쓰이는 전치사가 아니므로 오답.
(D) 동사 expand와 어울려 쓰이는 전치사가 아니므로 오답.

**해석**

본사가 시애틀을 기반으로 하는 플릿우드 슈즈는 최근 동남 아시아로 사업을 확장하겠다는 야심 찬 계획을 발표했다.

**어휘**

headquarters 본사  be based in ~을 기반으로 하다  recently 최근에  announce ~을 발표하다  ambitious 야심 찬  expand into (사업 등) ~로 확장하다, 진출하다

## 130 형용사 어휘 ★★★☆☆

**정답 해설**

비용을 절감하기 위해 생화 대신 사용하는 것의 특성을 나타낼 형용사가 필요하므로 fresh와 대비되는 의미를 지니는 형용사로서 '인공적인'을 뜻하는 (D) artificial이 정답이다.

**오답 해설**

(A) '이용 가능한'을 뜻하므로 문장의 의미에 맞지 않는 오답.
(B) '섬세한, 정교한, 세심한'을 뜻하므로 문장의 의미에 맞지 않는 오답.
(C) '넓은'을 뜻하므로 문장의 의미에 맞지 않는 오답.

**해석**

비용 절감 조치로서, 록하트 앤 가디너 어소시에이츠는 사무실의 모든 생화 장식물을 인공적인 것으로 교체할 것이다.

**어휘**

cost-cutting 비용 절감의  measure 조치  replace A with B: A를 B로 교체하다  artificial 인공적인  delicate 섬세한, 정교한, 세심한

## 131-134 다음의 기사를 참조하시오.

휘트비 (5월 11일) – 어제, 킴벌리 아스파라거스 얼라이언스가 대규모 농업 프로젝트를 시작할 수 있도록 시 의회의 기획 개발부로부터 220만 달러의 보조금을 지급받았습니다. 이 부처의 131 자금 지원 덕분에, 65헥타르 크기의 스쿠프 지역에 대한 농업이 시작될 수 있으며, 지금으로부터 18개월 후에 첫 수확이 예상되고 있습니다. 이 개발 프로젝트는 경제적인 이득 및 고용 기회라는 두 가지 측면 모두에서 지역 사회에 긍정적인 영향을 미칠 것으로 예상되고 있습니다. 132 이 계획은 지역 내에서 대략 55개의 추가 일자리를 창출할 것입니다. 계절에 따라 일하는 농부들 또한 작업 시간의 증가 가능성에 대해 희망적입니다. 이 조합에 133 가입한 지역 재배업자 러셀 브룩 씨는 이 프로젝트를 통해 많은 사람들이 혜택을 보게 될 것임을 확인해 주었습니다. "134 지금까지 한동안, 저희는 6월부터 8월까지 페루와 멕시코에서 모든 아스파라거스를 수입해 오고 있었습니다."라고 브룩 씨가 밝혔습니다. 브룩 씨는 이 프로젝트가 일자리 창출을 촉발시킴과 동시에 수입품에 대한 의존도를 낮춰 줄 것이라고 확신하고 있습니다.

alliance 조합, 연합  grant 보조금  initiate ~을 시작하다, ~에 착수하다  extensive 대규모의, 광범위한  commence 시작되다  harvest 수확  in terms of ~의 측면에서  likelihood 가능성  grower 재배업자  import v. ~을 수입하다 n. 수입(품)  reliance on ~에 대한 의존(도)  spark ~을 촉발시키다

### 131 명사 어휘 ★★★☆☆

**정답 해설**

빈칸에 쓰일 명사는 전치사 Thanks to의 목적어로서 농업이 시작될 수 있게 한 원인에 해당되는데, 그 원인이 앞서 언급된 보조금인 것으로 판단할 수 있다. 따라서 보조금을 지급받은 사실을 나타낼 수 있는 것으로 '자금 제공'을 의미하는 **(B) funding**이 정답이다.

**오답 해설**

(A) '길, 경로'를 의미하므로 앞선 문장과 의미 연결이 되지 않아 오답.
(C) '수입(품)'을 의미하므로 앞선 문장과 의미 연결이 되지 않아 오답.
(D) '시스템, 체계'를 의미하므로 앞선 문장과 의미 연결이 되지 않아 오답.

**어휘**

route 길, 경로  importation 수입(품)

### 132 문장 삽입 ★★★★★

**정답 해설**

앞 문장에 농업 개발 프로젝트가 지역 사회에 경제적인 이득 및 고용 기회라는 좋은 영향을 미칠 것으로 예상한다는 말이 있으므로 그 프로젝트를 The scheme으로 지칭해 고용 기회와 관련된 긍정적인 결과를 언급하는 **(D)**가 정답이다.

**오답 해설**

(A) 주민들이 반대한다는 말은 긍정적인 요소들이 언급되는 앞뒤 문장들과 흐름상 맞지 않으므로 오답.
(B) 앞서 18개월 후에 수확된다고 쓰여 있으므로 흐름상 맞지 않는 오답.
(C) 앞뒤 문장들이 지역 소비자들의 선택과 관련된 내용이 아니므로 흐름 맞지 않는 오답.

**해석**

(A) 그러한 이유로, 킴벌리 주민들은 대체로 이 개발 계획에 반대하고 있습니다.
(B) 여러 농부들이 자신들의 곡물이 수확 준비가 되어 있다고 확인해 주었습니다.
(C) 지역 소비자들은 애초에 아스파라거스로 변경하는 것을 꺼려했습니다.
(D) 이 계획은 지역 내에서 대략 55개의 추가 일자리를 창출할 것입니다.

**어휘**

scheme 계획  as such 그러한 이유로, 그래서  largely 대체로 crops 곡물  be reluctant to do ~하기를 꺼려하다  switch to ~로 변경하다, 바꾸다

### 133 관계대명사 ★★★☆☆

**정답 해설**

빈칸은 주어와 동사 사이에 삽입된 절을 이끄는 접속사 자리인데, 주

어 Russell Brooke에 대한 부연 설명이 되어야 하므로 사람에 대해 사용하는 관계대명사 **(D) who**가 정답이다.

**오답 해설**

(A) 관계대명사: 사물에 대해 사용하는 관계사이므로 오답.
(B) 관계대명사: 선행사를 이미 포함하므로 오답.
(C) 관계부사: 장소에 대해 사용하는 관계사이므로 오답.

### 134 전치사 어휘 ★★★☆☆

**정답 해설**

빈칸 바로 뒤에 위치한 명사구 some time은 기간에 해당되는 것이므로 '~ 동안'이라는 의미로 기간 명사와 함께 사용하는 **(A) For**가 정답이다.

**오답 해설**

(B) 기간 명사를 목적어로 취하면 '~ 후에'라는 뜻으로 쓰이므로 문장의 의미에 맞지 않는 오답.
(C) 기간이 아닌 시점을 나타내는 명사와 함께 사용하므로 오답.
(D) 기간을 나타내는 명사와 함께 사용하지 않으므로 오답.

### 135-138 다음의 이메일을 참조하시오.

수신: edhughes@melb.edu.au
발신: jillsimms@citrussprings.com.au
날짜: 8월 21일
제목: 감사합니다!

휴즈 씨께,

어제 저희 양로원을 135 방문해 주셔서 감사드립니다. 알고 계시리라 확신하지만, 귀하의 참석에 136 감사했습니다. 저희 주민들과 손님들은 귀하의 즉석 코미디 쇼뿐만 아니라 많은 분들과 함께 하신 개인적인 시간에 대해서도 기뻐하셨습니다.

연휴 기간 중에 걸쳐, 저희 센터에 여러 노인분들을 추가로 받아들일 예정입니다. 다가오는 다른 저희 축제들 중 한 곳에서 137 그분들을 잠시 만나 뵙는데 관심이 있으신지요? 138 그러시다면, 새 주민들과 기존의 주민들께 또 다른 즐거움이 될 것입니다. 연휴 기간에 대한 저희 활동 일정표를 첨부해 드렸습니다. 가능한 날짜를 함께 논의할 수 있도록 전화를 통해 후속적으로 연락드리겠습니다.

귀하의 지원에 다시 한 번 감사드립니다.
안녕히 계십시오.

짐 심스

senior community center 양로원  presence 참석, 출석

resident 주민  be delighted with ~에 대해 기뻐하다
impromptu 즉석의, 즉흥적인  accommodate ~을 받아들이
다, 수용하다  briefly 잠시, 간단히  upcoming 다가오는, 곧 있
을  enclose ~을 첨부하다, 동봉하다  follow up 후속 조치를
하다

## 135 동명사 어휘 ★★★☆☆

### 정답 해설

바로 다음 문장에 상대방이 참석한 사실이 언급되어 있으므로 이 사
실과 연결되는 의미를 지닌 것으로 '~을 방문하다'를 뜻하는 동사의
동명사인 **(C) visiting**이 정답이다.

### 오답 해설

(A) '양로원을 수행한 것'이라는 어색한 의미를 구성하므로 오답.
(B) '양로원을 초대한 것'이라는 어색한 의미를 구성하므로 오답.
(D) 자동사이므로 목적어를 취할 수 없어 오답.

## 136 동사 자리 및 태/시제 ★★★☆☆

### 정답 해설

접속사 As가 이끄는 절 뒤로 주절의 주어 your presence와 빈칸
만 있으므로 빈칸에 주절의 동사가 쓰여야 한다. 또한 appreciate
이 목적어를 필요로 하는 타동사인데, 빈칸 뒤에 목적어가 없으므로
수동태로 쓰여야 하며, 앞뒤 문장에 제시된 yesterday 및 과거시제
were delighted와 어울리는 과거시제동사가 필요하므로 **(B) was
appreciated**가 정답이다.

### 오답 해설

(A) 동명사/현재분사: 동사의 형태가 아니므로 동사 자리에 쓰일 수 없
    어 오답.
(C) 현재시제 능동태: 과거시제 수동태가 필요한 빈칸에 맞지 않으므로
    오답.
(D) 미래시제 수동태: 과거시제 수동태가 필요한 빈칸에 맞지 않으므로
    오답.

## 137 대명사의 격 ★★★☆☆

### 정답 해설

빈칸은 동명사 meeting의 목적어 자리이므로 목적격대명사인 **(C)
them**이 정답이다.

### 오답 해설

(A) 소유격대명사: 동명사 meeting의 목적어 역할을 할 수 없으므로
    오답.
(B) 소유대명사: 동명사 meeting의 목적어 역할을 할 수 없으므로 오답.
(D) 주격대명사: 동명사 meeting의 목적어 역할을 할 수 없으므로 오답.

## 138 문장 삽입 ★★★★☆

### 정답 해설

앞선 문장에 다른 행사에서 사람들을 만나는 데 관심이 있는지 묻고
있으므로 그 일에 대해 긍정하는 경우를 If so로 가리켜 그렇게 하는
것에 따른 결과와 관련된 의미를 나타내는 **(B)**가 정답이다.

### 오답 해설

(A) 앞뒤 문장들이 상대방의 지원과 관련된 내용이 아니므로 흐름상 어
    울리지 않는 오답.
(C) 앞뒤 문장들이 상대방의 조언과 관련된 내용이 아니므로 흐름상 어
    울리지 않는 오답.
(D) 앞뒤 문장들이 숙박 시설의 가격과 관련된 내용이 아니므로 흐름상
    어울리지 않는 오답.

### 해석

(A) 귀하의 지원이 없었다면 이것을 이뤄낼 수 없었을 것입니다.
(B) 그러시다면, 새 주민들과 기존의 주민들께 또 다른 즐거움이
    될 것입니다.
(C) 저희 행사 기획자는 귀하의 조언에 대단히 감사히 생각했습니다.
(D) 저희는 센터 숙박 시설의 정확한 가격을 제공해 드릴 수 없습니
    다.

### 어휘

thrill 즐거움, 짜릿함  accomplish ~을 이루다, 달성하다  be
grateful for ~에 대해 감사하다  provide A with B: A에게 B를
제공하다  exact 정확한

## 139-142 다음의 이메일을 참조하시오.

수신: 모건 클락 [mclarke@avx.com]
발신: 앤젤라 머레이 [amurray@avx.com]
제목: 뛰어난 고객 평가
날짜: 2월 29일

모건 씨께,

이사회에서 우리의 최근 고객 만족도 설문 조사의 긍정적인 결과를 읽
고 기쁘게 생각했습니다. 우리는 이것이 주로 **139** 매우 뛰어났던 AVX
렌터카에 대한 귀하의 관리로 인한 것임을 알고 있습니다. 감사의 뜻으
로, 귀하께 해당 직책에 대한 영구 계약을 **140** 제안해 드리게 되어 기
쁘게 생각하며, 이는 4월부터입니다. **141** 추가로, 귀하의 보수도 인상

해 정식 보험과 출장 경비도 포함해 드리겠습니다. 귀하께서 2개월 전에 최고운영이사로 근무를 시작하신 이후로, 차량 대여가 세 배 증가해 왔으며, 이들 중 50퍼센트는 단골 고객입니다. **142** 우리는 또한 온라인 후기에서도 상당한 개선을 인지했습니다. 이 모든 성과들이 AVX가 매우 유능한 분에게 맡겨져 있다는 사실을 나타내는 것이며, 계속 그렇게 유지되기를 바랍니다. 축하드립니다!

안녕히 계십시오.

앤젤라

outstanding 뛰어난, 우수한 recognize that ~임을 알다, 인정하다 largely 주로, 대체로 appreciation 감사(의 뜻) raise ~을 인상하다, 높이다 compensation package (복리후생 등이 포함된) 보수 three-fold 세 배 in capable hands 유능한 사람에 맡겨져 있는 remain so (앞서 언급된 상태 등에 대해) 그렇게 유지되다, 남아 있다

## 139 형용사 어휘 ★★★☆☆

빈칸이 속한 which절은 상대방의 관리 업무를 뜻하는 management를 수식하므로 그 특성을 나타낼 형용사가 필요한데, 앞뒤의 긍정적인 내용으로 보아 훌륭하게 업무를 수행한 것으로 판단할 수 있으므로 '매우 뛰어난'을 뜻하는 **(D) exceptional**이 정답이다.

(A) '축하의'라는 뜻으로 쓰이므로 상대방의 관리 업무에 대한 특성을 나타낼 형용사로 맞지 않아 오답.
(B) '만족한'이라는 의미로 사람에 대해 사용하므로 관리 업무에 대한 특성을 나타낼 형용사로 맞지 않아 오답.
(C) '임시의, 일시적인'이라는 뜻을 나타내므로 상대방의 관리 업무에 대한 특성을 나타낼 형용사로 맞지 않아 오답.

exceptional 매우 뛰어난 congratulatory 축하의

## 140 to부정사 자리 ★★☆☆☆

빈칸 앞에 위치한 are pleased는 to부정사와 결합해 '~해서 기쁘다'라는 의미를 나타내므로 **(A) to offer**가 정답이다.

(B) 빈칸 앞에 위치한 are pleased와 결합 가능한 형태가 아니므로 오답.
(C) 빈칸 앞에 위치한 are pleased와 결합 가능한 형태가 아니므로 오답.
(D) 빈칸 앞에 위치한 are pleased와 결합 가능한 형태가 아니므로 오답.

## 141 접속부사 자리 및 구분 ★★★☆☆

빈칸 앞에는 특정 계약을 제안한다는 말이, 빈칸 뒤에는 보수를 인상하겠다는 말이 쓰여 있다. 따라서 상대방에게 좋은 조건들이 추가로 제시되는 흐름임을 알 수 있으므로 추가 정보를 말할 때 사용하는 **(B) In addition**이 정답이다.

(A) 예를 들 때 사용하는 접속부사이므로 오답.
(C) 양보 또는 대조의 의미를 나타낼 때 사용하는 전치사/접속부사이므로 오답.
(D) 목적어를 취해야 하는 전치사이므로 오답.

## 142 문장 삽입 ★★★★☆

앞 문장에 차량 대여의 증가 및 단골 고객 비중이 언급되어 있으므로 이와 같은 긍정적인 상황과 관련된 것으로서 추가 정보를 말할 때 사용하는 also와 함께 온라인상의 좋은 평가를 언급한 **(D)**가 정답이다.

(A) 앞뒤 문장들이 재방문 고객에게 제공되는 혜택과 관련된 것이 아니므로 흐름상 맞지 않는 오답.
(B) 앞뒤 문장들이 특정 직책에 대한 채용과 관련된 것이 아니므로 흐름상 맞지 않는 오답.
(C) 앞뒤 문장들이 설문 조사와 관련된 것이 아니므로 흐름상 맞지 않는 오답.

(A) 재방문 고객들께서는 매력적인 보상책과 더 저렴한 대여 요금 서비스를 받습니다.
(B) 해당 직책에 대한 귀하의 관심이 주목받았으며, 고려 대상이 될 것입니다.
(C) 편하실 때 작성하실 수 있는 다른 설문 조사지가 하나 더 발송되었습니다.
(D) 우리는 또한 온라인 후기에서도 상당한 개선을 인지했습니다.

notice ~을 인지하다, 알아차리다 significant 상당한 improvement 개선, 향상 returning 재방문하는 note ~에 주목하다 take A into consideration: A를 고려하다 at one's convenience 편할 때

### 143-146 다음의 기사를 참조하시오.

혁신의 날 - 1월 9일 - 올해 혁신의 날 행사가 1월 7일 일요일에 페낭에서 개최되었습니다. **143** 이 행사는 전 세계 곳곳에서 찾아 온 수백 곳의 기술 회사들을 맞이합니다. 과거의 여러 해와 달리, 유럽의 신생

기술 업체 대표자들이 올해 144 아주 많이 참석했습니다. 145 더욱이, 손님들과 참가자들 모두 똑같이 프랑스 및 독일 업체의 전시품들이 점점 더 창의적이고 인기를 얻고 있다는 점에 주목했습니다. 또한, 주목할 만하고 크게 환영받았던 곳으로 지난 4년에 146 비해 올해 전시회 행사에 더 많이 참가한 중동 기술 업체들이 있었습니다.

start-up 신생 업체  heavily (양, 정도 등이) 많이, 크게  represent ~을 대표하다  A and B alike: A와 B 모두 똑같이  exhibit 전시(품)  increasingly 점점 더  remarkable 주목할 만한, 두드러진  highly 크게, 매우

## 143 문장 삽입 ★★★★☆

### 정답 해설

앞 문장에 특정 행사가 1월 7일에 개최된 사실이 언급되어 있으므로 이 행사를 The event로 지칭해 행사에 참여한 업체들을 설명하는 내용을 담은 (B)가 정답이다.

### 오답 해설

(A) 앞 문장에 이미 과거 시점에 개최된 행사를 말하고 있으므로 흐름상 맞지 않는 오답.
(C) 앞 문장에 이미 과거 시점에 개최된 행사를 말하고 있으므로 흐름상 맞지 않는 오답.
(D) 다음 문장에 과거에 열린 행사와 비교하는 말이 있으므로 첫 번째 행사라고 말하는 것은 흐름상 맞지 않아 오답.

### 해석

(A) 행사 주최측에서는 과거 그 어느 때보다 더 높은 참가자 수를 예상하고 있습니다.
(B) 이 행사는 전 세계 곳곳에서 찾아 온 수백 곳의 기술 회사들을 맞이합니다.
(C) 판매업체 지원서는 이달 말까지 접수됩니다.
(D) 페낭 시장은 첫 번째 혁신의 날 행사를 주최하게 되어 영광이라고 말했습니다.

### 어휘

host ~을 맞이하다, 주최하다  anticipate ~을 예상하다  turnout 참가자 수  vendor 판매업체, 판매업자  be honored to do ~해서 영광이다

## 144 부사 자리 ★★★☆☆

### 정답 해설

수동태를 구성하는 be동사와 과거분사 사이에 위치한 빈칸은 수동태 동사를 수식하는 부사 자리이므로 (B) heavily가 정답이다.

### 오답 해설

(A) 형용사: be동사와 과거분사 사이에 위치해 수동태 동사를 수식하는 역할을 하지 못하므로 오답.
(C) 비교급 형용사: be동사와 과거분사 사이에 위치해 수동태 동사를 수식하는 역할을 하지 못하므로 오답.
(D) 최상급 형용사: be동사와 과거분사 사이에 위치해 수동태 동사를 수식하는 역할을 하지 못하므로 오답.

## 145 접속부사 어휘 ★★★☆☆

### 정답 해설

빈칸 앞에는 행사에 많은 신생 업체들이 참가했다는 말이, 빈칸 뒤에는 사람들이 특정 제품에 주목했다는 말이 쓰여 있다. 이는 행사의 특징과 관련된 정보를 추가적으로 알리는 흐름에 해당되므로 '더욱이, 게다가'라는 의미로 추가 정보를 덧붙일 때 사용하는 (A) Moreover가 정답이다.

### 오답 해설

(B) 다른 선택 사항을 언급할 때 사용하는 접속부사이므로 오답.
(C) 결과를 나타낼 때 사용하는 접속부사이므로 오답.
(D) 양보 또는 대조를 나타낼 때 사용하는 접속부사이므로 오답.

## 146 과거분사 어휘 ★★★☆☆

### 정답 해설

빈칸 앞에 이미 문장의 동사 was가 있으므로 빈칸은 동사 자리가 아니며, 뒤에 위치한 전치사 to와 결합 가능한 과거분사가 필요하다는 것을 알 수 있다. 빈칸 앞에 더 많은 중동 업체들이 참가했다는 말이 있고, 그 비교 범위에 해당되는 기간이 빈칸 뒤에 위치한 to 전치사구이므로 to와 함께 '~에 비해, ~와 비교해'라는 의미를 구성하는 (C) compared가 정답이다.

### 오답 해설

(A) 전치사 to와 함께 비교의 의미를 나타내는 과거분사가 아니므로 오답.
(B) 전치사 to와 함께 비교의 의미를 나타내는 과거분사가 아니므로 오답.
(D) 전치사 to와 함께 비교의 의미를 나타내는 과거분사가 아니므로 오답.

# TEST 7

## PART 5

| | | | | |
|---|---|---|---|---|
| **101**(C) | **102**(A) | **103**(B) | **104**(C) | **105**(C) |
| **106**(A) | **107**(A) | **108**(A) | **109**(C) | **110**(B) |
| **111**(A) | **112**(A) | **113**(D) | **114**(A) | **115**(A) |
| **116**(C) | **117**(D) | **118**(B) | **119**(A) | **120**(D) |
| **121**(B) | **122**(D) | **123**(B) | **124**(C) | **125**(A) |
| **126**(B) | **127**(B) | **128**(C) | **129**(D) | **130**(A) |

## PART 6

| | | | |
|---|---|---|---|
| **131**(C) | **132**(C) | **133**(A) | **134**(A) |
| **135**(D) | **136**(B) | **137**(B) | **138**(C) |
| **139**(D) | **140**(D) | **141**(B) | **142**(D) |
| **143**(A) | **144**(D) | **145**(B) | **146**(C) |

### 101 소유격대명사 관용표현 ★★☆☆☆

**정답 해설**

빈칸 앞뒤에 각각 위치한 on 및 own과 결합해 '스스로, 직접'이라는 의미를 구성할 때 사용하는 소유격대명사 **(C) their**가 정답이다.

**오답 해설**

(A) 주격대명사: 빈칸 앞뒤에 각각 위치한 on 및 own과 결합해 사용하지 않으므로 오답.
(B) 목적격대명사: 빈칸 앞뒤에 각각 위치한 on 및 own과 결합해 사용하지 않으므로 오답.
(D) 재귀대명사: 빈칸 앞뒤에 각각 위치한 on 및 own과 결합해 사용하지 않으므로 오답.

**해석**

교육생들은 교육 담당자나 직원들의 도움 없이 스스로 마지막 프로젝트를 완수해야 한다.

**어휘**

complete ~을 완수하다, 완료하다  assistance 도움, 지원  employee 직원

### 102 명사 자리 및 의미 ★★★☆☆

**정답 해설**

동사 expressed 뒤에 위치한 빈칸은 목적어 역할을 할 명사 자리이며, express는 감정이나 생각과 관련된 의미를 지니는 명사를 목적어로 취하므로 '관심'을 뜻하는 **(A) interest**가 정답이다.

**오답 해설**

(B) 형용사: 동사의 목적어 역할을 할 수 없으므로 오답.
(C) 명사: interest가 가산명사로서 복수 형태로 쓰이면 이익이나 이해관계를 나타내므로 의미가 맞지 않는 오답.
(D) 형용사: 동사의 목적어 역할을 할 수 없으므로 오답.

**해석**

선임 동업자들은 제임스 휘트비 씨를 회사에서 직급이 낮은 동업자로 만드는데 관심을 표현했지만, 공식적인 제안을 하지는 않았다.

**어휘**

express (감정, 생각 등) ~을 표현하다  interest n. 관심(사), 이자, 이익 v. ~의 관심을 끌다  make an offer 제안하다  formal 공식적인, 정식의  interested 관심 있는  interesting 흥미로운

### 103 부사 자리 ★★★☆☆

**정답 해설**

to부정사로 쓰인 자동사 hike 다음에 위치한 빈칸은 자동사 hike를 뒤에서 수식할 부사 자리이므로 **(B) cautiously**가 정답이다.

**오답 해설**

(A) 명사: 목적어를 취하지 않는 자동사 바로 뒤에 위치할 수 없으므로 오답.
(C) 형용사: 자동사 바로 뒤에 위치할 수 없으므로 오답.
(D) 명사: 목적어를 취하지 않는 자동사 바로 뒤에 위치할 수 없으므로 오답.

**해석**

실버 리지 산 방문객들께서는 산사태 발생 가능성으로 인해 봄철 기간에 걸쳐 조심스럽게 등산하셔야 한다는 점을 명심하십시오.

**어휘**

be reminded to do ~하는 것을 명심하다  cautiously 조심스럽게, 신중하게  mudslide 산사태  caution 조심, 주의  cautious 조심스러운, 신중한  cautiousness 조심성

### 104 동명사 자리 ★★★☆☆

**정답 해설**

빈칸 뒤에 위치한 명사구를 목적어로 취해 문장의 주어 역할을 할 동명사가 빈칸에 쓰여야 알맞은 구조가 되므로 **(C) Photocopying**이 정답이다.

**해석**

사무실 기계를 이용해 개인적이거나 업무와 무관한 문서를 복사하는 것은 어떠한 상황에서도 허용되지 않습니다.

**어휘**

photocopy v. ~을 복사하다 n. 복사  permit ~을 허용하다
circumstance 상황, 환경

## 105 최상급 형용사 ★★☆☆☆

**정답 해설**

빈칸 뒤에 위치한 'of all 복수명사'구의 수식을 받음과 동시에 정관사 the와 함께 최상급을 구성할 수 있는 형태인 **(C) highest**가 정답이다.

**해석**

크레스트 힐 지역의 평균 가정 소득은 미국 내 모든 교외 지역 중에서 가장 높은 것에 속한다.

**어휘**

income 소득, 수입  suburb 교외  highly 크게, 대단히, 매우

## 106 명사 자리 및 구분 ★★★★☆

**정답 해설**

전치사 on의 목적어로서 신원 조사를 하는 대상을 나타낼 사람명사가 필요한데, 회사에서 사무실 안전을 위해 실시하는 것이므로 소속 직원이 대상이 되어야 알맞다. 따라서 '신입 직원'을 의미하는 **(A) recruits**가 정답이다.

**해석**

사무실 안전과 보안을 유지하기 위해, 그 회사는 다음 달부터 신입 사원들에 대한 광범위한 신원 조사를 실시하기 시작할 것이다.

**어휘**

maintain ~을 유지하다  conduct ~을 실시하다, 수행하다
extensive 광범위한, 폭넓은  background check 신원 조사
recruit n. 신입 사원  recruit ~을 모집하다  recruiter 모집 담당자

## 107 전치사 어휘 ★★★☆☆

**정답 해설**

빈칸 뒤에 위치한 명사구 30 business days와 숫자 표현이 포함된 기간 명사(구)를 목적어로 취하는 **(A) within**이 정답이다.

**해석**

결함이 있거나 미개봉된 상품의 교체는 구입 날짜로부터 영업일로 30일 이내에 요청하실 수 있습니다.

**어휘**

replacement 교체(품)  defective 결함이 있는  merchandise 상품  request ~을 요청하다

## 108 동사원형 자리 ★★☆☆☆

**정답 해설**

빈칸 뒤로 명사구와 전치사구들만 있으므로 동사 allow가 맨 앞에 위치해 하나의 문장을 구성하려면 명령문 구조가 되어야 알맞다. 따라서 동사원형인 **(A) Allow**가 정답이다.

**해석**

귀하의 계정에서 확정 상태를 확인하기에 앞서 온라인 지불 비용의 처리에 대해 24~36시간을 감안해 주십시오.

**어휘**

processing 처리  confirmation 확정, 확인(서)

## 109 명사 자리 및 의미 ★★★★☆

빈칸 앞뒤에 각각 위치한 형용사 Any와 of 전치사구의 수식을 동시에 받을 명사가 빈칸에 필요한데, '거리에 대한 확장'이라는 의미가 되어야 알맞으므로 **(C) widening**이 정답이다.

(A) 비교급 형용사: of 전치사구의 수식을 받지 못하므로 오답.
(B) 명사: '폭, 너비'를 의미하므로 문장의 의미에 맞지 않는 오답.
(D) 과거분사: of 전치사구의 수식을 받지 못하므로 오답.

상업 지구의 여러 거리에 대한 어떠한 확장 작업이든 운전자들에게 환영받게 될 것이며, 그 중 많은 사람들이 좁은 차로에 대해 지속적으로 불만을 제기하고 있다.

widening 확장, 확대  constantly 지속적으로  narrow 좁은
lane 차로  width 폭, 너비  widen 넓어지다, ~을 넓히다

## 110 대명사 자리 및 구분 ★★★☆☆

빈칸과 동사 will be assigned 사이에 전치사구들만 있으므로 빈칸은 문장의 주어 자리이다. 따라서 전치사구의 수식을 받을 수 있으면서 주어 역할이 가능한 대명사 **(B) those**가 정답이다.

(A) 접속사: 전치사구의 수식을 받음과 동시에 주어 역할을 할 수 있는 것이 아니므로 오답.
(C) 접속사: 전치사구의 수식을 받음과 동시에 주어 역할을 할 수 있는 것이 아니므로 오답.
(D) 소유대명사: 전치사구의 수식을 받음과 동시에 주어 역할을 할 수 있는 것이 아니므로 오답.

오직 사전에 결제한 뮤지컬 입장권을 소지한 사람들만 첫 다섯 줄에 있는 자리에 배정될 것이다.

assign A B: A에게 B를 배정하다, 할당하다  row 줄, 열

## 111 전치사 자리 및 의미 ★★★☆☆

빈칸 뒤에 위치한 명사구 the decline을 목적어로 취할 수 있는 전치사가 빈칸에 필요하며, '매출 감소를 감안해 제품 제조를 중단하기로 결정했다'와 같은 의미가 되어야 하므로 **(A) Given**이 정답이다.

(B) 부사: 빈칸 뒤에 위치한 명사구를 목적어로 취할 수 없으므로 오답.
(C) 접속사: 주어와 동사가 포함된 절을 이끌어야 하므로 오답.
(D) 전치사: '~처럼, ~와 같이'라는 뜻으로 쓰이므로 의미가 맞지 않아 오답.

지난 해의 매출 감소를 감안해, 타운센드 주식회사는 그 제품을 제조하는 것을 중단하기로 결정했다.

decline in ~의 감소, 하락  discontinue ~을 중단하다, 중지하다
manufacture ~을 제조하다

## 112 분사구문 접속사 ★★★☆☆

동명사 또는 현재분사의 형태인 placing과 결합할 전치사(동명사일 경우) 또는 접속사(분사구문일 경우)를 골라야 하는데, 제품 주문 시에 주의해야 하는 사항을 알리는 말에 해당되므로 '~할 때'를 뜻하는 접속사 **(A) When**이 정답이다.

(B) 전치사: '~와 같은'이라는 의미로 예시를 나타내므로 의미가 맞지 않아 오답.
(C) to부정사 관용어구: 동사원형과 결합하는 표현이므로 오답.
(D) 전치사: 동명사와 결합하면 '~함으로써'라는 의미로 방법을 나타내므로 의미가 맞지 않아 오답.

마틴스 허브 앤 스파이스에 주문하실 때, 구입하시는 제품의 종류 및 수량을 꼭 클릭하시기 바랍니다.

place an order 주문하다  quantity 수량

## 113 동사 어휘 ★★★☆☆

빈칸 뒤에 위치한 명사구 extra copies of his business card는 사물명사이므로 사물명사를 목적어로 취할 수 있는 **(D) requested**가 정답이다.

(A) 사람명사를 목적어로 취하므로 오답.
(B) 사람명사를 목적어로 취하며, 사물명사를 목적어로 취하려면 ask for와 같이 사용하므로 오답.
(C) 사람명사를 목적어로 취하므로 오답.

해석

리차즈 씨는 중국에서 오는 고객들에게 나눠 줄 수 있도록 여분의 명함을 요청했다.

어휘

request ~을 요청하다 distribute ~을 나눠 주다, 배부하다
inform ~에게 알리다 advise ~에게 조언하다, 권하다

## 114 부사 어휘 ★★★☆☆

정답 해설

빈칸에 쓰일 부사는 바로 뒤에 위치한 동사 listened를 수식해 모든 불만 사항을 들은 방식을 나타내야 하므로 '인내심 있게'를 의미하는 (A) patiently가 정답이다.

오답 해설

(B) '아마'라는 의미로 쓰이므로 모든 불만 사항을 들은 방식을 나타낼 부사로 맞지 않는 오답.
(C) '반복하여'라는 의미로 쓰이므로 모든 불만 사항을 들은 방식을 나타낼 부사로 맞지 않는 오답.
(D) '동시에'라는 의미로 쓰이므로 모든 불만 사항을 들은 방식을 나타낼 부사로 맞지 않는 오답.

해석

고객의 무례함에도 불구하고, 그 영업 직원은 인내심 있게 모든 불만 사항을 듣고 해결책을 제공했다.

어휘

rudeness 무례함 representative 직원 provide ~을 제공하다
possibly 아마 simultaneously 동시에

## 115 동사 어휘 ★★★☆☆

정답 해설

명사구 Mr. Hakata's replacement를 목적어로 취해 후임자와 관련해 할 수 있는 일을 나타낼 동사가 필요하므로 '~을 임명하다'를 뜻하는 (A) named가 정답이다.

오답 해설

(B) '~을 증명했다'를 뜻하므로 의미가 어울리지 않는 오답.
(C) '~을 설립했다'를 뜻하므로 의미가 어울리지 않는 오답.
(D) 자동사이므로 목적어를 취할 수 없어 오답.

해석

빌트램 엔지니어링 사의 대표이사는 본사에서 열린 주주 총회 중에 하카타 씨의 후임자를 임명했다.

어휘

name ~을 임명하다, 지명하다 replacement 후임(자), 대체(자)
shareholder 주주 found ~을 설립하다

## 116 형용사 어휘 ★★★☆☆

정답 해설

빈칸 뒤에 위치한 전치사 결합 가능한 형용사로서 업데이트된 소프트웨어의 상태와 관련된 의미를 나타낼 수 있는 것이 필요하므로 with와 함께 '~와 호환 가능한'을 뜻하는 (C) compatible이 정답이다.

오답 해설

(A) '비교할 만한'을 뜻하므로 의미가 맞지 않아 오답.
(B) '~에 좋은'을 뜻하므로 의미가 맞지 않아 오답.
(D) '대조적인'을 뜻하므로 의미가 맞지 않아 오답.

해석

그 회계 소프트웨어의 업데이트된 버전이 그 네트워크 컴퓨터의 운영 시스템과 여전히 호환 가능한 상태이다.

어휘

compatible with ~와 호환 가능한 comparable 비교할 만한
conducive ~에 좋은 contrary 대조적인

## 117 접속사 자리 및 의미 ★★★☆☆

정답 해설

빈칸 앞뒤로 주어와 동사가 각각 포함된 절이 하나씩 위치해 있으므로 빈칸은 이 절들을 연결할 접속사 자리이다. 또한 '최소 전화를 하지 않는 한 예정대로 진행될 것이다'와 같은 의미가 되어야 알맞으므로 접속사 (D) as long as가 정답이다.

오답 해설

(A) 접속사: '비록 ~이기는 하지만'이라는 뜻으로 쓰이므로 의미가 맞지 않아 오답.
(B) 전치사: 주어와 동사가 포함된 절을 이끌 수 없으므로 오답.
(C) 전치사: 주어와 동사가 포함된 절을 이끌 수 없으므로 오답.

해석

저희 겨울 의류 제품 라인에 관한 발표는 고객께서 취소 전화를 하시지 않는 한 예정대로 진행될 것입니다.

어휘

proceed 진행되다 as scheduled 예정대로 aside from ~ 외에는

## 118 명사 어휘 ★★★☆☆

정답 해설

분석 작업과 관련해 모든 단계를 거치는 일을 나타낼 명사가 빈칸에 쓰여야 알맞으므로 '절차'를 뜻하는 (B) procedure가 정답이다.

**해석**

위험 요소 분석에 대한 절차가 시간 소모적이라 하더라도, 분석 전문가들은 여전히 예외 없이 모든 단계를 거쳐야 한다.

**어휘**

procedure 절차 analysis 분석 time-consuming 시간 소모적인 analyst 분석 전문가 be required to do ~해야 한다 go through ~을 거치다, 겪다 deliberation 숙고 probability 확률, 개연성

## 119 전치사 자리 및 의미 ★★★☆☆

**정답 해설**

빈칸 뒤에 being이 이끄는 동명사구 또는 분사구가 위치해 있는데, 마린 블루 시계의 두 가지 장점을 언급하는 의미가 되어야 알맞으므로 '~ 외에도'라는 의미로 추가 정보를 말할 때 사용하는 전치사 **(A) Aside from**이 정답이다.

**오답 해설**

(B) 접속사: Given that은 '접속사 + 분사'의 구조로 된 분사구문을 이끌지 않으므로 오답.
(C) 전치사: '~와 관련해'라는 뜻으로 쓰이므로 의미가 맞지 않는 오답.
(D) 부사: '추가로, 게다가'라는 뜻으로 쓰이는 부사구이므로 오답.

**해석**

최고의 수상 스포츠용 액세서리인 것 외에도, 마린 블루 시계는 일상적인 착용을 위해 세련되게 디자인되어 있습니다.

**어휘**

ultimate 최고의, 최상의 stylishly 세련되게, 멋지게 given that ~임을 감안해, 고려해 concerning ~와 관련해

## 120 접속사 자리 및 의미 ★★★☆☆

**정답 해설**

빈칸 앞뒤로 주어와 동사가 각각 하나씩 포함된 절이 위치해 있으므로 빈칸은 이 절들을 연결할 접속사 자리인데, '새 목록이 게시될 때마다 알림 메시지를 받는다'와 같은 의미가 되어야 알맞으므로 '~할 때마다'를 뜻하는 접속사 **(D) whenever**가 정답이다.

**오답 해설**

(A) 접속사/부사: 접속사로 쓰일 때 '아무리 ~해도'라는 뜻으로 쓰이므로 의미가 맞지 않는 오답.
(B) 부사: 주어와 동사가 포함된 절을 이끌지 못하므로 오답.
(C) 부사: 주어와 동사가 포함된 절을 이끌지 못하므로 오답.

**해석**

겟 워크 온라인 서비스 가입자들은 새로운 구인 목록이 고용주들에 의해 게시될 때마다 알림 메시지를 받을 수 있는 선택권이 있다.

**어휘**

receive ~을 받다 alert 알림, 경고 job listing 구인 목록

## 121 형용사 어휘 ★★★☆☆

**정답 해설**

손상을 피하기 위해 반드시 적절하게 포장되는 제품의 특성을 나타낼 형용사가 빈칸에 쓰여야 알맞으므로 '깨지기 쉬운, 취약한' 등을 의미하는 **(B) fragile**이 정답이다.

**오답 해설**

(A) '준비된'을 뜻하므로 문장의 의미에 맞지 않는 오답.
(C) '유용한'을 뜻하므로 문장의 의미에 맞지 않는 오답.
(D) '숨겨진, 감춰진'을 뜻하므로 문장의 의미에 맞지 않는 오답.

**해석**

특히 깨지기 쉬운 제품은 배송 중에 발생될 수 있는 우발적인 손상을 피하기 위해 반드시 적절히 포장되어야 한다.

**어휘**

fragile 깨지기 쉬운, 취약한 properly 적절히, 제대로 avoid ~을 피하다 accidental 우발적인, 우연한 shipping 배송, 선적 concealed 숨겨진, 감춰진

## 122 전치사 자리 및 의미 ★★★☆☆

**정답 해설**

빈칸 뒤에 위치한 명사구 the inclement weather conditions를 목적어로 취할 전치사가 빈칸에 필요하며, '악천후에도 불구하고 가장 높은 참가자 숫자 중 하나를 기록했다'와 같은 의미가 되어야 알맞으므로 전치사 **(D) In spite of**가 정답이다.

**오답 해설**

(A) 부사: 부사구이므로 명사구를 목적어로 취할 수 없어 오답.
(B) 부사: 부사이므로 명사구를 목적어로 취할 수 없어 오답.
(C) 전치사: '~뿐만 아니라, ~ 외에도'를 뜻하므로 문장의 의미에 맞지 않는 오답.

**해석**

악천후에도 불구하고, 올해의 의료 컨퍼런스는 행사 역사상 가장 높은 참가자 숫자 중 하나를 기록했다.

**어휘**

inclement weather conditions 악천후 attendance 참가(자의 숫자)

## 123 부사 어휘 ★★★☆☆

**정답 해설**

빈칸에 쓰일 부사는 지점별 보상액이 계산되는 방식을 나타내는데, 매출 수치가 제출된 후에 계산된다는 말은 매출 수치를 근거로 보상액이 계산된다는 뜻이므로 '그에 따라'라는 의미로 결과적인 내용을 말할 때 사용하는 **(B) accordingly**가 정답이다.

**오답 해설**

(A) '헤아릴 수 없을 정도로'를 뜻하므로 문장의 의미에 맞지 않는 오답.
(C) '고의로, 일부러'를 뜻하므로 문장의 의미에 맞지 않는 오답.
(D) '때때로'를 뜻하므로 문장의 의미에 맞지 않는 오답.

**해석**

다른 지점들로부터 매출 수치가 제출되는 대로, 그에 따라 해당 분기에 대한 지점별 보상액이 계산될 것이다.

**어휘**

figure 수치, 숫자  quarter 분기  compute ~을 계산하다  accordingly 그에 따라, 그에 알맞게  immeasurably 헤아릴 수 없을 정도로  purposely 고의로, 일부러  occasionally 때때로

## 124 전치사 어휘 ★★★☆☆

**정답 해설**

선택지가 모두 전치사이므로 의미가 알맞은 것을 찾아야 하는데, '광범위한 홍보 캠페인에도 불구하고 개막일에 참석률이 저조했다'와 같은 의미가 되어야 알맞으므로 **(C) Notwithstanding**이 정답이다.

**오답 해설**

(A) '~ 전역에 걸쳐, ~ 동안 내내'라는 뜻으로 쓰이므로 의미가 맞지 않는 오답.
(B) '~을 제외하고'라는 뜻으로 쓰이므로 의미가 맞지 않는 오답.
(D) '~에 앞서, ~ 전에'라는 뜻으로 쓰이므로 의미가 맞지 않는 오답.

**해석**

광범위한 홍보 캠페인에도 불구하고, 에드워드 싱어의 새 연극 공연 개막일 밤은 참석률이 저조했다.

**어휘**

extensive 광범위한, 폭넓은  poorly attended 참석률이 저조한

## 125 부사 어휘 ★★★☆☆

**정답 해설**

빈칸에 쓰일 부사는 노래 및 비디오 서비스가 제공되는 방식과 관련된 의미를 나타내는데, 해당 음악가의 재생 채널이 구체적으로 언급되어 있으므로 그 채널에서만 이용 가능하다는 의미가 되어야 자연스럽다. 따라서 '독점적으로, 오로지'라는 의미로 쓰이는 **(A) exclusively**가 정답이다.

**오답 해설**

(B) '상당히'를 뜻하므로 문장의 의미에 맞지 않는 오답.
(C) '종합적으로, 포괄적으로'를 뜻하므로 문장의 의미에 맞지 않는 오답.
(D) '관심을 갖고'를 뜻하므로 문장의 의미에 맞지 않는 오답.

**해석**

마일스 레이의 새로 공개된 노래와 비디오는 그의 재생 채널인 '서지'에서 독점적으로 이용 가능하다.

**어휘**

release ~을 공개하다, 출시하다  exclusively 독점적으로, 오로지  considerably 상당히  comprehensively 종합적으로, 포괄적으로  interestedly 관심을 갖고

## 126 형용사 자리 및 수 일치 ★★★☆☆

**정답 해설**

빈칸 뒤에 위치한 단수가산명사 manager를 수식할 형용사가 필요하므로 이 역할이 가능한 **(B) Every**가 정답이다.

**오답 해설**

(A) 복수가산명사를 수식하므로 오답.
(C) 대명사이므로 명사를 수식할 수 없어 오답.
(D) 복수가산명사를 수식하므로 오답.

**해석**

모든 관리자는 직원들이 뛰어나게 생산적인 상태가 되기 위해 개인적으로 동기 부여가 될 필요가 있다는 사실을 알고 있다.

**어휘**

personally 개인적으로, 직접  motivate ~에게 동기를 부여하다  exceptionally 뛰어나게, 유난히  productive 생산적인

## 127 부사 어휘 ★★★☆☆

**정답 해설**

빈칸에 쓰일 부사는 공연 포스터가 게시되어 있는 방식을 나타내야 하므로 '눈에 띄게, 두드러지게'를 의미하는 **(B) prominently**가 정답이다.

**오답 해설**

(A) '비판적으로, 결정적으로'를 뜻하므로 문장의 의미에 맞지 않는 오답.
(C) '날카롭게, 예민하게'를 뜻하므로 문장의 의미에 맞지 않는 오답.
(D) '집중적으로'를 뜻하므로 문장의 의미에 맞지 않는 오답.

**해석**

오래 기다려 온 지역 출신 가수 지나 데이비슨의 공연 포스터가 그 극장 바깥에 눈에 띄게 게시되어 있다.

## 어휘

much-awaited 오래 기다려 온  homegrown 지역 출신의
prominently 눈에 띄게, 두드러지게  critically 비판적으로, 결정적
으로  keenly 날카롭게, 예민하게

## 128 형용사 어휘 ★★★☆☆

### 정답해설

빈칸에 쓰일 형용사는 바로 뒤에 위치한 전치사 to와 어울려 두 가지
다른 학습 방식에 소요되는 시간 사이의 관계를 나타내야 하므로 to
와 함께 '~와 동등한, 맞먹는'이라는 의미로 쓰이는 **(C) equivalent**
가 정답이다.

### 오답해설

(A) '합리적인'을 뜻하므로 문장의 의미에 맞지 않는 오답.
(B) '적절한'을 뜻하므로 문장의 의미에 맞지 않는 오답.
(D) '상당한, 중요한'을 뜻하므로 문장의 의미에 맞지 않는 오답.

### 해석

그 어학 애플리케이션의 개발자에 따르면, 10시간의 앱 기반 학습이
강의실에서 20시간을 보내는 것과 동등하다.

### 어휘

A-based: A를 기반으로 한, 바탕으로 한  equivalent 동등한, 맞먹
는  appropriate 적절한  significant 상당한, 중요한

## 129 명사 어휘 ★★★☆☆

### 정답해설

빈칸에 쓰일 명사는 한 조각가의 작품과 50피트가 넘는 기념물 사이의 관
계를 나타내야 하므로 '축소 모형'이라는 의미로 쓰이는 **(D) miniature**
가 정답이다.

### 오답해설

(A) '디자이너'를 뜻하므로 문장의 의미에 맞지 않는 오답.
(B) '전통'을 뜻하므로 문장의 의미에 맞지 않는 오답.
(C) '평론가, 비평가'를 뜻하므로 문장의 의미에 맞지 않는 오답.

### 해석

그 조각가의 가장 유명한 작품은 한때 그리스 아테네에 50피트가 넘
는 높이로 서 있었던 한 역사적인 기념물의 축소 모형이다.

### 어휘

piece (글, 그림, 음악 등의) 작품  miniature 축소 모형  tradition
전통  critic 평론가, 비평가

## 130 형용사 어휘 ★★★☆☆

### 정답해설

빈칸 뒤에 이어지는 주절에 가장 효과적인 방법이라는 긍정적인 내용
이 제시되어 있으므로, While절은 그와 대비되는 의미가 되어야 자
연스럽다. 따라서 가정 치료에 대한 부정적인 의견을 나타내야 하므
로 '비현실적인'을 뜻하는 **(A) impractical**이 정답이다.

### 오답해설

(B) '부인할 수 없는'을 뜻하므로 문장의 의미에 맞지 않는 오답.
(C) '기이한, 놀라운, 특별한'을 뜻하므로 문장의 의미에 맞지 않는 오답.
(D) '불가피한, 어쩔 수 없는'을 뜻하므로 문장의 의미에 맞지 않는 오답.

### 해석

대부분의 의사들이 가정 치료가 비현실적이라고 생각하는 반면, 일부
물리 치료사들은 장기적으로 가장 효과적인 치료법이라고 생각한다.

### 어휘

physician 의사  impractical 비현실적인  physical therapist
물리 치료사  undeniable 부인할 수 없는  unavoidable 불가피
한, 어쩔 수 없는

### 131-134 다음의 이메일을 참조하시오.

수신: 돈 웨스트 <dwest332@email.co.uk>
발신: 고객 서비스부 <custoserv@gwylee.co.jp>
날짜: 9월 2일, 금요일 오전 9:45
제목: 웹 사이트 문의

R510A 스플리트 시리즈 에어컨 설치 설명서에 관한 귀하의 의견에 감
사드립니다. 리모컨을 이용해 타이머를 설정하는 것에 대한 설명 내용
에 몇몇 부정확한 부분이 131 있다는 귀하의 우려에 동의합니다. 132
저희는 다른 고객들로부터 동일한 의견을 받았습니다. 133 따라서
저희 기술 문서 작성자들이 해당 특정 페이지를 수정해 바로잡았을 뿐
만 아니라 더 정확한 도표를 포함해 두었습니다. 첨부해 드린 134 업
데이트된 버전을 확인해 보시기 바라며, 이는 저희 웹 사이트에서도
이용하실 수 있습니다. 시간 내셔서 저희에게 의견을 작성해 주신 것에
대해 대단히 감사드립니다.

inquiry 문의  installation 설치  agree with ~에 동의하다
concern 우려, 걱정  contain ~을 포함하다(= include)
inaccuracy 부정확함  technical writer 기술 문서 작성자
accurate 정확한  diagram 도표  revise ~을 수정하다, 개정
하다  specified 특정한, 명시된  attached 첨부된  access
~을 이용하다, ~에 접근하다

## 131 접속사 자리 및 구분 ★★★☆☆

빈칸 앞뒤로 주어와 동사가 각각 하나씩 포함된 절들이 위치해 있으므로 빈칸은 이 절들을 연결할 접속사 자리인데, 빈칸 뒤에 위치한 절이 명사 concern의 상세 내용에 해당되므로 '~하다는, ~라는' 등의 의미로 동격절을 이끄는 접속사 (C) that이 정답이다.

(A) 접속사: 선행사를 수식하는 역할을 하지 못하는 접속사이므로 동격절을 이끌 수 없어 오답.
(B) 전치사: 주어와 동사가 포함된 절을 이끌지 못하므로 오답.
(D) 전치사: 주어와 동사가 포함된 절을 이끌지 못하므로 오답.

## 132 문장 삽입 ★★★★☆

앞 문장에 타이머 설정과 관련된 설명에 부정확한 부분이 있다는 상대방의 우려에 동의한다는 말이 쓰여 있다. 따라서 이와 같은 동의에 대한 근거로서 다른 고객들에게서도 동일한 의견을 받았다는 의미를 나타내는 (C)가 정답이다.

(A) 앞뒤 문장이 사용 설명서의 문제점을 말하고 있으므로 제품의 특징을 강조하는 것은 흐름상 맞지 않는 오답.
(B) 앞뒤 문장이 사용 설명서 이용 방법과 관련된 것이 아니므로 흐름상 맞지 않는 오답.
(D) 앞뒤 문장이 추가 직원 채용과 관련된 것이 아니므로 흐름상 맞지 않는 오답.

(A) R510A 스플리트 시리즈는 저희의 최고급 모델입니다.
(B) 사용 설명서는 웹 사이트에서 다운로드하실 수 있습니다.
(C) 저희는 다른 고객들로부터 동일한 의견을 받았습니다.
(D) 저희는 기술적인 도움을 제공할 추가 직원을 찾고 있습니다.

top-of-the-range 최고급의  provide ~을 제공하다
assistance 도움, 지원

## 133 부사 자리 및 의미 ★★★☆☆

현재완료시제동사를 구성하는 have와 과거분사 사이는 동사를 수식하는 부사 자리이다. 또한 빈칸이 속한 문장은 문제점을 수정해 바로잡고 더 정확한 도표를 포함했다는 뜻인데, 이는 앞서 언급한 부정확한 정보에 대한 조치를 나타낸다. 따라서 원인과 결과의 관계인 것으로 판단할 수 있으므로 결과를 나타내는 부사 (A) therefore가 정답이다.

(B) 부사: '더욱이, 게다가'라는 의미로 정보를 추가할 때 사용하므로 오답.
(C) 부사: '대신에'라는 의미로 다른 선택 사항을 언급할 때 사용하므로 오답.
(D) 접속사: 현재완료시제동사를 구성하는 have와 과거분사 사이에 위치할 수 없으므로 오답.

## 134 형용사 어휘 ★★★☆☆

빈칸 앞뒤에 위치한 첨부된 버전은 앞 문장에서 문제점을 바로잡고 더 정확한 도표를 포함했다고 말한 것을 가리킨다. 따라서 정보가 업데이트된 버전이라는 의미가 되어야 자연스러우므로 (A) updated가 정답이다.

(B) '원래의 버전, 독창적인 버전'이라는 의미를 구성하므로 앞 문장과 어울리지 않아 오답.
(C) '충분한 버전'이라는 의미를 구성하므로 앞 문장과 어울리지 않아 오답.
(D) '통보받은 버전'이라는 의미를 구성하므로 앞 문장과 어울리지 않아 오답.

ample 충분한

### 135-138 다음의 이메일을 참조하시오.

수신: paul_spencer@jmail.net
발신: k_monroe@aspenmuseum.com
날짜: 10월 18일
제목: 박물관장 직책

스펜서 씨께,

최종 단계의 면접을 위해 저희 사무실로 귀하를 모시고자 합니다. 저희는 적은 숫자의 후보자들만 최종 명단에 올려 두었으며, 그분들 중에서 관장 직책에 가장 135 적합한 분을 선정할 계획입니다. 귀하의 배경 및 지난 면접에서 보여주신 능력을 감안해 볼 때, 이 직책에 필요한 많은 136 자질을 갖추신 것으로 생각됩니다. 저희는 귀하께서 이전에 말씀하신 바와 같이 여전히 목요일에 하루 종일 시간이 있으시리라 믿습니다. 137 그러실 경우, 오후 2시에 제 사무실에서 만나 뵐 수 있습니다. 이 마지막 면접을 위해, 귀하께서 21세기에 저희 박물관을 이끌어 가시고자 하는 방향을 설명해 주시기를 바랍니다. 138 저희는 박물관의 미래에 대한 귀하의 비전에 관해 몹시 들어 보고 싶습니다.

귀하를 뵐 수 있기를 고대합니다.

안녕히 계십시오.

켈리 먼로

---

shortlist ~을 최종 명단에 올리다  candidate 후보자, 지원자  directorship 관장직, 국장직  available (사람이) 시간이 나는  explain ~을 설명하다

## 135 형용사 자리 ★★★☆☆

정답해설

빈칸 앞에 위치한 the most와 결합해 최상급을 구성하는 형용사 (D) suitable이 정답이다.

오답해설

(A) 동사/명사: the most와 최상급을 구성하지 못하므로 오답.
(B) 명사: 빈칸이 속한 문장에서 말하는 선택 대상은 사람이어야 하므로 의미가 맞지 않는 오답.
(C) 부사: 부사의 최상급은 the 없이 most만 사용하므로 오답.

어휘

suitable 적합한, 어울리는

## 136 명사 어휘 ★★★☆☆

정답해설

특정 직책에 필요한 요건으로서 사람이 갖추고 있는 것을 나타낼 명사가 필요하므로 '자질'을 의미하는 (B) qualities가 정답이다.

오답해설

(A) '경향, 추세'를 뜻하므로 특정 직책에 필요한 요건으로 어울리지 않아 오답.
(C) '범주, 카테고리'를 뜻하므로 특정 직책에 필요한 요건으로 어울리지 않아 오답.
(D) '관례, 실천, 연습' 등을 뜻하므로 특정 직책에 필요한 요건으로 어울리지 않아 오답.

어휘

practices 관례, 실천, 연습

## 137 접속부사 자리 및 의미 ★★★☆☆

정답해설

콤마와 함께 문장 맨 앞에 위치한 빈칸은 접속부사 자리이다. 또한 오후 2시에 만날 수 있다고 말하는 것은 앞 문장에서 시간이 있을 것이라고 말한 경우에 해당될 때 발생 가능한 일이므로 '그럴 경우에'라는 의미로 조건을 나타내는 (B) If so가 정답이다.

오답해설

(A) 접속사: 주어와 동사가 포함된 절을 이끌어야 하므로 접속부사 자리에 쓰일 수 없어 오답.
(C) 접속부사: '대신에'라는 뜻으로 다른 선택 사항을 언급할 때 사용하므로 의미가 맞지 않아 오답.
(D) 접속부사: '하지만, 그러나'라는 뜻으로 반대, 대조 등을 언급할 때 사용하므로 의미가 맞지 않아 오답.

## 138 문장 삽입 ★★★★☆

정답해설

앞 문장에서 면접 중에 박물관을 이끌어 가고자 하는 방향을 설명하도록 요청하는 말이 있으므로 이를 '미래에 대한 비전'으로 바꿔 표현해 그것을 꼭 들어보고 싶다는 바람을 나타내는 (C)가 정답이다.

오답해설

(A) 앞 문장들이 면접 일정을 잡는 것과 관련되어 있으므로 일자리를 제안한다는 말은 순서가 맞지 않는 오답.
(B) 앞 문장들이 면접 일정을 잡는 것과 관련되어 있는데, 이는 현재 공석이 존재한다는 뜻이므로 흐름상 맞지 않는 오답.
(D) 앞 문장들을 통해 상대방이 면접 대상자임을 알 수 있으므로 면접과 관련된 도움에 감사하다는 말은 앞뒤가 맞지 않는 오답.

해석

(A) 귀하께 즉시 일자리 제안을 해 드리게 되어 매우 기쁠 것입니다.
(B) 그러한 이유로, 적절한 직책이 지원 가능하게 되면 연락드릴 것입니다.
(C) 저희는 박물관의 미래에 대한 귀하의 비전에 관해 몹시 들어보고 싶습니다.
(D) 지원자들을 면접 보는 것에 대한 도움에 대단히 감사드립니다.

어휘

be eager to do 몹시 ~하고 싶다, ~하기를 간절히 바라다  make A an job offer: A에게 일자리를 제안하다  as such 그러한 이유로, 그래서  appropriate 적절한  assistance in ~하는 것에 대한 도움  applicant 지원자  appreciate ~에 대해 감사하다

### 139-142 다음의 광고를 참조하시오.

천식으로 고통받고 계신가요? 오늘 저희 유니 제약회사에 연락하십시오!

6월 중에, 저희 유니 제약회사는 새로운 천식 방지 흡입기의 효과를 시험해 보기 위한 임상 실험을 실시할 예정입니다. 이 목적을 달성하기 위해, 21세에서 60세 사이의 천식 환자들을 **139** 찾고 있습니다. 참가자들께서는 반드시 연구 시작 **140** 시점에 6개월이 되지 않은 정량 흡입기를 이용하는 것에 대한 처방전을 소지하고 계셔야 합니다. **141** 저희는 확인용으로 해당 문서의 사본이 필요할 것입니다.

관심 있으신 분은, www.unipharma.com/asthmainhaler/trial에서

간단한 설문 양식을 작성해 주시기 바랍니다. 이번 실험에 대한 자격이 있는 것으로 여겨지는 분들께 1개월 이내로 연락드리겠습니다. 실험 참가자들께서는 6개월이 소요될 것으로 예상되는 이 실험 기간에 매주 보상을 142 받으시게 될 것입니다.

suffer from ~로 고통받다  asthma 천식  conduct ~을 실시하다, 수행하다  clinical trial 임상 실험  anti-asthma 천식 방지의  inhaler 흡입기  to this end 이 목적을 달성하기 위해  sufferer 환자  prescription 처방전  metered dose inhaler 정량 흡입기  deemed + 형용사: ~하는 것으로 여겨지는  eligible 자격이 있는  compensation 보상  be expected to do ~할 것으로 예상되다

## 139 동사 어휘 ★★★☆☆

**정답 해설**

빈칸 앞에는 임상 실험을 한다는 말이 있고, 빈칸 뒤에는 참가 조건이 제시되어 있다. 따라서 실험에 참가할 환자를 찾는다는 말이 되어야 알맞으므로 **(D) seeking**이 정답이다.

**오답 해설**

(A) '환자들을 피하다'라는 어색한 의미를 구성하므로 오답.
(B) '환자들을 다루다/치료하다' 등을 의미하는데, 앞뒤 문장들과 어울리지 않으므로 오답.
(C) '환자들을 관찰하다/감시하다' 등을 의미하는데, 앞뒤 문장들과 어울리지 않으므로 오답.

**어휘**

avoid ~을 피하다  treat ~을 다루다, 치료하다

## 140 전치사 자리 및 의미 ★★★☆☆

**정답 해설**

빈칸 뒤에 위치한 명사구 the start를 목적어로 취해 시작 시점을 나타낼 때 사용하는 전치사 **(D) at**이 정답이다.

**오답 해설**

(A) 전치사: the start와 함께 시작 시점을 나타내는 전치사로 쓰이지 않으므로 오답.
(B) 전치사: the start와 함께 시작 시점을 나타내는 전치사로 쓰이지 않으므로 오답.
(C) 접속사: 주어와 동사가 포함된 절을 이끌어야 하므로 오답.

## 141 문장 삽입 ★★★★☆

**정답 해설**

앞서 특정 처방전을 갖고 있어야 한다는 조건이 제시되어 있으므로

이를 the document로 지칭해 그 문서의 사본이 필요한 이유를 밝히는 **(B)**가 정답이다.

**오답 해설**

(A) 앞 문장들이 기기 교체와 관련된 것이 아니므로 흐름상 맞지 않는 오답.
(C) 앞 문장들이 자사의 제품 종류와 관련된 것이 아니므로 흐름상 맞지 않는 오답.
(D) 앞 문장들이 특정 제품 사용과 관련된 것이 아니므로 흐름상 맞지 않는 오답.

**해석**

(A) 손상된 흡입기를 새 것으로 교체해 드리겠다고 약속드립니다.
(B) 저희는 확인용으로 해당 문서의 사본이 필요할 것입니다.
(C) 저희는 환자들을 위해 아주 다양한 천식 의약품을 제조합니다.
(D) 저희는 유니 제약회사의 제품이 아닌 것을 사용하시지 않도록 권해 드립니다.

**어휘**

damaged 손상된, 피해를 입은  manufacture ~을 제조하다  medication 의약품

## 142 동사 자리 및 시제 ★★★☆☆

**정답 해설**

주절에 해당되는 콤마 앞까지의 구조를 보면, 주어와 빈칸 뒤로 명사구와 전치사구들만 있으므로 빈칸이 동사 자리임을 알 수 있으며, 실험에 6개월이 소요될 것으로 예상된다는 말과 의미가 어울리는 미래 시제동사인 **(D) will receive**가 정답이다.

**오답 해설**

(A) to부정사 수동태: 동사의 형태가 아니므로 주절의 동사 자리인 빈칸에 맞지 않는 오답.
(B) to부정사: 동사의 형태가 아니므로 주절의 동사 자리인 빈칸에 맞지 않는 오답.
(C) 과거완료시제: 동사의 형태이기는 하지만 문장의 의미에 어울리는 시제가 아니므로 오답.

## 143-146 다음의 기사를 참조하시오.

캔자스 크로니클 (5월 11일)

금요일에, 제인 채플린 주지사는 우리 주가 특정 유형의 건설 근로자들을 위해 이민 및 취업 허가증 규제를 완화할 예정이라고 발표했습니다. 기자 회견장에서, 채플린 주지사는 여러 건설 프로젝트를 지연시킨 것으로서 우리 주 내의 지게차 및 크레인 운전자의 지속적인 143 부족 문제를 이와 같은 변화의 주요 원인으로 언급했습니다. 144 특히, 완공되지 않은 리버사이드 개발 프로젝트를 지적했는데, 이는 여전히 2,000명의 대기 중인 세입자들을 수용할 수 없는 상태입니다. 채플린

주지사는 우리 캔자스가 주의 경제 전망을 밝히기 위해 수요에 대처하고 여러 프로젝트를 시작할 수 있도록 주 외부 지역에서 더 많은 숙련된 근로자들을 끌어들여야 한다고 말했습니다. 이 정책 변화는 기업가들의 찬성을 145 얻었습니다. 하지만 건설 노동자 조합은 다르게 생각합니다. 146 그들은 숙련된 지역 근로자들을 위해 그 일자리를 유지하기를 원합니다.

governor 주지사 relax ~을 완화하다 immigration 이민 work permit 취업 허가증 cite A as B: B로 A를 언급하다, 인용하다 ongoing 지속적인 forklift 지게차 point to ~을 지적하다 unfinished 완료되지 않은 house ~을 수용하다, ~에게 공간을 제공하다 tenant 세입자 skilled 숙련된, 능숙한 cope with ~에 대처하다 demand 수요 boost ~을 촉진하다, 증대하다 prospect 전망 union 조합

## 143 명사 어휘 ★★★☆☆

### 정답 해설

빈칸에 쓰일 명사는 여러 건설 프로젝트가 지연된 원인을 나타내는데, 지게차 및 크레인 운전자들과 관련된 문제점이어야 하므로 '부족'을 뜻하는 **(A) shortage**가 정답이다.

### 오답 해설

(B) '지게차 및 크레인 운전자들의 증가'를 의미하므로 지연에 대한 원인으로 맞지 않는 오답.
(C) '지게차 및 크레인 운전자들의 공급'을 의미하므로 지연에 대한 원인으로 맞지 않는 오답.
(D) '지게차 및 크레인 운전자들의 절차'라는 어색한 의미를 구성하므로 오답.

### 어휘

supply 공급 procedure 절차

## 144 접속부사 어휘 ★★★☆☆

### 정답 해설

앞 문장에 여러 건설 프로젝트가 지연되었다는 말이 있으므로 빈칸 뒤에서 설명하는 unfinished Riverside Development가 그 중 하나인 것으로 판단할 수 있다. 따라서 특정한 것을 대상으로 구체적으로 설명하는 흐름임을 알 수 있으므로 **(D) Specifically**가 정답이다.

### 오답 해설

(A) '대조적으로'를 뜻하므로 앞뒤 문장들의 의미 관계에 맞지 않는 오답.
(B) '상관하지 않고'를 뜻하므로 앞뒤 문장들의 의미 관계에 맞지 않는 오답.
(C) '잠정적으로'를 뜻하므로 앞뒤 문장들의 의미 관계에 맞지 않는 오답.

### 어휘

specifically 특히 provisionally 잠정적으로, 일시적으로

## 145 동사 자리 및 시제/태 ★★★★☆

### 정답 해설

빈칸 앞에는 주어가 빈칸 뒤에는 전치사구가 위치해 있어 빈칸은 수동태 동사가 들어갈 자리이다. 동의를 얻은 시점은 기자회견이 진행되는 시점보다 과거에 일어난 일이므로 과거시제가 사용되어야 하고, 뒤에 전치사구 with approval과 함께 '찬성을 얻다'라는 숙어를 구성할 수 있는 **(B) was met**이 정답이다.

### 오답 해설

(A) 과거완료진행형: 이미 기자회견장에서 발표되어 과거시점을 나타내야 하므로 오답.
(C) 미래진행형: 이미 기자회견장에서 발표되어 과거시점을 나타내야 하므로 오답.
(D) to부정사 수동태: 동사 자리인 빈칸에 맞지 않는 오답.

## 146 문장 삽입 ★★★★★

### 정답 해설

앞 문장들을 보면, 외부 지역에서 더 많은 숙련된 근로자들을 끌어들여야 한다는 정책이 기업가들의 찬성을 얻었다는 말과 함께 건설 노동자 조합은 다르게 생각한다는 말이 쓰여 있다. 따라서 노동자 조합 사람들의 생각, 즉 지역 근로자들을 위한 방식을 언급하는 **(C)**가 정답이다.

### 오답 해설

(A) 앞 문장들의 내용이 급여 인상과 관련된 것이 아니므로 흐름상 맞지 않는 오답.
(B) 앞 문장에 건설 노동자 조합이 외부 지역 근로자 활용에 반대한다고 언급된 것과 앞뒤가 맞지 않는 오답.
(D) 앞 문장들의 내용이 근로자 교육 및 비용과 관련된 것이 아니므로 흐름상 맞지 않는 오답.

### 해석

(A) 그들은 모든 건설 근로자들을 위해 급여 인상을 요구했습니다.
(B) 그들은 다른 지역에서 온 근로자들이 더 나은 자격을 지니고 있다고 생각합니다.
(C) 그들은 숙련된 지역 근로자들을 위해 그 일자리를 유지하기를 원합니다.
(D) 그들은 더 많은 근로자들을 교육하는데 너무 많은 비용이 든다고 생각합니다.

### 어휘

demand ~을 요구하다 pay hike 급여 인상 qualified 자격을 지닌

# TEST 8

## PART 5

| | | | | |
|---|---|---|---|---|
| **101**(C) | **102**(A) | **103**(B) | **104**(C) | **105**(C) |
| **106**(C) | **107**(D) | **108**(C) | **109**(D) | **110**(C) |
| **111**(B) | **112**(B) | **113**(B) | **114**(D) | **115**(C) |
| **116**(A) | **117**(A) | **118**(C) | **119**(B) | **120**(C) |
| **121**(A) | **122**(C) | **123**(D) | **124**(B) | **125**(A) |
| **126**(C) | **127**(B) | **128**(D) | **129**(B) | **130**(C) |

## PART 6

| | | | |
|---|---|---|---|
| **131**(D) | **132**(B) | **133**(D) | **134**(D) |
| **135**(C) | **136**(C) | **137**(B) | **138**(B) |
| **139**(A) | **140**(A) | **141**(B) | **142**(A) |
| **143**(D) | **144**(D) | **145**(A) | **146**(A) |

## 101 명사 자리 및 의미 ★★☆☆☆

**정답 해설**

빈칸 앞에 위치한 on a weekly와 결합해 '일주일 단위로'라는 의미를 구성할 때 명사 basis를 사용하므로 **(C) basis**가 정답이다.

**오답 해설**

(A) 명사: on a weekly와 함께 하나의 표현 구조를 이루는 명사가 아니므로 오답.
(B) 동사의 과거형/과거분사: 부정관사 a와 형용사 weekly의 수식을 받지 못하므로 오답.
(D) 동명사/현재분사: 부정관사 a와 형용사 weekly의 수식을 받지 못하므로 오답.

**해석**

방송 편성 일정은 일주일 단위로 조정되어 스카이넷 케이블 서비스 가입자들에게 이용 가능해진다.

**어휘**

adjust ~을 조정하다  be made available 이용 가능해지다
base n. 기반, 기초, 토대 v. ~에 기반을 두다, ~에 근거지를 두다

## 102 대명사의 격 ★★★☆☆

**정답 해설**

if절 뒤로 빈칸과 동사가 이어지는 구조이므로 빈칸은 이 동사의 주어 자리에 해당된다. 따라서 선택지의 대명사들 중에서 유일하게 주어 역할이 가능한 소유대명사 **(A) theirs**가 정답이다.

**오답 해설**

(B) 목적격대명사: 주어 자리에 쓰일 수 없으므로 오답.
(C) 소유격대명사: 주어 자리에 쓰일 수 없으므로 오답.
(D) 재귀대명사: 주어 자리에 쓰일 수 없으므로 오답.

**해석**

그 콜 센터 직원들은 팀장의 연봉이 인상되면 자신들의 연봉도 오를 것으로 희망하고 있다.

**어휘**

raise ~을 인상하다, 높이다  increase 오르다, 증가하다

## 103 형용사 자리 및 구분 ★★★☆☆

**정답 해설**

빈칸 앞에 위치한 the most와 함께 최상급을 구성할 수 있는 형용사로서 사람명사 people을 수식할 수 있는 **(B) qualified**가 정답이다.

**오답 해설**

(A) 동사: the most와 함께 최상급을 구성하지 않으므로 오답.
(C) 명사: people과 복합명사를 구성하지 않으므로 오답.
(D) 형용사: 사물명사를 수식하므로 오답.

**해석**

거의 20년에 달하는 소프트웨어 디자인 경력을 보유한, 미카엘라 포스터 씨는 지금까지 기술 회사를 운영한 가장 적격인 사람들 중 한 명이다.

**어휘**

qualified 적격인, 자격이 있는  run ~을 운영하다  qualify ~에 자격을 주다, 자격이 있다  qualification 자격(증)  qualifying 자격을 주는, 예선의

## 104 가정법 과거완료 ★★★☆☆

**정답 해설**

빈칸이 속한 if절에서 빈칸 앞뒤로 주어와 on 전치사구만 있으므로 빈칸은 if절의 동사 자리이다. 또한 주절에 「would/could/should/might + have p.p.」의 형태로 동사가 쓰일 때 if절의 동사는 had p.p. 형태가 되어야 하므로 **(C) had arrived**가 정답이다.

**오답 해설**

(A) 주절에 「would/could/should/might + have p.p.」의 형태로 동사가 쓰일 때 if절의 동사로 어울리는 형태가 아니므로 오답.
(B) 주절에 「would/could/should/might + have p.p.」의 형태로 동사가 쓰일 때 if절의 동사로 어울리는 형태가 아니므로 오답.
(D) 주절에 「would/could/should/might + have p.p.」의 형태로 동사가 쓰일 때 if절의 동사로 어울리는 형태가 아니므로 오답.

### 해석

로저스 씨는 자신의 상품이 예정된 날짜에 도착했다면 기꺼이 배송 요금을 지불했을 것이다.

### 어휘

merchandise 상품 arrive 도착하다 arranged 예정된, 준비된, 조치된

## 105 to부정사 자리 ★★☆☆☆

### 정답해설

빈칸 앞에 위치한 동사 strives는 to부정사와 결합해 '~하기 위해 애쓰다'라는 의미를 나타내므로 (C) to make가 정답이다.

### 오답해설

(A) 동명사: strive와 결합할 수 있는 형태가 아니므로 오답.
(B) 동사 + to부정사: 빈칸 앞에 이미 동사가 있으므로 오답.
(D) 현재완료 동명사: strive와 결합할 수 있는 형태가 아니므로 오답.

### 해석

리틀 모차르트 아카데미는 아주 어릴 때부터 음악에 대한 사랑을 장려하기 위해 모든 음악 수업을 학생들에게 즐겁게 만들기 위해 애쓴다.

### 어휘

strive to do ~하기 위해 애쓰다 enjoyable 즐거운 encourage ~을 장려하다, 권장하다 childhood 어린 시절

## 106 형용사 자리 및 구분 ★★★☆☆

### 정답해설

정관사 the와 명사구 peak season 사이에 위치한 빈칸은 명사구를 수식할 형용사 자리이며, peak season이 사물명사구이므로 사물명사를 수식하는 형용사 (C) approaching이 정답이다.

### 오답해설

(A) 동사원형: 정관사 the와 명사구 사이에 위치할 수 없으므로 오답.
(B) 동사의 과거형/과거분사: 과거분사로 명사를 수식하는 역할을 하지 못하므로 오답.
(D) 형용사: 사물명사가 아닌 사람명사에 대해 사용하므로 오답.

### 해석

다가오는 성수기를 우려해, 그 관광객 안내소의 책임자는 두 명의 신입 직원들을 고용하기로 결정했다.

### 어휘

concerned about ~을 우려하는, 걱정하는 approaching 다가오는 hire ~을 고용하다 approachable 접근 가능한, (사람이) 말을 붙이기 쉬운

## 107 부사 자리 ★★★☆☆

### 정답해설

be동사 was와 최상급 형용사 the most effective 사이에 위치한 빈칸은 최상급 형용사를 수식할 부사 자리이므로 (D) remarkably가 정답이다.

### 오답해설

(A) 동사원형/명사: be동사 was와 최상급 형용사 사이에 위치할 수 없으므로 오답.
(B) 동사의 과거형/과거분사: be동사 was와 최상급 형용사 사이에 위치할 수 없으므로 오답.
(C) 형용사: be동사 was와 최상급 형용사 사이에 위치할 수 없으므로 오답.

### 해석

소비자 테스트 참가자들은 자신들이 사용해 본 가장 인기가 적은 제품이 또한 두드러지게 가장 효과적이었음을 알게 되었다.

### 어휘

remarkably 두드러지게, 현저히 remark n. 말, 발언 v. ~라고 말하다, ~에 주목하다 remarkable 두드러진, 주목할 만한

## 108 명사 자리 및 구분 ★★★☆☆

### 정답해설

빈칸은 assembly line과 복합명사를 구성할 또 다른 명사가 필요한 자리이며, '3년의 경력'은 사람이 지닐 수 있는 것이므로 사람명사인 (C) operator가 정답이다.

### 오답해설

(A) 명사: 사람명사가 아니므로 문장의 의미에 맞지 않는 오답.
(B) 동명사/현재분사: 사람명사가 필요한 자리에 맞지 않으므로 오답.
(D) 동사: 사람명사가 필요한 자리에 맞지 않으므로 오답.

### 해석

와일리 고기 포장 공장은 최소 3년의 경력을 지닌 조립 라인 가동 담당자를 찾고 있습니다.

### 어휘

assembly 조립 operator 가동하는 사람, 운전자 operation 가동, 운영, 영업 operate ~을 가동하다, 운영하다

## 109 가정법 과거완료 ★★☆☆☆

### 정답해설

콤마 앞에 위치한 주절은 If가 생략되고 동사 had agreed에서 had가 도치된 구조이며, If절의 동사가 had p.p.의 형태일 때 주절의 동사로 「would/could/should/might + have p.p.」가 쓰이므로 (D) would have done이 정답이다.

(A) If절의 동사가 had p.p.의 형태일 때 주절의 동사로 쓰이는 형태가 아니므로 오답.

(B) If절의 동사가 had p.p.의 형태일 때 주절의 동사로 쓰이는 형태가 아니므로 오답.

(C) If절의 동사가 had p.p.의 형태일 때 주절의 동사로 쓰이는 형태가 아니므로 오답.

커노우 은행이 대출 자금을 제공하는데 동의하지 않았었다면 다른 금융 기관이 그렇게 했었을 것이다.

finance v. ~에 자금을 제공하다  loan 대출(자금)  banking institution 금융 기관

## 110 형용사 자리 및 의미 ★★★☆☆

빈칸 앞에 위치한 동사 remain은 명사 또는 형용사 보어와 함께 쓰이는데, 설문 조사의 답변과 신원이 기밀로 유지되어야 한다는 의미가 되어야 알맞으므로 (C) confidential이 정답이다.

(A) 명사: 명사 보어는 주어와 동격이어야 하는데, '답변 = 신뢰'가 성립되지 않으므로 오답.

(B) 형용사: '자신감 있는, 확신하는'을 뜻하므로 문장의 의미에 맞지 않는 오답.

(D) 부사: remain과 결합되는 보어로 쓰이지 않으므로 오답.

신원뿐만 아니라 설문지에서 응답자들께서 제공하시는 답변도 저희 개인 정보 보호 정책의 일환으로 기밀 상태로 유지될 것입니다.

respondent 응답자, 답변자  identity 신원, 신분  confidential 기밀의  confidence 신뢰, 확신  confidentially 기밀로

## 111 분사구문 접속사 ★★★☆☆

빈칸 앞에는 주어와 동사가 포함된 완전한 절이, 빈칸 뒤에는 주어 없이 동사 tested가 바로 이어지는 불완전한 절이 쓰여 있다. 따라서 빈칸에 접속사가 들어가 '접속사 + 과거분사'의 구조로 분사구문이 구성되어야 알맞으므로 분사구문에 쓰이는 접속사인 (B) when이 정답이다.

(A) 접속사: 분사구문에 쓰이는 접속사가 아니므로 오답.

(C) 부사: 완전한 절과 불완전한 절을 연결하는 역할을 하지 못하므로 오답.

(D) 전치사: 완전한 절과 불완전한 절을 연결하는 역할을 하지 못하므로 오답.

새로운 XK-RS 엔진 모델은 일반 운전자들과 전문 레이서들 모두에게 똑같이 테스트되었을 때 매우 뛰어난 평가를 받았다.

exceptional 매우 뛰어난  ordinary 일반의, 보통의
professional 전문적인  A and B alike: A와 B 둘 모두에게 똑같이

## 112 전치사 자리 및 의미 ★★★☆☆

빈칸 뒤에 기간의 의미를 내포하는 명사구가 쓰여 있으므로 기간 명사(구)를 목적어로 취하는 전치사 (B) during이 정답이다.

(A) 전치사: 기간 명사(구)를 목적어로 취하는 전치사가 아니므로 오답.

(C) 전치사/접속사: 전치사일 때 기간 명사(구)를 목적어로 취하는 전치사로 쓰이지 않으므로 오답.

(D) 부사: 명사구를 목적어로 취할 수 없으므로 오답.

정치적 불안정으로 인해, 분석 전문가들은 주식 가격이 12월과 1월 중에 하락할 것으로 예측하고 있다.

instability 불안정  analyst 분석 전문가  predict that ~라고 예측하다  drop (가격 등이) 하락하다

## 113 명사 자리, 구분 및 수 일치 ★★★★☆

빈칸 뒤에 위치한 of 전치사구의 수식을 받을 명사가 빈칸에 필요한데, 과장되었다고 표현할 수 있는 것으로서 '보고서'를 뜻하는 사물명사가 쓰여야 한다. 또한 '보고서'를 뜻하는 report는 가산명사이므로 부정관사 a와 함께 사용하거나 복수형이 되어야 하므로 (B) Reports가 정답이다.

**해석**

미국 업체들에게 상당한 영향을 미칠 임박한 불경기에 관한 보고서들은 크게 과장되었다.

**어휘**

imminent 임박한, 곧 닥칠  recession 불경기, 경기 후퇴  highly 크게, 대단히, 매우  exaggerate ~을 과장하다

## 114 형용사 자리 ★★★☆☆

**정답해설**

빈칸 앞 부분을 보면, 주어와 동사, 목적어, 그리고 to부정사구까지 구성이 완전한 상태이므로 빈칸 이하 부분은 부가적인 요소로서 명사 information을 수식하는 역할을 해야 한다. 따라서 형용사가 빈칸에 들어가 명사를 뒤에서 수식하는 구조가 되어야 알맞으므로 (D) relevant가 정답이다.

**오답해설**

(A) 명사: 부가적인 요소로서 명사를 뒤에서 수식하는 역할을 하지 못하므로 오답.
(B) 부사: 부가적인 요소로서 명사를 뒤에서 수식하는 역할을 하지 못하므로 오답.
(C) 명사: 부가적인 요소로서 명사를 뒤에서 수식하는 역할을 하지 못하므로 오답.

**해석**

팀장들은 각자의 프로젝트와 관련된 정보를 검색하기 위해 컴퓨터 데이터베이스를 이용할 수 있다.

**어휘**

have access to ~을 이용할 수 있다, ~에 접근할 수 있다  search for ~을 검색하다, 찾다  relevant to ~와 관련된  relevance 관련, 적절함  relevantly 관련되어  relevancy 적합성

## 115 부사 어휘 ★★★☆☆

**정답해설**

현재완료시제를 구성하는 has와 been updated 사이에 위치해 동사를 수식할 수 있는 부사가 필요하므로 (C) recently가 정답이다.

**오답해설**

(A) 현재완료시제를 구성하는 has와 과거분사 사이에 위치해 동사를 수식하는 역할을 하지 못하므로 오답.
(B) 현재완료시제를 구성하는 has와 과거분사 사이에 위치해 동사를 수식하는 역할을 하지 못하므로 오답.
(D) 현재완료시제를 구성하는 has와 과거분사 사이에 위치해 동사를 수식하는 역할을 하지 못하므로 오답.

**해석**

지난 분기에 여러 신모델들이 출시되었기 때문에, 우리의 온라인 제품 안내 책자가 최근에 업데이트되었다.

**어휘**

launch ~을 출시하다, 공개하다  brochure 안내 책자, 소책자  recently 최근에  openly 솔직하게, 터놓고

## 116 수량 형용사 ★★★☆☆

**정답해설**

빈칸 뒤에 'A or B'의 구조로 단수명사가 위치해 있으므로 단수명사를 수식할 수 있는 (A) any가 정답이다.

**오답해설**

(B) 복수명사를 수식하므로 오답.
(C) 부정관사 a와 함께 a single의 구조로 단수명사를 수식해야 하므로 오답.
(D) 복수명사를 수식하므로 오답.

**해석**

'가상 투어'를 클릭하시면 길포드 부동산 웹 사이트에 현재 기재된 어떤 아파트 또는 주택이든지 보실 수 있습니다.

**어휘**

virtual 가상의  currently 현재

## 117 형용사 어휘 ★★★☆☆

**정답해설**

「so A that B」의 구조에서 A 자리에 쓰이는 형용사는 that절에 언급된 내용의 원인과 관련된 의미를 나타낸다. 따라서 '제품 발표회가 너무 설득력이 있어서 많은 사람들이 샘플을 구입했다'와 같은 의미가 되어야 알맞으므로 (A) convincing이 정답이다.

**오답해설**

(B) '증언된, 증명된'을 뜻하므로 문장의 의미에 맞지 않는 오답.
(C) '입증된, 증명된'을 뜻하므로 문장의 의미에 맞지 않는 오답.
(D) '떠오르는, 신흥의'를 뜻하므로 문장의 의미에 맞지 않는 오답.

**해석**

히로시 타나카 씨의 제품 발표회는 너무 설득력이 있어서 청중들 속의 많은 사람들이 샘플을 구입했다.

**어휘**

convincing 설득력 있는  testify ~을 증언하다, 증명하다
proven 입증된, 증명된  emerging 떠오르는, 신흥의

## 118 형용사 어휘 ★★★☆☆

**정답 해설**

빈칸에 쓰일 형용사는 바로 뒤에 위치한 명사 share를 수식해 한 사람이 소유하는 지분의 양과 관련된 의미를 나타내야 하므로 '상당한'을 뜻하는 **(C) significant**가 정답이다.

**오답 해설**

(A) '의료의'라는 뜻으로 쓰이므로 문장의 의미에 맞지 않는 오답.
(B) '생산적인'이라는 뜻으로 쓰이므로 문장의 의미에 맞지 않는 오답.
(D) '연이은'이라는 뜻으로 쓰이므로 문장의 의미에 맞지 않는 오답.

**해석**

풀먼 씨가 알페온 제약회사에 투자하는 많은 액수는 그가 곧 회사의 상당한 지분을 소유할 것임을 나타낸다.

**어휘**

invest A in B: A를 B에 투자하다  indicate that ~임을 나타내다, 가리키다  share 지분, 주식  productive 생산적인  consecutive 연이은

## 119 전치사 자리 및 의미 ★★☆☆☆

**정답 해설**

빈칸 뒤에 위치한 명사구를 목적어로 취할 전치사가 빈칸에 쓰여야 하며 '각 교대 근무 후에 시간을 기록하다'와 같은 의미가 되어야 알맞으므로 전치사 **(B) after**가 정답이다.

**오답 해설**

(A) 형용사/부사: 명사구를 목적어로 취할 수 없으며, each와 어순도 맞지 않으므로 오답.
(C) 접속사: 주어와 동사가 포함된 절을 이끌어야 하므로 오답.
(D) 전치사: 의미가 맞지 않는 전치사이므로 오답.

**해석**

11월 1일부터, 직원들은 각 교대 근무 후에 각자의 근무 시간을 기록해야 할 것이다.

**어휘**

effective + 날짜: ~부터, ~부로  be required to do ~해야 한다, ~할 필요가 있다  shift 교대 근무(조)

## 120 접속사 자리 ★★☆☆☆

**정답 해설**

빈칸 뒤로 주어와 동사가 각각 하나씩 포함된 절들이 콤마 앞뒤에 위치해 있으므로 빈칸은 이 절들을 연결할 접속사 자리이다. 따라서 선택지에서 유일한 접속사인 **(C) Until**이 정답이다.

**오답 해설**

(A) 부사: 두 개의 절을 연결하는 역할을 하지 못하므로 오답.
(B) 부사: 두 개의 절을 연결하는 역할을 하지 못하므로 오답.
(D) 전치사: 두 개의 절을 연결하는 역할을 하지 못하므로 오답.

**해석**

보수 작업이 완료될 때까지, 어느 박물관 방문객도 남쪽 동에 출입하도록 허용되지 않을 것이다.

**어휘**

renovation 보수, 개조  be permitted to do ~하도록 허용되다
wing (건물의) 동, 부속 건물  nonetheless 그럼에도 불구하고

## 121 형용사 어휘 ★★★☆☆

**정답 해설**

지각하는 사람들을 입장시키지 않는다는 말은 시간을 꼭 지켜야 한다는 뜻이므로 '시간을 지키는, 엄수하는'을 뜻하는 **(A) punctual**이 정답이다.

**오답 해설**

(B) '고급의, 발전된'을 뜻하므로 문장의 의미에 어울리지 않는 오답.
(C) '활동적인, 적극적인'을 뜻하므로 문장의 의미에 어울리지 않는 오답.
(D) '갑작스러운, 급작스러운'을 뜻하므로 문장의 의미에 어울리지 않는 오답.

**해석**

엄격한 교육 감독관들은 지각하는 사람들에게 강좌에 참석하도록 입장을 허락하지 않으므로 교육 대상자들은 항상 시간을 지켜야 한다.

**어휘**

strict 엄격한  supervisor 감독관, 부서장, 책임자  admit ~에게 입장을 허락하다  attend ~에 참석하다  punctual 시간을 지키는, 엄수하는

## 122 전치사 어휘 ★★★☆☆

**정답 해설**

접속사 while과 결합하는 전치사구로서 '회사 전용기에 탑승해 있는 동안 ~할 권한이 있다'라는 의미가 되어야 알맞으므로 **(C) aboard**가 정답이다.

**오답해설**

(A) 교통편에 대해 사용하지 않으므로 오답.

(B) 위치 이동이나 상태 변화와 관련된 의미를 나타내는 전치사이므로 오답.

(D) 복수명사(구)를 목적어로 취하는 전치사이므로 오답.

**해석**

오직 선택된 직원들만 회사 전용기에 탑승해 있는 동안 노트북 컴퓨터와 기타 전자 기기를 이용할 수 있는 권한이 있다.

**어휘**

selected 선택된  be authorized to do ~할 권한이 있다
aboard ~에 탑승한


## 123 동사 어휘 ★★★☆☆

**정답해설**

빈칸에 쓰일 동사는 to부정사구를 구성해 화학 물질에 대한 노출과 관련해 안경 및 보호 장비를 이용하는 목적을 나타내야 하므로 '~을 방지하다'를 뜻하는 **(D) prevent**가 정답이다.

**오답해설**

(A) '~을 보장하다, ~임을 확실히 하다'를 뜻하므로 문장의 의미에 맞지 않는 오답.

(B) '~을 가리키다, 나타내다'를 뜻하므로 문장의 의미에 맞지 않는 오답.

(C) '~을 무시하다'를 뜻하므로 문장의 의미에 맞지 않는 오답.

**해석**

공장 직원들은 화학 물질에 대한 노출을 방지하기 위해 안경 및 보호 장비를 이용해야 한다.

**어휘**

be required to do ~해야 하다  protective gear 보호 장비
prevent ~을 방지하다, 막다  exposure to ~에 대한 노출
indicate ~을 가리키다, 나타내다  ignore ~을 무시하다


## 124 부사 어휘 ★★★☆☆

**정답해설**

빈칸에 쓰일 부사는 바로 뒤에 위치한 형용사 damaged를 수식해 손상 정도와 관련된 의미를 나타내야 하므로 '심각하게, 극심하게'를 뜻하는 **(B) severely**가 정답이다.

**오답해설**

(A) '거의 ~않다'를 뜻하므로 문장의 의미에 맞지 않는 오답.

(C) '친절하게'를 뜻하므로 문장의 의미에 맞지 않는 오답.

(D) '꾸준히, 끊임없이'를 뜻하므로 문장의 의미에 맞지 않는 오답.

**해석**

그 항공사는 분실되거나 비행 중에 심각하게 손상되는 수하물에 대해 교체해 주거나 보상을 제공한다.

**어휘**

replace ~을 교체하다  provide ~을 제공하다  compensation
보상  lost 분실된, 잃어버린  severely 심각하게, 극심하게  hardly
거의 ~ 않다  steadily 꾸준히, 끊임없이


## 125 명사 어휘 ★★★☆☆

**정답해설**

to부정사로 쓰인 동사 express는 감정 등을 나타내는 명사를 목적어로 취한다. 또한, 빈칸 뒤에 위치한 전치사 in과 함께 사용되는 명사가 빈칸에 쓰여야 하므로 in과 함께 '~에 대한 자신감, 확신'을 의미하는 **(A) confidence**가 정답이다.

**오답해설**

(B) '도전, 어려운 일' 등을 뜻하므로 express의 목적어로 맞지 않는 오답.

(C) express의 목적어로 쓰일 수는 있지만 '감사(의 마음)'를 뜻하므로 의미가 맞지 않는 오답.

(D) '인정, 인식, 표창' 등을 뜻하므로 express의 목적어로 맞지 않는 오답.

**해석**

비록 주가가 지난 주에 5퍼센트 정도로 약간 하락하기는 했지만, 투자자들은 머켄 홀딩스 주식의 재정적 실행 가능성에 대해 계속 자신감을 나타내고 있다.

**어휘**

stock price 주가  decrease 하락하다, 감소하다  slightly 약간
express (감정, 생각 등) ~을 나타내다, 표현하다  confidence
자신감, 확신  viability 실행 가능성  gratitude 감사(의 마음)
recognition 인정, 인식, 표창


## 126 명사절 접속사 자리 및 구분 ★★★☆☆

**정답해설**

to부정사로 쓰인 타동사 check 뒤에 빈칸이 있고 그 뒤로 주어와 동사가 포함된 절이 이어지는 구조이다. 따라서 이 절이 타동사 check의 목적어 역할을 하는 명사절이 되어야 하는데, 주어나 목적어 등이 빠져 있지 않고 완전한 구조를 이루고 있으므로 완전한 절을 이끄는 명사절 접속사 **(C) whether**가 정답이다.

**오답해설**

(A) 부사절 접속사: 명사절 접속사 자리에 쓰일 수 없으므로 오답.

(B) 명사절 접속사: 주어나 동사의 목적어 등이 빠진 불완전한 명사절을 이끌어야 하므로 오답.

(D) 전치사: 주어와 동사가 포함된 절을 이끌지 못하므로 오답.

아서스 씨는 오리엔테이션 참석자들을 위한 샌드위치가 충분히 있을지 확인하기 위해 출장 요리 전문 업체에 연락했다.

**어휘**

catering 출장 요리 제공(업)  attendee 참석자

## 127 동사 어휘 ★★★☆☆

**정답 해설**

신규 회원들을 대상으로 도서관 카드로 할 수 있는 일을 나타낼 동사가 필요하므로 '~을 발급하다'라는 의미로 쓰이는 **(B) issued**가 정답이다.

**오답 해설**

(A) '~을 …로 여기다, 간주하다'라는 뜻으로 쓰이므로 문장의 의미에 맞지 않는 오답.
(C) '~을 끌어들이다'라는 뜻으로 쓰이므로 문장의 의미에 맞지 않는 오답.
(D) '~을 재고로 보유하다, 갖추고 있다'라는 뜻으로 쓰이므로 문장의 의미에 맞지 않는 오답.

**해석**

이번 주에, 그 도서관은 신규 회원들에게 250개가 넘는 도서관 카드를 발급했다.

**어휘**

issue v. ~을 발급하다, 지급하다  regard ~을 …로 여기다, 간주하다  attract ~을 끌어들이다  stock v. ~을 재고로 보유하다, 갖추고 있다

## 128 전치사 어휘 ★★★☆☆

**정답 해설**

빈칸 뒤에 위치한 동명사구는 '금속 및 목재 부품을 붙이는 일'을 뜻하는데, 이는 접착제의 용도에 해당하므로 '~용으로, ~을 위해' 등의 의미로 용도를 나타내는 **(D) for**가 정답이다.

**오답 해설**

(A) 동명사구와 결합할 때 '~함으로써'라는 의미로 방법을 나타내므로 오답.
(B) 동명사구와 결합해 사용하는 전치사가 아니므로 오답.
(C) 동명사구와 결합해 사용하는 전치사가 아니므로 오답.

**해석**

공업용 접착제는 직물이나 플라스틱이 아니라 오직 금속 및 목재 부품만을 붙이는 용도로만 사용되어야 한다.

**어휘**

industrial-grade 공업용의  glue 접착제  attach ~을 붙이다  component 부품  fabric 직물, 천

## 129 대명사 자리 및 구분 ★★★☆☆

**정답 해설**

빈칸은 비교 대상을 나타낼 때 사용하는 than의 목적어 자리이므로 이 역할이 가능한 대명사를 찾아야 하며, 해외 저작권법을 더 잘 알고 있다는 말은 그 비교 대상이 다른 사람이어야 한다는 것을 의미한다. 따라서 사람을 지칭하는 대명사 **(B) anyone**이 정답이다.

**오답 해설**

(A) 소유대명사: 주로 사람이 소유하는 사물을 지칭하므로 오답.
(C) 접속사: 주어와 동사가 포함된 절을 이끌어야 하므로 오답.
(D) 지시대명사: 사물을 지칭하므로 오답.

**해석**

준 콜필드 씨가 누구보다 해외 저작권법을 더 잘 알고 있기 때문에 그 고객을 대상으로 하는 발표를 이끌 것이다.

**어휘**

lead ~을 이끌다, 진행하다  copyright laws 저작권법

## 130 형용사 어휘 ★★★☆☆

**정답 해설**

부정관사 a와 함께 명사 range를 수식할 수 있는 형용사로서 이 둘과 함께 '아주 다양한'이라는 표현 구조를 이룰 수 있는 **(C) diverse**가 정답이다.

**오답 해설**

(A) 부정관사 a 뒤에 위치할 수 없으므로 오답.
(B) 부정관사 a 및 명사 range와 어울릴 수 없는 형용사이므로 오답.
(D) 부정관사 a 및 명사 range와 어울릴 수 없는 형용사이므로 오답.

**해석**

기어업 피트니스 클럽은 모든 신체 유형 및 운동 필요성을 위한 아주 다양한 운동 및 훈련 장비를 제공한다.

**어휘**

offer ~을 제공하다  equipment 장비  lengthy 너무 긴, 장황한  valid 유효한

## 131-134 다음의 이메일을 참조하시오.

수신: 샌디 오 <sanoh@goldenlotus.com>
발신: 루퍼트 갤브스턴 <rupgalveston@goldenlotus.com>
날짜: 8월 21일
제목: 안녕하세요

최근의 제 **131** 승진에 대해 진심 어린 감사의 뜻을 전해 드리기 위해 이메일을 씁니다. 비록 홍콩의 지역 출장 요리 제공 책임자로서의 새

직책이 10월 1일이나 되어야 공식적으로 **132** 발표되지만, 귀하의 도움이 없었다면 이 기회는 불가능했을 것이라는 사실을 알아주셨으면 합니다. 이 역할이 **133** 어려울 것이라는 것을 알지만, 귀하와 함께 일했던 제 경험이 저에게 자신감을 줍니다. 제가 세인트 존스에서 출장 요리 제공 부책임자로 있었을 때 귀하의 조언과 가르침은 소중한 것이었습니다. **134** 계속해서 귀하의 지원에 의지할 수 있다는 점에 의심의 여지가 없습니다. 대단히 감사합니다!

안녕히 계십시오.

루퍼트 갤브스턴

express (생각, 감정 등) ~을 전달하다, 표현하다  heartfelt 진심 어린  recent 최근의  catering 출장 요리 제공(업)  not A until B: B나 되어야 A하다  officially 공식적으로, 정식으로  confidence 자신감, 확신  mentoring 가르침  assistant 부 ~, 보조의  invaluable 소중한

## 131 명사 어휘 ★★★☆☆

#### 정답 해설

전치사 for의 목적어 자리인 빈칸은 감사의 이유에 해당되는 명사가 필요한 자리인데, 바로 다음 문장에서 언급하는 새 직책을 맡게 된 사실과 관련된 것으로서 '승진'을 의미하는 **(D) promotion**이 정답이다.

#### 오답 해설

(A) '요청'을 뜻하므로 뒤에 이어지는 새 직책을 맡는 일과 관련 없는 오답.
(B) '인터뷰, 면접'을 뜻하므로 뒤에 이어지는 새 직책을 맡는 일과 관련 없는 오답.
(C) '행사'를 뜻하므로 뒤에 이어지는 새 직책을 맡는 일과 관련 없는 오답.

#### 어휘

pomotion 승진  request 요청

## 132 분사 자리 및 구분 ★★★☆☆

#### 정답 해설

빈칸 앞에 위치한 be동사와 결합 가능한 것으로서 빈칸 뒤에 목적어 없이 전치사구만 위치한 구조와 어울려야 하므로 수동태를 구성할 때 사용하는 과거분사인 **(B) announced**가 정답이다.

#### 오답 해설

(A) 동사원형: be동사와 결합하지 못하므로 오답.
(C) 명사: be동사 뒤에 보어로 쓰이려면 주어와 동격이 되어야 하는데, 'the new position = announcement'와 같은 동격 관계가 아니므로 오답.
(D) 현재분사: be동사와 결합해 진행형을 만드는데, announce가 타동사여서 목적어가 필요하므로 문장 구조에 맞지 않는 오답.

## 133 형용사 자리 ★★★☆☆

#### 정답 해설

be동사 뒤에서 보어 역할을 할 수 있는 명사나 형용사를 골라야 하는데, 새 직책을 가리키는 주어 the role의 특성을 나타낼 형용사 보어가 쓰여야 알맞으므로 **(D) challenging**이 정답이다.

#### 오답 해설

(A) 명사/동사: 보어 역할이 가능한 명사일 경우, 가산명사이므로 부정관사 a가 동반되거나 복수형으로 쓰여야 하므로 오답.
(B) 복수명사: 새 직책을 가리키는 주어 the role에 대한 보어로 쓰이려면 하나의 어려운 일이라는 의미가 되도록 부정관사 a와 함께 단수로 쓰여야 알맞으므로 오답.
(C) 동사의 과거형/과거분사: 빈칸은 동사 자리가 아니므로 과거형 동사로 쓰일 수 없으며, 과거분사일 경우 명사를 수식하지 않으므로 오답.

#### 어휘

challenging 어려운, 힘든

## 134 문장 삽입 ★★★★☆

#### 정답 해설

앞 문장에 상대방의 조언과 가르침에 감사하다는 말이 쓰여 있으므로 이를 your support로 지칭해 앞으로도 그와 같은 조언과 가르침을 기대한다는 의미를 나타내는 **(D)**가 정답이다.

#### 오답 해설

(A) 앞 문장들이 호텔 손님 숫자와 관련된 내용이 아니므로 흐름상 맞지 않는 오답.
(B) 앞 문장들이 채용 여부와 관련된 내용이 아니므로 흐름상 맞지 않는 오답.
(C) 앞 문장들이 상대방의 새 직무와 관련된 내용이 아니므로 흐름상 맞지 않는 오답.

#### 해석

(A) 그 홍콩 호텔에 더 많은 손님들이 있습니다.
(B) 저는 현재 채용 위원회로부터 소식을 듣기를 기다리고 있습니다.
(C) 그러는 동안, 귀하의 새 직무에 관해 계속 알려 주시기 바랍니다.
(D) 계속해서 귀하의 지원에 의지할 수 있다는 점에 의심의 여지가 없습니다.

#### 어휘

count on ~에 의지하다  currently 현재  meanwhile 그러는 동안, 그 사이에  responsibility 직무, 책임

## 135-138 다음의 기사를 참조하시오.

---

전통을 깬 인기 레스토랑

요즘 인기 있는 쉐프스 키친이 최근 전통을 깨트렸습니다. 많은 135 불만 사항을 접수한 끝에, 이 레스토랑은 팁이 없는 정책을 결정했습니다. 지난 주부터, 고객들은 메뉴와 계산서를 열면 이제 모든 서비스 청구 요금이 기재된 가격에 포함되어 있는 것을 보게 되며, 이는 더 이상 추가로 팁을 줄 필요가 없다는 것을 의미합니다. 쉐프스 키친의 소유주 멜빈 쇼어 씨는 이것이 식사 손님과 레스토랑 직원 모두에게 더 공정하고 윤리적이라고 밝혔습니다. 이렇게 함으로써, 고객들은 얼마나 팁을 주어야 하는지 계산하는데 136 더 적은 시간을 들이게 되는데, 모든 것이 계산서에 포함되어 있기 때문입니다. 137 고객들은 이 새로운 정책에 찬성한다는 뜻을 나타냈습니다. 이와 같은 반응을 고려해, 몇몇 다른 인기 식당들도 이미 쉐프스 키친의 본보기를 따르기 시작했으며, 더 많은 식당들이 이러한 예를 따를지 138 고려하고 있습니다.

---

tradition 전통 recently 최근에 following ~ 후에 no-tipping 팁을 주지 않는 ethical 윤리적인, 도덕적인 diner 식사 손님 calculate ~을 계산하다 response 반응, 응답 eatery 식당 follow ~을 따르다 establishment (학교, 식당 등의) 시설 follow suit 전례를 따르다

---

## 135 명사 어휘 ★★★☆☆

**정답 해설**

'~ 후에'를 의미하는 전치사 Following의 목적어 자리인 빈칸은 해당 레스토랑에서 팁이 없는 정책을 결정한 원인과 관련되어야 한다. 따라서 많은 불만을 받은 끝에 결정된 정책인 것으로 생각할 수 있으므로 (C) complaints가 정답이다.

**오답 해설**

(A) '서비스'를 뜻하므로 문장의 의미에 맞지 않는 오답.
(B) '직원, 작업자'를 뜻하므로 문장의 의미에 맞지 않는 오답.
(D) '가격'을 뜻하므로 문장의 의미에 맞지 않는 오답.

## 136 형용사 어휘 ★★★☆☆

**정답 해설**

빈칸은 명사 time을 수식해 팁을 계산하는데 소모되는 시간과 관련된 의미를 나타내야 한다. 빈칸 뒤에 이어지는 내용을 보면 모든 것이 계산서에 포함되어 있는 말이 쓰여 있으므로 '더 적은' 시간이 소모된다는 의미를 구성할 수 있는 (C) less가 정답이다.

---

**오답 해설**

(A) '많은'을 뜻하므로 문장의 의미에 맞지 않는 오답.
(B) '어떤 ~이든'을 뜻하므로 문장의 의미에 맞지 않는 오답.
(D) '더 많은'을 뜻하므로 문장의 의미에 맞지 않는 오답.

## 137 문장 삽입 ★★★★☆

**정답 해설**

앞 문장들은 새 정책의 장점을 설명하고 있고, 빈칸 바로 뒤에는 누군가의 반응을 의미하는 the response와 함께 그 반응에 따라 발생되고 있는 일이 쓰여 있다. 따라서 고객들의 긍정적인 반응을 의미하는 문장인 (B)가 정답이다.

**오답 해설**

(A) 앞뒤 문장들이 변경된 메뉴에 따른 새로운 음식과 관련된 것이 아니므로 흐름상 맞지 않는 오답.
(C) 앞뒤 문장들이 팁에 의한 서비스 개선과 관련된 것이 아니므로 흐름상 맞지 않는 오답.
(D) 앞뒤 문장들이 새로운 요리사와 관련된 것이 아니므로 흐름상 맞지 않는 오답.

**해석**

(A) 쉐프스 키친은 또한 변경된 메뉴로 여러 새로운 음식을 제공하고 있습니다.
(B) 고객들은 이 새로운 정책에 찬성한다는 뜻을 나타냈습니다.
(C) 레스토랑 소유주들은 서비스가 팁에 의해 개선된다고 생각합니다.
(D) 그 새로운 요리사가 그 업체에 합류한 이후로 극찬을 받아왔습니다.

**어휘**

approve of ~을 찬성하다 offer ~을 제공하다 revised 변경된 improve ~을 개선하다, 향상시키다 receive ~을 받다 praise 칭찬

## 138 동사 자리 및 수 일치 ★★★☆☆

**정답 해설**

빈칸 앞뒤로 and절의 주어 more establishments와 whether가 이끄는 명사절만 있으므로 빈칸에 and절의 동사가 필요하며, 복수명사의 형태인 주어 more establishments와 수 일치가 되는 (B) are considering이 정답이다.

**오답 해설**

(A) 수동태 동명사: 동사의 형태가 아니므로 빈칸에 맞지 않는 오답.
(C) 동사의 단수형: 단수주어와 수 일치되는 형태이므로 복수주어와 어울리지 않는 오답.
(D) to부정사: 동사의 형태가 아니므로 빈칸에 맞지 않는 오답.

**139-142 다음의 편지를 참조하시오.**

린다 수바리
이지 윈드 드라이브 338번지
오스틴, TX 78754

수바리 씨께,

이 편지는 귀하께서 연례 건강 검진을 받으실 예정임을 상기시켜 드리기 위한 것입니다. **139** 저희 진료소 기록에 따르면 귀하의 마지막 예약이 11개월 전이었던 것으로 나타납니다. 저희 달리 클리닉에서는, 60세가 넘는 정규 진료 환자분들께서 일년에 한 번씩 종합 검진을 받으시도록 **140** 권해 드리고 있습니다. **141** 이렇게 함으로써, 저희 의사들이 어떠한 의료 관련 문제든 가장 이른 단계에서 발견할 수 있으며, 필요한 예방 의료 서비스 또는 치료를 받으시도록 보장해 드릴 수 있습니다. 노후에 최상의 건강 상태로 생활하실 수 있도록 돕는 것이 저희의 **142** 최우선 과제입니다. 예약 일정을 잡아 드릴 수 있도록 가능한 한 빨리 연락 주실 수 있기를 바랍니다. 대단히 감사드리며, 곧 뵐 수 있기를 고대합니다.

의료팀
달리 클리닉

remind A that: A에게 ~임을 상기시키다  due 예정된  annual 연례의, 해마다의  general checkup 종합 검진  physician 의사  detect ~을 발견하다, 감지하다  preventive care 예방 의료 서비스  golden years 노후  set up ~의 일정을 잡다, 준비하다  appointment 예약, 약속  look forward to -ing ~하기를 고대하다

## 139 문장 삽입 ★★★★☆

**정답 해설**

앞 문장에 상대방이 연례 건강 검진을 받을 예정이라고 알리는 말이 있으므로 그와 같은 일정에 대한 근거로 마지막 검진 시점을 언급하는 **(A)**가 정답이다.

**오답 해설**

(B) 앞뒤 문장들이 노인 건강 관리 센터의 개장과 관련된 것이 아니므로 흐름상 맞지 않는 오답.
(C) 앞뒤 문장들이 환자 기록 및 연락 정보 업데이트와 관련된 것이 아니므로 흐름상 맞지 않는 오답.
(D) 앞뒤 문장들이 연례 검진이 불필요한 대상과 관련된 것이 아니므로 흐름상 맞지 않는 오답.

**해석**

(A) 저희 진료소 기록에 따르면 귀하의 마지막 예약이 11개월 전이었던 것으로 나타납니다.
(B) 저희 노인 건강 관리 센터가 현재 문을 열었다는 사실을 알려 드리게 되어 기쁩니다.
(C) 저희 진료소는 환자 기록 및 연락 정보를 업데이트하는 과정에 있습니다.
(D) 연례 검진이 어린 환자들에게는 불필요한 것으로 나타났습니다.

**어휘**

directory (주소와 전화번호 등이 있는) 연락 정보 (책자)
examination 검진, 검사  be shown to be A: A한 것으로 나타나다

## 140 동사 자리 및 수 일치 ★★★☆☆

**정답 해설**

주어 we와 that절 사이에 위치한 빈칸은 문장의 동사 자리이며, 복수 주어 we와 수 일치되는 **(A) recommend**가 정답이다.

**오답 해설**

(B) 현재완료시제: 동사의 형태이기는 하지만 복수주어와 수 일치되지 않으므로 오답.
(C) 동명사/현재분사: 동사의 형태가 아니므로 오답.
(D) to부정사: 동사의 형태가 아니므로 오답.

## 141 접속부사 어휘 ★★★☆☆

**정답 해설**

빈칸 앞 문장에는 일년에 한 번씩 종합 검진을 받도록 권한다는 말이, 빈칸 뒤에는 문제점을 발견하고 예방 치료를 받을 수 있다는 말이 쓰여 있다. 따라서 앞 문장에서 언급하는 방법에 따라 발생 가능한 긍정적인 결과를 말하는 흐름임을 알 수 있으므로 '이렇게 함으로써, 이런 방식으로'라는 의미로 결과를 나타내는 **(B) In this way**가 정답이다.

**오답 해설**

(A) 예를 들 때 사용하는 접속부사이므로 오답.
(C) 양보 또는 대조의 의미를 나타낼 때 사용하는 접속부사이므로 오답.
(D) 유사성을 나타낼 때 사용하는 접속부사이므로 오답.

## 142 명사 어휘 ★★★☆☆

**정답 해설**

빈칸 앞에 위치한 동명사구 주어 '최상의 건강 상태로 생활할 수 있도록 돕는 일'과 동격에 해당되는 보어로서 최상급 형용사 highest와 결합해 '최상의 건강 상태로 생활할 수 있도록 돕는 일 = 최우선 사항'이라는 동격 관계를 구성할 수 있는 **(A) priority**가 정답이다.

(B) '긴급함'을 뜻하므로 문장의 의미에 어울리지 않는 오답.
(C) '의견'을 뜻하므로 문장의 의미에 어울리지 않는 오답.
(D) '칭찬'을 뜻하므로 문장의 의미에 어울리지 않는 오답.

priority 우선 사항  urgency 긴급함  praise 칭찬

## 143-146 다음의 언론 공식 발표를 참조하시오.

올해, 정교하게 제작된 **143** 가구를 유통하는 지역 유통업체인 앨리니
아가 본사와 창고를 버넷 드라이브로 이전하며, 이곳에 3 에이커 규모
의 산업 단지가 막 완공되었습니다. 저희의 모든 테이블과 소파, 그리
고 침대를 수용하는 창고 시설이 서쪽 건물에 위치할 예정인 반면, 행
정 사무실들은 본관 건물을 **144** 차지하게 됩니다. **145** 앨리니아는
또한 1층에 전시 공간을 임대할 예정입니다. "처음으로, 저희는 재고
와 배송을 처리하는 것뿐만 아니라 잠재 고객들께 저희 상품을 선보이
는 것을 모두 한 곳에서 할 수 있게 됩니다."라고 회사 대변인 티나 펠
로우즈 씨가 밝혔습니다. 앨리니아는 과거에 상품을 운송할 때 목재 및
장식 부분에 발생되는 손상을 처리해야 했습니다. "저희는 6개월이라
는 시간에 **146** 새로운 위치로 모든 직원과 장비를 옮길 수 있기를 바
랍니다."라고 펠로우즈 씨는 덧붙였습니다.

distributor 유통업체  finely-crafted 정교하게 제작된
complete ~을 완료하다  house v. ~을 수용하다, ~에 공간을
제공하다  administrative 행정의, 관리의  showcase ~을
선보이다  merchandise 상품  handle ~을 처리하다, 다루다
(= deal with)  stock 재고(품)  spokesperson 대변인
upholstery (겉면 커버 등의) 장식물

## 143 명사 어휘 ★★★☆☆

뒤에 이어지는 문장을 보면 해당 업체의 제품으로 테이블과 소파, 그
리고 침대가 언급되고 있으므로 이 제품들을 하나로 지칭할 수 있는
것으로 '가구'를 의미하는 **(D) furniture**가 정답이다.

(A) '가전기기'를 의미하므로 뒤에 언급되는 제품들을 하나로 지칭할 명
    사로 맞지 않는 오답.
(B) '의상'을 의미하므로 뒤에 언급되는 제품들을 하나로 지칭할 명사로
    맞지 않는 오답.
(C) '예술품'을 의미하므로 뒤에 언급되는 제품들을 하나로 지칭할 명사
    로 맞지 않는 오답.

garments 옷, 의류

## 144 동사 어휘 ★★★☆☆

빈칸 앞뒤에 주어와 목적어로 제시된 명사구들, 즉 사무실과 건물 사
이의 관계를 나타낼 동사가 필요하므로 '~을 차지하다, 점유하다'를
뜻하는 **(D) occupy**가 정답이다.

(A) 사무실이 뭔가를 고려하는 주체일 수 없으므로 의미가 맞지 않는 오답.
(B) 사무실이 뭔가를 판매하는 주체일 수 없으므로 의미가 맞지 않는 오답.
(C) 빈칸 앞뒤에 위치한 주어와 목적어가 반대로 제시될 때 어울리는 동
    사이므로 의미가 맞지 않는 오답.

occupy ~을 차지하다, 점유하다  encounter 맞닥뜨리다, 마주치다

## 145 문장 삽입 ★★★★☆

앞 문장에 창고 시설과 사무실들이 각각 위치하는 곳이 언급되어 있
으므로 이 문장과 연계되는 것으로서 추가 정보를 말할 때 사용하는
also와 함께 전시 공간이 위치하는 곳을 말하는 **(A)**가 정답이다.

(B) 앞 문장의 내용이 회사의 특성 및 수요와 관련된 것이 아니므로 흐
    름상 맞지 않는 오답.
(C) 앞 문장의 내용이 시장 점유율과 관련된 것이 아니므로 흐름상 맞지
    않는 오답.
(D) 앞 문장의 내용이 창고의 과거 위치와 관련된 것이 아니므로 흐름
    상 맞지 않는 오답.

(A) 앨리니아는 또한 1층에 전시 공간을 임대할 예정입니다.
(B) 앨리니아의 제품은 회사의 장인 정신으로 인해 대단히 수요가 많
    습니다.
(C) 앨리니아는 지난 한 해 동안 시장 점유율을 크게 높였습니다.
(D) 앨리니아의 창고는 한때 회사의 매장과 동일한 곳에 있었습니다.

lease ~을 임대하다  sought-after 수요가 많은, 인기가 많은
craftsmanship 장인 정신  used to do 한때 ~하곤 했다

## 146 전치사 어휘 ★★★☆☆

빈칸 앞에 위치한 동사 move와 어울려 이동 위치를 나타낼 수 있는
것으로서 '~을 …로 옮기다'라는 의미를 구성할 때 사용하는 **(A) into**
가 정답이다.

(B) 'A and B'의 구조로 된 명사구 또는 복수명사를 목적어로 취하므로 오답.
(C) 동사 move와 어울려 이동 위치를 나타내는 전치사로 쓰이지 않으므로 오답.
(D) 동사 move와 어울려 이동 위치를 나타내는 전치사로 쓰이지 않으므로 오답.

# TEST 9

## PART 5

| | | | | |
|---|---|---|---|---|
| **101** (B) | **102** (A) | **103** (B) | **104** (C) | **105** (C) |
| **106** (C) | **107** (B) | **108** (C) | **109** (D) | **110** (D) |
| **111** (A) | **112** (B) | **113** (A) | **114** (A) | **115** (A) |
| **116** (B) | **117** (D) | **118** (B) | **119** (D) | **120** (B) |
| **121** (C) | **122** (C) | **123** (B) | **124** (D) | **125** (A) |
| **126** (A) | **127** (D) | **128** (A) | **129** (B) | **130** (C) |

## PART 6

| | | | |
|---|---|---|---|
| **131** (B) | **132** (A) | **133** (C) | **134** (C) |
| **135** (C) | **136** (D) | **137** (B) | **138** (A) |
| **139** (C) | **140** (D) | **141** (A) | **142** (C) |
| **143** (A) | **144** (B) | **145** (D) | **146** (C) |

### 101 명사 자리 및 수 일치 ★★★☆☆

정답해설

빈칸 뒤에 위치한 for 전치사구의 수식을 받음과 동시에 문장의 주어 역할을 할 명사가 빈칸에 쓰여야 하는데, 부정관사 없이 사용 가능한 것이 필요하므로 불가산명사인 **(B) Pricing**이 정답이다.

오답해설

(A) to부정사: for 전치사구의 수식을 받음과 동시에 문장의 주어 역할을 할 수 있는 것이 아니므로 오답.
(C) 가산명사: 부정관사 a와 함께 사용하거나 복수명사의 형태가 되어야 하므로 오답.
(D) 동사의 과거형/과거분사: for 전치사구의 수식을 받음과 동시에 문장의 주어 역할을 할 수 있는 것이 아니므로 오답.

해석

수영장 청소 서비스에 대한 가격은 청소 작업이 있을 예정인 날에 따라 다양합니다.

어휘

pricing 가격 (책정) vary 다양하다, 다르다 be scheduled to do ~할 예정이다 take place (일, 행사 등이) 일어나다, 발생되다 price v. ~의 가격을 매기다 n. 가격

### 102 부사 자리 및 의미 ★★★☆☆

정답해설

빈칸 뒤에 위치한 동사 leads가 현재시제이므로 현재시제동사와 함께 사용하는 부사 **(A) typically**가 정답이다.

(B) 부사: 완료 정도의 근접함이나 수치에 대한 근사치를 나타낼 때 사용하므로 오답.

(C) 부사: 과거시제 또는 현재완료시제와 함께 사용하므로 오답.

(D) 형용사: 주어와 동사 사이에 위치한 부사 자리에 쓰일 수 없으므로 오답.

**해석**

키틀슨 씨는 현재 자리를 비운 상태이지만, 그가 보통 주간 직원 회의를 이끈다.

**어휘**

**away** 자리를 비운, 부재 중인  **typically** 보통, 전형적으로  **lead** ~을 이끌다, 진행하다  **recently** 최근에

## 103 동사 자리 및 태/시제 ★★★★☆

**정답해설**

빈칸 앞에는 주어와 부사가, 뒤에는 명사구와 전치사구만 있으므로 빈칸은 주절의 동사 자리이다. 동사 name은 「name + 사람 + 직책」의 어순으로 '~을 …에 임명하다'라는 의미를 나타내는데, '사람 + 빈칸 + 직책'의 구조이므로 수동태로 쓰여야 한다. 또한 부사 recently와 어울리는 것은 과거시제이므로 과거시제 수동태인 **(B) was named**가 정답이다.

**오답해설**

(A) 능동태: 수동태 동사가 필요한 빈칸에 맞지 않는 오답.

(C) 현재시제 수동태: recently와 어울리지 않는 오답.

(D) to부정사 수동태: 동사 자리인 빈칸에 맞지 않는 오답.

**해석**

모리슨 씨가 최근 슬론-에이버리 병원의 인턴 프로그램 부서의 책임자로 임명되었다.

**어휘**

**recently** 최근에  **name A B**: A를 B에 임명하다

## 104 분사 자리 및 구분 ★★★☆☆

**정답해설**

빈칸 뒤에 이미 문장의 동사 have been receiving이 있으므로 빈칸에 동사 work가 쓰이려면 분사의 형태가 되어야 한다. 이때 바로 앞에 위치한 명사 staff를 수식하는 역할을 하는데, 자동사 work는 현재분사의 형태로만 명사를 수식할 수 있으므로 **(C) working**이 정답이다.

**오답해설**

(A) 동사/명사: 빈칸은 동사 자리가 아니며, 명사일 경우에는 staff와 복합명사를 구성하지 않으므로 오답.

(B) 동사의 과거형/과거분사: 자동사 work는 과거분사의 형태로 명사를 수식하지 못하므로 오답.

(D) to부정사: staff는 to부정사와 결합하는 명사가 아니며, '~하기 위해'라는 어색한 의미를 구성하므로 오답.

**해석**

인터소프트 사를 위한 광고 캠페인에 대한 작업을 하는 대부분의 직원들은 프로젝트 시작 이후로 계속 초과 근무 수당을 받아오고 있다.

**어휘**

**work on** ~에 대해 작업하다, 일하다  **advertising** 광고
**overtime pay** 초과 근무 수당

## 105 명사 자리 및 수 일치 ★★★☆☆

**정답해설**

빈칸이 속한 that절은 존재를 나타내는 「there + be동사 + 명사」 구문이므로 빈칸에 쓰일 명사는 be동사와 수 일치가 되어야 한다. were는 복수동사이므로 복수명사인 **(C) limitations**가 정답이다.

**오답해설**

(A) 동사/단수명사: were과 수 일치되지 않는 단수명사이므로 오답.

(B) 동사의 과거형/과거분사: 「there + be동사 + 명사」 구조에 맞지 않으므로 오답.

(D) 형용사: 「there + be동사 + 명사」 구조에 맞지 않으므로 오답.

**해석**

<비즈니스 리뷰>와의 최근 인터뷰에서, 도널드 그래스 씨는 자신의 시장 조사 범위에 한계가 있었음을 인정했다.

**어휘**

**admit that** ~임을 인정하다  **limitation** 한계, 제한  **scope** 범위, 여지, 능력  **marketing study** 시장 조사  **limitless** 무제한의

## 106 형용사 자리 및 구분 ★★★☆☆

**정답해설**

빈칸은 be동사와 결합하는 보어 자리이므로 형용사를 골라야 하는데, 빈칸이 속한 that절의 주어 complaints가 사람들을 압도하는 주체에 해당되므로 '압도적인'이라는 의미로 그 주체에 대해 사용하는 형용사 **(C) overwhelming**이 정답이다.

**오답해설**

(A) 동사원형: be동사와 결합하지 못하는 형태이므로 오답.

(B) 형용사: 사람에 대해 사용하는 형용사이므로 오답.

(D) 부사: be동사 뒤에 위치해 보어 역할을 하지 못하므로 오답.

**해석**

고객 서비스 직원들의 스트레스의 주요 원인은 그들이 처리하는 불만 사항의 수가 압도적일 수 있다는 점이다.

**어휘**

major 주요한  cause 원인, 이유  representative 직원
complaint 불만(사항)  handle ~을 처리하다, 다루다
overwhelming 압도적인  overwhelm ~을 압도하다
overwhelmingly 압도적으로

## 107 명사 자리 ★★☆☆☆

**정답 해설**

빈칸은 for 전치사구와 결합함과 동시에 동사 is 앞에 위치해 that절의 주어 역할을 할 명사 자리이므로 **(B) registration**이 정답이다.

**오답 해설**

(A) 동사원형: 접속사 that과 동사 is 사이에 위치하지 못하므로 오답.
(C) 동사의 현재형: 접속사 that과 동사 is 사이에 위치하지 못하므로 오답.
(D) 동사의 과거형/과거분사: 접속사 that과 동사 is 사이에 위치하지 못하므로 오답.

**해석**

요리 경연 대회에 참가하기를 원하시는 아마추어 요리사들께서는 행사 등록이 오직 성인에게만 개방되어 있다는 점에 유의하시기 바랍니다.

**어휘**

amateur 아마추어의  culinary 요리의  competition 경연 대회, 경기 대회  be advised that ~라는 점에 유의하다, ~임을 알아두다
register 등록하다

## 108 분사 자리 및 구분 ★★★☆☆

**정답 해설**

선택지에 제시된 project가 주어 없이 접속사 as와 바로 결합하려면 분사의 형태가 되어야 하며, 사람들에 의해 예상되는 일을 나타내야 하므로 수동의 의미를 지닌 과거분사 **(C) projected**가 정답이다.

**오답 해설**

(A) 동사원형/명사: 주어 없이 접속사 as와 바로 결합할 수 있는 형태가 아니므로 오답.
(B) 현재분사: 동사 project는 목적어가 필요한 타동사이므로 빈칸 뒤에 목적어가 쓰여 있지 않은 문장 구조에 맞지 않는 오답.
(D) to부정사: 접속사 as와 바로 결합할 수 있는 형태가 아니므로 오답.

**해석**

예상된 바와 같이, 그 미술관 실내에 대한 재단장 작업은 예기치 못한 지연 문제가 발생하지 않는다면 6월 7일까지 완료될 것이다.

**어휘**

as projected 예상된 바와 같이, 예상대로  refurbishment 재단장, 재정비  complete ~을 완료하다  provided that ~라면
unforeseen 예기치 못한  project v. ~을 예상하다, 계획하다

## 109 분사구문 접속사 ★★★★☆

**정답 해설**

빈칸 뒤에 동명사 또는 현재분사의 형태인 filling이 이끄는 구가 있으므로 '전치사 + 명사' 또는 '접속사 + 분사' 구조 중에서 하나가 되어야 한다. '양식을 작성하는 동안, 사본이 만들어져야 한다'와 같이 동시 상황의 의미가 되어야 자연스러우므로 '~하는 동안'이라는 의미로 '접속사 + 분사' 구조로 쓰이는 접속사 **(D) While**이 정답이다.

**오답 해설**

(A) 전치사: '~을 감안해, 고려해'라는 뜻으로 나타내므로 의미가 맞지 않는 오답.
(B) 접속부사: 전치사 또는 접속사가 필요한 빈칸에 맞지 않는 오답.
(C) 전치사: 기간의 의미를 내포하는 명사(구)를 목적어로 취하므로 오답.

**해석**

자동차 보험 신청에 필요한 양식을 작성하시는 동안, 별도의 사본 3부가 반드시 만들어지고 서명되어야 한다는 점에 유의하시기 바랍니다.

**어휘**

claim 신청, 요청  note that ~라는 점에 유의하다, 주목하다
separate 별도의, 분리된

## 110 부사 자리 및 의미 ★★★☆☆

**정답 해설**

부사 early 뒤에 빈칸이 위치해 있으므로 부사를 뒤에서 수식하는 역할을 하는 **(D) enough**가 정답이다.

**오답 해설**

(A) 부사: '약, 대략'이라는 뜻을 나타내며 부사를 뒤에서 수식하는 역할을 하지 못하므로 오답.
(B) 전치사: 부사를 뒤에서 수식하는 역할을 하지 못하므로 오답.
(C) 부사: 부사를 뒤에서 수식하는 역할을 하지 못하므로 오답.

**해석**

그 감독이 자신의 다큐멘터리 작품을 충분히 일찍 제출하지 않았기 때문에, 그 영화는 퍼스 영화제 기간 중에 상영될 수 없었다.

**어휘**

rather 다소, 좀, 오히려, 약간

## 111 전치사 어휘 ★★★☆☆

**정답 해설**

빈칸에 쓰일 전치사는 바로 앞뒤에 위치한 명사구들, 즉 선반과 복사기 사이의 위치 관계를 나타낼 수 있는 것이어야 하므로 '~ 위쪽에'를 뜻하는 **(A) above**가 정답이다.

**오답 해설**

(B) '(이동) ~ 아래쪽으로, (길 등) ~을 따라'를 뜻하므로 문장의 의미에 맞지 않는 오답.

(C) '(이동) ~ 안으로, (변화) ~로, ~한 상태로'를 뜻하므로 문장의 의미에 맞지 않는 오답.

(D) '~하자마자'를 뜻하므로 문장의 의미에 맞지 않는 오답.

**해석**

깨끗한 복사 용지는 반드시 복사기 위쪽에 있는 나무 벽 선반에 보관되어야 한다.

**어휘**

**wooden** 나무로 된 **upon** ~하자마자

## 112 명사 자리 및 구분 ★★★☆☆

**정답 해설**

명사 war와 결합해 전치사 as의 목적어로 쓰일 복합명사를 구성할 또 다른 명사가 빈칸에 쓰여야 하는데, 이 복합명사는 사람인 Jonathan Simmons의 신분에 해당되어야 하므로 사람명사인 **(B) correspondent**가 정답이다.

**오답 해설**

(A) 동사원형: 명사 war와 결합해 전치사 as의 목적어로 쓰일 복합명사를 구성하지 못하므로 오답.

(C) 명사: 사물명사이므로 전치사 as의 목적어로서 사람인 Jonathan Simmons의 신분을 나타내지 못하므로 오답.

(D) 동명사/현재분사: 명사 war와 결합해 전치사 as의 목적어로 쓰일 복합명사를 구성하지 못하므로 오답.

**해석**

저널리즘에 대한 상을 수상하면서, 조나단 시몬즈 씨는 종군 기자로서 자신이 한 일이 압박을 받는 상황에서의 용기가 지닌 가치를 가르쳐 주었다고 언급했다.

**어휘**

**accept** ~을 받아들이다, 수용하나 **mention that** ~라고 언급하다 **war correspondent** 종군 기자 **courage** 용기 **under pressure** 압박을 받는 **correspond** 일치하다, 부합하다, 서신을 주고 받다 **correspondence** (주고 받는) 서신, 편지

## 113 접속사 어휘 ★★★☆☆

**정답 해설**

빈칸 뒤에 위치한 to부정사와 결합 가능한 접속사가 필요하며, 구성이 완전한 to부정사구와 결합할 수 있는 **(A) how**가 정답이다.

**오답 해설**

(B) to부정사와 결합하기는 하지만, 목적어 등이 빠진 불완전한 to부정사구와 결합하므로 오답.

(C) to부정사와 결합할 수 있는 접속사가 아니므로 오답.

(D) to부정사와 결합할 수 있는 접속사가 아니므로 오답.

**해석**

사용 설명서는 잉크의 선명함을 변경하기 위해 프린터의 설정을 조정하는 방법을 설명해 준다.

**어휘**

**adjust** ~을 조정하다, 조절하다 **boldness** (색상, 선 등의) 선명함, 굵기

## 114 형용사 어휘 ★★★☆☆

**정답 해설**

빈칸 앞뒤에 위치한 숫자 표현 및 기간 명사와 어울리는 형용사가 필요하므로 '연속적인, 연이은' 등을 의미하는 **(A) consecutive**가 정답이다.

**오답 해설**

(B) '변하지 않는, 움직이지 않는'을 뜻하므로 기간의 연속성을 나타낼 형용사로 맞지 않는 오답.

(C) '무료의'를 뜻하므로 기간의 연속성을 나타낼 형용사로 맞지 않는 오답.

(D) '바람직한, 권할 만한'을 뜻하므로 기간의 연속성을 나타낼 형용사로 맞지 않는 오답.

**해석**

직원들은 3개월 연속으로 판매 할당량을 충족할 경우 보너스와 기타 비금전적인 혜택을 받는다.

**어휘**

**non-monetary** 비금전적인 **quota** 할당량 **for three consecutive months** 3개월 연속으로 **stationary** 변하지 않는, 움직이지 않는 **complimentary** 무료의 **advisable** 바람직한, 권할 만한

## 115 부사 어휘 ★★★★☆

**정답 해설**

빈칸 앞뒤에 각각 위치한 동사 have 및 to부정사와 결합 가능한 것으로서, 이 둘과 함께 '아직 ~하지 못하다'라는 의미를 구성할 때 사용하

는 **(A) yet**이 정답이다.

(B) 동사 have 및 to부정사와 결합된 표현 구조를 이루는 부사가 아니므로 오답.
(C) 동사 have 및 to부정사와 결합된 표현 구조를 이루는 부사가 아니므로 오답.
(D) 동사 have 및 to부정사와 결합된 표현 구조를 이루는 부사가 아니므로 오답.

**해석**

임박한 출간 날짜에도 불구하고, 그 소설가와 편집자 둘 모두는 그 책의 제목에 대해 아직 합의하지 못했다.

**어휘**

imminent 임박한 publication 출간, 발간 novelist 소설가 editor 편집자 have yet to do 아직 ~하지 못하다 agree on ~에 대해 합의하다

## 116 동사 어휘 ★★★☆☆

**정답해설**

특정 서비스와 추가 월간 요금 사이의 관계를 나타낼 동사가 빈칸에 필요하므로 '~을 포함하다, 수반하다'를 뜻하는 **(B) involve**가 정답이다.

**오답해설**

(A) '~을 지정하다'를 뜻하므로 문장의 의미에 맞지 않는 오답.
(C) 자동사이므로 목적어를 취할 수 없어 오답.
(D) '(돈, 시간 등) ~을 쏟다, 들이다'를 뜻하므로 문장의 의미에 맞지 않는 오답.

**해석**

호라이즌 케이블 사의 고객들께서는 가입하신 서비스에 스포츠 패키지를 추가하실 수 있지만, 여기에는 추가 월간 청구 요금이 포함되어 있습니다.

**어휘**

designate ~을 지정하다 expend (돈, 시간 등) ~을 쏟다, 들이다

## 117 명사 어휘 ★★★☆☆

**정답해설**

빈칸 뒤에 위치한 'for + 상 이름' 구조와 어울리는 것으로서 직원들의 지지를 받아야 하는 것을 나타낼 명사가 필요하므로 '~에 대한 후보 지명'이라는 의미를 구성하는 **(D) Nominations**가 정답이다.

**오답해설**

(A) 전치사 for와 함께 사용할 때 for 뒤에 상을 받는 이유가 언급되어야 하므로 오답.
(B) '권한, 인가, 당국, 권위자' 등을 뜻하므로 문장의 의미에 맞지 않는 오답.
(C) '감독, 지휘, 방향' 등을 뜻하므로 문장의 의미에 맞지 않는 오답.

**해석**

올해의 매장 지점 상에 대한 후보 지명은 자격을 얻기 위해 지점장들과 50퍼센트가 넘는 지점 직원들의 지지를 받아야 한다.

**어휘**

nomination 후보 지명 personnel 직원들, 인사(부) qualify 자격을 얻다 authority 권한, 인가, 당국, 권위자 direction 감독, 지휘, 방향

## 118 부사 어휘 ★★★☆☆

**정답해설**

be동사와 명사구 사이에 위치해 명사구를 수식할 수 있는 부사가 필요하므로 이 역할이 가능한 것으로서 과거의 상태와 관련된 의미를 나타내는 **(B) formerly**가 정답이다.

**오답해설**

(A) be동사와 명사구 사이에 위치해 명사구를 수식하는 역할을 하지 못하므로 오답.
(C) be동사와 명사구 사이에 위치해 명사구를 수식하는 역할을 하지 못하므로 오답.
(D) be동사와 명사구 사이에 위치해 명사구를 수식하는 역할을 하지 못하므로 오답.

**해석**

과거에 농촌 지역이었던 웰링턴 힐즈에서 이제 수많은 사무실과 상업용 시설들을 찾아보실 수 있습니다.

**어휘**

numerous 수많은, 다수의 establishment (학교, 식당 등) 시설, 건물 formerly 과거에, 전에 agricultural 농업의 inadvertently 무심코, 부주의하게

## 119 대명사 자리 및 구분 ★★★☆☆

**정답해설**

동사 watch 뒤에 위치한 빈칸은 목적어 역할을 할 단어가 필요한 자리이며, 부정문에 어울리는 대명사로서 '어떤 것이든, 무엇이든'을 뜻하는 **(D) anything**이 정답이다.

(A) the most 또는 most of them의 구조로 쓰이며, most만 쓰일 경우 복수의 사람들을 가리키므로 오답.

(B) 대명사로 쓰일 때 'several of 복수명사'의 구조로 쓰이므로 오답.

(C) 부정문에 어울리지 않는 대명사이므로 오답.

**해석**

많은 아동 심리학자들은 유아들이 부모의 동반 없이는 텔레비전에 나오는 어떤 것이든 시청하지 않도록 권한다.

**어휘**

psychologist 심리학자  recommend that ~하도록 권하다, 추천하다  toddler 유아  accompany ~을 동반하다

## 120 부사 어휘 ★★★☆☆

**정답 해설**

빈칸에 쓰일 부사는 판매 방식과 관련된 것이어야 하는데, 두 가지 다른 방식으로 동시에 판매되었다는 의미가 되어야 알맞으므로 (B) simultaneously가 정답이다.

**오답 해설**

(A) '본능적으로 판매되었다'는 의미가 어울리지 않으므로 오답.

(C) 현재완료시제가 아닌 과거시제와 어울리는 부사이므로 오답.

(D) '서로 판매되었다'는 의미가 어울리지 않으므로 오답.

**해석**

그 음악가의 새로운 곡들이 전국에 있는 음반 매장 및 그가 소유한 웹사이트에서 동시에 판매되어 왔다.

**어휘**

simultaneously 동시에  instinctively 본능적으로  formerly 이전에, 예전에  mutually 서로, 상호간에

## 121 명사 어휘 ★★★☆☆

**정답 해설**

전치사 at과 어울리는 것으로 동사 is granted의 주어로서 허용되는 대상에 해당되는 명사가 필요하므로 '회원 자격'을 뜻하는 (C) Membership이 정답이다.

**오답 해설**

(A) 전치사 for와 어울려 쓰이는 명사이므로 오답.

(B) 전치사 for나 to와 어울려 쓰이는 명사이므로 오답.

(D) 문장의 의미에 어울리지 않는 명사이므로 오답.

**해석**

파인뷰 컨트리 클럽의 회원 자격은 오직 경력 및 개인 관심사와 관련된 다양한 기준을 충족하는 사람들에게만 승인된다.

**어휘**

grant ~을 승인하다, 허락하다  satisfy ~을 충족하다  criteria 기준  related to ~와 관련된  career (직업) 경력  resignation 사직, 사임  application 지원(서), 신청(서)

## 122 형용사 어휘 ★★★☆☆

**정답 해설**

빈칸 앞뒤에 각각 위치한 be동사 was 및 to부정사와 어울려 쓰이는 형용사가 필요하므로 이 둘과 함께 '~하기를 꺼려하다'라는 의미를 나타낼 때 사용하는 (C) reluctant가 정답이다.

**오답 해설**

(A) be동사 및 to부정사와 어울려 쓰이는 형용사가 아니므로 오답.

(B) be동사 및 to부정사와 어울려 쓰이는 형용사가 아니므로 오답.

(D) be동사 및 to부정사와 어울려 쓰이는 형용사가 아니므로 오답.

**해석**

모든 직원들은 메리 씨가 그 컨퍼런스에 참가하는 것을 꺼려했다는 것을 알고 있었기 때문에, 그녀가 그 행사에서 연설하기로 자원했다는 말을 듣고 놀라워했다.

**어휘**

be reluctant to do ~하기를 꺼려하다  talented 재능 있는

## 123 명사절 접속사 자리 ★★★☆☆

**정답 해설**

빈칸 뒤로 주어 없이 동사 wishes로 시작되는 불완전한 절이 이어져 있고, 이 불완전한 절 뒤로 또 다른 동사 should email이 위치한 구조이다. 따라서 이 불완전한 절이 문장의 주어 역할을 하는 명사절이 되어야 하므로 명사절을 이끄는 접속사 (B) whoever가 정답이다.

**오답 해설**

(A) 대명사: 불완전한 명사절을 이끄는 역할을 하지 못하므로 오답.

(C) 대명사: 불완전한 명사절을 이끄는 역할을 하지 못하므로 오답.

(D) 대명사: 불완전한 명사절을 이끄는 역할을 하지 못하므로 오답.

**해석**

팀워크 발전 운동 행사로 가기 위해 회사에서 임대한 버스를 타고자 하는 사람은 누구든 교통 및 보안 담당 사무실에 이메일을 보내야 한다.

**어휘**

company-hired 회사에서 임대한

## 124 명사 어휘 ★★★☆☆

**정답 해설**

빈칸 앞에 위치한 동사구 be seen as는 '~로 여겨지다'를 뜻하며 이 때 as 뒤에 위치하는 명사는 주어와 동격이어야 한다. 따라서 주어인 미술 작품과 동격이 될 수 있는 명사이면서 빈칸 뒤에 위치한 전치사 to와 어울리는 것이 필요하므로 to와 함께 '~에 대한 추가(되는 것)'를 의미하는 **(D) addition**이 정답이다.

**오답 해설**

(A) '제안(서)'을 의미하므로 주어인 미술 작품과 동격이 될 수 없는 오답.
(B) 주어인 미술 작품과 동격이 될 수 있지만 전치사 to와 어울리지 않으므로 오답.
(C) '결과'를 의미하므로 주어인 미술 작품과 동격이 될 수 없는 오답.

**해석**

빌헬름 함메르쇼이의 <편지 읽는 아이다>는 어느 미술 소장품에 대해서도 훌륭한 추가 작품으로 여겨질 수 있으며, 특히 덴마크 미술가들에게 관심이 있는 사람들에게 그렇다.

**어휘**

be seen as ~로 여겨지다 addition 추가(되는 것) interested in ~에 관심 있는 proposal 제안(서) creation 창작(물) outcome 결과

## 125 형용사 어휘 ★★★☆☆

**정답 해설**

빈칸에 쓰일 형용사는 바로 뒤에 위치한 명사 advertisements를 수식해 아주 다양한 소비자들을 목표로 삼기 위해 고안되는 광고의 특성을 나타낼 수 있는 것이어야 하므로 '아주 매력적인'을 뜻하는 **(A) compelling**이 정답이다.

**오답 해설**

(B) '꾸준한'을 뜻하므로 문장의 의미에 어울리지 않는 오답.
(C) '제한하는'을 뜻하므로 문장의 의미에 어울리지 않는 오답.
(D) '잠정적인'을 뜻하므로 문장의 의미에 어울리지 않는 오답.

**해석**

안사리 마케팅 솔루션즈는 아주 다양한 소비자들을 목표로 삼기 위해 고안되는 아주 매력적인 광고를 만든다.

**어휘**

compelling 아주 매력적인, 주목하지 않을 수 없는 be designed to do ~하도록 고안되다, 계획되다 target ~을 목표로 삼다 steady 꾸준한 tentative 잠정적인

## 126 관계대명사 ★★★☆☆

**정답 해설**

빈칸 앞에 위치한 사람명사를 수식할 수 있으면서 동사 exceed 앞에 쓰일 수 있는 관계대명사를 찾아야 하므로 사람에 대해 사용하는 주격관계대명사 **(A) who**가 정답이다.

**오답 해설**

(B) 바로 뒤에 동사가 위치하지 않는 목적격관계대명사이므로 오답.
(C) 선행사를 수식하는 관계대명사가 아니므로 오답.
(D) 사람에 대해 사용하는 관계대명사가 아니므로 오답.

**해석**

5일간의 유급 휴가가 올해 초에 회사에서 정한 판매 목표를 초과하는 모든 직원들에게 제공될 것이다.

**어휘**

paid vacation 유급 휴가 exceed ~을 초과하다

## 127 명사 어휘 ★★★☆☆

**정답 해설**

빈칸에 쓰일 명사를 임시로 만들 수 있는 것으로서 3미터 높이의 철조망 울타리를 설치한 목적과 관련되어야 하므로 '경계'를 뜻하는 **(D) boundary**가 정답이다.

**오답 해설**

(A) '입구, 입장' 등을 나타내므로 문장의 의미에 어울리지 않는 오답.
(B) '공연, 연주(회)' 등을 나타내므로 문장의 의미에 어울리지 않는 오답.
(C) '분위기' 등을 나타내므로 문장의 의미에 어울리지 않는 오답.

**해석**

축제 주최측에서 행사장 주변으로 임시 경계를 만들기 위해 3미터 높이의 철조망 울타리를 설치했다.

**어휘**

wire fence 철조망 울타리 create ~을 만들다 temporary 임시의, 일시적인 boundary 경계 site 장소, 현장, 부지 atmosphere (장소의) 분위기

## 128 형용사 자리 및 구분 ★★★☆☆

**정답 해설**

'최상급 + of + 비교대상'의 구조로 비교의 의미를 나타낼 때 전치사 of 뒤에 위치해 그 대상에 해당되는 명사를 수식할 형용사가 필요하므로 이 역할이 가능한 **(A) any**가 정답이다.

(B) '최상급 + of + 비교대상'의 구조에서 비교대상이 되는 명사를 수식하지 않으므로 오답.

(C) '최상급 + of + 비교대상'의 구조에서 비교대상이 되는 명사를 수식하지 않으므로 오답.

(D) '최상급 + of + 비교대상'의 구조에서 비교대상이 되는 명사를 수식하지 않으므로 오답.

**해석**

임상 실험 결과는 EZ-D가 지금까지 나온 어떠한 비누들보다 가장 저자극성의 특징을 지니고 있다는 것을 나타낸다.

**어휘**

clinical trial 임상 실험  indicate that ~임을 나타내다, 가리키다  hypo-allergenic 저자극성의  quality 특징, 특성  to date 지금까지

## 129 전치사 어휘 ★★★☆☆

**정답 해설**

빈칸 뒤에 위치한 명사구 '유전 공학에 대한 연구'는 기부되는 돈이 쓰이는 목적인 것으로 판단할 수 있으므로 '~을 위해'라는 의미로 목적을 나타내는 **(B) toward**가 정답이다.

**오답 해설**

(A) '약, ~쯤, ~에 대한'라는 뜻을 나타내므로 의미가 맞지 않는 오답.
(C) '~옆에, ~에게' 등의 뜻을 나타내므로 의미가 맞지 않는 오답.
(D) '~(위)로, ~쪽으로'라는 뜻을 나타내므로 의미가 맞지 않는 오답.

**해석**

마이즐러 주식회사는 지난 해 수익에서 나온 자금을 유전 공학 연구를 위해 기부했다.

**어휘**

profit 수익, 이익  research 연구  genetic engineering 유전 공학  onto ~ (위)로, ~쪽으로

## 130 명사절 접속사 자리 ★★★☆☆

**정답 해설**

빈칸 뒤로 주어와 동사, 그리고 목적어로 구성된 완전한 절이 있는데, 그 뒤로 또 다른 동사 depends가 곧바로 이어지는 구조이다. 따라서 depends 앞에 위치한 절이 문장 전체의 주어 역할을 하는 명사절이 되어야 알맞으므로 명사절 접속사인 **(C) Whether**가 정답이다.

**오답 해설**

(A) 부가적인 요소에 해당되는 부사절 접속사이므로 오답.
(B) 부가적인 요소에 해당되는 부사절 접속사이므로 오답.
(D) 부가적인 요소에 해당되는 부사절 접속사이므로 오답.

**해석**

쌀과 기타 곡물의 수입이 가격을 낮출 것인지는 정부가 국내로 들여오도록 허용하는 수량에 달려 있다.

**어휘**

import 수입(품)  grain 곡물  depend on ~에 달려 있다, ~에 따라 다르다  quantity 수량  allow ~을 허용하다

### 131-134 다음의 뉴스 업데이트를 참조하시오.

> 오늘 앞서, 교통 위원회는 그랜드 센트럴 터미널을 131 이전하자는 주립 버스 연합의 제안에 원칙적으로 합의했다고 밝히는 성명을 발표했습니다. 현재 도심에 자리잡고 있는 이 버스 터미널은 주요 교통 체증의 원인이었습니다. 조 스탠호프 위원장은 이 계획이 잠재적으로 주요 노선 사이에서 더욱 고르게 버스 통행량을 132 분산시킬 것이라고 말했습니다. 133 마찬가지로, 주 전역의 통근자들에게 추가 버스 노선을 제공하자는 제안도 승인되었습니다. 이와 같은 변화는 주 전역의 버스 교통 서비스가 지속적으로 엄청나게 134 확대됨에 따라 발생될 것으로 보입니다. 주 전역의 통근자 숫자는 내년에 거의 19퍼센트 증가할 것으로 예상되고 있으며, 이는 20년 만에 가장 높은 증가 수치입니다.
>
> release ~을 발표하다, 공개하다  statement 성명(서)  in principle 원칙적으로  provincial 주의, 지방의  association 연합, 협회  currently 현재  route 노선, 경로  expand 확대되다, 확장되다  enormously 엄청나게  be expected to do ~할 것으로 예상되다

## 131 동명사 어휘 ★★★☆☆

**정답 해설**

뒤에 이어지는 문장들을 보면, 교통 체증의 원인인 버스 터미널과 관련된 계획이 버스 통행량을 분산시킬 것이라는 말이 있다. 따라서 이와 같은 긍정적인 결과를 위해 버스 터미널에 대해 실시되는 조치와 관련된 동명사가 필요하므로 '~을 이전하다'를 뜻하는 **(B) relocating**이 정답이다.

**오답 해설**

(A) 버스 터미널에 대한 조치로 뒤에 이어지는 문장들과 알맞은 의미 관계를 형성하지 못하므로 오답.
(C) 버스 터미널에 대한 조치로 뒤에 이어지는 문장들과 알맞은 의미 관계를 형성하지 못하므로 오답.
(D) 버스 터미널에 대한 조치로 뒤에 이어지는 문장들과 알맞은 의미 관계를 형성하지 못하므로 오답.

**어휘**

relocate ~을 이전하다  promote ~을 촉진하다, 승진시키다

## 132 동사원형 자리 ★★☆☆☆

조동사 would 뒤에 빈칸이 위치해 있으므로 동사원형인 **(A) distribute**
가 정답이다.

**오답 해설**

(B) 동명사/현재분사: 조동사 would 뒤에 위치할 수 있는 형태가 아니
    므로 오답.
(C) 명사: 조동사 would 뒤에 위치할 수 있는 형태가 아니므로 오답.
(D) 동사의 과거형/과거분사: 조동사 would 뒤에 위치할 수 있는 형태
    가 아니므로 오답.

**어휘**

distribute ~을 분산시키다

## 133 문장 삽입 ★★★★☆

**정답 해설**

앞 문장에 특정 계획이 버스 통행량을 분산시킬 것이라는 긍정적인
효과가 언급되어 있으므로 유사 정보를 말할 때 사용하는 접속부사
Similarly와 함께 교통편 제공 계획과 관련된 추가 정보를 언급하는
**(C)**가 정답이다.

**오답 해설**

(A) 앞뒤 문장들이 공항으로 인해 발생되는 문제점과 관련 없는 내용이
    므로 흐름상 맞지 않는 오답.
(B) 앞뒤 문장들이 새 기차역 건설과 관련 없는 내용이므로 흐름상 맞지
    않는 오답.
(D) 앞뒤 문장들이 버스 주차 문제와 관련 없는 내용이므로 흐름상 맞
    지 않는 오답.

**해석**

(A) 스탠호프 씨는 공항으로 인해 교통 문제를 처리하는 것의 긴급함
    을 강조했습니다.
(B) 교통 위원회는 또한 새로운 기차역을 건설하는 것의 필요성도 고
    려할 것입니다.
(C) 마찬가지로, 주 전역의 통근자들에게 추가 버스 노선을 제공하
    자는 제안도 승인되었습니다.
(D) 스탠호프 씨는 주 전역의 버스 주차 문제에 대한 새로운 규제를
    명확히 밝히는 상세 정보도 제공했습니다.

**어휘**

commuter 통근자  approve ~을 승인하다  stress v. ~을 강조
하다  urgency 긴급함  address v. (문제 등) ~을 처리하다, 다루다
details 상세 정보, 세부 사항  clarify ~을 명확히 밝히다
regulation 규제, 규정

## 134 접속사 자리 및 의미 ★★★☆☆

**정답 해설**

빈칸이 속한 that절에서 빈칸 앞뒤로 주어와 동사가 각각 포함된 절
들이 하나씩 위치해 있으므로 빈칸은 이 절들을 연결할 접속사 자리
이다. 또한 '버스 교통 서비스가 지속적으로 엄청나게 확대됨에 따라
변화가 발생될 것이다'와 같은 의미가 되어야 알맞으므로 '~함에 따
라, ~하므로' 등을 의미하는 접속사 **(C) as**가 정답이다.

**오답 해설**

(A) 부사: 주어와 동사가 포함된 절들을 연결할 수 없어 오답.
(C) 접속사: '~한 이후로 줄곧'이라는 뜻으로 쓰이므로 문장의 의미에
    맞지 않는 오답.
(D) 접속사: 주로 명사 reason을 수식하는 관계사로 쓰이거나, 보어 또
    는 목적어 역할을 하는 명사절을 이끄는 접속사이므로 오답.

### 135-138 다음의 공지를 참조하시오.

메가TV, 작별을 고하다

4월 18일 목요일에, 메가TV가 85년간의 유익한 135 방송 편성을 종
료하는 마지막 방송 프로그램을 방송합니다. 수십 년 동안에 걸쳐, 저
희는 주요 방송 매체에서 손쉽게 이용할 수 없었던 문화 행사 및 예술
행사를 이용하실 수 있는 방법을 시청자들께 136 제공해 왔습니다. 오
페라와 발레에서부터, 유적지 투어 및 정통 스페인 요리에 이르기까지,
저희는 모든 수단을 동원해 최선을 다해 예술을 알렸습니다. 저희가 마
지막으로 방송함에 따라, 열렬한 시청자들께 저희 스튜디오로 오셔서
저희가 작별 인사를 전하는 것을 도와 주시도록 요청드립니다. 저희와
함께 하기를 원하시는 분들께서는, 오전 8시에 골링스워스 애비뉴에
위치한 서쪽 출입구를 통해 들어오시기 바랍니다. 137 심지어 몇몇 가
장 인기 있는 저희 방송 진행자들도 만나 보실 수 있습니다. 대부분
의 저희 전현직 방송 진행자들도 이 138 기억에 남을 만한 행사를 기
념하기 위해 TV 방송 임원 및 제작진과 함께 자리하실 것입니다. 입장
은 무료입니다.

bid farewell 작별을 고하다  decade after decade 수십 년
access to ~에 대한 이용, 접근  artistic 예술적인  readily 손
쉽게, 선뜻  mainstream media 주요 방송 매체  historical
site 유적지  authentic 정통의  in every medium 모든 수
단을 동원해  at one's best 최선을 다해  go on air 방송하다
loyal 열렬한, 단골의

## 135 명사 어휘 ★★★☆☆

**정답 해설**

빈칸 앞에 방송사에서 마지막 방송을 한다는 말이 있으므로 종료 대상
이 되는 것을 나타낼 명사로 '방송 편성'을 뜻하는 **(C) programming**
이 정답이다.

## 오답해설

(A) '지원(서), 신청(서), 적용' 등을 뜻하므로 문장의 의미에 맞지 않는 오답.

(B) '주의(력), 관심' 등을 뜻하므로 문장의 의미에 맞지 않는 오답.

(D) '처리'를 뜻하므로 문장의 의미에 맞지 않는 오답.

## 어휘

**programming** 방송 편성 **attentiveness** 주의(력), 관심 **processing** 처리

## 136 동사 자리 및 시제 ★★★☆☆

### 정답해설

주어 we와 빈칸 뒤로 명사구와 전치사구들만 있으므로 빈칸이 문장의 동사 자리임을 알 수 있으며, 과거에서 현재까지 이르는 기간을 나타내는 전치사구 Through decade after decade와 의미가 어울리는 현재완료시제동사 **(D) have provided**가 정답이다.

### 오답해설

(A) 동사의 현재형: 전치사구 Through decade after decade와 의미가 어울리는 시제가 아니므로 오답.

(B) 동명사/현재분사: 문장의 동사가 필요한 빈칸에 어울리는 형태가 아니므로 오답.

(C) 동사의 미래형: 전치사구 Through decade after decade와 의미가 어울리는 시제가 아니므로 오답.

## 137 문장 삽입 ★★★★☆

### 정답해설

빈칸 앞 문장에는 행사에 참여할 때 건물에 출입하는 방법이, 빈칸 다음 문장에는 행사에 참여하는 방송국 관계자들이 언급되어 있다. 따라서 행사에 참여하는 사람이 겪을 수 있는 일과 관련해 방송 진행자들을 만날 수 있다는 의미로 쓰인 **(B)**가 정답이다.

### 오답해설

(A) 앞뒤 문장들이 합병과 관련된 내용이 아니므로 흐름상 맞지 않는 오답.

(C) 앞서 지문 시작 부분에 방송국이 문을 닫는다고 언급한 것과 흐름상 맞지 않는 오답.

(D) 앞뒤 문장들이 상을 수상하는 것과 관련된 내용이 아니므로 흐름상 맞지 않는 오답.

### 해석

(A) 한 상업 TV 방송국과의 합병이 제안되고 있습니다.

(B) 심지어 몇몇 가장 인기 있는 저희 방송 진행자들도 만나 보실 수 있습니다.

(C) 이는 공공 서비스에 있어 86번째 해의 시작을 기념하는 것입니다.

(D) 이 방송국은 시에서 주는 문화 상을 수상한 바 있습니다.

## 어휘

**mark** v. ~을 기념하다 **merger** 합병 **commercial** 상업의

## 138 형용사 어휘 ★★★☆☆

### 정답해설

빈칸에 쓰일 형용사는 바로 뒤에 위치한 명사 event를 수식해 행사가 지니는 특성을 나타내야 한다. 앞서 문을 닫는 방송국이 마지막 방송을 하는 것과 관련된 행사라고 언급되어 있고, 그와 관련해 많은 방송국 직원들이 참석하는 행사의 특성을 나타내야 하므로 '기억에 남을 만한'을 뜻하는 **(A) memorable**이 정답이다.

### 오답해설

(B) '주기적인, 정규의, 일반의'를 뜻하므로 문장의 의미에 어울리지 않는 오답.

(C) '의무적인'을 뜻하므로 문장의 의미에 어울리지 않는 오답.

(D) '잠정적인'을 뜻하므로 문장의 의미에 어울리지 않는 오답.

### 어휘

**memorable** 기억에 남을 만한 **mandatory** 의무적인 **tentative** 잠정적인

## 139-142 다음의 기사를 참조하시오.

7월 15일 - 오늘, 캐슬 힐 랜드 앤 리얼티 사는 그랜빌 리미티드 사와의 합작 프로젝트가 마침내 진행 중이라고 발표했습니다. 15개월 간의 협의 끝에, 이 제휴 업체들은 40 에이커 규모의 하버 파크를 139 개발하는 계약에 합의했습니다. 이 프로젝트는 해당 지역을 매력적인 주거 및 상업용 중심지로 탈바꿈시킬 것입니다. 캐슬 힐 사의 맷 홀브룩 대표이사는 이 합작 사업이 해당 지역 및 주민들에게 상당한 경제적 이득을 140 가져다 줄 것이라고 약속했습니다. "오랜 시간이 걸렸습니다,"라고 홀브룩 씨는 말했습니다, "많은 일정 재조정과 장애 요소들이 있었지만, 마침내 시작될 예정입니다." 141 홀브룩 씨는 지연 문제가 이번과 같은 대규모 노력에 있어 일반적인 것이라고 주장합니다. 공사가 얼마나 걸릴지 질문을 받았을 때, 홀브룩 씨는 마감기한을 정하는 것에 대해 신중했습니다. "저희는 5년 후에 새 입주민과 업체들을 이곳으로 이전하는 것을 바라고 있습니다,"라고 홀브룩 씨가 밝혔습니다, "비록 이것이 너무 희망적인 142 예상일지도 모르기는 하지만요."

**joint** 합작의, 공동의 **underway** 진행 중인 **negotiation** 협의, 협상 **deal** 계약, 거래 **convert A into B**: A를 B로 탈바꿈시키다, 전환하다 **hub** 중심지 **enterprise** 사업 **rescheduling** 일정 재조정 **obstacle** 장애(물) **estimate** 예상, 추정

### 139 to부정사 자리 ★★☆☆☆

**정답 해설**

빈칸 앞에 이미 문장의 동사 agreed가 있으므로 또 다른 동사 develop은 준동사의 형태로 쓰여야 한다. 따라서 선택지에서 유일하게 준동사의 형태인 **(C) to develop**이 정답이다.

**오답 해설**

(A) 현재완료: 준동사가 필요한 빈칸에 어울리지 않는 오답.
(B) 동사의미래형: 준동사가 필요한 빈칸에 어울리지 않는 오답.
(D) 조동사 + 동사원형: 준동사가 필요한 빈칸에 어울리지 않는 오답.

### 140 동사 어휘 ★★★☆☆

**정답 해설**

빈칸 뒤에 'A to B'의 구조로 위치한 명사구들과 어울려 전달 또는 제공의 의미를 나타낼 동사가 쓰여야 알맞으므로 '~을 …에게 가져다 주다'를 뜻하는 **(D) bring**이 정답이다.

**오답 해설**

(A) '다가가다, 다가오다'를 뜻하므로 빈칸 뒤의 명사구 및 문장의 의미에 맞지 않는 오답.
(B) '~을 디자인하다'를 뜻하므로 문장의 의미에 맞지 않는 오답.
(C) 자동사이므로 목적어를 취할 수 없어 오답.

**어휘**

approach 다가가다, 다가오다  collaborate 협업하다

### 141 문장 삽입 ★★★★☆

**정답 해설**

앞 문장에 많은 일정 재조정과 장애 요소들이 있었지만 해당 프로젝트가 마침내 시작된다는 의미로 홀브룩 씨가 인터뷰한 말이 쓰여 있다. 따라서 많은 일정 재조정 문제를 '지연, 지체'를 뜻하는 delays로 지칭해 그와 같은 일의 특성을 언급하는 **(A)**가 정답이다.

**오답 해설**

(B) 앞뒤 문장들이 교통 및 오염 문제 악화와 관련된 내용이 아니므로 흐름상 맞지 않는 오답.
(C) 앞뒤 문장들이 시 정부의 승인 여부와 관련된 내용이 아니므로 흐름상 맞지 않는 오답.
(D) 앞뒤 문장들이 합작 사업에 대한 자금 제공과 관련된 내용이 아니므로 흐름상 맞지 않는 오답.

**해석**

(A) 홀브룩 씨는 지연 문제가 이번과 같은 대규모 노력에 있어 일반적인 것이라고 주장합니다.
(B) 하지만 주민들은 교통 및 오염 문제를 악화시키는 것에 대해 우려하고 있습니다.
(C) 홀브룩 씨는 이 프로젝트가 시 정부의 승인을 받을 것이라고 낙관하고 있습니다.
(D) 캐슬 힐과 그랜빌 모두 이 합작 사업에 자금을 제공할 예정입니다.

**어휘**

maintain that ~라고 주장하다  endeavor 노력  worsen ~을 악화시키다  be optimistic that ~임을 낙관하다  approval 승인  financing 자금 (제공)

### 142 명사 어휘 ★★★★☆

**정답 해설**

빈칸에 쓰일 명사는 too hopeful of의 수식을 받으므로 희망하는 일을 나타내야 하는데, 앞 문장에 5년 후에 새 입주민과 업체들이 이전하는 것을 바라고 있다는 말이 있으므로 이 말을 하나로 대신할 수 있는 것이어야 한다. 이는 앞으로의 일에 대한 예상인 것으로 판단할 수 있으므로 '예상'을 뜻하는 **(C) estimate**이 정답이다.

**오답 해설**

(A) '기회'를 뜻하므로 앞 문장과의 흐름상 맞지 않는 오답.
(B) '인상, 감명'을 뜻하므로 앞 문장과의 흐름상 맞지 않는 오답.
(D) '직관'을 뜻하므로 앞 문장과의 흐름상 맞지 않는 오답.

**어휘**

estimate 예상, 견적(서)  impression 인상, 감명  intuition 직관

### 143-146 다음의 이메일을 참조하시오.

수신: 데비 피셔 <dfishert198@gmail.com>
발신: 고객 관리부 <custcare@medweb.ca>
날짜: 5월 14일
제목: 메드웹에 오신 것을 환영합니다
첨부: 양식

피셔 씨께,

귀하의 온라인 의료 정보 공급원인 메드웹 서비스에 가입해 주셔서 감사드립니다! **143** 이제 귀하께서는 하나의 웹 사이트에서 건강 및 의학에 관해 알아 두셔야 하는 모든 정보를 찾아보실 수 있습니다. 추가로, 최근의 의료계의 획기적인 발견에 관한 심층적인 기사들을 특징으로 하는 월간 온라인 소식지도 받으시게 됩니다. 이메일을 통해 받으시게 되는 각 호는 매달 1일에 나옵니다. **144** 일주일 내로 1부를 받지 못하실 경우, 저희에게 연락 주십시오. 귀하의 서비스 가입으로 인해 귀하는 온라인으로 지난 호의 소식지뿐만 아니라 의료 저널과 동영상, 그리고 뉴스를 소장하고 있는 저희 자료실에 대해서도 무제한 **145** 이용 자격이 있습니다. 저희 웹 사이트를 방문하셔서 귀하의 가입 서비스를 활성화시키신 다음, **146** 첨부된 양식에 제공해 드린 가입자 번호와 비밀번호를 입력하기만 하시면 됩니다. 귀하의 가입자 페이지에 들어가시는 대로 비밀번호를 변경하실 수 있습니다.

안녕히 계십시오.

요시로 오에
고객 관리부 직원

---

resource 공급원, 원천  medicine 의학, 약물  in-depth 심층적인  breakthrough 획기적인 발견, 돌파구  entitle A to do: A에게 ~할 자격을 주다, A가 ~할 수 있게 해 주다  archive 자료실  activate ~을 활성화하다  attached 첨부된  gain entry to ~에 들어가다

## 143 부사 자리 및 의미 ★★★☆☆

### 정답 해설

앞 문장에 서비스에 가입한 것에 감사한다는 말이 쓰여 있으므로 빈칸이 속한 문장에 말하는 정보 검색 서비스는 현재 이용 가능한 상태라는 의미가 되어야 알맞다. 따라서 '이제, 지금'을 뜻하는 부사 **(A) Now**가 정답이다.

### 오답 해설

(B) '그때, 그렇다면, 그런 다음' 등을 뜻하므로 문장의 의미에 어울리지 않는 오답.
(C) '~ 후에'를 뜻하므로 문장의 의미에 어울리지 않는 오답.
(D) '한때, 한 번'을 뜻하므로 문장의 의미에 어울리지 않는 오답.

## 144 문장 삽입 ★★★★☆

### 정답 해설

앞 문장에 월간 소식지를 이메일로 받는다는 말이 있으므로 이를 your copy로 지칭해 받지 못할 경우에 대한 조치를 언급하는 **(B)**가 정답이다.

### 오답 해설

(A) 앞 문장이 가입 서비스 갱신과 관련된 것이 아니므로 흐름상 맞지 않는 오답.
(C) 앞 문장이 의견 공유 방법과 관련된 것이 아니므로 흐름상 맞지 않는 오답.
(D) 앞 문장이 처음 발간되는 소식지와 관련된 것이 아니므로 흐름상 맞지 않는 오답.

### 해석

(A) 가입 서비스를 갱신하시려면, 업무 시간 중에 저희 고객 서비스 데스크로 전화주십시오.
**(B) 일주일 내로 1부를 받지 못하실 경우, 저희에게 연락 주십시오.**
(C) 서비스 가입자들께서는 웹 사이트에서 의견을 남기고 각자의 기사를 공유하실 수 있습니다.
(D) 사상 처음 발간되는 제1호 소식지가 6월 초에 공개될 예정입니다.

---

### 어휘

renew ~을 갱신하다  comment 의견을 남기다  scheduled 예정된  release n. 공개, 출시

## 145 명사 자리 및 의미 ★★★☆☆

### 정답 해설

빈칸은 형용사 unlimited의 수식을 받음과 동시에 앞에 위치한 전치사 to의 목적어 역할을 할 명사 자리이며, 빈칸 뒤에 위치한 전치사 to와 어울려 쓰일 수 있어야 하므로 to와 함께 '~에 대한 이용, 접근'을 의미하는 명사 **(D) access**가 정답이다.

### 오답 해설

(A) 동사의 과거형/과거분사: 형용사의 수식을 받음과 동시에 전치사 to의 목적어 역할을 할 수 있는 것이 아니므로 오답.
(B) 동사의 현재형: 형용사의 수식을 받음과 동시에 전치사 to의 목적어 역할을 할 수 있는 것이 아니므로 오답.
(C) 동사원형/명사: 동사일 경우 형용사의 수식을 받음과 동시에 전치사 to의 목적어 역할을 할 수 없고, 명사일 경우 '취임, 즉위, (국제 기관에 대한) 가맹' 등을 뜻하므로 문장의 의미에 맞지 않는 오답.

### 어휘

accession 취임, 즉위, (국제 기관에 대한) 가맹

## 146 전치사 어휘 ★★★☆☆

### 정답 해설

빈칸 뒤에 위치한 명사구 the attached form은 '첨부된 양식'을 의미하며, 이 문장에서 말하는 가입자 번호와 비밀번호가 기재된 문서에 해당된다. 즉 해당 문서 표면에 정보가 적혀 있는 것이므로 표면에 접촉한 상태를 나타낼 때 사용하는 **(C) on**이 정답이다.

### 오답 해설

(A) '~에 대해, ~을 위해' 등과 같이 목적이나 대상 등을 나타내므로 문장의 의미에 맞지 않는 오답.
(B) '~의, ~에 대해' 등과 같이 소유 관계나 소유 대상 등을 나타내므로 문장의 의미에 맞지 않는 오답.
(D) '~에'라는 의미로 하나의 지점에 해당되는 위치를 나타내므로 문장의 의미에 맞지 않는 오답.

## PART 5

| | | | | |
|---|---|---|---|---|
| **101** (C) | **102** (A) | **103** (B) | **104** (C) | **105** (C) |
| **106** (D) | **107** (B) | **108** (C) | **109** (B) | **110** (B) |
| **111** (A) | **112** (D) | **113** (C) | **114** (C) | **115** (A) |
| **116** (D) | **117** (D) | **118** (B) | **119** (A) | **120** (A) |
| **121** (B) | **122** (A) | **123** (D) | **124** (A) | **125** (B) |
| **126** (A) | **127** (D) | **128** (D) | **129** (B) | **130** (B) |

## PART 6

| | | | |
|---|---|---|---|
| **131** (A) | **132** (C) | **133** (C) | **134** (A) |
| **135** (B) | **136** (B) | **137** (C) | **138** (B) |
| **139** (A) | **140** (D) | **141** (D) | **142** (C) |
| **143** (C) | **144** (A) | **145** (B) | **146** (D) |

## 101 대명사의 격 ★★★☆☆

**해설**

be동사 is 뒤에 위치한 빈칸은 보어로서 주어 Most of the gear와 동격이 되어야 하므로 '그들의 것'이라는 의미로 사물을 가리킬 때 사용하는 소유대명사 **(C) theirs**가 정답이다.

**해석**

스쿠버 다이버들이 이용하는 대부분의 장비는 그들의 것이 아니라 해변에 있는 스쿠버 매장에서 대여되는 것이다.

**어휘**

gear 장비 beachfront 해변의

## 102 분사 자리 ★★★★☆

**해설**

콤마 뒤에 문장의 주어와 동사가 쓰여 있으므로 콤마 앞 부분은 주어 없이 have와 과거분사가 결합한 형태여야 한다. 또한, 문장 맨 앞에 위치하려면 분사구의 구조가 되어야 알맞으므로 **(A) Having**이 정답이다.

**해석**

연간 지출 비용 예산을 초과했으므로, 제조부는 다음 회계연도까지 어떠한 기계 구입도 연기할 수밖에 없었다.

**어휘**

exceed ~을 초과하다 annual 연간의, 해마다의 expense 지출 비용, 경비 budget 예산 manufacturing 제조 division (회사 등의) 부, 과 have no choice but to do ~할 수밖에 없다 postpone ~을 연기하다 purchase 구입(품) fiscal year 회계 연도

## 103 형용사 자리 ★★★☆☆ ·

**해설**

빈칸 앞에 위치한 동사 make는 「make + 목적어 + 목적보어」의 구조로 쓰이므로 목적어 ancient philosophy 뒤에 위치한 빈칸은 목적보어 자리이다. 빈칸에는 목적어의 상태나 특성을 나타낼 형용사 보어가 쓰여야 알맞으므로 **(B) accessible**이 정답이다.

**해석**

다큐멘터리 영화 제작자 마커스 다운스 씨는 자신의 새 영화에서 고대 철학을 일반 대중에게 이용 가능하도록 만들고 있다.

**어휘**

ancient 고대의 philosophy 철학 accessible 이용 가능한, 접근 가능한 accession 접근, 취득, 가맹

## 104 to부정사 자리 ★★★☆☆

**해설**

빈칸 앞에 이미 문장의 동사 were hired가 있으므로 또 다른 동사 assist는 준동사의 형태로 쓰여야 한다. 또한, 빈칸 이하 부분이 임시 근로자들을 고용한 목적이 되어야 의미가 자연스러우므로 '~하기 위해'를 뜻하는 **(C) to assist**가 정답이다.

**해석**

임시 근로자들이 항구 시설의 긴급 공사에 도움이 되기 위해 테크스톤 빌더스 사에 의해 고용되었다.

**어휘**

urgent 긴급한 construction 공사, 건설 port 항구

## 105 최상급 형용사 ★★★☆☆

**해설**

정관사 the와 명사구 farm produce 사이에 위치한 빈칸은 명사구를 수식할 형용사 자리인데, 비교 대상 범위를 나타내는 in 전치사구와 의미가 어울리려면 최상급의 형태가 되어야 알맞으므로 **(C) freshest**가 정답이다.

**해석**

골든 아치 슈퍼마켓은 오렌지 카운티 전역에서 가장 신선한 농산물을 갖추고 있다는 점을 보장한다.

**어휘**

stock v. (매장 등이) ~을 재고로 갖추다, 취급하다 farm produce 농산물

## 106 명사 어휘 ★★★☆☆

**해설**

대상 범위를 나타내는 전치사 Among의 목적어 자리인 빈칸은 도치된 주어 luxurious hotels가 속하는 범주에 해당되어야 하므로 '숙박 시설'을 의미하는 **(D) accommodations**가 정답이다.

**해석**

레이크 티티카카에 있는 많은 인기 숙박 시설들 중에는 관광객들을 위한 고급 호텔들과 배낭 여행객들을 위한 저렴한 홈스테이가 있다.

**어휘**

accommodation 숙박 시설 luxurious 고급의 affordable (가격이) 저렴한, 알맞은 route 노선, 경로

## 107 동사 어휘 ★★★☆☆

**해설**

빈칸 뒤에 목적어로 두 개의 명사구가 나란히 위치해 있으므로 두 개의 목적어를 취할 수 있는 **(B) saved**가 정답이다.

**해석**

그 쇼핑몰 설계도에 대한 사소한 수정 사항 하나가 그 건설회사에게 수십만 달러를 절약하게 해 주었다.

**어휘**

modification 수정, 변경 blueprint 설계도 prevent ~을 방지하다, 막다

## 108 과거분사 어휘 ★★★☆☆

**해설**

빈칸 앞뒤에 각각 위치한 be동사 is 및 to부정사와 결합 가능한 과거분사가 필요하므로 이 둘과 함께 '~할 것으로 예상되다'라는 의미를 나타낼 때 사용하는 **(C) expected**가 정답이다.

**해석**

면접 대상자들 중 한 명이 오늘 아침에 정규직 계약을 제안받았으며, 월요일에 근무를 시작할 것으로 예상된다.

**어휘**

be expected to do ~할 것으로 예상되다 discuss ~을 논의하다, 이야기하다 apply 지원하다, 신청하다, ~을 적용하다 aim 목표로 하다

## 109 형용사 어휘 ★★★★☆

**해설**

without 전치사구와 would have p.p. 동사가 함께 짝을 이뤄 '~가 아니었다면(없었다면), …하지 않았을 것이다'와 같은 부정의 의미

를 나타내야 알맞은 문장이 된다. 또한 빈칸에 쓰일 형용사는 사물주어 entry에 대한 보어로서 '불가능한'이라는 의미로 부정을 나타내는 **(B) impossible**이 정답이다.

**해석**

영업부장의 전문 지식이 아니었다면, 벨 패브릭스 사의 멕시코 직물 시장 진입은 불가능했을 것이다.

**어휘**

expertise 전문 지식 entry into ~로의 진입, 입장, 참가 textile 직물, 천 likely 가능성 있는, ~할 것 같은

## 110 부사 어휘 ★★★★☆

**해설**

빈칸에 쓰일 부사는 '성공적인'을 뜻하는 형용사 successful을 수식해 그 정도와 관련된 의미를 나타내야 하므로 '미미하게, 아주 조금' 등을 뜻하는 **(B) marginally**가 정답이다.

**해석**

중국의 자동차 제조업으로의 초기 이동은 그저 미미하게 성공을 거뒀지만, 이후 시장에서 중심적인 역할을 하게 되었다.

**어휘**

automotive manufacturing 자동차 제조 marginally 미미하게, 아주 조금 major player 중심적인 역할 conclusively 결정적으로 eventually 마침내, 결국 consecutively 연속적으로

## 111 동사 어휘 ★★★★☆

**해설**

빈칸에 쓰일 동사는 명사구 Mr. Robson's reputation을 목적어로 취해 명성의 변화나 정도와 관련된 의미를 나타내야 하므로 '~을 향상시키다, 강화하다'를 뜻하는 **(A) enhance**가 정답이다.

**해석**

채닝 엔지니어링 사와의 사업 거래에 대한 최종 확정이 숙련된 협상가로서 롭슨 씨의 명성을 더욱 향상시켜 줄 것이다.

**어휘**

finalization 최종 확정, 최종 승인 enhance ~을 향상시키다, 강화하다 skilled 숙련된, 능숙한 negotiator 협상가 achieve ~을 달성하다, 이루다

## 112 형용사 어휘 ★★★★☆

**해설**

빈칸에 쓰일 형용사는 결승전 일정 재조정의 원인인 폭풍우를 의미하는 명사 rainstorm을 수식해 그 발생 방식과 관련된 의미를 나타내야 하므로 '갑작스러운'을 뜻하는 **(D) sudden**이 정답이다.

갑작스러운 폭풍우로 인해, 테니스 챔피언십 결승전이 취소되어 다음 날 오후로 일정이 재조정되어야 했다.

sudden 갑작스러운  final 결승전  call off ~을 취소하다, 중지하다  following 다음의  assertive 적극적인, 확신에 찬

## 113 명사 어휘 ★★★☆☆

**해설**

빈칸에 쓰일 명사는 바로 앞에 위치한 명사 paper와 복합명사를 구성할 수 있으면서 limit의 목적어로서 제한 대상이 되는 것을 나타내야 하므로 '종이 사용'이라는 의미를 구성하는 **(C) usage**가 정답이다.

**해석**

종이 사용을 제한하기 위해 사무실 책임자는 한 면이 공백인 모든 종이가 지정된 상자에 넣어져 재사용돼야 한다고 주장하고 있다.

**어휘**

blank 공백의, 백지의  place v. ~을 넣다, 놓다  designated 지정된  process 처리  method 방법  assignment 배정(된 것), 할당(된 일)

## 114 형용사 어휘 ★★★★☆

**해설**

호텔 고객들이 체크인 및 체크아웃 시간과 관련해 반드시 해야 하는 일과 관련된 의미를 나타낼 형용사가 필요하므로 '시간을 엄수하는, 지키는' 등을 뜻하는 **(C) punctual**이 정답이다.

**해석**

저희 정책에 따라, 호텔 손님들께서는 저희 체크인 및 체크아웃 시간과 관련해 반드시 시간을 엄수하셔야 합니다.

**어휘**

in accordance with ~에 따라  policy 정책  punctual 시간을 엄수하는, 지키는  with regard to ~와 관련해  periodic 주기적인  immediate 즉각적인

## 115 형용사 어휘 ★★★★☆

**해설**

빈칸에 쓰일 형용사는 바로 뒤에 위치한 명사 search를 수식해 사람을 찾는 방식과 관련된 의미를 나타내야 한다. 회사에 새로운 관점을 가져오는 것을 목적으로 한다는 말과 어울리려면 다른 곳에서 사람을 찾는다는 의미가 되어야 알맞으므로 '외부의'를 뜻하는 **(A) external**이 정답이다.

**해석**

회사에 새로운 관점을 가져오기 위해, 슬리고 주식회사는 홍보부장 자리에 대해 외부에서 사람을 찾는 일을 실시하고 있다.

**어휘**

perspective 관점  carry out ~을 실시하다, 수행하다  external 외부의  public relations 홍보  approachable 접근 가능한, (사람이) 사귀기 쉬운  indecisive 우유부단한

## 116 부사 어휘 ★★★★★

**해설**

현재완료시제 동사 사이에 위치한 빈칸은 동사를 수식해 일정이 정해지는 방식과 관련된 의미를 나타내야 하므로 '잠정적으로'를 뜻하는 **(D) tentatively**가 정답이다.

**해석**

선발 및 자문 위원회는 첫 번째 자체 회의를 6월 1일로 잠정적으로 일정을 정했다.

**어휘**

selection 선발, 선정  advisory 자문의  tentatively 잠정적으로  evenly 고르게, 균등하게  informatively 유익하게  solely 오로지, 단지

## 117 접속사 자리 및 의미 ★★★☆☆

**해설**

빈칸이 속한 that절에서, 빈칸 뒤로 주어와 동사가 각각 포함된 절들이 콤마 앞뒤에 위치해 있으므로 빈칸은 이 절들을 연결할 접속사 자리이다. 또한 '추가 상담원이 고용될 때까지 많은 양의 전화를 처리해야 할 것이다'와 같은 의미가 되어야 알맞으므로 '~할 때까지'를 뜻하는 접속사 **(D) until**이 정답이다.

**해석**

콜 센터 책임자는 대표이사에게 추가 전화 상담원이 고용될 때까지 많은 양의 전화를 처리하기 위해 발버둥쳐야 할 것이라고 알렸다.

**어휘**

inform A that: A에게 ~라고 알리다  telephone operator 전화 상담원  struggle to do ~하기 위해 발버둥치다, 크게 애쓰다

## 118 형용사 어휘 ★★★★☆

**해설**

빈칸이 속한 명사구 'other ~ electronic devices'는 바로 앞에 언급된 laptops 및 tablets와 유사한 성격을 지닌 기기를 가리켜야 한다. 따라서 빈칸에 쓰일 형용사로 '휴대용의'라는 의미로 쓰이는 **(B) portable**이 정답이다.

노트북 컴퓨터와 태블릿, 그리고 기타 휴대용 전자 기기들은 반드시 보안 검색대를 지날 때 가방에서 꺼내져야 한다.

**어휘**

portable 휴대용의  device 기기, 장치  remove A from B: A를 B에서 꺼내다, 제거하다, 없애다  replaceable 대신할 수 있는, 교체 가능한  durable 내구성이 좋은  disposable 일회용의

## 119 명사 어휘 ★★★☆☆

**해설**

빈칸에 쓰일 명사는 직원들이 워크숍과 관련해 할 수 있는 일을 나타내야 하므로 '이수, 완료' 등을 뜻하는 **(A) completion**이 정답이다.

**해석**

그리즈만 엔지니어링 사는 각각 다른 컴퓨터 능력 워크숍을 이수하는 직원들에게 수당을 제공한다.

**어휘**

allowance 수당  completion 이수, 완수, 완료  ambition 야망, 포부

## 120 부사 자리 및 의미 ★★★☆☆

**해설**

주절과 when절 사이에 위치한 빈칸은 부사 자리이다. 빈칸 뒤에 위치한 when절은 탑승객들이 각자의 짐을 가져 갈 수 있는 조건에 해당되는데, 이는 기내에서 짐을 가져 가기 위한 유일한 조건인 것으로 판단할 수 있으므로 '오직, 유일하게'를 뜻하는 부사 **(A) only**가 정답이다.

**해석**

탑승객들께서는 오직 기장이 안전 벨트 착용 표시등을 껐을 때만 각자의 소지품을 가져 가실 수 있습니다.

**어휘**

belongings 소지품, 물건  fasten seatbelts sign 안전 벨트 착용 표시등

## 121 전치사 자리 및 의미 ★★★☆☆

**해설**

빈칸 뒤에 위치한 동명사구를 목적어로 취할 전치사가 빈칸에 필요하다. 또한, 지역 아동 자선 단체에 많은 액수의 돈을 기부한 것이 인정받는 구성원이 될 수 있었던 방법에 해당되므로 '~함으로써, ~해서' 등의 의미로 방법을 나타낼 때 사용하는 전치사 **(B) by**가 정답이다.

**해석**

보일 씨는 지역 아동 자선 단체에 많은 액수의 돈을 기부함으로써 지역 사회에서 인정받는 구성원이 되었다.

**어휘**

recognized 인정받는  a large sum of 많은 액수의  charity 자선 (단체)

## 122 명사 어휘 ★★★☆☆

**해설**

빈칸이 속한 in 전치사구는 건물을 살펴보는 방식과 관련된 의미를 나타내야 하므로 '전체적으로, 전부'라는 의미를 구성할 때 사용하는 명사 **(A) entirety**가 정답이다.

**해석**

저희는 잠재 고객들께 가격을 제시하는 것을 고려하시기 전에 건물을 전체적으로 살펴 보시도록 권해드리고 있습니다.

**어휘**

recommend that ~하도록 권하다, 추천하다  prospective 잠재적인, 장래의  property 건물, 부동산  in its entirety 전체적으로, 전부  make an offer (가격 등) 제시하다, 제안하다  capacity 수용력, 용량

## 123 부사 자리 및 의미 ★★★★☆

**해설**

접속사 but과 동사 dreamed 사이에 위치한 빈칸은 동사를 앞에서 수식할 부사 자리이므로 이 역할이 가능한 **(D) never**가 정답이다.

**해석**

에스텔 글로버 씨는 젊을 때 요리하는 것을 즐기긴 했지만, 언젠가 세계적으로 유명한 레스토랑의 소유주가 되리라고는 꿈도 꾸지 못했다.

**어휘**

in one's youth 젊을 때

## 124 명사 어휘 ★★★☆☆

**해설**

빈칸이 속한 for 전치사구는 비즈니스 센터의 프린터와 복사기를 이용하는 방법에 해당되며, 빈칸에는 형용사 additional의 수식을 받아 추가적으로 해야 하는 것을 나타낼 명사가 필요하다. 따라서 '추가 요금을 내고'라는 의미가 되어야 알맞으므로 **(A) charge**가 정답이다.

**해석**

워크숍 참가자들은 추가 요금을 내고 비즈니스 센터에 있는 프린터와 복사기를 이용할 수 있습니다.

## 어휘

estimate 예상, 추정, 견적(서)  budget 예산

## 125 명사절 접속사 자리 및 구분 ★★★★☆

### 해설

빈칸 뒤에 주어 없이 동사 is로 시작되는 불완전한 절이 있으므로 불완전한 절을 이끄는 명사절 접속사를 찾아야 한다. 그런데 several proposals라는 특정 대상 범위 내에서 가장 비용 효율적인 것을 결정한다는 의미가 되어야 하므로 대상 범위가 있는 경우에 사용하는 **(B) which**가 정답이다.

### 해석

수석 건축가가 어느 것이 가장 비용 효율적인지 결정하기 위해 공사 프로젝트에 대한 여러 제안서를 검토하고 있다.

### 어휘

proposal 제안(서)  decide ~을 결정하다  cost-effective 비용 효율적인

## 126 관계대명사 자리 및 격 ★★★☆☆

### 해설

빈칸 앞에는 주어와 동사, 목적어, 그리고 to 전치사구까지 구성이 완전한 절이, 빈칸 뒤에는 주어 없이 동사 want로 시작되는 불완전한 절이 있다. 따라서 불완전한 절을 이끄는 접속사가 빈칸에 필요한데, 동사 앞에 쓰일 수 있는 것은 주격관계대명사이므로 **(A) who**가 정답이다.

### 해석

코스턴 글래스 웍스는 장차 유리 부는 직공이 되기 위해 능력을 개발하기를 원하는 사람들에게 인턴 프로그램을 제공한다.

### 어휘

aspiring 장차 ~가 되려는  glass blower 유리 부는 직공

## 127 동사 어휘 ★★★★☆

### 해설

빈칸 뒤에 위치한 to부정사를 목적어로 취할 수 있는 동사가 필요하므로 to부정사와 함께 '~할 계획이다, 작정이다' 등을 의미할 때 사용하는 **(D) intends**가 정답이다.

### 해석

언론에 공개한 성명서에서, 임페투스 출판사는 내년에 남미 시장으로 사업을 확장할 계획이라고 발표했다.

### 어휘

statement 성명(서)  release ~을 공개하다, 출시하다  the press 언론  expand into ~로 사업을 확장하다, 확대하다

concern ~을 걱정시키다, ~와 관련되다  initiate ~을 시작하다

## 128 접속사 자리 ★★★☆☆

### 해설

주어와 동사가 각각 하나씩 포함된 절이 콤마 앞뒤로 위치해 있으므로 빈칸은 이 절들을 연결할 접속사 자리이다. 따라서 선택지에서 유일하게 접속사인 **(D) Whereas**가 정답이다.

### 해석

지난 5년 동안에 걸쳐 CD 판매량이 상당히 감소해 온 반면, 디지털로 다운로드하는 음악에 대한 수요는 계속 증가하고 있다.

### 어휘

significantly 상당히  demand 수요  primarily 주로

## 129 형용사 어휘 ★★★★☆

### 해설

빈칸 앞뒤에 위치한 be동사 is 및 to부정사와 결합 가능한 형용사가 필요하므로 이 역할이 가능한 **(B) fortunate**가 정답이다.

### 해석

웰즐리 풋라이트 회사는 권위 있는 웨스트 엔드 소속 베테랑 감독인 카메론 크롤리를 최신 제작 작품의 감독으로 맞이하게 되어 매우 운이 좋다.

### 어휘

be fortunate to do ~해서 운이 좋다  prestigious 권위 있는  admirable 감탄할 만한, 존경스러운  critical 비판적인, 대단히 중요한

## 130 명사 어휘 ★★★★★

### 해설

because절의 동사 has의 목적어 자리인 빈칸은 사람이 소유할 수 있는 것을 나타내야 하며, 이 절은 승진 가능성이 가장 적은 이유와 관련되어야 한다. 따라서 the weakest의 수식을 받아 '가장 부족한 자격'이라는 의미가 되어야 적절하므로 '자격'을 뜻하는 **(B) credentials**가 정답이다.

### 해석

푸르니에 씨는 가장 부족한 자격을 지니고 있기 때문에 부서장 직책으로 승진될 가능성이 가장 적다.

### 어휘

have the least chance of ~할 가능성이 가장 적다  credentials 자격(증)  portion 부분  consequence 결과  permit 허가증

## 131-134 다음의 기사를 참조하시오.

NBS 케이블 TV 네트워크는 '리얼 미스터리(실제 미제 범죄 사건을 다루는 심야 프로그램)'를 두 번째 시즌으로 연장할 예정이라고 발표했습니다. 막바지에 나타난 시청자들의 **131** 관심 증가로 인해, 이 프로그램은 가을에 또 다른 시리즈로 진행될 것입니다. 이 결정은 지난 해에 이 프로그램의 첫 8회 방송분에 대해 TV 평론가들로부터 받은 **132** 가혹한 평가를 고려하면 놀라움으로 다가왔습니다. **133** 시청자들의 초기 평가 또한 좋지 못했습니다. 이러한 사실에도 불구하고, 이 범죄 드라마는 점차적으로 열혈 팬 층을 구축했으며, 많은 시청자들이 이 프로그램에 대한 지지를 표명하기 위해 방송사에 글을 썼습니다. 많은 팬들이 이 프로그램의 실제 범죄에 대한 긴장감 넘치고 진정한 묘사에 **134** 분명히 매료되어 있습니다.

extend ~을 연장하다, 확장하다 unsolved 미제의, 미해결된 last-minute 막바지의, 마지막 순간의 run 진행되다, 운영되다 come as a surprise 놀라움으로 다가오다 considering ~을 고려하면 devoted 열혈의, 헌신적인 captivated 매료된, 사로잡힌 suspenseful 긴장감 넘치는 authentic 진정한, 정통의 depiction 묘사

### 131 명사 자리 ★★☆☆☆

**해설**

전치사 in과 from 사이에 위치한 빈칸은 in의 목적어 역할을 할 명사 자리이므로 **(A) interest**가 정답이다.

### 132 형용사 어휘 ★★★★☆

**해설**

빈칸에 쓰일 형용사는 '평가, 의견, 후기' 등을 뜻하는 명사 reviews를 수식해 사람들의 평가나 의견의 특성과 관련된 의미를 나타내야 하므로 '가혹한'을 뜻하는 **(C) harsh**가 정답이다.

**어휘**

harsh 가혹한 profound 심오한 genuine 진짜의, 진정한

### 133 문장 삽입 ★★★★★

**해설**

앞 문장에 첫 8회 방송분에 대해 TV 평론가들로부터 받은 평가와 관련된 문장이 쓰여 있으므로 이와 연관된 것으로서 시청자들의 초기 평가가 언급된 **(C)**가 정답이다.

**해석**

(A) 이 프로그램의 프로듀서들은 평론가들의 말을 듣지 않았습니다.
(B) 이 프로그램은 미제로 남아 있는 유명한 사건들을 특징으로 합니다.
(C) 시청자들의 초기 평가 또한 좋지 못했습니다.
(D) 추가적으로, 이 프로그램은 시청자들의 극찬을 받아왔습니다.

**어휘**

viewership 시청자들 feature ~을 특징으로 하다 additionally 추가적으로 praise ~을 극찬하다, 찬송하다

### 134 부사 자리 ★★★☆☆

**해설**

수동태 동사를 구성하는 be동사 are와 과거분사 captivated 사이에 위치한 빈칸은 동사를 수식하는 역할을 하는 부사 자리이므로 **(A) apparently**가 정답이다.

**어휘**

apparently 분명히 apparent 분명한

## 135-138 다음의 기사를 참조하시오.

1월 21일 - 12개월 간의 개조 공사 끝에, 스코틀랜드의 피트로크리에 위치한 역사적인 스트래스테이 방직 공장이 관광객들을 대상으로 다시 문을 열었습니다. 1889년에 지어진 이 방직 공장은 **135** 한때 영국 전 역에서 운영되는 가장 큰 양모 방직 공장이었습니다. 현재, 이 공장은 스코틀랜드의 오랜 양모 및 직물 업계를 대표하는 역사적인 명소로 자리를 지키고 있습니다. 최근에 있었던 개조 공사는 한때 이 방직 공장의 주요 창고 및 저장 시설물이었던 곳에 **136** 공간을 제공했던 방직 공장 박물관의 지붕을 긴급히 수리해야 하는 것이었습니다. **137** 이 구조물의 본래 모습을 유지하기 위해 많은 관리가 이뤄졌습니다. 다행히, 지역의 한 건설 회사가 손상된 지붕의 목재를 부지 내 몇몇 더 작은 건물에서 회수한 유사 목재로 교체할 수 있었습니다. 이 관광 명소의 수석 큐레이터에 따르면, 박물관 지붕은 원래의 상태로 **138** 복원되었으며, 방문객들은 그 결과물에 분명 깊은 인상을 받을 것입니다.

textile mill 방직 공장 in operation 운영 중인, 가동 중인 landmark 명소 representative of ~을 대표하는 replace A with B: A를 B로 교체하다 timber 목재 salvage A from B: A를 B에서 회수하다, 구하다 on-site 부지 내에, 구내에 attraction 명소, 인기 장소 be impressed with ~에 깊은 인상을 받다

### 135 부사 자리 및 구분 ★★★★☆

**해설**

be동사 was와 보어 역할을 하는 명사구 the largest wool mill 사이에 쓰일 수 있는 부사가 필요하므로 명사구 앞에 위치할 수 있으면서 과거시점의 상태 등을 나타내는 **(B) once**가 정답이다.

## 136 과거분사 어휘 ★★★★☆

**해설**

빈칸 이하 부분은 Mill Museum을 뒤에서 수식하는 수식어구가 되어야 하므로 과거분사가 이끄는 분사구임을 알 수 있다. 또한, 빈칸 앞뒤에 언급된 건물들인 Mill Museum과 the mill's main warehouse and storage facility 사이의 위치 관계와 관련된 의미가 되어야 알맞으므로 '~에 공간을 제공하다'를 뜻하는 동사 house의 과거분사 **(B) housed**가 정답이다.

**어휘**

involved 관련된, 수반된  employed 고용된

## 137 문장 삽입 ★★★★★

**해설**

앞 문장에 방직 공장 박물관을 긴급히 수리해야 했다는 말이 있으므로 이 건물을 the structure로 지칭해 해당 건물을 유지하기 위해 취해진 조치와 관련된 의미를 지닌 **(C)**가 정답이다.

**해석**

(A) 여러 손꼽히는 건축가들이 새 방직 공장에 대한 디자인 초안을 만들었습니다.
(B) 결과적으로, 아주 많은 역사적 전시물들도 손상을 입었습니다.
(C) 이 구조물의 본래 모습을 유지하기 위해 많은 관리가 이뤄졌습니다.
(D) 지역 정부는 이 방직 공장을 유명 관광 명소로 홍보하기를 바라고 있습니다.

**어휘**

appearance 모습, 외관  leading 손꼽히는, 선도적인  architect 건축가  draft v. ~의 초안을 만들다  exhibit 전시(물)  sustain damage 손상을 입다  prominent 유명한, 중요한

## 138 동사 태 및 시제 ★★★★☆

**해설**

동사 restore는 목적어를 필요로 하는 타동사인데 빈칸 뒤에 목적어 없이 to 전치사구만 있으므로 수동태로 쓰여야 한다. 또한 앞선 문장에 과거시제동사와 함께 손상된 부분에 대한 목재 교체 작업이 과거 시점에 이미 이뤄진 사실이 언급되어 있으므로 과거시점에 완료된 일이 현재까지 지속되는 상태를 나타내는 현재완료시제 수동태인 **(B) has been restored**가 정답이다.

### 139-142 다음의 이메일을 참조하시오.

수신: bbusby@jokeweb.net
발신: jmiller@wordwide.com
날짜: 3월 8일
제목: 도서 주문

버즈비 씨께,

지난 2월 28일에 저희 카탈로그를 통해 다섯 권의 책을 온라인으로 구입하셨다는 내용으로 3월 3일에 보내 주신 이메일에 대해 감사드립니다. 귀하께서 <새턴 스타>와 <스톤 커버업>, <메도우>, <스트레인지 플래닛>는 받으셨지만, 안타깝게도 <서머타임 인 더 썬>은 받지 못하셨다는 말씀을 듣게 되어 유감입니다. 저희는 귀하께서 **139** 그것을 받지 못하셨다는 사실을 알고 혼란스러웠습니다. 저희는 고객들의 주문 사항을 이행할 때 가능한 모든 주의를 기울입니다.

**140** 저희는 귀하의 구매 제품에 대해 파악할 수 있었습니다. 저희 정보에 따르면, 귀하께서는 별도로 두 번의 구매를 하셨습니다. 오전에 네 권의 책을 먼저 주문하신 다음, 오후에 마지막 책을 주문하셨습니다. 저희가 그 주문들을 한 번이 아닌 두 번의 주문으로 처리했다는 말씀을 드리게 되어 죄송합니다. 귀하께서 마지막 책을 내일 받으실 예정이라는 사실을 알려 드리게 되어 기쁘게 생각합니다. 그때까지 주문 제품을 받지 못하실 경우, 저희에게 **141** 연락 주십시오.

다시 한 번, 저희가 평소에 하던 것처럼 효율적이고 정확하지 못했던 점에 대해 사과드립니다. 이와 같은 일이 저희에게 발생되는 것이 흔치 않습니다. 저는 이와 같은 상황이 매우 **142** 이례적이라는 점을 강조해 말씀드리고자 합니다.

대단히 감사합니다.

조셉 밀러
월드와이드 북스 온라인

- - - - - - - - - - - - - - - - - - - - - - - - - - - - - - - - - - - - -

indicate that ~임을 나타내다, 가리키다  title 책  be confused to do ~해서 혼란스럽다, 혼동하다  fill ~을 이행하다, 완수하다  separate 별도의, 분리된  treat ~을 처리하다, 다루다  apologize for ~에 대해 사과하다  efficient 효율적인  accurate 정확한  normally 평소에, 보통  emphasize that ~임을 강조하다

## 139 대명사 구분 ★★★☆☆

**해설**

빈칸은 동사 had not received의 목적어 자리로서 받지 못한 것을 대신할 대명사가 쓰여야 하는데, 앞 문장에 *Summertime in the Sun*이라는 책 한 권만 받지 못한 사실이 언급되어 있으므로 단수사

물명사를 지칭할 때 사용하는 **(A) it**이 정답이다.

## 140 문장 삽입 ★★★★☆

#### 해설

앞 단락에는 고객이 받지 못한 제품과 관련된 내용이, 빈칸 다음에는 업체의 정보에 따라 확인한 구매 사실이 쓰여 있다. 따라서 상대방의 문제점과 관련된 조치를 취하기 위해 구매 제품에 대해 파악한 사실을 언급한 **(D)**가 정답이다.

#### 해석

(A) 저희는 귀하의 긍정적인 의견에 대해 감사드립니다.
(B) 새로운 책들이 구매 가능해질 때 저희 웹 사이트에서 확인해 보시기 바랍니다.
(C) 안타깝게도, 이 책은 현재 재고가 없습니다.
(D) 저희는 귀하의 구매 제품에 대해 파악할 수 있었습니다.

#### 어휘

track ~을 파악하다, 추적하다  appreciate ~에 대해 감사하다
currently 현재  out of stock 재고가 없는

## 141 동사원형 자리 ★★☆☆☆

#### 해설

please는 동사원형과 결합해 명령문을 구성하므로 please 뒤에 위치한 빈칸에 필요한 동사의 형태로 동사원형인 **(D) contact**가 정답이다.

## 142 형용사 어휘 ★★★☆☆

#### 해설

빈칸에 쓰일 형용사는 주어 this situation, 즉 지문 전체적으로 설명한 문제점이 지니는 성격을 나타내야 하는데, 앞 문장에 흔치 않은 일이라고 언급한 것과 의미가 통하는 것이 필요하므로 '이례적인'을 뜻하는 **(C) unusual**이 정답이다.

#### 어휘

promising 유망한, 촉망되는  likely 가능성 있는, ~할 것 같은

### 143-146 다음의 웹 페이지를 참조하시오.

베이코 단골 고객 전용 카드

베이코 단골 고객 전용 카드는 모든 슈퍼마켓 단골 고객 전용 카드들 중에서 **143** 가장 종합적인 보상 서비스를 제공합니다. **144** 카드 소지자들께서는 식료품부터 자동차 보험에 이르기까지 다양한 부분에 대해 포인트를 받습니다. 일주일 중에서 어느 날이든, 이 카드를 사용해 특별히 선정된 품목에 대해 두 배 또는 세 배의 포인트를 받으실 수

있습니다. 심지어 휴가를 예약하실 때 포인트를 사용하실 수도 있습니다. **145** 추가로, 저희는 고객 여러분의 쇼핑 습관과 선호 사항에 적합한 쿠폰을 맞춤 제공해 드리기 위해 고객 여러분의 쇼핑 생활을 관찰합니다. 의류 및 스포츠 장비 쇼핑을 좋아하시나요? 그러시다면, 쿠폰을 맞춤 제공해 **146** 관련된 품목이 세일에 돌입할 때마다 알림 메시지를 발송해 드릴 것입니다! 그리고 이 모든 서비스에는 단골 고객 카드 수수료가 전혀 없습니다. 저희 단골 고객 전용 카드가 가장 인기 있다는 것이 전혀 놀라운 일이 아닙니다!

- - - - - - - - - - - - - - - - - - - - - - - - - - - - - - - - -

coverage 보상  selected 선정된, 선택된  monitor ~을 관찰하다, 주시하다  tailor ~을 맞춤 제공하다(= customize)  fit ~에 적합하게 하다, 어울리게 하다  preference 선호(하는 것)  equipment 장비  alert 알림 (메시지)  absolutely 전적으로, 완전히  fee 수수료, 요금

## 143 최상급 형용사 자리 ★★★☆☆

#### 해설

정관사 the와 명사 coverage 사이에 위치한 빈칸은 명사를 수식할 형용사 자리이며, 그 뒤에 위치한 'of + 복수명사'는 최상급과 어울리는 비교 대상 범위를 나타내므로 최상급 형용사인 **(C) most comprehensive**가 정답이다.

#### 어휘

comprehensive 종합적인, 포괄적인  comprehension 이해(력)

## 144 문장 삽입 ★★★★☆

#### 해설

앞 문장에 베이코 단골 고객 전용 카드의 서비스와 관련된 특징이 언급되어 있으므로 그 서비스 범위를 구체적으로 제시하는 **(A)**가 정답이다.

#### 해석

(A) 카드 소지자들께서는 식료품부터 자동차 보험에 이르기까지 다양한 부분에 대해 포인트를 받습니다.
(B) 카드 회원들께서는 얼마나 많은 포인트를 보유하고 있는지 언제든 확인하실 수 있습니다.
(C) 단골 고객 전용 카드에 대해 소액의 요금을 지불함으로써 많은 돈을 절약하실 수 있습니다.
(D) 오직 특별한 날과 휴일에만 흥미로운 제공 서비스를 이용하실 수 있습니다.

#### 어휘

at any time 언제든지  charge (청구) 요금  take advantage of ~을 이용하다  offer 제공(되는 것)

## 145 접속부사 어휘 ★★★☆☆

해설

빈칸 앞에는 포인트를 더 많이 받는 방법과 휴가 예약 시에도 사용할 수 있다는 말이, 빈칸 뒤에는 각 소비자에게 맞는 쿠폰을 제공하기 위한 방법이 쓰여 있다. 이 문장들은 모두 업체 측에서 제공하는 서비스를 언급한 것으로서 하나의 정보에 또 다른 유사 정보를 추가로 제시하는 흐름에 해당되므로 '추가적으로'를 뜻하는 **(B) Additionally**가 정답이다.

## 146 형용사 어휘 ★★★☆☆

해설

빈칸에 쓰일 형용사는 바로 뒤에 위치한 명사 items를 수식해 제품의 특성을 나타내야 한다. 접속사 every time 앞에 위치한 주절에 쿠폰을 맞춤 제공하고 알림 메시지를 보내 준다는 말이 있는데, 이는 그 대상이 되는 제품, 즉 관련된 제품에 해당되는 사항이다. 따라서 '관련된'을 뜻하는 **(D) relevant**가 정답이다.

어휘

rational 합리적인, 이성적인  complimentary 무료의

---

## 고난도 TEST 2

### PART 5

| | | | | |
|---|---|---|---|---|
| **101** (B) | **102** (D) | **103** (A) | **104** (A) | **105** (A) |
| **106** (D) | **107** (B) | **108** (C) | **109** (C) | **110** (A) |
| **111** (A) | **112** (A) | **113** (D) | **114** (A) | **115** (D) |
| **116** (D) | **117** (B) | **118** (B) | **119** (A) | **120** (C) |
| **121** (D) | **122** (C) | **123** (C) | **124** (A) | **125** (B) |
| **126** (C) | **127** (B) | **128** (D) | **129** (C) | **130** (D) |

### PART 6

| | | | |
|---|---|---|---|
| **131** (D) | **132** (D) | **133** (B) | **134** (C) |
| **135** (D) | **136** (A) | **137** (D) | **138** (C) |
| **139** (D) | **140** (C) | **141** (A) | **142** (D) |
| **143** (A) | **144** (C) | **145** (B) | **146** (A) |

---

## 101 인칭대명사의 격 ★★☆☆☆

해설

if절의 동사 앞 자리에 빈칸이 있으므로 빈칸은 주어 자리이다. 그러므로 주어로 사용될 수 있는 2인칭 주격대명사 **(B) you**가 정답이다.

해석

행사장으로 찾아 가는 방법이 필요하신 경우, 행사 주최측이 아닌 컨벤션 센터로 연락하시기 바랍니다.

---

require ~을 필요로 하다  directions to ~로 찾아 가는 방법, 가는 길  venue 행사장

## 102 전치사 어휘 ★★★☆☆

해설

선택지의 전치사가 모두 시간 표현과 사용될 수 있지만, 특히 6개월이라는 시간의 길이를 나타낼 수 있는 시간 전치사를 선택해야 하므로 **(D) for**가 정답이다.

해석

코먼즈 북스의 페이퍼백 도서 판매량이 지난 6개월 동안 향상을 보여 주었다.

어휘

paperback 페이퍼백, 종이 표지로 된 책  show improvement 향상을 보이다

## 103 원급 형용사 자리 ★★★☆☆

해설

명사 앞에는 형용사가 올 수 있는데, 부정관사 a 때문에 최상급은 올 수 없고 문장에서 비교의 대상이 나타나지 않으므로 비교급도 사용될 수 없다. 그러므로 원급 형용사인 **(A) wide**가 정답이다.

해석

그린에이커 레이크 리조트는 가족 전체가 즐길 수 있는 아주 다양한 활동을 제공한다.

어휘

a wide range of 아주 다양한  whole 전체의, 모든  widely 폭넓게, 대단히, 크게

## 104 부사 어휘 ★★★★☆

해설

빈칸은 동사 respond를 수식할 부사 자리이다. respond의 주체가 고객서비스 직원들이고 반응할 대상이 고객 문의이므로 '신속하게' 반응하는 것이 가장 자연스럽다. 따라서 **(A) swiftly**가 정답이다.

해석

우리의 새 실시간 채팅 기능은 우리 고객 서비스 직원들이 신속히 모든 온라인 문의 사항에 대응할 수 있게 해 줍니다.

어휘

feature 기능, 특징  agent 직원, 대리인  respond to ~에 대응하다, 응답하다  inquiry 문의  swiftly 신속히, 빨리  avoidably 피할 수 있게  doubtedly 의문시 되어, 의심되어

## 105 명사 자리 ★★☆☆☆

**해설**

전치사 since 뒤에는 명사구가 와야 하므로 빈칸에는 명사 형태인 **(A) agreement**가 정답이다.

**해석**

무역 협정의 시행 이후로 여러 회사들이 수익 증가를 보고했다.

**어휘**

earnings 수익  implementation 시행, 실행  trade agreement 무역 협정  agree 동의하다, 합의하다  agreeably 기분 좋게

## 106 접속사 자리 및 의미 ★★★★☆

**해설**

빈칸 뒤에 주어와 동사가 있으므로 빈칸은 접속사 자리이므로 (A)와 (D) 중에서 선택해야 하는데, 빈칸 앞은 꼭 누르라는 내용이고 빈칸 다음은 '꼭 들어맞다'라는 뜻이므로 '꼭 들어맞을 때까지 누르라'는 연결이 자연스럽다. 그러므로 '~까지'라는 뜻의 접속사 **(D) until**이 정답이다.

**해석**

조립 설명서는 옷장 부품들이 딱 들어맞을 때까지 단단히 눌러 하나로 붙이도록 권하고 있다.

**어휘**

assembly 조립  press A together: A를 눌러 하나로 붙이다  wardrobe 옷장  firmly 단단히, 굳게, 확고히  click into place (부품, 조각들이) 딱 들어맞다

## 107 부사 자리 ★★★☆☆

**해설**

관사 뒤에서 형용사를 수식할 수 있는 품사는 부사이므로 **(B) surprisingly**가 정답이다.

**해석**

헤이버포드 고아원의 지붕은 수리 받는 데 놀라울 정도로 많은 액수의 돈을 필요로 한다.

**어휘**

orphanage 고아원  require ~을 필요로 하다  surprise v. ~을 놀라게 하다 n. 놀라움, 놀라운 일  surprisingly 놀라울 정도로, 놀랍게도  surprising 놀라게 하는  surprised (사람이) 놀란

## 108 부사 어휘 ★★★☆☆

**해설**

빈칸이 be동사와 과거분사 사이에 있으므로 빈칸은 과거분사를 수식하는 부사가 들어갈 자리이다. 동사가 모임이 개최된다는 의미인 is held이므로, 모임이 개최되는 빈도를 나타내어 동사와 가장 자연스럽게 연결되는 **(C) always**가 정답이다.

**해석**

그 마을의 꽃 축제는 항상 날씨가 더 따뜻해지는 늦은 봄에 개최된다.

**어휘**

hold (행사, 회의 등) ~을 개최하다, 열다  apart ad. 따로, 떨어져

## 109 명사 어휘 ★★★☆☆

**해설**

동사 fill은 사물, 장소 또는 자리를 나타내는 명사를 목적어로 가지므로 목적어로 제시된 사람명사 the sales manager는 목적어로서 부적절하다. 그러므로 the sales manager와 결합하여 fill의 목적어 기능을 할 수 있는 명사로서 '자리'를 나타내는 **(C) position**이 정답이다.

**해석**

보우먼 씨는 온라인상에서 광고를 내지 않고 내부적으로 영업부장 직책을 충원하고 싶어 한다.

**어휘**

fill ~을 충원하다, 메우다  internally 내부적으로, 내부에서  rather than ~하지 않고, ~ 가 아니라  place an advertisement 광고를 내다

## 110 형용사 어휘 ★★★☆☆

**해설**

be동사의 주격보어로 사용되는 명사가 구매하는 대상이다. 이것을 설명하는 형용사로는 구매 가능성을 나타내는 것이 가장 자연스러우므로 **(A) unavailable**이 정답이다.

**해석**

훌라한 씨가 구매하기를 바랐던 스포츠카가 7월 첫째 주까지 구매 불가능한 상태이다.

**어휘**

unavailable 구입 불가능한, 이용할 수 없는  occupied 점유된, (사람이) 이용 중인  uneventful 별다른 일이 없는  delivered 배송된, 전달된

## 111 명사절 접속사 자리 ★★★★☆

**해설**

타동사 decide의 목적어로 to부정사가 등위접속사 or로 연결되어 있다. 선택을 나타내는 접속사 or를 본다면 빈칸에는 아직 결정되지 않은 상태를 나타내는 명사절 접속사 **(A) whether**가 정답이다.

**해석**

코틀랜드 사는 지금 현재의 사무실들을 보수할지, 아니면 새로운 사무 건물로 이전을 할지에 대해 결정을 내리는 중이다.

**어휘**

current 현재의 relocate to ~로 이전하다 not only A but (also) B: A뿐만 아니라 B도 so 그러므로, 그렇게


## 112 동사 어휘 ★★★☆☆

**해설**

주어가 문화 센터이고 목적어가 미술 관련 활동들이므로, 주어가 이 활동들을 '제공한다'라는 문맥이 가장 자연스러우므로 **(A) offers**가 정답이다.

**해석**

그레인지 문화 센터는 수채화와 도예, 그리고 소묘와 같은 주제들을 다루는 미술 기반의 여러 워크숍을 제공한다.

**어휘**

cover (주제 등) ~을 다루다 watercolor painting 수채화 pottery 도예, 도자기 drawing 소묘 pay (~을) 지불하다 allow ~을 허용하다, 허락하다


## 113 형용사 자리 ★★★☆☆

**해설**

be동사 is의 보어로서 비교급 부사 more의 수식을 받을 수 있는 품사는 형용사이므로 **(D) convenient**가 정답이다.

**해석**

온라인 조사 결과는 우리 호텔의 스프링 힐즈 지점이 도시 전역에 있는 다른 지점들보다 여행객들에게 더 편리하다는 것을 나타낸다.

**어휘**

feedback 조사 결과 indicate that ~임을 나타내다, 가리키다 location 지점, 위치 convenience 편의, 편리 conveniently 편리하게


## 114 전치사 어휘 ★★★☆☆

**해설**

전치사의 목적어인 men이 between 17 and 25라는 연령대로 한정

되어 있으므로 빈칸에는 사람의 범위를 나타내는 전치사가 필요하므로 **(A) among**이 정답이다.

**해석**

쿨 밸리는 현재 17세에서 25세 사이 연령대의 남성들 사이에서 가장 인기 있는 면도 크림 제품이다.

**어휘**

currently 현재 aftershave 면도 크림, 애프터쉐이브 aged + 숫자: 나이가 ~세인


## 115 접속사 자리 ★★★☆☆

**해설**

두 개의 문장을 연결하는 접속사 문제이므로 연결 논리를 확인해야 한다. 앞 문장이 월간 목표를 달성했다는 것이고, 뒤 문장은 보너스를 받을 것이라는 내용이다. 즉, 목표 달성과 그 이후에 따르는 보너스 지급 행위의 시간 관계를 나타내는 접속사 **(D) After**가 정답이다.

**해석**

한 영업사원이 월간 목표에 도달하고 나면, 그 팀의 각 구성원은 보너스를 받을 것이다.

**어휘**

representative n. 사원, 대표자 reach ~에 도달하다, 이르다 target 목표(치) receive ~을 받다


## 116 부사 어휘 ★★★☆☆

**해설**

전치사구 rather than은 '~하기 보다는'이라는 뜻으로 어떤 일을 하지 말라는 내용을 이끈다. 그리고 please 이후에는 그와 다른 행위가 제시되므로, 이 행위와 어울리는 부사는 대안을 제시하는 의미를 가지는 것이 자연스럽다. 따라서 '그 대신'이라는 의미인 **(D) instead**가 정답이다.

**해석**

출장 중에 음식 및 음료 구매 영수증을 없애 버리지 마시고, 대신 브라운 씨에게 제출해 주시기 바랍니다.

**어휘**

dispose of ~을 없애 버리다, 처분하다 submit ~을 제출하다


## 117 동사 시제 ★★★★☆

**해설**

관계대명사절의 시점인 during which가 주절의 this morning을 가리키며, 이 시점에 대해 과거시제인 held가 사용되었다. 따라서 관계대명사절의 동사 또한 과거시제가 되어야 하므로 **(B) apologized**가 정답이다.

### 해석

아사드 씨가 오늘 아침에 기자 회견을 열었는데, 그 시간 중에 회사 자금의 부실 관리에 대해 사과했다.

### 어휘

press conference 기자 회견  apologize for ~에 대해 사과하다  mismanagement 부실 관리  finance 자금, 재정

## 118 명사 어휘 ★★★★☆

### 해설

용도를 나타내는 전치사 for 다음에 의류인 the new staff uniforms 가 제시되었다. 이와 연결되는 빈칸의 단어는 의류의 특성과 어울려야 하므로 선택지 중에서 의류의 특성을 나타낼 수 있는 단어로 '모양'을 의미하는 (B) style이 정답이다.

### 해석

몇 주에 걸친 숙고 끝에, 이사회가 마침내 새 직원 유니폼의 스타일을 선택했다.

### 어휘

deliberation 숙고  delivery 배송(품), 전달  belief 믿음  request 요청(서)

## 119 to부정사 자리 ★★★☆☆

### 해설

빈칸 앞에 선택을 나타내는 접속사 or가 있으므로 빈칸의 앞부분과 or의 다음 부분이 같은 기능을 한다는 것을 알 수 있다. 빈칸 앞의 For more information이 '더 자세한 정보를 얻으려면'이라는 뜻으로 목적을 나타내므로 or 다음 부분도 목적을 나타내야 하므로 to부정사 형태인 (A) to register가 정답이다.

### 해석

미리 설치된 소프트웨어 또는 하드웨어에 관한 더 자세한 정보를 원하시거나 새 노트북을 등록하시려면, 저희 웹 사이트를 방문하시기 바랍니다.

### 어휘

pre-installed 미리 설치된  register ~을 등록하다  registration 등록

## 120 등위접속사 ★★★☆☆

### 해설

빈칸을 사이에 두고 두 개의 절이 연결되는 구조이므로 빈칸은 접속사 자리이다. 그런데 빈칸 다음이 please 요청문이므로 빈칸 앞 절 내용의 원인에 대해 빈칸 다음의 내용을 요청하는 상황임을 예측할 수 있다. 로비에서 공사가 진행될 것이라는 내용과 후문을 이용해 달

라는 내용은 인과 관계에 해당하므로 결과를 나타내는 등위접속사 (C) so가 정답이다.

### 해석

내일 중앙 로비에서 개조 공사가 있을 것이므로, 작업이 진행되는 동안 뒤쪽 입구를 통해 건물로 들어오시기 바랍니다.

### 어휘

renovation 개조, 보수  enter ~로 들어오다, 들어가다  rear 뒤쪽의  underway 진행 중인

## 121 복합관계부사 ★★★★★

### 해설

빈칸 사이로 두 개의 절이 연결되어 있으므로 접속사가 필요한데 선택지에 접속사가 없으므로 접속사 기능을 하는 관계사를 골라야 하는데, 빈칸은 관계사절의 동사 costs의 목적어 자리이므로 사물을 나타내는 (D) whatever가 정답이다.

### 해석

신임 시장은 그 비용이 얼마가 들든 다트머스 지역의 여가 시설을 개선할 것이라고 지역 주민들에게 약속했다.

### 어휘

mayor 시장  promise A that: A에게 ~라고 약속하다  improve ~을 개선하다, 향상시키다  recreational 여가 활동의, 오락의  facility 시설(물)  cost A: A의 비용이 들다

## 122 부사 자리 ★★★☆☆

### 해설

빈칸이 자동사 grow의 뒤에 위치해 있으므로 부사가 들어가야 하므로 (C) steadily가 정답이다.

### 해석

비버데일 은행의 슈퍼 세이버 계좌에 넣어 두기로 결정하실 경우에 여러분의 저축액이 꾸준히 증가할 것입니다.

### 어휘

savings 저축(한 돈)  steadily 꾸준히, 한결같이  steady 꾸준한, 한결같은

## 123 명사 자리 및 의미 ★★★★☆

### 해설

책임 대상을 나타내는 responsible for 다음에 the magazine과 marketing이 등위접속사 and를 사이에 두고 연결되어 있다. 등위접속사는 앞뒤를 같은 요소로 연결하므로 빈칸은 명사구가 되어야 하며, marketing처럼 업무 영역을 나타내야 하므로 '유통, 배포'라는 의미인 (C) distribution이 정답이다.

맨체스터 지사가 그 출판사의 잡지 유통 및 마케팅을 맡고 있다.

be responsible for ~을 맡다, 책임지다  publishing company 출판사  distributor 유통업체, 유통업자  distribute ~을 유통하다, 배부하다, 나눠주다  distribution 유통, 배부

## 124 명사 어휘 ★★★★☆

동사 handle의 목적어 자리인 빈칸 뒤에 회사의 두 가지 부서가 제시되고 있다. 두 가지 다른 부서에 대해 처리할 업무를 나타내야 하므로 '조정, 조화'를 의미하는 (A) coordination이 정답이다.

선임 행사 기획자가 출장 요리 담당 팀과 오락 담당 팀의 업무 조정 문제를 처리할 것이다.

lead 선임의, 선도하는  handle ~을 처리하다, 다루다  coordination 조정, 조화, 협조  catering 출장 요리 제공(업)  attention 주의, 주목, 관심  appreciation 감사(의 뜻)

## 125 관계대명사의 격 ★★★☆☆

선택지를 통해 빈칸이 관계대명사 자리임을 알 수 있으므로 먼저 격과 수를 확인해야 한다. 선행사인 a sales representative 뒤의 관계대명사 다음에 다시 명사가 나오고 있는데, 이 구조를 가지는 것은 소유격 관계대명사밖에 없으므로 (B) whose가 정답이다.

메이스 텔레콤은 주요 책무가 신제품 및 서비스에 관해 알리기 위해 고객들에게 연락하는 일이 될 영업사원을 찾고 있다.

look for ~을 찾다  representative n. 사원, 대표자  main 주요한  responsibility 책무, 책임  inform ~에게 알리다

## 126 형용사 어휘 ★★★☆☆

빈칸에는 식당에서 줄여야 할 음식의 유형을 나타내는 형용사가 필요하므로 '과도한, 초과한'을 의미하는 (C) excess가 정답이다.

자사 레스토랑 내의 과도한 음식 낭비를 줄이기 위해, 빙고 버거즈는 오후 8시부터 마감 시간까지는 오직 주문에 따라 요리한다.

reduce ~을 줄이다, 감소시키다  excess 과도한  waste 낭비, 허비  order 주문(품)  chilly 쌀쌀한, 추운  adequate 충분한, 적절한  revised 수정된, 개정된

## 127 명사 자리 ★★★☆☆

전치사구는 전치사와 명사로 구성되므로 빈칸에는 명사가 들어가야 하므로 (B) explanation이 정답이다.

버티고 주식회사의 채용 정책에 대한 가장 포괄적인 설명을 보시려면 회사의 편람을 참고하십시오.

refer to ~을 참고하다  comprehensive 포괄적인, 종합적인  explain ~을 설명하다  recruitment 채용  policy 정책, 방침  explanation 설명  explainable 설명할 수 있는

## 128 동사 어휘 ★★★★☆

동사 자리인 빈칸 뒤에 to부정사가 나오는 특이한 구조이므로 빈칸에는 to부정사를 목적어로 취하는 타동사 또는 to부정사를 보어로 취하는 자동사가 와야 한다. 그런데 선택지에 to부정사를 목적어로 취하는 타동사가 없으므로 자동사인 (D) appeared가 정답이다.

정보 안내책자는 행사 직전에 컨벤션 참석자용으로 인쇄된 것처럼 보였다.

appear to do ~한 것처럼 보이다, ~한 듯하다  attendee 참석자  at the last-minute 직전에, 최종 순간에, 막판에  arrange ~을 조치하다, 마련하다, 정리하다  permit ~을 허용하다, 허락하다  transfer 전근하다, ~을 전근시키다, 옮기다

## 129 동사 시제 ★★★☆☆

Unless 조건절의 시제가 현재시제인 가정법 현재 구문이다. 가정법 현재 구문은 주절의 시제가 미래이어야 하므로 (C) will commence가 정답이다.

턴불 씨가 공장 견학을 실시하기로 결정하지 않는다면, 신입사원들에 대한 교육이 환영회 후에 시작될 것이다.

## 130 형용사 어휘 ★★★★☆

주격 보어 자리의 형용사는 주어인 '운하 옆에 지어진 집 일부'와 빈칸 뒤의 수해와의 관계를 잘 나타내야 하므로 '취약한, 해를 당하기 쉬운'이라는 의미인 **(D) vulnerable**이 정답이다.

메리필드 운하 옆에 나란히 지어진 일부 주택들은 수해에 취약하다.

### 131-134 다음의 웹 페이지를 참조하시오.

잉글랜드 버밍엄의 바필드 미술관 옆에 위치한, 사라센 도자기 스튜디오는 모든 연령대와 다양한 경험 수준을 지닌 창의적인 분들께 적합한 매력적인 워크숍을 제공합니다. 131 심지어 완전한 초보자까지도 한번 들어 보는 것을 권장드립니다.

저희 스튜디오는 현재 워크숍 참가자들에게 다양한 132 사물을 만드는 법을 가르쳐 드립니다. 고급 도자기 꽃병과 타일, 그릇, 작은 인형, 그리고 장신구를 만드실 수 있습니다. 133 저희는 미술 및 도예 분야에서의 용도에 대한 역사에서부터 생산에 활용된 방법들에 이르기까지 도자기의 모든 측면을 다룹니다. 시범 강좌를 시청하시는 데 관심이 있으실 경우, 저희 웹 사이트 www.saracenstudio.com/workshops를 통해 등록하시기 바랍니다. 사이트에 계시는 동안 잠시 시간 내셔서 저희 '워크숍 강사진' 링크를 클릭해 보십시오. 그렇게 하시면, 134 저희 강사들에 관해 더 많은 것을 알아보실 수 있습니다!

## 131 문장 삽입 ★★★★☆

글의 시작인 바로 앞 문장은 도자기 스튜디오가 모든 연령대와 경험 수준을 대상으로 워크숍을 제공한다는 내용이다. 이 내용과 자연스럽게 연결되려면 앞에 제시된 단어들이 선택지에서 다시 사용되는지를 살펴야 하는데, 이때 함정을 잘 가려내야 한다. 대상자가 모든 연령대와 경험 수준이라고 했으므로, 경험 수준을 가리키는 Even complete beginners로 시작하는 **(D)**가 정답이다.

(A) 저희 강좌는 전국적으로 다양한 장소에서 개최됩니다.
(B) 여러분의 워크숍 일정이 그에 따라 업데이트될 것입니다.
(C) 얼마든지 온라인으로 저희 공석에 지원하셔도 좋습니다.
(D) 심지어 완전한 초보자까지도 한번 들어 보는 것을 권장드립니다.

## 132 명사 어휘 ★★★☆☆

빈칸 앞에 동사 create가 사용되었으므로 빈칸은 워크숍에서 만들 수 있는 창작물을 가리키는 명사가 되어야 한다. 그런데 빈칸 다음 문장에서 create의 동의어인 make가 사용되면서 그 목적어로 high-quality ceramic vases, tiles, bowls, figurines, and jewelry 등을 언급하고 있다. 따라서 이 사물들을 통틀어 지칭할 수 있는 명사인 **(D) objects**가 정답이다.

## 133 인칭대명사 수 일치 ★★★☆☆

빈칸 다음의 동사 cover가 강의에서 다룬다는 의미이므로 빈칸에는 강의를 제공하는 주체로 스튜디오를 가리키는 1인칭 대명사가 필요하다. 그런데 기업체를 사람으로 받을 때는 복수형으로 받으므로 **(B) We**가 정답이다.

## 134 전치사 어휘 ★★☆☆☆

빈칸 앞 문장에서 워크숍 강사 링크를 클릭하라고 한 뒤, 더 많은 정보를 발견할 수 있다고 말한다. 이때 more와 our teachers의 관계는 '연관성'이므로 주제를 나타내는 전치사인 **(C) about**이 정답이다.

## 135-138 다음의 이메일을 참조하시오.

수신: inquiries@koisushi.com
발신: elliejackson@metromail.com
제목: 레스토랑 예약
날짜: 8월 3일

관계자께,

귀하의 레스토랑에 이번 주 금요일 오후 7시, 6명 인원으로 되어 있는 예약 사항을 **135** 변경할 수 있기를 바라는 마음으로 이메일을 씁니다. 제가 8월 1일에 귀하의 레스토랑에 전화했을 때 원래 개별 식사 공간을 하나 예약했지만, 더 많은 제 동료 직원들이 함께 하는 데 관심을 보이고 있어서, 단체 인원 규모를 6명에서 10명으로 늘리고자 합니다. 저희가 더 넓은 개별 식사 공간으로 옮겨지는 것이 **136** 가능할까요? **137** 제가 선호하는 곳은 실내 연못 반대편에 있는 것입니다.

내일 하루 일과 종료 전까지 저에게 알려 주시겠습니까? **138** 그럴 경우에 제 요청을 수용해 주실 수 없다면 다른 곳에서 테이블을 예약할 수 있는 충분한 시간이 저에게 생길 것입니다.

감사합니다!

엘리 잭슨

in the hope that ~라는 바람으로, 희망으로 reservation 예약 private 개별의, 개인의, 사적인 increase ~을 늘리다, 증가시키다 let A know: A에게 알리다 leave A enough time: A에게 충분한 시간을 주다 reserve ~을 예약하다 be unable to do ~할 수 없다 accommodate ~을 수용하다 request 요청

## 135 동사 어휘 ★★★☆☆

**해설**

빈칸 다음 문장에서 I originally booked를 보고 예약을 변경하려는 의도를 눈치챌 수 있으며, but more of my coworkers are interested에서 인원이 추가될 것임을 확인할 수 있으므로 **(D) change**가 정답이다.

**어휘**

cancel ~을 취소하다 inquire 문의하다

## 136 형용사 어휘 ★★★☆☆

**해설**

빈칸이 들어간 문장의 구조는 「it(가주어) + for 의미상의 주어 + to부정사(진주어)」이다. 따라서 빈칸의 형용사는 가주어 it의 보어로 사용될 수 있어야 하는데, 이렇게 사용될 수 있는 형용사는 possible뿐이며, 나머지는 모두 사람 또는 사물 주어와 함께 사용된다. 그러므로 **(A) possible**이 정답이다.

**어휘**

possible 가능한 satisfied (사람이) 만족하는

## 137 문장 삽입 ★★★★☆

**해설**

빈칸의 앞 문장을 보면, 더 큰 개인 식사 공간으로 옮기는 것이 가능한지를 질문하고 있다. 그러므로 다음 문장에서는 이 식사 공간에 대한 구체적인 언급이 나오는 것이 자연스럽다. 따라서 My preference로 시작하여 자신이 선호하는 장소를 밝히는 **(D)**가 정답이다.

**해석**

(A) 저희는 귀하께서 보내신 메뉴를 아직 받지 못했습니다.
(B) 저는 제공받은 서비스에 매우 깊은 인상을 받았습니다.
(C) 저희 일행이 약 7시에 도착할 것입니다.
(D) 제가 선호하는 곳은 실내 연못 반대편에 있는 겁니다.

**어휘**

preference 선호(하는 것) opposite ~ 반대편에 있는 indoor 실내의 pond 연못 be yet to do 아직 ~하지 못하다 be impressed with ~에 깊은 인상을 받다 provide ~을 제공하다 party (함께 하는) 일행, 사람들 arrive 도착하다

## 138 지시대명사 ★★★★☆

**해설**

빈칸의 앞에서 '내일 업무시간 종료 이전에 알려 달라'고 요청을 하고 있다. 그리고 빈칸 이후에서 '다른 곳에 예약할 시간 여유를 준다'는 내용이 이어지므로, 빈칸에는 앞에서 요청한 내용 전체를 받는 대명사가 들어가야 한다. 따라서 지시대명사 **(C) That**이 정답이다.

## 139-142 다음의 기사를 참조하시오.

다안 주식회사, 신임 해외 영업 이사를 선임하다

타이페이 (1월 28일) – 오늘, 다안 주식회사가 우 쿠양야오 씨를 자사의 신임 해외 영업 이사로 발표했다. 우 씨는 주로 미국과 유럽의 고객들을 대상으로 하는 **139** 영업을 맡고 있는 지사를 책임지게 될 것이다.

다안 대표이사인 리초퉁 씨는 "우 씨를 저희 회사에 합류시키게 되어 기쁘게 생각하며, 저희가 해외 시장에서 매출을 **140** 증대할 수 있게 해 주실 것이라고 믿어 의심치 않습니다."라고 말했다. **141** 우 씨는 과거에 영업 분야에서 성공을 거두고 나서 다안 사로 가는 것이다. 이전 회사인 링 텔레콤 사에서, 그는 거의 13년 동안 지역 영업이사로 재직했으며, 그 회사의 연간 매출을 세 배로 늘린 것에 대한 공을 인정 받았다.

다안 주식회사는 주방 기기와 텔레비전에서부터 스마트 시계와 휴대전화에 이르기까지 아주 다양한 전자 기기를 **142** 제조하며, 아시아 시장에서 선두주자로 성장했다.

appoint ~을 선임하다, 임명하다 announce ~을 발표하다, 알리다 be in charge of ~을 책임지다, 맡다 primarily 주로 state 말하다 have no doubt (that) ~라는 점을 믿어 의심치 않다 boost ~을 증대하다, 촉진하다 overseas 해외의 serve as ~로 재직하다, ~의 역할을 하다 be credited with ~에 대한 공을 인정 받다

## 139 분사 자리 ★★★☆☆

**해설**

동사 handle의 변화형 자리인 빈칸의 앞에 완전한 문장이 있으므로 빈칸에는 동사가 올 수 없다. 그러므로 명사를 뒤에서 수식하여 지사의 업무를 나타내는 분사 **(D) handling**이 정답이다.

**어휘**

handle ~을 다루다, 처리하다

## 140 동사 어휘 ★★★☆☆

**해설**

빈칸 뒤에 '목적어 + to부정사'라는 구조가 나와있는데, 이 구조로 사용되는 동사는 enable뿐이므로 **(C) enable**이 정답이다.

**어휘**

enable (A to do): (A가 ~할 수 있게) 해 주다 supply ~을 공급하다 report ~을 알리다, 보고하다, 보도하다 benefit 혜택을 얻다, 이득을 보다, ~에게 이득이 되다

## 141 문장 삽입 ★★★★★

**해설**

빈칸 뒤에서 At his previous company로 시작하는 것을 보면 이전에 근무한 회사에서의 실적이 소개됨을 예측할 수 있다. 그러므로 빈칸 앞에 올 문장은 과거의 근무와 관련된 내용이 되는 것이 자연스럽기 때문에 과거에 영업 분야에서 성공을 거두었다는 내용인 **(A)**가 정답이다.

**해석**

(A) 우 씨는 과거에 영업 분야에서 성공을 거두고 나서 다안 사로 가는 것이다.
(B) 우 씨는 가족과 함께 소중한 시간을 보낼 계획이다.
(C) 우 씨는 링 텔레콤 대표이사로서 보여준 성과로 알려져 있다.
(D) 우 씨는 여러 제품군에 대한 디자인을 총괄할 것이다.

**어휘**

success 성공 valuable 소중한, 귀중한 be known for ~로 알려져 있다 oversee ~을 총괄하다, 감독하다

## 142 동사 어휘 ★★★★☆

**해설**

동사 자리인 빈칸 뒤에 제시된 목적어가 제품군이므로 빈칸에는 기업이 다양한 전자제품을 대상으로 할 수 있는 행위를 나타내는 동사가 오는 것이 자연스럽다. 그러므로 '제조하다'라는 의미인 **(D) manufactures**가 정답이다.

**어휘**

manufacture ~을 제조하다 utilize ~을 활용하다 repair ~을 수리하다 recommend ~을 추천하다, 권하다

### 143-146 다음의 공지를 참조하시오.

휘트비 카 워시 고객 여러분께 알립니다.

저희 고급 세차 서비스를 위해 차량을 맡기실 때, 차량 내부 청소 작업에 대해 25달러를 청구 받으실 것입니다. 이 청구 요금이 여러분의 청구서에 "차량 청소 요금"으로 표기되는 것을 확인하실 수 있습니다. 저희에게 달리 **143** 설명해 주시지 않는 한, 저희는 여러분께서 차량 실내를 청소하기를 원하시는 것으로 여기게 됩니다.

가죽 시트에 대한 손상을 방지하기 위해, 저희는 최고급 특수 청소 용품을 사용합니다. 또한 모든 먼지를 제거하고 차량의 실내가 철저히 **144** 살균 처리되도록 보장하기 위해 스팀 청소기도 사용합니다. 사용되는 장비를 감안하면, 저희 요금은 상당히 저렴합니다.

이 요금이 **145** 선택적이라는 점에 주목하시기 바랍니다. 차량 실내를 직접 청소하기를 원하신다면 지불하지 않아도 되기 때문입니다. **146** 다만 꼭 올바른 도구와 세척제를 사용하시기 바랍니다.

Attention A: (공지 등에서) A에게 알립니다 leave A with B: A를 B에게 맡기다, 남겨 놓다 charge A B: A에게 B의 요금을 청구하다 indicate ~을 표기하다, 나타내다 valet (차량) 청소 otherwise 달리, 다르게 assume that ~하는 것으로 여기다, 생각하다 damage to ~에 대한 손상, 피해 top-of-the-line 최고급의, 최신식의 specialized 특수한, 특별한

## 143 접속사 자리 ★★★☆☆

**해설**

빈칸 뒤에 절이 있으므로 빈칸은 접속사 자리이므로 선택지에서 유일
한 접속사인 **(A) Unless**가 정답이다.

## 144 과거분사 자리 ★★★☆☆

**해설**

빈칸에는 타동사 sanitize가 들어갈 자리인데 빈칸 앞에 be동사 is가
있으며, 빈칸 뒤에 목적어가 없으므로 수동태 구문임을 알 수 있다.
따라서 수동태를 구성하는 과거분사 형태인 **(C) sanitized**가 정답
이다.

**어휘**

sanitize ~을 살균 처리하다, 위생 처리하다

## 145 형용사 어휘 ★★★☆☆

**해설**

빈칸 다음 문장에서 차량 내부 청소를 직접 하고자 하면 지불할 필요
가 없다고 설명하므로 이 설명에 부합하는 형용사를 선택하면 된다.
경우에 따라 지불할 필요가 없다면, 지불이 선택적이라는 의미이므로
**(B) optional**이 정답이다.

**어휘**

optional 선택적인  annual 연례적인, 해마다의  familiar 익숙한,
잘 아는  mandatory 의무적인

## 146 문장 삽입 ★★★★☆

**해설**

지문 마지막 자리에 빈칸이 있으므로 바로 앞 문장의 내용과 자연스
럽게 연결되는 문장을 고르면 된다. 앞 문장에서 차량 내부 청소를 직
접 하면 지불할 필요가 없다고 하므로, 이 청소와 관련된 내용이 이어
지는 것이 자연스럽다. 그러므로 차량 내부 청소를 직접 할 때의 주의
사항을 나타내는 **(A)**가 정답이다.

**해석**

(A) 다만 꼭 올바른 도구와 세척제를 사용하시기 바랍니다.
(B) 저희는 더 작은 차량에 대해 할인을 제공해 드립니다.
(C) 이것이 바로 주기적인 청소 일정을 지키는 것이 중요한 이유입
 니다.

(D) 교체용 부품들이 저희 서비스에 포함되어 있습니다.

**어휘**

make sure (that) 꼭 ~하도록 하다  vehicle 차량  stick to
(규정, 방식 등) ~을 지키다, 고수하다  regular 주기적인, 정규의, 일반
의  replacement 교체(품), 후임(자)  part 부품

## 고난도 TEST 3

### PART 5

| | | | | |
|---|---|---|---|---|
| **101**(C) | **102**(B) | **103**(A) | **104**(C) | **105**(B) |
| **106**(C) | **107**(D) | **108**(C) | **109**(A) | **110**(D) |
| **111**(C) | **112**(A) | **113**(D) | **114**(D) | **115**(B) |
| **116**(D) | **117**(A) | **118**(A) | **119**(A) | **120**(C) |
| **121**(C) | **122**(B) | **123**(A) | **124**(B) | **125**(B) |
| **126**(C) | **127**(C) | **128**(A) | **129**(A) | **130**(D) |

### PART 6

| | | | |
|---|---|---|---|
| **131**(D) | **132**(A) | **133**(C) | **134**(B) |
| **135**(C) | **136**(C) | **137**(C) | **138**(A) |
| **139**(D) | **140**(B) | **141**(A) | **142**(B) |
| **143**(B) | **144**(A) | **145**(D) | **146**(A) |

## 101 대명사의 격 ★★☆☆☆

**해설**

접속사 so와 동사 knows 사이에 위치한 빈칸은 so절의 주어 자리
이므로 주격대명사인 **(C) he**가 정답이다.

**해석**

체스터 씨가 디자인 회의 시간에 참석했기 때문에, 어느 회사 로고가
선정되었는지 알고 있다.

**어휘**

present a. 참석한, 출석한  select ~을 선정하다, 선택하다

## 102 전치사 어휘 ★★☆☆☆

**해설**

선택지가 모두 전치사이므로 의미가 적절한 것을 찾아야 한다. 빈칸
앞뒤에 위치한 숫자들은 전치사 for의 목적어로서 기간 범위를 나타
내야 한다. 따라서 기점이 되는 두 숫자 사이에 쓰일 수 있는 것으로
서 '~에서 …까지'라는 의미를 나타낼 때 사용하는 전치사 **(B) to**가
정답이다.

헤론 씨가 중앙 아메리카에 있는 우리 공장들을 3~5일 동안 방문할 예정이다.

visit ~을 방문하다

## 103 비교급 형용사 어휘 ★★★☆☆

선택지가 모두 비교급 형용사이므로 의미가 적절한 것을 찾아야 한다. 요금을 의미하는 명사 rates를 수식해 그 수준과 관련된 의미를 나타낼 형용사가 필요하므로 '더 낮은, 더 저렴한' 등을 뜻하는 (A) lower가 정답이다.

저희 스피디 하이어 사에서는, 다른 렌터카 회사들보다 더 낮은 요금에 차량을 제공해 드립니다.

offer ~을 제공하다 vehicle 차량 rate 요금 rental 대여, 임대 firm 회사

## 104 대명사의 격 ★★☆☆☆

전치사 of와 명사 clients 사이에 위치한 빈칸은 명사를 수식할 단어가 필요한 자리이므로 이 역할이 가능한 소유격대명사 (C) her가 정답이다.

애밋 씨가 컨퍼런스에 참석하는 동안, 리 씨가 그녀의 모든 고객들을 대할 것이다.

attend ~에 참석하다 handle ~을 대하다, 다루다, 처리하다

## 105 부사 어휘 ★★★☆☆

빈칸에 쓰일 부사는 동사 issue를 수식해 환불금을 지급하는 방식을 나타내야 하므로 '즉시, 즉각적으로'를 뜻하는 (B) promptly가 정답이다.

고객이 결함이 있는 제품을 반품할 때마다, 우리는 즉시 전액 환불금을 지급해야 한다.

return ~을 반품하다, 반납하다 defective 결함이 있는 issue ~을 지급하다, 발급하다 full refund 전액 환불(금) promptly 즉시, 즉각적으로 continuously 지속적으로 considerably 상당히, 많이 profitably 이익이 되게, 유익하게

## 106 전치사 어휘 ★★★☆☆

선택지가 모두 전치사이므로 의미가 적절한 것을 찾아야 한다. 빈칸 뒤에 위치한 from과 어울려 이중 전치사를 구성할 수 있는 것으로서 from과 함께 '~의 맞은편에, 건너편에'라는 의미로 위치를 나타낼 때 사용하는 (C) across가 정답이다.

지역 내 초등학생들이 만든 미술 진열품이 박물관의 안내 데스크 맞은편에 있다.

display 진열(품), 전시(품) create ~을 만들어내다 schoolchildren 초등학생들 across from ~의 맞은편에, 건너편에

## 107 전치사 자리 및 의미 ★★★☆☆

빈칸 뒤에 시간을 나타내는 명사 두 개가 'A and B'의 구조로 위치해 있으므로 이 구조에 어울리는 전치사로서 'A와 B 사이에'라는 의미를 나타낼 때 사용하는 (D) between이 정답이다.

직원 구내 식당이 매일 오후 1시 30분에서 3시 30분 사이에 청소 작업을 위해 문을 닫는다.

cafeteria 구내 식당 closed 문을 닫는, 폐쇄된 following ~ 후에, ~ 다음에 while ~하는 동안, ~인 반면

## 108 분사 구분 ★★★☆☆

빈칸 앞에 위치한 be동사 is와 결합하려면 동사 debate가 분사의 형태로 쓰여야 한다. 그런데 빈칸 뒤에 위치한 whether 명사절을 목적어로 취하려면 현재진행형을 구성하는 현재분사로 쓰여야 하므로 (C) debating이 정답이다.

시 의회는 두 개의 추가 차로를 추가해 메이페어 애비뉴를 확장할 것인지를 논의하고 있다.

council 의회 debate ~을 논의하다, 토론하다 whether to

do ~할 것인지 (아닌지)  add ~을 추가하다  additional 추가적인  traffic lane 차로

## 109 명사 어휘 ★★★☆☆

**해설**

선택지가 모두 명사이므로 의미가 적절한 것을 찾아야 한다. 빈칸에 쓰일 명사는 음식 주문에 대해 1시간 이내로 이뤄져야 하는 일을 나타내야 하므로 '배달, 배송' 등을 뜻하는 **(A) delivery**가 정답이다.

**해석**

피자 도밍고는 모든 음식 주문 사항에 대해 지불 후 1시간 이내의 배달을 약속하고 있다.

**어휘**

promise ~을 약속하다  delivery 배달(품), 배송(품)  order 주문 (품)  payment 지불(금)  expense 지출 (비용), 경비  disposal 처리, 처분  convenience 편의

## 110 명사 자리 ★★★☆☆

**해설**

빈칸은 정관사 the의 수식을 받음과 동시에 전치사 for의 목적어 역할을 할 명사 자리이므로 **(D) distribution**이 정답이다.

**해석**

핼포드 출판사는 여러 과학 및 공학 저널에 대한 유통을 책임지고 있다.

**어휘**

be responsible for ~을 책임지고 있다, ~을 맡고 있다  distribution 유통, 배부  distribute ~을 유통시키다, 배부하다, 나눠주다  distributive 유통의, 분배의

## 111 부사 자리 ★★★☆☆

**해설**

빈칸이 속한 but절을 보면, 주어 he와 동사 became, 명사 보어 friends, 그리고 with 전치사구까지 구성이 완전한 상태이다. 따라서 맨 마지막에 위치한 빈칸은 부가적인 요소인 부사가 쓰여야 하는 자리이므로 **(C) quickly**가 정답이다.

**해석**

쉐퍼드 씨는 그렇게 큰 회사에 입사하는 것에 대해 긴장했지만, 빠르게 회사의 새 동료 직원들과 친구가 되었다.

**어휘**

be nervous about ~에 대해 긴장하다  join ~에 입사하다, 참가하다, 합류하다  such 그렇게  colleague 동료 (직원)  quickly 빠르게, 신속히  quicken ~을 더 빨라지게 하다

## 112 명사 자리 ★★★☆☆

**해설**

빈칸은 부정관사 a와 형용사 decade-long의 수식을 동시에 받으면서 전치사 of의 목적어 역할을 할 명사 자리이므로 **(A) collaboration**이 정답이다.

**해석**

브루바커 보고서는 광고의 심리적인 영향에 관한 연구로서, 프랑스와 영국의 연구가들 사이에서 이뤄진 10년 동안 협업에 따른 산물이었다.

**어휘**

study 연구, 조사  psychological 심리적인  effect 영향, 효과  advertising 광고 (활동)  product 산물, 결과물  collaboration 협업, 공동 작업  collaborative 공동의, 협업하는  collaborate 협업하다, 공동 작업하다  collaboratively 협업하여, 합작으로

## 113 형용사 어휘 ★★★★☆

**해설**

빈칸은 정관사 the와 명사 range 사이에 위치해 명사를 수식할 형용사 자리이며, 선택의 폭과 관련된 의미를 나타내야 하는데, 이 의미로 쓰이는 형용사가 wide이므로 wide의 최상급인 **(D) widest**가 정답이다.

**해석**

테크 엠포리엄 2층에서 가장 다양한 컴퓨터 부대용품을 찾아볼 수 있다.

**어휘**

the wide range of 아주 다양한  accessories 부대용품, 주변기기  various 다양한  farthest 가장 멀리, 가장 먼(far의 최상급)

## 114 부사 자리 ★★★☆☆

**해설**

주어 Mr. Jones와 동사 negotiated 사이에 위치한 빈칸은 동사를 수식할 부사 자리이므로 **(D) successfully**가 정답이다.

**해석**

일련의 생산적인 회의들 중에, 존스 씨는 RXA 제약회사와의 사업 거래 계약을 성공적으로 협의했다.

**어휘**

a series of 일련의  productive 생산적인  successfully 성공적으로  negotiate ~을 협의하다, 협상하다  deal 거래 (계약)  success 성공  successful 성공적인

## 115 부사 자리 ★★★☆☆

**해설**

주어 The waiting staff와 at 전치사구 뒤로 빈칸이 있고, 그 뒤에 동사 fold가 이어져 있다. at 전치사구는 주어를 수식하므로 주어와 동사 사이에 빈칸이 위치한 것과 같은 구조이다. 주어와 동사 사이는 동사를 수식할 부사 자리이므로 **(B) creatively**가 정답이다.

**해석**

디마지오 레스토랑의 종업원들은 꽃과 닮게 만들기 위해 개별 식사 공간의 냅킨을 창의적으로 접는다.

**어휘**

waiting staff 종업원들  creatively 창의적으로  fold ~을 접다
private 개별의, 사적인, 개인의  dining room 식사 공간
resemble ~을 닮다  creative 창의적인  create ~을 만들어내다
creator 창작자, 만드는 사람

## 116 형용사 어휘 ★★★☆☆

**해설**

선택지가 모두 형용사이므로 의미가 적절한 것을 찾아야 한다. 빈칸 뒤에 위치한 복수명사구 apartment building residents를 수식해야 하는데, 임대한 사람들을 포함한 모든 주민들이 대상이라는 의미가 되어야 적절하므로 '모든'을 뜻하는 **(D) all**이 정답이다.

**해석**

수영장은 임대한 사람들을 포함해 모든 아파트 건물 주민들에게 개방되어 있다.

**어휘**

be open to ~에게 개방되다, 열려 있다  resident 주민
including ~을 포함해  rent 임대하다, 대여하다

## 117 전치사 어휘 ★★☆☆☆

**해설**

선택지가 모두 전치사이므로 의미가 적절한 것을 찾아야 한다. 빈칸 뒤에 위치한 사람명사 the accounting manager가 승인의 주체인 것으로 볼 수 있으므로 '~에 의해'라는 의미로 행위 주체를 나타낼 때 사용하는 **(A) by**가 정답이다.

**해석**

즉시 효력을 발휘하는 것으로서, 출장에 대한 모든 호텔 예약은 반드시 회계부장의 승인을 받아야 한다.

**어휘**

effective 효력이 있는, 시행되는  immediately 즉시, 즉각적으로
booking 예약  business trip 출장  authorize ~을 승인하다,
~에게 권한을 주다  accounting 회계

## 118 과거분사 자리 ★★★☆☆

**해설**

be동사 are와 결합 가능해야 하므로 동사의 형태인 (D) stores는 먼저 제외하고 남은 선택지 중에서 하나를 골라야 한다. store는 목적어를 필요로 하는 타동사인데 빈칸에 뒤에 목적어가 없는 이 문장 구조에 어울리려면 과거분사로 쓰여 수동태 동사가 되어야 하므로 **(A) stored**가 정답이다.

**해석**

우리의 프린터 용지 및 잉크 토너는 일반적으로 4층에 있는 회의실에 보관된다.

**어휘**

usually 일반적으로, 보통  store v. ~을 보관하다, 저장하다
storage 보관, 저장

## 119 형용사 어휘 ★★★★☆

**해설**

선택지가 모두 형용사이므로 의미가 적절한 것을 찾아야 한다. 빈칸이 속한 since절은 특정 제품을 없애려는 이유를 나타내야 하므로 부정적인 의미가 되어야 한다. 따라서 people을 수식해 '구입하는 사람이 거의 없다'라는 의미를 나타내는 형용사 **(A) few**가 정답이다.

**해석**

로저스 씨는 메뉴에서 라즈베리 냉동 요거트를 없애는 것을 고려하고 있는데, 그것을 구입하는 사람들이 거의 없는 것 같기 때문이다.

**어휘**

consider -ing ~하는 것을 고려하다  remove A from B: B에서
A를 없애다, 제거하다  frozen 냉동의  seem to do ~하는 것 같다

## 120 형용사 자리 ★★★☆☆

**해설**

'소유격 + most'와 명사 scientists 사이에 위치한 빈칸은 '소유격 + most'와 함께 최상급을 구성해 명사를 수식할 형용사 자리이므로 **(C) influential**이 정답이다.

**해석**

유럽에서 가장 영향력 있는 과학자들이 브뤼셀에서 열리는 올해의 APEX 심포지엄에서 아이디어를 공유하기 위해 한 자리에 모일 것이다.

**어휘**

influential 영향력 있는, 영향을 미치는  gather 모이다, ~을 모으다
share ~을 공유하다  influence n. 영향(력) v. ~에 영향을 미치다
influentially 영향력 있게, 영향을 미쳐

## 121 관계대명사의 격 ★★★☆☆

**해설**

빈칸은 콤마와 함께 주어 Ivy Thunberg와 동사 will present 사이에 삽입되어 주어 Ivy Thunberg라는 사람을 부연 설명하는 삽입절을 이끌어야 한다. 또한 동사 is 앞에서 주어 역할을 해야 하므로 사람에 대해 사용하는 주격관계대명사 **(C) who**가 정답이다.

**해석**

로스앤젤레스에서 시장 조사를 실시하고 있는 아이비 선더버그 씨가 다음 주에 주주들에게 그 결과물을 발표할 것이다.

**어휘**

conduct ~을 실시하다, 수행하다 market research 시장 조사 present ~을 발표하다, 제시하다 finding 결과(물) shareholder 주주

## 122 상관접속사 ★★★☆☆

**해설**

빈칸 뒤에 문장의 주어로서 두 명의 사람이 'A or B'의 구조로 쓰여 있다. 따라서 이와 같은 구조와 함께 'A 또는 B 둘 중의 하나'라는 의미를 나타낼 때 사용하는 **(B) Either**가 정답이다.

**해석**

로렌스 씨 또는 그의 사업 파트너 중의 한 사람이 투자자들에게 제조 공장을 견학시켜 줄 것이다.

**어휘**

give A a tour of B: A에게 B를 견학시켜 주다 manufacturing 제조 plant 공장

## 123 관계대명사 자리 및 구분 ★★★★☆

**해설**

빈칸은 주어를 수식하는 at 전치사구와 동사 will be handled 사이에 콤마와 함께 삽입되어 그 앞에 위치한 Perth Cathedral을 부연 설명하는 삽입절을 이끌어야 한다. 따라서 관계대명사 (A) which와 (B) who 중에서 하나를 골라야 하는데, Perth Cathedral이 사물이므로 사물명사에 대해 사용하는 관계대명사 **(A) which**가 정답이다.

**해석**

폭풍우 중에 손상된 퍼스 대성당의 수리 작업이 ACR 건설회사에 의해 처리될 것이다.

**어휘**

repair 수리 damaged 손상된, 피해를 입은 handle ~을 처리하다, 다루다

## 124 접속사 자리 및 의미 ★★★☆☆

**해설**

빈칸 뒤에 주어 she와 동사 is having이 포함된 절이 있으므로 이 절을 이끌 접속사가 필요한데, 콤마 뒤에 위치한 또 다른 절과의 의미 관계에 어울리는 것을 찾아야 한다. '오찬 회의를 하지 않는 한, 다른 직원들과 구내식당에서 식사한다'와 같은 의미가 되어야 알맞으므로 '~하지 않는 한, ~하지 않는다면'이라는 의미로 부정 조건을 나타내는 접속사 **(B) Unless**가 정답이다.

**해석**

오찬 회의를 하지 않는 한, 싱 씨는 다른 직원들과 직원 구내식당에서 식사한다.

**어휘**

unless ~하지 않는 한, ~하지 않는다면 have a meeting 회의하다 cafeteria 구내식당 except ~을 제외하고

## 125 부사 어휘 ★★★★☆

**해설**

선택지가 모두 부사이므로 의미가 적절한 것을 찾아야 한다. 빈칸에 쓰일 부사는 to부정사로 쓰인 동사 inspect를 수식해 점검하는 방식을 나타내야 하므로 '철저하게'를 뜻하는 **(B) thoroughly**가 정답이다.

**해석**

컨베이어 벨트가 반드시 깨끗이 치워지고 점심 시간 중에 방치되어 있어야 안전 기술자들이 철저하게 점검할 공간이 생길 것이다.

**어휘**

clear off ~을 깨끗이 치우다, ~에 있는 것을 깨끗이 치우다 leave A p.p.: A를 ~된 상태로 남겨두다 unattended 방치된 have space to do ~할 공간이 있다 inspect ~을 점검하다, 조사하다 thoroughly 철저하게 intentionally 의도적으로 remarkably 두드러지게, 주목할 만하게

## 126 부사 어휘 ★★★★☆

**해설**

선택지가 모두 부사이므로 의미가 적절한 것을 찾아야 한다. 빈칸에 쓰일 부사는 바로 뒤에 위치한 동사 unplugged를 수식해 플러그를 뽑는 방식과 관련된 의미를 나타내야 하므로 '현명하게'를 뜻하는 **(C) wisely**가 정답이다.

**해석**

그 에어컨 기기를 수리하려 하기에 앞서, 헨드리 씨는 현명하게 전원으로부터 기기의 플러그를 뽑았다.

**어휘**

attempt to do ~하려 하다, ~하려 시도하다 repair ~을 수리하다

unit (한 대의) 기기  wisely 현명하게  unplug ~의 플러그를 뽑다
device 기기, 장치  power source 전원  sharply 급격히, 날카롭
게  shortly 곧, 머지않아  purely 순전히, 전적으로

## 127 전치사 어휘 ★★★☆☆

**해설**

선택지가 모두 전치사이므로 의미가 적절한 것을 찾아야 한다. 빈칸
뒤에 위치한 복수명사 the candidates는 '후보자들'이라는 뜻으로
주어 John Hemsworth가 속한 범주에 해당되는 것으로 볼 수 있
다. 따라서 '~ 중에서, ~ 사이에서'라는 의미로 대상 범주를 나타내는
**(C) among**이 정답이다.

**해석**

존 헴즈워스 씨는 마케팅 이사 직책에 대해 평가받고 있는 후보자들
중에 속해 있다.

**어휘**

candidate 후보자, 지원자  evaluate ~을 평가하다  director 이
사, 부장, 감독, 책임자  position 직책, 일자리  concerning ~와 관
련해

## 128 형용사 어휘 ★★★☆☆

**해설**

명령문 구조로 쓰인 동사 direct와 명사 complaints 사이에 위치한
빈칸은 명사를 수식할 형용사 자리이며, 복수명사 complaints를 수
식할 수 있는 (A) any와 (D) few 중에서 하나를 골라야 한다. '어떠
한 불만이든 ~에게 전달하세요'와 같은 의미가 되어야 알맞으므로
'어떤 ~이든'을 뜻하는 **(A) any**가 정답이다.

**해석**

저희 호텔에 관한 어떠한 불만 사항이든 고객 서비스부장인 레이놀즈
씨에게 전달해 주시기 바랍니다.

**어휘**

direct A to B: A를 B에게 전달하다, 보내다  complaint 불만, 불
평  however 하지만

## 129 동사 어휘 ★★★★☆

**해설**

선택지가 모두 동사이므로 의미가 적절한 것을 찾아야 한다. 우선,
빈칸 바로 뒤에 위치한 that절을 목적어로 취할 수 있는 (A) state
와 (B) predict 중에서 하나를 골라야 하는데, 주어 Fitness center
guidelines가 일종의 문서를 나타내는 사물명사이므로 사물명사 주
어와 함께 사용할 수 있는 **(A) state**가 정답이다.

**해석**

피트니스 센터 가이드라인은 운동 기계 사용 방법이 확실치 않을 경
우에 회원들이 강사에게 도움을 구해야 한다고 명시하고 있다.

**어휘**

state that (문서 등이) ~라고 명시하다, 쓰여 있다  seek ~을 구하
다, 찾다  assistance 도움, 지원  instructor 강사  be unsure
how to do ~하는 방법이 확실치 않다  enable (A to do): (A에게)
~할 수 있게) 해 주다, ~을 가능하게 하다  authorize ~을 승인하다,
~에게 권한을 주다

## 130 동사 어휘 ★★★★☆

**해설**

선택지가 모두 동사이므로 의미가 적절한 것을 찾아야 하는데, 빈칸
바로 뒤에 위치한 전치사 with와 함께 사용하는 자동사가 필요하므
로 이 역할이 가능한 자동사 **(D) coincide**가 정답이다.

**해석**

올해, 애쉬빌의 연례 거리 퍼레이드와 음식 박람회가 도시의 설립
700주년과 동시에 개최될 것이다.

**어휘**

annual 연례적인, 해마다의  fair 박람회  coincide with ~와 동시
에 일어나다, ~와 일치하다  anniversary (해마다 돌아오는) 기념일
contain ~을 포함하다, 담고 있다  select ~을 선택하다, 선정하다

## 131-134 다음의 제품 설명을 참조하시오.

크루즈 사이클즈의 최신 하이브리드 자전거는 산악 자전거의 견고한
디자인과 도로 자전거의 가벼운 조작성을 겸비하고 있습니다. **131** 이
는 통근 및 여가 활동 모두에 완벽히 어울리도록 만들어줍니다. **132**
손잡이에 부착된 추가 그립 테이프가 자전거를 꽉 붙잡을 수 있게 해
줄 뿐만 아니라 손쉽게 급격한 모퉁이를 돌 수 있게 해줍니다. 안장은
쿠션 처리가 잘 되어 있어 자전거를 타는 동안 최대의 편안함을 제공합
니다. 프레임은 필요 시에 손쉽게 집어 들고 나를 수 있게 **133** 해 주는
저밀도 합금으로 만들어져 있습니다. 모든 자전거는 구매 당일에 저희
앨버커키 유통 센터로부터 **134** 배송될 것이며, 15일간의 환불 보장 서
비스에 포함됩니다.

latest 최신의  hybrid 하이브리드의, 혼합의  combine A
with B: A를 B와 결합하다, 합치다  robust 견고한, 튼튼한
lightweight 가벼운, 경량의  maneuverability 조작성  hold
on tight 꽉 붙잡다  sharp corner 급격한 모퉁이  well-
cushioned 쿠션 처리가 잘된  provide ~을 제공하다  be
made of ~로 만들어지다  low-density 저밀도의  alloy 합금
pick up ~을 집어 들다  carry ~을 나르다, 휴대하다

## 131 문장 삽입 ★★★★★

**해설**

앞 문장에 산악 자전거의 견고한 디자인과 도로 자전거의 가벼운 조작성을 겸비하고 있다는 특징이 언급되어 있으므로 이를 This로 지칭해 그와 같은 특징에 따라 발생 가능한 일을 말하는 **(D)**가 정답이다.

**해석**

(A) 많은 사람들이 친환경적인 이동 수단으로 바꾸고 있습니다.
(B) 저희 산악 자전거는 지속적으로 베스트셀러 제품군입니다.
(C) 고객들께서는 아래 색상 범위에서 선택하실 수 있습니다.
(D) 이는 통근 및 여가 활동 모두에 완벽히 어울리도록 만들어줍니다.

**어휘**

suited to ~에 어울리는, 적합한 commuting 통근, 통학 recreation 여가 활동 switch to ~로 바꾸다, 변경하다 mode 수단, 방식 range (제품) 종류, 범위, 군 choose from ~에서 선택하다 following 아래의, 다음의

## 132 명사 어휘 ★★★☆☆

**해설**

선택지가 모두 명사이므로 의미가 알맞은 것을 찾아야 한다. 빈칸 뒤에 위치한 동사 allows 이하 부분을 보면, 꽉 붙잡는 일과 손쉽게 급격한 모퉁이를 도는 일을 할 수 있다고 쓰여 있다. 이는 자전거의 핸들을 이용해 할 수 있는 일에 해당되므로 '(자전거, 오토바이 등의) 핸들'을 뜻하는 **(A) handlebars**가 정답이다.

**어휘**

handlebar (자전거, 오토바이 등의) 핸들

## 133 접속사 자리 ★★★☆☆

**해설**

빈칸 앞에 주어와 동사가 포함된 절이 있고, 빈칸 뒤로 주어 없이 동사 allows로 시작되는 불완전한 절이 하나 이어지는 구조이다. 따라서 선행사를 수식하는 것으로서 불완전한 절을 이끄는 접속사 **(C) that**이 정답이다.

## 134 동사 태 및 시제 ★★★☆☆

**해설**

선택지가 수동태 동사와 능동태 동사로 구성되어 있고, 각각 시제가 다르므로 능/수동 및 시점 관련 단서를 찾아야 한다. 우선, 빈칸 뒤에 목적어 없이 from 전치사구가 있으므로 수동태 동사인 (A) were shipped와 (B) will be shipped 중에서 하나를 골라야 한다. 또한 빈칸이 속한 문장은 일반적인 배송 정책을 나타내야 알맞으므로 앞으로 발생될 일과 관련되어야 한다. 따라서 미래시제 수동태인 **(B) will be shipped**가 정답이다.

**어휘**

ship v. ~을 배송하다

### 135-138 다음의 광고를 참조하시오.

> 훌륭한 남미 미술에 관심을 갖고 계신가요?
>
> 여러분의 자택에 독특한 모습을 더해줄 민속 미술품을 찾고 계신가요? 그러시다면, 메인 스트리트에 있는 저희 리오 아트에 찾아와 보시기 바랍니다. **135** 저희는 다양한 문화권에서 만들어진 그림과 조각품, 그리고 소묘 작품을 판매합니다. 여기에는 카야포와 야노마미를 비롯한 남미의 여러 다른 토착민들이 포함되어 있습니다. 다른 어떤 곳에서도 이와 같은 희귀 미술품을 찾으실 수 없을 것입니다!
>
> 저희 리오 아트에서는, 작품에 대해 해당 미술가에게 보상을 해드리는 **136** 것에 대해 관심을 갖고 있습니다. 이것이 바로 저희가 오직 판매액의 10퍼센트만 수수료로 떼면서 나머지 금액이 미술가 본인에게 직접 전달되도록 하는 **137** 이유입니다. 직접 저희의 **138** 모든 소장 작품을 보시려면, 헤이븐타운의 메인 스트리트 456번지에 위치한 저희 상점을 찾아 주시기 바랍니다.

have an interest in ~에 관심을 갖고 있다 exquisite 훌륭한, 정교한, 매우 아름다운 ethnic 민속적인, 민족의 artwork 미술품, 예술품 unique 독특한, 특별한 look 모습, 외관 come on down to ~로 찾아오다 include ~을 포함하다 indigenous 토착의 rare 희귀한 anywhere else 다른 어떤 곳에서도 care (about) (~에) 관심을 갖다, 신경 쓰다 reward ~에게 보상해주다 take a commission 수수료를 떼다 sales 판매(액), 매출 inventory 재고(품) in person 직접 (가서)

## 135 문장 삽입 ★★★★☆

**해설**

빈칸 바로 다음 문장에 특정 복수명사를 지칭하는 These와 함께 그 범주에 몇몇 토착민들이 포함된다는 말이 쓰여 있다. 따라서 토착민들이 포함될 수 있는 범주에 해당되는 것으로서 다양한 문화권에서 만들어진 미술품을 판매한다는 의미로 쓰인 **(C)**가 정답이다.

**해석**

(A) 저희 강좌는 경험 수준이 다른 모든 분들에게 어울리도록 맞춤 제공될 수 있습니다.
(B) 여러분께 가장 가까운 지점을 찾을 수 있도록 저희 웹 사이트를 방문해 보십시오.
(C) 저희는 다양한 문화권에서 만들어진 그림과 조각품, 그리고 소묘 작품을 판매합니다.

(D) 미술품은 거주 공간과 사무실에 활기를 더하는 데 활용될 수 있습니다.

**어휘**

tailor ~을 맞춤 제공하다  suit ~에 어울리다, 적합하다  location 지점, 위치  brighten up ~에 활기를 더하다, ~을 더 밝게 하다

## 136 전치사 어휘 ★★★☆☆

**해설**

선택지가 모두 전치사이므로 의미가 적절한 것을 찾아야 하는데, 빈칸 앞에 동사로 쓰인 care는 전치사 about과 어울려 '~에 관심을 갖다, 신경 쓰다' 등을 의미하므로 **(C) about**이 정답이다.

## 137 관계부사 어휘 ★★★★☆

**해설**

선택지가 모두 완전한 절을 이끄는 관계부사이므로 의미가 적절한 것을 찾아야 한다. 빈칸 바로 앞에 쓰인 주어 That이 앞 문장의 내용을 가리키므로 앞 문장과의 의미 관계부터 확인해야 한다. 앞 문장에 미술가들에게 보상해 주는데 관심이 있다는 말이 있는데, 이는 빈칸 이하 부분에서 판매액의 10퍼센트만 수수료로 뗀다고 말한 것의 이유로 볼 수 있다. 따라서 이유를 나타내는 **(C) why**가 정답이다.

## 138 형용사 자리 ★★★☆☆

**해설**

소유격대명사 our와 명사 inventory 사이에 위치한 빈칸은 명사를 수식할 형용사 자리이므로 **(A) full**이 정답이다.

**어휘**

fully 완전히, 모두, 전적으로  fullness 완벽함, 충만한, 풍부함

### 139-142 다음의 공지를 참조하시오.

3월 1일에, 베이스빌 공원 및 여가 시설 관리부(BDPR)가 베이스빌 시내에 위치한 글레이저 공원 가운데 테니스 코트와 클럽하우스 건물에 대한 **139** 공사를 시작합니다. 작업팀이 바닥 재포장을 비롯해 **140** 현재의 네 개에서 두 개 더 많은 여섯 개의 코트를 포함하도록 테니스 구역을 확장하는 데 초점을 맞출 것입니다. 추가로, 클럽하우스 건물도 테니스 클럽 회원들이 이용할 수 있는 새 구내식당과 라운지를 수용하기 위해 확장될 것입니다. 이는 BDPR이 올해 실시하는 여러 가지 지역 개발 프로젝트들 중의 하나입니다. 이 작업은 5월말 이전에 **141** 종료될 것입니다. **142** 그 동안, 테니스를 치는 분들께서는 근처의 드레이퍼 공원에 있는 코트를 이용하실 수 있습니다. 추가 정보는 베이스빌 시의회 웹 사이트에서 찾아보실 수 있습니다.

commence ~을 시작하다, ~에 착수하다  focus on ~에 초점을 맞추다, ~에 집중하다  resurfacing (도로, 노면 등의) 재포장  expand ~을 확장하다, 확대하다(= enlarge)  development 개발, 발전  carry out ~을 실시하다, 수행하다  be likely to do ~할 것 같다, ~할 가능성이 있다

## 139 명사 자리 ★★★☆☆

**해설**

타동사 commence와 전치사 on 사이에 위치한 빈칸은 타동사의 목적어 역할을 할 명사 자리이므로 **(D) construction**이 정답이다.

**어휘**

construction 공사, 건설  construct ~을 짓다, 건설하다  constructive 건설적인

## 140 형용사 어휘 ★★★★☆

**해설**

선택지가 모두 형용사이므로 의미가 적절한 것을 찾아야 한다. 빈칸 앞 부분을 보면 2개가 늘어난 6개의 코트가 생긴다는 말이 있으므로 빈칸 뒤에 위치한 four는 현재의 코트 개수를 나타내는 것으로 볼 수 있다. 따라서 '현재의'를 뜻하는 **(B) present**가 정답이다.

**어휘**

continuous 지속적인  present 현재의  tentative 잠정적인  vague 모호한

## 141 동사 어휘 ★★★★☆

**해설**

선택지가 모두 동사이므로 의미가 적절한 것을 찾아야 한다. 우선, 빈칸 바로 뒤에 before 전치사구가 있으므로 자동사가 빈칸에 쓰여야 하며, 이 before 전치사구는 작업 종료 시점을 나타내는 것으로 볼 수 있으므로 '종료되다, 끝나다'를 뜻하는 자동사 **(A) conclude**가 정답이다.

**어휘**

conclude 종료되다, 끝나다  release ~을 출시하다, 공개하다  arrive 도착하다  undertake ~을 맡다, ~에 착수하다

## 142 문장 삽입 ★★★★☆

**해설**

빈칸에 앞서 지문 전체적으로 테니스 코트와 클럽하우스 건물에 대한 공사 방식 및 일정과 관련된 정보가 제시되어 있다. 따라서 공사가 진행되는 중에 테니스를 치는 사람들에 대한 조치를 언급한 **(B)**가 정답

이다.

(A) 3월부터 5월까지, 테니스 토너먼트가 클럽에서 개최될 것입니다.
(B) 그 동안, 테니스를 치시는 분들께서는 근처의 드레이퍼 공원에 있는 코트를 이용하실 수 있습니다.
(C) 테니스 클럽 회원 자격은 연말에 갱신될 수 있습니다.
(D) 결과적으로, 자동차 운전자들께서는 시내 지역 전체에 걸쳐 대체 경로를 이용해야 할 것입니다.

어휘

in the meantime 그 동안, 그 사이에  nearby 근처의  hold (행사 등) ~을 개최하다, 열다  renew ~을 갱신하다  as a result 결과적으로, 그 결과  alternative 대체의, 대안의  route 경로, 노선

### 143-146 다음의 공지를 참조하시오.

라펠 주식회사 직원들에게 전하는 공지

시설 관리팀이 이번 달에 우리 본사에 있는 모든 엘리베이터에 대해 연례 점검 및 정비 작업을 실시할 예정이라는 점에 유의하시기 바랍니다. 이 엘리베이터들은 12월 5일 월요일, 오후 1시부터 오후 7시까지 철저하게 점검될 것입니다. **143** 이 시간 중에, 직원들은 계단을 이용해야 할 것입니다. 추가로, 이 엘리베이터들이 정비 작업을 위해 전원이 차단되는 동안, 3층과 4층에 위치한 부서들은 간헐적인 정전 문제를 겪을 수 있습니다. 이는 **144** 정상적인 것이며, 인내심을 갖고 양해해 주시기를 요청드립니다. 직원 여러분께서는 어떠한 무의식적인 데이터 손실이든 피할 수 있도록 주기적으로 작업물을 **145** 백업해야 합니다. 우리는 해당 작업이 시작되기 **146** 전에 다시 한 번 전 직원에게 알려드릴 것이며, 모든 직원들이 우리 업무 흐름에 어떠한 지장도 피할 수 있게 그에 맞춰 계획을 세우도록 요청드립니다.

notice 공지  take note that ~라는 점에 유의하다  maintenance 시설 관리, 유지 관리  carry out ~을 실시하다, 수행하다  inspection 점검, 조사  servicing 정비 (작업)  thoroughly 철저하게  power down ~의 전원을 차단하다  intermittent 간헐적인  power outrage 정전  ask that ~하도록 요청하다  understanding 이해심 있는  regularly 주기적으로  avoid ~을 피하다  unintentional 무의식적인, 고의가 아닌  loss 손실, 분실  accordingly 그에 알맞게, 그에 맞춰  disruption 지장, 방해  workflow 업무 흐름

### 143 문장 삽입 ★★★★☆

빈칸 앞 문장에 엘리베이터 점검 작업이 진행되는 시간대가 언급되어 있다. 따라서 이 시간대를 this time으로 지칭해 그때 직원들에게 필요한 이동 방식을 알려 주는 **(B)**가 정답이다.

(A) 대신, 직원들은 재택 근무하도록 허용될 수 있습니다.
(B) 이 시간 중에, 직원들은 계단을 이용해야 할 것입니다.
(C) 본사는 일반적으로 주중에 오전 8시 30분에 문을 엽니다.
(D) 직원들이 회사에 도착할 때 추가 엘리베이터들이 지연 문제를 완화하는 데 도움을 줄 것입니다.

어휘

be required to do ~해야 하다, ~할 필요가 있다  be permitted to do ~하도록 허용되다  work from home 재택 근무하다  typically 일반적으로, 보통  alleviate ~을 완화하다  delay 지연, 지체

### 144 형용사 어휘 ★★★☆☆

선택지가 모두 형용사이므로 의미가 적절한 것을 찾아야 한다. 빈칸 앞에 주어로 쓰인 This는 앞 문장에 언급된 상황, 즉 간헐적인 정전 문제를 가리킨다. 따라서 그 상황이 지니는 특성을 나타낼 형용사가 필요하므로 '정상적인, 보통의'를 뜻하는 **(A) normal**이 정답이다.

어휘

normal 정상적인, 보통의  actual 실제의, 사실상의  entire 전체적인  reliable 신뢰할 만한

### 145 동사 시제 ★★★☆☆

선택지가 모두 동사 표현 back up의 능동태이고 시제만 다르므로 시점 관련 단서를 찾아야 한다. 지문 시작 부분에 쓰인 will be carrying out과 will be thoroughly checked 등의 동사로 보아 엘리베이터 점검이 미래 시점에 진행된다는 것을 알 수 있으므로 빈칸 앞뒤 부분에서 말하는 작업물 백업 시점도 미래여야 한다. 따라서 앞으로 해야 하는 일을 나타내는 조동사 should가 포함된 **(D) should back up**이 정답이다.

### 146 접속사 자리 ★★★★☆

빈칸 다음을 보면, 주어 the work와 동사 begins로 구성된 하나의 절이 있으므로 절을 이끄는 접속사 **(A) before**가 정답이다.

**BONUS** 성적+100점 추가 달성 시

**사자마자 50%**
성적 NO, 출석 NO

**100% 환급 +응시료 0원**
하루1강 OR 성적

**200% 환급 +응시료 0원**
하루1강 & 성적

**100% 추가환급**
최대 300% + 응시료0원

# 세상 어디에도 없다!
## 토익을 시작하는 분들을 위한 맞춤형 환급반

**첫 토익에 목표 달성하세요!**

**하루라도 빠지면 환급 NO?**

**토익은 처음인데 성적이 있어야만 환급?**

**토익 점수가 내 맘같지 않을 때**

**혼자 공부하기 막막하면**

TALK

**토익 응시료까지 아낌없이 지원합니다.**

**출석 미션이 없으니 원할 때 공부하세요.**

**점수 제한 없이 환급! 부담 없이 도전하세요.**

**365일 수강기간 연장 여유있게 공부하세요.**

**선생님과의 1:1 카톡스터디로 물어보세요!**

# 목표 달성 후기가 증명합니다.
## 고민하지 말고 지금 시작이반 하세요!

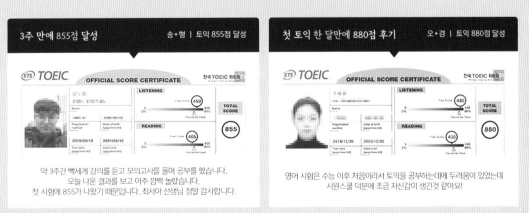

# 히트브랜드 토익·토스·오픽·인강 1위
## 시원스쿨LAB 교재 라인업
*2020-2022 3년 연속 히트브랜드대상 1위 토익·토스·오픽·인강

## 시원스쿨 토익 교재 시리즈

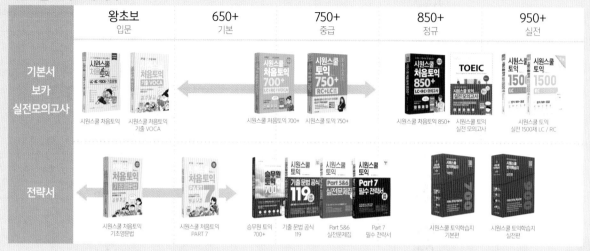

| | 왕초보<br>입문 | 650+<br>기본 | 750+<br>중급 | 850+<br>정규 | 950+<br>실전 |
|---|---|---|---|---|---|
| 기본서<br>보카<br>실전모의고사 | 시원스쿨 처음토익 / 시원스쿨 처음토익 기출 VOCA | 시원스쿨 처음토익 700+ | 시원스쿨 토익 750+ | 시원스쿨 처음토익 850+ / 시원스쿨 토익 실전 모의고사 | 시원스쿨 토익 실전 1500제 LC / RC |
| 전략서 | 시원스쿨 처음토익 기초영문법 | 시원스쿨 처음토익 PART 7 | 승무원 토익 700+ / 기출 문법 공식 119 / Part 5&6 실전문제집 / Part 7 필수 전략서 | 시원스쿨 토익학습지 기본편 | 시원스쿨 토익학습지 실전편 |

## 시원스쿨 토익스피킹, 듀오링고, 오픽, SPA 교재 시리즈

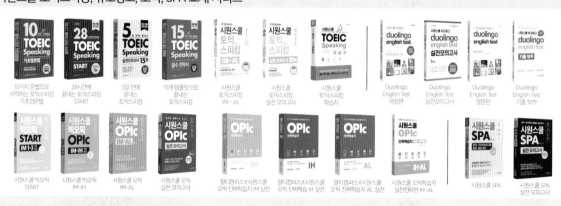

10가지 문법으로 시작하는 토익스피킹 기초영문법 / 28시간에 끝내는 토익스피킹 START / 5일 만에 끝내는 토익스피킹 / 15개 템플릿으로 끝내는 토익스피킹 / 시원스쿨 토익스피킹 IM – AL / 시원스쿨 토익스피킹 실전 모의고사 / 시원스쿨 토익스피킹 학습지 / Duolingo English Test 개정판 / Duolingo English Test 실전모의고사 / Duolingo English Test 영문판 / Duolingo English Test 기출 보카

시원스쿨 빅오픽 START / 시원스쿨 빅오픽 IM-IH / 시원스쿨 오픽 IM-AL / 시원스쿨 오픽 실전 모의고사 / 멀티캠퍼스X시원스쿨 오픽 진짜학습지 IM 실전 / 멀티캠퍼스X시원스쿨 오픽 진짜학습 IH 실전 / 멀티캠퍼스X시원스쿨 오픽 진짜학습지 AL 실전 / 시원스쿨 오픽학습지 실전전략판 IH-AL / 시원스쿨 SPA / 시원스쿨 SPA 실전 모의고사

## 시원스쿨 아이엘츠 교재 시리즈          ## 시원스쿨 토플 교재 시리즈

빅아이엘츠 Speaking START / 빅아이엘츠 Writing START / 빅아이엘츠 Listening START / 빅아이엘츠 Reading START / 빅아이엘츠 MASTER / 아이엘츠 기출 VOCA          시원스쿨 TOEFL Basic / 시원스쿨 TOEFL 기출 VOCA / 시원스쿨 TOEFL 80+ / 시원스쿨 TOEFL Actual Tests / 시원스쿨 TOEFL Speaking / 시원스쿨 TOEFL Writing / 시원스쿨 TOEFL Listening / 시원스쿨 TOEFL Reading

## 시원스쿨 지텔프 교재 시리즈          ## 시원스쿨 텝스 교재 시리즈

지텔프 기출문제집 공식 기출 7회분 / 지텔프 기출문법 / 지텔프 기출VOCA / 지텔프 기출독해 / 시원스쿨 지텔프 32-50 / 시원스쿨 지텔프 65+          시원스쿨 처음텝스 / 시원스쿨 텝스 청해 / 시원스쿨 텝스 어휘·문법 / 시원스쿨 텝스 독해 / 뉴텝스 서울대 공식 기출 문제집

# D-1

## 시원스쿨 토익 Part 5 & 6
# 오답노트

시험 하루 전
오답노트 리뷰로 최종 점검!

# 📋 오답노트 작성법

---

<table>
<tr><td>복습</td><td colspan="3">1차 ◯　2차 ☑　3차 ◯</td></tr>
<tr><td>문제 출처</td><td colspan="3">TEST 1, 101번</td></tr>
</table>

~ , Wilversham Paints has built up a ‒‒‒‒‒‒‒ business with ~.

(A) size

(B) sizing

(C) sizable

(D) sized

♣ 나의 약점 파악하기!

| 문제유형 | 문법 | 형용사 자리 |
|---|---|---|
|  | 어휘 |  |

**내가 고른 답 B**

**틀린 이유**

빈칸 앞 a만 보고 명사를 고름

A) business와 복합명사 구성 X

B, D) business 수식 X

**중요 포인트**

부정관사와 명사 사이에는 명사를 수식할 형용사가 와야 함.

---

| 중요 어휘 | sizable | 형) 상당한 규모의 |
|---|---|---|
|  | size | 동) ~에 크기를 표시하다 |
|  |  | 명) 크기 |

---

1 문제는 정답에 영향을 주는 부분만 쓰고, 나머지는 물결(~) 처리!

2 틀린 문제유형을 파악!

3 내가 고른 오답과 오답인 이유 작성하기!

4 해설서를 참고해 중요 포인트 정리하기!

5 몰랐던 단어는 정리하고 암기!

| 복습 | 1차 ◯   2차 ◯   3차 ◯ | |
|---|---|---|
| 문제 출처 | | 내가 고른 답 |
| | | 틀린 이유 |

중요 포인트

❀ 나의 약점 파악하기!

| 문제유형 | 문법 |
|---|---|
| | 어휘 |

| 복습 | 1차 ◯   2차 ◯   3차 ◯ | |
|---|---|---|
| 문제 출처 | | 내가 고른 답 |
| | | 틀린 이유 |

중요 포인트

❀ 나의 약점 파악하기!

| 문제유형 | 문법 |
|---|---|
| | 어휘 |

중요 어휘

| 복습 | 1차 ◯  2차 ◯  3차 ◯ | |
|---|---|---|
| 문제 출처 | | 내가 고른 답 |
| | | 틀린 이유 |
| | | |
| | | 중요 포인트 |
| ❀나의 약점 파악하기! | | |
| 문제유형 | 문법 | |
| | 어휘 | |

| 복습 | 1차 ◯  2차 ◯  3차 ◯ | |
|---|---|---|
| 문제 출처 | | 내가 고른 답 |
| | | 틀린 이유 |
| | | |
| | | 중요 포인트 |
| ❀나의 약점 파악하기! | | |
| 문제유형 | 문법 | |
| | 어휘 | |

| 중요 어휘 | |
|---|---|

| 복습 | 1차 ◯ 2차 ◯ 3차 ◯ |
|---|---|
| 문제 출처 | |

내가 고른 답

틀린 이유

중요 포인트

❀ 나의 약점 파악하기!

| 문제유형 | 문법 |
|---|---|
| | 어휘 |

| 복습 | 1차 ◯ 2차 ◯ 3차 ◯ |
|---|---|
| 문제 출처 | |

내가 고른 답

틀린 이유

중요 포인트

❀ 나의 약점 파악하기!

| 문제유형 | 문법 |
|---|---|
| | 어휘 |

중요 어휘

| 복습 | 1차 ◯  2차 ◯  3차 ◯ | |
|---|---|---|
| 문제 출처 | | 내가 고른 답 |
| | | 틀린 이유 |
| | | |
| | | 중요 포인트 |

❀ 나의 약점 파악하기!

| 문제유형 | 문법 |
|---|---|
| | 어휘 |

| 복습 | 1차 ◯  2차 ◯  3차 ◯ | |
|---|---|---|
| 문제 출처 | | 내가 고른 답 |
| | | 틀린 이유 |
| | | |
| | | 중요 포인트 |

❀ 나의 약점 파악하기!

| 문제유형 | 문법 |
|---|---|
| | 어휘 |

| 중요 어휘 | |
|---|---|

| 복습 | 1차 ◯　2차 ◯　3차 ◯ |
|---|---|
| 문제 출처 | |

내가 고른 답

틀린 이유

중요 포인트

❀ 나의 약점 파악하기!

| 문제유형 | 문법 |
|---|---|
| | 어휘 |

| 복습 | 1차 ◯　2차 ◯　3차 ◯ |
|---|---|
| 문제 출처 | |

내가 고른 답

틀린 이유

중요 포인트

❀ 나의 약점 파악하기!

| 문제유형 | 문법 |
|---|---|
| | 어휘 |

중요 어휘

| 복습 | 1차 ◯   2차 ◯   3차 ◯ | |
|---|---|---|
| 문제 출처 | | 내가 고른 답 |
| | | 틀린 이유 |
| | | |
| | | 중요 포인트 |

✿ 나의 약점 파악하기!

| 문제유형 | 문법 |
|---|---|
| | 어휘 |

| 복습 | 1차 ◯   2차 ◯   3차 ◯ | |
|---|---|---|
| 문제 출처 | | 내가 고른 답 |
| | | 틀린 이유 |
| | | |
| | | 중요 포인트 |

✿ 나의 약점 파악하기!

| 문제유형 | 문법 |
|---|---|
| | 어휘 |

| 중요 어휘 | |
|---|---|

| 복습 | 1차 ◯  2차 ◯  3차 ◯ | |
|---|---|---|
| **문제 출처** | | 내가 고른 답 |
| | | 틀린 이유 |
| | | 중요 포인트 |

✼나의 약점 파악하기!

| 문제유형 | 문법 |
|---|---|
| | 어휘 |

| 복습 | 1차 ◯  2차 ◯  3차 ◯ | |
|---|---|---|
| **문제 출처** | | 내가 고른 답 |
| | | 틀린 이유 |
| | | 중요 포인트 |

✼나의 약점 파악하기!

| 문제유형 | 문법 |
|---|---|
| | 어휘 |

| 중요 어휘 | |
|---|---|

| 복습 | 1차 ◯　2차 ◯　3차 ◯ | |
|---|---|---|
| 문제 출처 | | 내가 고른 답 |
| | | 틀린 이유 |
| | | |
| | | |
| | | 중요 포인트 |
| ❀ 나의 약점 파악하기! | | |
| 문제유형 | 문법 | |
| | 어휘 | |

| 복습 | 1차 ◯　2차 ◯　3차 ◯ | |
|---|---|---|
| 문제 출처 | | 내가 고른 답 |
| | | 틀린 이유 |
| | | |
| | | |
| | | 중요 포인트 |
| ❀ 나의 약점 파악하기! | | |
| 문제유형 | 문법 | |
| | 어휘 | |

| 중요 어휘 | |
|---|---|

| 복습 | 1차 ◯    2차 ◯    3차 ◯ |
|---|---|
| 문제 출처 | |

내가 고른 답

틀린 이유

중요 포인트

❀나의 약점 파악하기!

| 문제유형 | 문법 |
|---|---|
| | 어휘 |

| 복습 | 1차 ◯    2차 ◯    3차 ◯ |
|---|---|
| 문제 출처 | |

내가 고른 답

틀린 이유

중요 포인트

❀나의 약점 파악하기!

| 문제유형 | 문법 |
|---|---|
| | 어휘 |

중요 어휘

| 복습 | 1차 ◯   2차 ◯   3차 ◯ | |
|---|---|---|
| 문제 출처 | | 내가 고른 답 |
| | | 틀린 이유 |
| | | |
| | | |
| | | |
| | | 중요 포인트 |

❀나의 약점 파악하기!

| 문제유형 | 문법 |
|---|---|
| | 어휘 |

| 복습 | 1차 ◯   2차 ◯   3차 ◯ | |
|---|---|---|
| 문제 출처 | | 내가 고른 답 |
| | | 틀린 이유 |
| | | |
| | | |
| | | |
| | | 중요 포인트 |

❀나의 약점 파악하기!

| 문제유형 | 문법 |
|---|---|
| | 어휘 |

| 중요 어휘 | |
|---|---|

| 복습 | 1차 ◯   2차 ◯   3차 ◯ | | |
|---|---|---|---|
| 문제 출처 | | 내가 고른 답 | |
| | | 틀린 이유 | |
| | | | |
| | | 중요 포인트 | |
| ✿ 나의 약점 파악하기! | | | |
| 문제유형 | 문법 | | |
| | 어휘 | | |

| 복습 | 1차 ◯   2차 ◯   3차 ◯ | | |
|---|---|---|---|
| 문제 출처 | | 내가 고른 답 | |
| | | 틀린 이유 | |
| | | | |
| | | 중요 포인트 | |
| ✿ 나의 약점 파악하기! | | | |
| 문제유형 | 문법 | | |
| | 어휘 | | |

| 중요 어휘 | |
|---|---|

| 복습 | 1차 ◯ | 2차 ◯ | 3차 ◯ |
|------|--------|--------|--------|

| 문제 출처 | 내가 고른 답 |
|-----------|-------------|
| | 틀린 이유 |
| | |
| | 중요 포인트 |

✿ 나의 약점 파악하기!

| 문제유형 | 문법 |
|----------|------|
| | 어휘 |

| 복습 | 1차 ◯ | 2차 ◯ | 3차 ◯ |
|------|--------|--------|--------|

| 문제 출처 | 내가 고른 답 |
|-----------|-------------|
| | 틀린 이유 |
| | |
| | 중요 포인트 |

✿ 나의 약점 파악하기!

| 문제유형 | 문법 |
|----------|------|
| | 어휘 |

중요 어휘

| 복습 | 1차 ◯  2차 ◯  3차 ◯ |
| --- | --- |
| 문제 출처 | |

내가 고른 답

틀린 이유

중요 포인트

✿나의 약점 파악하기!

문제유형        문법

어휘

| 복습 | 1차 ◯  2차 ◯  3차 ◯ |
| --- | --- |
| 문제 출처 | |

내가 고른 답

틀린 이유

중요 포인트

✿나의 약점 파악하기!

문제유형        문법

어휘

중요 어휘

| 복습 | 1차 ◯   2차 ◯   3차 ◯ |
|---|---|

| 문제 출처 | 내가 고른 답 |
|---|---|
| | 틀린 이유 |

중요 포인트

❀ 나의 약점 파악하기!

| 문제유형 | 문법 |
|---|---|
| | 어휘 |

| 복습 | 1차 ◯   2차 ◯   3차 ◯ |
|---|---|

| 문제 출처 | 내가 고른 답 |
|---|---|
| | 틀린 이유 |

중요 포인트

❀ 나의 약점 파악하기!

| 문제유형 | 문법 |
|---|---|
| | 어휘 |

중요 어휘

| 복습 | 1차 ◯  2차 ◯  3차 ◯ |
|---|---|
| 문제 출처 | |

내가 고른 답

틀린 이유

중요 포인트

❀나의 약점 파악하기!

| 문제유형 | 문법 |
|---|---|
| | 어휘 |

| 복습 | 1차 ◯  2차 ◯  3차 ◯ |
|---|---|
| 문제 출처 | |

내가 고른 답

틀린 이유

중요 포인트

❀나의 약점 파악하기!

| 문제유형 | 문법 |
|---|---|
| | 어휘 |

중요 어휘

| 복습 | 1차 ◯ 2차 ◯ 3차 ◯ | |
|---|---|---|
| 문제 출처 | | 내가 고른 답 |
| | | 틀린 이유 |
| | | |
| | | 중요 포인트 |

✿나의 약점 파악하기!

| 문제유형 | 문법 |
|---|---|
| | 어휘 |

| 복습 | 1차 ◯ 2차 ◯ 3차 ◯ | |
|---|---|---|
| 문제 출처 | | 내가 고른 답 |
| | | 틀린 이유 |
| | | |
| | | 중요 포인트 |

✿나의 약점 파악하기!

| 문제유형 | 문법 |
|---|---|
| | 어휘 |

| 중요 어휘 | |
|---|---|
| | |

| 복습 | 1차 ◯ 2차 ◯ 3차 ◯ |
|---|---|
| 문제 출처 | |

내가 고른 답

틀린 이유

중요 포인트

❀ 나의 약점 파악하기!

문제유형    문법

어휘

| 복습 | 1차 ◯ 2차 ◯ 3차 ◯ |
|---|---|
| 문제 출처 | |

내가 고른 답

틀린 이유

중요 포인트

❀ 나의 약점 파악하기!

문제유형    문법

어휘

중요 어휘

| 복습 | 1차 ◯　2차 ◯　3차 ◯ |
|---|---|
| 문제 출처 | 내가 고른 답 |
| | 틀린 이유 |

중요 포인트

❀나의 약점 파악하기!

| 문제유형 | 문법 |
|---|---|
| | 어휘 |

| 복습 | 1차 ◯　2차 ◯　3차 ◯ |
|---|---|
| 문제 출처 | 내가 고른 답 |
| | 틀린 이유 |

중요 포인트

❀나의 약점 파악하기!

| 문제유형 | 문법 |
|---|---|
| | 어휘 |

중요 어휘

| 복습 | 1차 ⃝ 2차 ⃝ 3차 ⃝ |
|---|---|
| 문제 출처 | |

내가 고른 답

틀린 이유

중요 포인트

❀나의 약점 파악하기!

| 문제유형 | 문법 |
|---|---|
| | 어휘 |

| 복습 | 1차 ⃝ 2차 ⃝ 3차 ⃝ |
|---|---|
| 문제 출처 | |

내가 고른 답

틀린 이유

중요 포인트

❀나의 약점 파악하기!

| 문제유형 | 문법 |
|---|---|
| | 어휘 |

중요 어휘

| 복습 | 1차 ◯　2차 ◯　3차 ◯ |
|---|---|
| 문제 출처 | |

내가 고른 답

틀린 이유

중요 포인트

❋ 나의 약점 파악하기!

문제유형　　문법

　　　　　　어휘

| 복습 | 1차 ◯　2차 ◯　3차 ◯ |
|---|---|
| 문제 출처 | |

내가 고른 답

틀린 이유

중요 포인트

❋ 나의 약점 파악하기!

문제유형　　문법

　　　　　　어휘

중요 어휘

| 복습 | 1차 ◯    2차 ◯    3차 ◯ |
|---|---|
| 문제 출처 | |

내가 고른 답

틀린 이유

중요 포인트

❁ 나의 약점 파악하기!

| 문제유형 | 문법 |
|---|---|
| | 어휘 |

| 복습 | 1차 ◯    2차 ◯    3차 ◯ |
|---|---|
| 문제 출처 | |

내가 고른 답

틀린 이유

중요 포인트

❁ 나의 약점 파악하기!

| 문제유형 | 문법 |
|---|---|
| | 어휘 |

중요 어휘

| 복습 | 1차 ◯　2차 ◯　3차 ◯ | |
|---|---|---|
| 문제 출처 | | 내가 고른 답 |
| | | 틀린 이유 |
| | | |
| | | 중요 포인트 |
| ✿나의 약점 파악하기! | | |
| 문제유형　문법 | | |
| 　　　　　어휘 | | |

| 복습 | 1차 ◯　2차 ◯　3차 ◯ | |
|---|---|---|
| 문제 출처 | | 내가 고른 답 |
| | | 틀린 이유 |
| | | |
| | | 중요 포인트 |
| ✿나의 약점 파악하기! | | |
| 문제유형　문법 | | |
| 　　　　　어휘 | | |

중요 어휘

| 복습 | 1차 ◯    2차 ◯    3차 ◯ |
| --- | --- |
| 문제 출처 | |

내가 고른 답

틀린 이유

중요 포인트

✿ 나의 약점 파악하기!

문제유형      문법

                 어휘

| 복습 | 1차 ◯    2차 ◯    3차 ◯ |
| --- | --- |
| 문제 출처 | |

내가 고른 답

틀린 이유

중요 포인트

✿ 나의 약점 파악하기!

문제유형      문법

                 어휘

중요 어휘

| 복습 | 1차 ◯ 2차 ◯ 3차 ◯ |
|---|---|
| 문제 출처 | |

내가 고른 답

틀린 이유

중요 포인트

❀나의 약점 파악하기!

| 문제유형 | 문법 |
|---|---|
| | 어휘 |

| 복습 | 1차 ◯ 2차 ◯ 3차 ◯ |
|---|---|
| 문제 출처 | |

내가 고른 답

틀린 이유

중요 포인트

❀나의 약점 파악하기!

| 문제유형 | 문법 |
|---|---|
| | 어휘 |

| 중요 어휘 | |
|---|---|

| 복습 | 1차 ◯    2차 ◯    3차 ◯ |
|---|---|
| 문제 출처 | 내가 고른 답 |
| | 틀린 이유 |
| | 중요 포인트 |

❋ 나의 약점 파악하기!

| 문제유형 | 문법 |
|---|---|
| | 어휘 |

| 복습 | 1차 ◯    2차 ◯    3차 ◯ |
|---|---|
| 문제 출처 | 내가 고른 답 |
| | 틀린 이유 |
| | 중요 포인트 |

❋ 나의 약점 파악하기!

| 문제유형 | 문법 |
|---|---|
| | 어휘 |

| 중요 어휘 | |
|---|---|

| 복습 | 1차 ◯  2차 ◯  3차 ◯ |
|---|---|
| 문제 출처 | |

내가 고른 답

틀린 이유

중요 포인트

❃나의 약점 파악하기!

| 문제유형 | 문법 |
|---|---|
| | 어휘 |

| 복습 | 1차 ◯  2차 ◯  3차 ◯ |
|---|---|
| 문제 출처 | |

내가 고른 답

틀린 이유

중요 포인트

❃나의 약점 파악하기!

| 문제유형 | 문법 |
|---|---|
| | 어휘 |

중요 어휘

| 복습 | 1차 ◯　　2차 ◯　　3차 ◯ |
|---|---|
| 문제 출처 | |

내가 고른 답

틀린 이유

중요 포인트

❀나의 약점 파악하기!

| 문제유형 | 문법 |
|---|---|
| | 어휘 |

| 복습 | 1차 ◯　　2차 ◯　　3차 ◯ |
|---|---|
| 문제 출처 | |

내가 고른 답

틀린 이유

중요 포인트

❀나의 약점 파악하기!

| 문제유형 | 문법 |
|---|---|
| | 어휘 |

| 중요 어휘 | |
|---|---|

| 복습 | 1차 ◯   2차 ◯   3차 ◯ | |
|---|---|---|
| 문제 출처 | | 내가 고른 답 |
| | | 틀린 이유 |
| | | |
| | | 중요 포인트 |
| ❀ 나의 약점 파악하기! | | |
| 문제유형 | 문법 | |
| | 어휘 | |

| 복습 | 1차 ◯   2차 ◯   3차 ◯ | |
|---|---|---|
| 문제 출처 | | 내가 고른 답 |
| | | 틀린 이유 |
| | | |
| | | 중요 포인트 |
| ❀ 나의 약점 파악하기! | | |
| 문제유형 | 문법 | |
| | 어휘 | |

| 중요 어휘 | |
|---|---|

| 복습 | 1차 ◯　　2차 ◯　　3차 ◯ | |
|---|---|---|
| 문제 출처 | | 내가 고른 답 |
| | | 틀린 이유 |
| | | |
| | | 중요 포인트 |
| ❀나의 약점 파악하기! | | |
| 문제유형 | 문법 | |
| | 어휘 | |

| 복습 | 1차 ◯　　2차 ◯　　3차 ◯ | |
|---|---|---|
| 문제 출처 | | 내가 고른 답 |
| | | 틀린 이유 |
| | | |
| | | 중요 포인트 |
| ❀나의 약점 파악하기! | | |
| 문제유형 | 문법 | |
| | 어휘 | |

| 중요 어휘 | |
|---|---|
| | |

| 복습 | 1차 ◯  2차 ◯  3차 ◯ | |
|---|---|---|
| 문제 출처 | | 내가 고른 답 |
| | | 틀린 이유 |

중요 포인트

❋나의 약점 파악하기!

| 문제유형 | 문법 |
|---|---|
| | 어휘 |

| 복습 | 1차 ◯  2차 ◯  3차 ◯ | |
|---|---|---|
| 문제 출처 | | 내가 고른 답 |
| | | 틀린 이유 |

중요 포인트

❋나의 약점 파악하기!

| 문제유형 | 문법 |
|---|---|
| | 어휘 |

중요 어휘

시원스쿨 토익
**Part 5 & 6**